예수와 붓다의 만남

Jesus meets Buddha

예수와 붓다의 만남
Jesus meets Buddha

초판 1쇄 인쇄일 2016년 9월 02일
초판 1쇄 발행일 2016년 9월 07일

지은이 김대원
펴낸이 양옥매
디자인 황순하
교　정 조준경

펴낸곳 도서출판 책과나무
출판등록 제2012-000376
주소 서울특별시 마포구 방울내로 79 이노빌딩 302호
대표전화 02.372.1537　**팩스** 02.372.1538
이메일 booknamu2007@naver.com
홈페이지 www.booknamu.com
ISBN 979-11-5776-253-8(03200)

이 도서의 국립중앙도서관 출판시도서목록(CIP)은 서지정보유통지원 시스템
홈페이지(http://seoji.nl.go.kr)와 국가자료공동목록시스템
(http://www.nl.go.kr/kolisnet)에서 이용하실 수 있습니다.
(CIP제어번호 : CIP2016021247)

예수와
붓다의
만 남

Jesus meets Buddha

· 김 대 원 ·

책과나무

우리는 어디서 와서 지금 어디에 있으며 어디로 가는 것일까?

폴 고갱이 인생의 황혼기에 태평양의 자그마한 섬 타히티에서 홀로 살아가며 자신의 열정을 바쳐 완성한 작품의 제목이다. 기록에 의하면 그는 일평생 삶과 죽음의 경계를 초연하려 노력했으며 고결한 미개인의 삶이 문명사회의 인간보다 오히려 월등하다고 부르짖었던 문명의 반항아였다. 또한 폴 고갱은 영혼의 세계에 대한 호기심을 가지고 자신의 작품을 통해 다시 태어나기를 원했던, 19세기를 대표하는 후기 인상파 예술가이기도 하다. 그러나 그는 마지막 순간까지 뚜렷한 인생의 의미를 발견하지 못하고 자신이 생각하는 불가지론적인 삶의 느낌을 한 폭의 캔버스에 담아놓고 불행하게도 생을 마감하였다.

과연 인류의 역사는 〈창세기〉로 시작해서 〈요한계시록〉이 제시하는 종말론으로 이어지는, 직선사관의 정해진 궤도를 순행하는 것일까? 인생의 참된 의미를 찾아서 종종 왜 나는 여기에 있으며 어디로 가는 것인가를 스스로에게 묻곤 한다.

1965년 노벨 생리 의학상을 받은 자크 모노는 인간의 역사는 필연과 우연의 만남이라고 하는, 대단히 합리적인 해답을 내놓았다. 그는 생명현상의 본질은 진화가 아니라 DNA의 불변적 자기복제 시스템이며 인간은 이 자기복제 시스템이 공들여서 만들어 낸 가장 완성된 작품이라고 했다. 그는 생명의 목적론적 창조적 진화를 인정하지 않았다. 생명이란, 조건이 적당하기만 하면 어느 곳에서나 출현할 수밖에 없는 물질의 의무적 발현이라는 벨기에의 생화학자 크리스티앙 드 뒤브의 말과 베르그송이 추구한 형이상학에 무게를 두었다.

반면에 금세기 통합심리학의 대가인 켄 윌버(Ken Wilber)[1]에 의하면 2천 년을 지나 온 서양의 역사는 인간의 초월적인 자아(super ego)의 확장이 곧 하느님에게로 나가는 길이라는 걸 신봉하는 상승론적인 신(the ascending God)을 숭상하는 에고주의 진영(the Ego camps)과 순수한 자유는 자연의 거대한 시스템, 순수한 에코(eco-nature)로 귀의할 때 더욱 완전한 자유를 누릴 수 있다는 하강론적인 신(the descending God)을 숭상하는 에코주의 진영(the Eco Camps)의 기나긴 투쟁의 연속이었다고 결론지었다. 그러한 대립과 투쟁은 오늘도 계속되고 있으며 초월론자와 경험론자의 논쟁은 아마 인류가 지구상에 존재하는 한 영원히 풀지 못하고 가야 할 신비스러운 명제인 것이다.

여기에 우리의 혼란스러운 이론을 정리해 주는 산뜻한 한마디가 있다. 어느 청명한 가을 날 수행자들이 펄럭이는 깃발을 바라보며 각기

---

1) 켄 윌버(1949~)는 24세에 의식의 스펙트럼을 발표한 이후 수십 권의 책을 저술했으며 초인격 심리학의 대가로 철학, 종교, 심리학, 생물학, 화학, 물리학, 인류학, 신과학, 문학, 예술 그리고 동서양의 학문을 아우르는 포스트 모던적인 통합사상가요 영성과학자이다. 그는 자신의 인생관을 바꾸어 놓았던 책은 노자의 『도덕경』이라고 고백했다.

자기들의 주장에 열을 올리고 있었다고 한다. 한 그룹은 깃발이 움직인다고 말했고, 또 다른 그룹은 바람이 움직이는 것이라고 말했다. 제자들의 논쟁을 바라보던 선사(禪師)는 오직 너희들의 마음이 움직일 뿐이라고 했다. 마음이 깃발과 바람 속에 있기도 하고 깃발과 바람이 마음속에 있기도 하다는 것이다. 내 마음 안에 이 세상이, 또 만물 하나 하나에 내 마음이 포함되어 있다는 것이다. 에코(자연)가 없으면 에고(자아)가 존재할 수 없고 에고가 없으면 에코는 아무도 인식할 수 없는 전혀 무용지물이 되어 버리는 것이다.

공생(symbiotic relationship)의 원리라고 할까? 그런 차원에서 보면 하늘은 나를 낳아 주신 아버지요, 땅(mother Gaia)$^{2)}$은 나를 낳고 보듬어 주는 어머니라고 할 수 있다. 나는 어머니의 사랑을 먹고 자라서 주어진 나의 세상을 살다가 다시 대지의 품으로 돌아갈 제한된 생명체인 것이다. 그러니 나와 가이아는 둘이 아닌 하나라고 할 수 있지 않을까? 진리의 몸으로 이 세상에 오신 예수님은 누구든지 나의 말을 따르면 진리를 알 것이요, 진리가 너희를 자유롭게 할 것이라고 선포하셨다. 예수님이 선포한 복음의 메시지는 에고주의와 에코주의를 잠재울 수 있는 정언명령처럼 보였다. 그러나 예수님이 승천하신 지 2천 년이란 세월이 흘렀건만 기독교는 예수님의 사랑을 너무도 자의적으로 왜곡한 나머지 이분법적 사고의 정형을 만들어 놓았다. 선과 악, 천사와 악마, 주체와 객체, 너와 나, 본체와 현상을 구분하며 아군과 적군으로 나누었다. 그러다 보니 중세 유럽의 정신세계를 지배하던 교황과 주

---

2) 고대 그리스인들이 대지의 신을 부른 이름으로 지구를 은유적으로 나타낸 말이다. 그들은 신화 속의 가이아, 곧 지구는 주요한 신이라고 말한다.

교들은 예수님의 가르침을 아전인수 격으로 해석하여 약한 자들을 정복하고 약탈했다. 인류문명사에 너무도 큰 상흔을 남긴 것이다. 역사상 대략 10만여 개의 신앙체계가 존재해 왔다고 추정하며 이 중 대부분의 것들이 민족 간 혹은 종족 간에 전쟁을 일으켰다고 한다. 가끔가다 자동차의 범퍼 스티커에 "Jesus is still the answer"란 구호를 발견할 때마다 나는 골고다 언덕에서 발가벗긴 채로 십자가에 매달려 비탄에 젖은 청년 예수의 고뇌스러운 얼굴이 떠오른다. 과연 예수님의 고난은 값진 희생이었나? 진정으로 온 인류에게 완전한 자유와 영생을 가져다준 것일까? 하고 부질없는 자문을 해 보곤 한다.

팔레스타인에 있는 자그마한 마을인 나사렛의 마구간에서 평범한 목수의 아들로 태어난 예수님은 지금도 골고다의 언덕에서 십자가에 못 박힌 채 우리를 향해서 다음과 같이 외치고 있다.

진지한 삶에 대한 갈망으로 몸부림치는 민중을 내 이름으로 유혹하지 마라. 그들은 자나 깨나 나의 가르침을 말없이 실천하는 천사와 같은 사람들이다. 하늘이 무너져도 오로지 하느님만을 굳게 믿는다고 큰소리치며 소란을 피우지 않아도 인간을 사랑하는 소박한 마음이 있으면 그는 이미 천국에 살고 있는 것일지니. 왜냐하면 사랑은 곧 하느님의 마음이요, 또한 나의 마음이기 때문이지. 나는 그들의 자유를 빼앗을 아무런 명분도 권리도 없어. 난 이미 골고다에서 모든 지상의 통치권을 십자가의 피와 맞바꾼 이후 두 번째로 세비야라는 스페인 광장의 대심문관 앞에서 세속의 지도자들에게 통치권을 주고 떠나지 않을 수 없었지. 자, 이제 앞만 보지 말고 뒤를 좀 돌아봐. 2천 년 동안 내 이름으로 너희들이 저지른 참상을 깊이 뉘우치고, 늘 남을 먼저 배려하고 주위의 불편한 이웃을 따뜻한 마음으로 돌보면 그게 곧 천국이고, 사랑이며 하느님의 마음이지. 그렇게 하면 비록 나는 십자가에 못 박혀 있지만 늘 행복한 웃음을 지을 수 있을 거야. 이제부터 가서 내 말을 잘 실천해, 어서 더 이상 나를 욕되게 하지 말고. 이제 나는 너희들이 사는 세상에 완전한 자유가 실현되기 전에는 다시는 내려가는 일이 없을 테니까……

— 예수님이 인터넷 세대에게 주는 만트라

깊은 못은 맑고 고요해
물결에 흐리지 않는 것처럼
지혜 있는 사람은 도를 들어
그 마음 즐겁고 편안하다.

—『법구경』 82

지난 2014년 4월 나는 아내와 함께 3년 반 만에 90이 되신 장모님도 뵐 겸해서 2주 동안 한국을 방문했다. 하루는 형님(처형의 남편)의 안내로 강남 스타일의 본거지인 서초역 부근에 있는 지압원에 볼일이 있어서 갔다. 2번 전철 출구로부터 오른쪽으로 큰 네거리 근처에 도착했을 때 현란한 건물이 유난히 나의 시선을 끌었다. 그건 맨해튼 중심가에나 볼 수 있을 법한 유리로 된 으리으리한 초현대식 쌍둥이 건물이었다. 형님께 저게 무슨 건물이냐고 물어보니, 바로 3천

억을 들여서 만든 그 유명한 사랑의 교회라고 했다. 하도 신기해서 우리 둘은 차를 주차장에 세워놓고 건물 안으로 들어가서 교회의 내부를 골고루 둘러보았다. 건물은 두 동으로 하나는 14층 그리고 다른 한 동은 좀 낮았는데 오가는 사람들은 별로 없고 거의 텅 비어서 좀 썰렁한 분위기였다. 샌들을 신고 허름한 튜니카를 걸친 모습으로 동가식서가숙하며 하늘나라의 복음을 전도하러 다니신 예수님이 들어가기에는 어딘가 좀 사치스러운 느낌이 들었다. 우리는 엘리베이터를 타고 여기저기를 골고루 둘러보았다. 그러고 난 뒤 입구에 비치된 교회 주보와 안내서를 한 장씩 챙겨 가지고 무언가 쓸쓸한 기분으로 교회를 빠져나왔다.

은근히 내 마음 한구석에는 내가 사는 플로리다의 교회는 여기에 비하면 너무나 초라한 느낌이 들어서 약간 주눅이 드는 듯한 찜찜한 기분이었다. 그런데 웬일인가. 내 아내가 지압을 받고 있는 지압원엘 들어가서 끝날 때까지 형님과 함께 소파에 앉아 기다리는 동안 일간신문을 들여다보았다. 그랬더니 조금 전에 본 사랑의 교회를 다니는 일부 신자들이 담임목사를 상대로 사문서 위조와 공금 횡령 혐의로 고소를 한 사건이 한 페이지를 모두 장식하며 대서특필로 나온 것이 아닌가. 또 그 옆에는 4단 크기의 광고란에 순복음교회의 장로들이 담임 목사의 비리를 고발하는 기사가 나와 있었다. 아하, 이 어찌된 영문인가? 사랑의 교회가 하룻밤 사이에 미움의 교회로 바뀌기라도 했단 말인가?

종교의 목적은 바깥에 큰 사원을 짓는 것이 아니라, 각자 우리들 마음속에 넓고 깊은 선함과 자비의 사원을 짓는 것이다.

　　　　　　　　　　　　　　　　　　　　　　　　　　－ 법정 스님

　기독교인의 한 사람으로서 늘 불안하게 생각하는 점은 점점 대형화하고 세속화에 길들어진 우리나라 기독교인들이 가는 길이 2천 년 전에 예수님이 갔던 길과 영원히 만날 수 없는 평행선을 가고 있는 것은 아닐까 하는 것이다. 모두들 하느님을 찾고 하느님께 찬양하며 하느님께 영광을 돌린다고 하지만 사실은 자신의 바람과 욕망을 채워 주는 하느님, 나의 편을 들어 주시는 이기적이고 편파적인 하느님, 나를 늘 건강하고 안전하게 보호해 주고 나에게 복을 주시는 하느님을 찬양하는 게 아닌가 하는 의구심을 떨쳐버릴 수 없는 게 솔직한 나의 심정이다. 과연 하느님은 대부분의 우리나라 기독교인들이 생각하는 그런 인간의 모습을 하고 있는 분일까? 수염을 길게 기르고 저 높은 하늘에 정좌하고 나의 일거수일투족을 감시하며 착한 일을 하면 상을 주고 나쁜 일을 하면 벌을 주시며 나와 남을 구분하고 선과 악을 나누는 그런 인격적인 하느님일까? 왜 우리는 하느님을 자신의 필요에 맞춰 자의적인 하느님의 형상을 만드는 것일까? 우리는 자신의 상상력을 총동원해서 내가 원하는 가장 근사한 맞춤형 하느님을 만들어 놓고 진정한 하느님과의 해후를 경험했다고 착각에 빠져 있는 것은 아닐까? 마치 야곱이 브니엘에서 밤새 하느님과 씨름하다 만난 그런 하느님 말이다.

　오늘날 벌어지고 있는 기독교의 모순이나 성직자들의 타락이 모두 잘못 그려진 하느님, 이기적인 하느님을 믿고 싶은 인간의 욕망이 만들어 놓은 허구 속에서 방황하고 있기 때문이 아닐까? 이제 우리는 자신의 상상력으로 만든 하느님을 놓아 줄 때가 되었다.

> 성인은 다름 아닌 바로 자신 안에서 하느님을 발견한 사람이다.
> – 마하트마 간디

어느 미국 목사님이 콜로라도의 한 교회에서 천국에 대한 설교를 하고 있었다.

그는 선한 아브라함과 롯은 살리시고 악한 사람은 모두 유황과 불로 멸하시는 〈창세기〉 19장의 소돔과 고모라의 섬찟한 이야기를 들려주었다. 호기심에 찬 눈으로 목사님의 일거일동을 숨죽이고 듣고 있던 한 미국 소년은 옆에 앉은 아버지에게, "아버지, 나쁜 일을 하면 하느님이 그렇게 처벌하는 건가요?"라고 물었다.

그런데 그 소년은 마침 어제 학교에서 사소한 일로 친구들과 싸우다 한 친구의 눈을 밤탱이가 되게 만들어 놓고 죄의식에 사로잡혀 벌벌 떨고 있었던 참이었다. 아버지는 갈급한 눈동자로 자신을 쳐다보는 어린 아들의 손을 꼭 잡으며 "노!"라고 했다. 그러자 그 소년은 휴우 하면서 안도의 긴 한숨을 내쉬었다. 아버지는 사랑하는 아들에게 "그런 하느님은 이 세상에 어디에도 없단다."라고 하며 번민에 떨고 있는 사랑하는 아이의 손을 꼭 잡아주며 안심시켰다.

> 나는 고장 난 곳이나 고쳐 주는 그런 자의적인 하느님은 믿지 않는다.
> – 존 스파이크 주교

인간은 지금 누리는 자신의 건강과 행복이 끊임없이 지속되기를 바란다. 그래서 오늘의 행복이 영원히 지속되기를 기도한다. 그러나 안타깝게도 우리 모두는 언젠가 이 행성을 떠나야만 하는 한시적인 존재인 것이다. 그런데 137억 년이라는 기나긴 우주의 역사에 비하면 인간은 지극히 짧은 하루살이 인생을 살고 있는 것이다. 중요한 것은 내가 가진 집과 재산 그리고 가족, 심지어 내 몸까지도 언젠가는 모두 원래의 주인에게로 돌려주어야 하는 나그네 신세라는 사실이다. 그 주인을 기독교에서는 하느님으로, 유대교에서는 엘로힘(Elohim)[3]으로 그리고 이슬람에서는 알라(Allah)로, 불교에서는 열반으로 부르고 있는 것이다. 주인이 따로 있는데 우리들은 내 몸과 내가 가진 모든 것이 내 것이라고 우기며 착각 속에 살아가는 어리석은 존재가 아닌가 하는 생각을 해 본다.

> 하느님이 자기 형상, 곧 하느님의 형상대로 사람을 창조하시되 남자와 여자를 창조하시고
>
> — 창세기 1:27

> 하느님은 영이시니 예배하는 자가 신령과 진정으로 예배할지어다.
>
> — 요 4:24

여기서 형상이란 외형적이 모습이 아니라 비물질적인 내면의 참자

---

3) 히브리 성경에 자주 나오는 말로, 하느님이란 의미도 있지만 신들이 인간에게 의미하는 모든 것을 의미한다.

아가 아닐까? 하느님은 어떤 모습도 목소리도 느낌도 없는 그냥 무(無) 혹은 공(空)의 상태인 것이다. 세인트 어거스틴(Saint Augustine, 354~430)의 『고백록』을 읽은 어느 가톨릭 신자가 "하느님이 이 세상을 창조하셨다고 하는데 그 하느님은 누가 만들었나요?"라는 질문을 했다. 일각의 지체도 없이 어거스틴은 "그런 질문을 하는 어리석은 사람들을 위해서 하느님은 지옥을 만들고 계셨지."라고 받아넘겼다. 그러고는 잠시 후 하느님은 천지창조 이전부터 영원히 계셨기 때문에 시공이 없는 상태에서 스스로 존재하는, 시공을 초월한 존재라고 대답했다.

아리스토텔레스는 창조주를 세상 만유가 있게 한 제1 원인, 즉 부동의 동인(The First Unmoved Mover)이라고 표현했다. 만물은 하나로부터 나와서 전 우주와 만물로 분열되고, 전 우주는 또 좁히면 하나의 알갱이로 축소되는, 일즉다(一卽多) 다즉일(多卽一)인 것이다. 그러니 우리는 모두 무에서 나와서 무로 돌아갈 존재인 것이다. 그래서 일찍이 노자는 『도덕경』 1장에서 '도가도비상도(道可道非常道)'라고 하지 않았던가? 내가 입으로 하느님이라고 말하는 순간 그건 이미 진정한 하느님이 될 수 없으며 오로지 자신의 상상력이 만들어 낸 가공의 산물이 된다고 노자는 파악했던 것이다.

우리 모두는 하느님 형상을 간직했기에 내면에 숨겨져 있는 하느님의 성품을 발현하기만 하면 되는 것이 아닐까? 예수와 붓다는 어린 나이에 누구보다도 그 진리를 일찍이 깨달은 선각자였다.

역사가 토인비는 20세기의 가장 큰 사건을 불교와 기독교의 만남이라고 갈파했다. 과학의 눈부신 발달로 예수천당 불신지옥, 예수재림, 천년왕국과 같은 신비한 표현은 사실 미국 남부의 가장 보수적인 기독교 집단을 제외하면 이제 점점 입지가 좁아져 가고 있는 게 숨길 수 없는 사실이다. 우리 모든 기독교인들은 시대에 맞는 신성한 예수님의 상을 찾아야 할 때가 아닌가 하는 생각을 해 본다. 길가에 버려진 상태로 찢기고 산산조각 난 예수님의 상을 하나하나 주워 가녀린 손으로 만지고 닦아서 본래 모습으로 복원해야 할 의무를 우리 모두는 지고 있는 것이다. 그건 신비함의 베일을 벗기고 인간적인 예수, 역사적인 예수를 발견하는 것이다.

나는 한국의 기독교가 저토록 타락해 가고 있는 것은, 지난 1500년 동안 사랑의 실천보다 베일에 가린 예수의 신비함만을 지나치게 찬양했던 중세 기독교 사제들의 모습에서 한 발짝도 벗어나질 못하고 있기 때문이라고 생각한다. 예수님과 붓다는 신비함이 전혀 없는 인간적인 너무도 인간적인 분들이었다. 예수님의 핵심 메시지는 네 이웃을 내 몸과 같이 사랑하라인 것이며 붓다의 핵심 메시지는 남의 아픔을 나의 아픔과 같은 연민의 정으로 감싸주는 자비의 정신이다.

예수님은 자신을 한 명의 착한 사마리아인으로 그리고 붓다는 카필라 성의 각자(覺者)로 살고 싶었을 뿐이었다. 예수님은 사랑의 실천으로 지상의 천국을 실현할 수 있다고 보았으며, 붓다는 남의 아픔을 이타심과 연민의 정으로 바라볼 때 인류는 미움과 증오 그리고 투쟁이 없는 정토(淨土)를 이룰 수 있다고 보았다. 이 두 사상은 성인이 살던 당시에 주어진 사회적, 역사적인 삶의 환경 속에서 자연스럽게 체득된 문화의 산물인 것이다.

21세기에 가장 위대한 기독교 신학자 중 한 사람인 폴 니터는 혜민 스님과의 대화에서 자신은 불교를 통해서 좀 더 기독교 신학을 깊이 이해할 수 있었다고 토로했다. 기독교는 인간의 자연스러운 영혼에서 우러나오는 진리의 소리를 두려워해서는 안 된다고 생각한다. 종교는 인간을 현실적인 질곡에서 해방시켜 주는 것이지, 인간의 자연스런 사고를 억압하고 통제하고 죄의식 속에 가두어 두는, 그런 독단적인 종교가 절대 아니기 때문이다. 우리가 예수님에게 더욱 가까이 가기 위해서는 예수님에 대한 무조건적인 믿음보다 마음속에서 발현되는 자유로운 생각을 통해서 예수님과 하나가 되는 참자아를 찾아야 하지 않을까 하는 생각을 해 본다.

> 나는 인간에게 이성과 감성 그리고 지혜를 주신 하느님이 동시에 우리들에게 사고의 자유를 억압하는 모순된 하느님이라면 그런 하느님은 받아들일 수 없다.
>
> — 갈릴레이

우리나라의 기독교는 사실 교황의 권위가 절정에 달했던 천 년 전 서양의 중세기 정도의 수준에 머물고 있다고 해도 과언이 아니라고 나는 생각한다. 그 이유는 정확한 통계는 없지만 전해지는 바에 의하면 세계사에 유례없이 우리나라 기독교 신자들의 90퍼센트가 근본주의 기독교인이라는 사실이다.

근본주의자들(fundamentalists)은 성경에 쓰인 한 마디 한 마디가 모두 하느님이 내려주신 말씀이기에 한 획이라도 바꿀 수 없다는 성경무

오설, 축자영감설을 옹호하는 사람들이다. 만일 그렇지 않으면 모두 이단으로 보는, 원리주의를 수호하는 신학이론을 옹호하는 기독교인들이다.

캐나다의 리자이나 대학 종교학과 과장으로 있는 오강남 교수에 의하면 매년 미국에서 종교를 전공하는 학자가 8천 명 정도 모이는 미국종교학회가 열린다고 한다. 그런데 가 보면 동정녀 탄생, 예수 부활, 인간의 죄성, 대속, 예수의 재림과 심판 등과 같은 근본주의적 사고를 하는 사람들은 극소수이며 눈을 씻고 찾아보아도 거의 찾기 힘들다고 한다. 20세기 최대의 사상가 중 하나로 손꼽히는 토마스 머튼(Thomas Merton, 1915~1968)도 예수 탄생 때 동방박사들이 선물을 가져다준 것처럼, 2000년이 지난 오늘 기독교가 활기를 찾기 위해서는 새롭게 동방에서 선물이 와야 할 것이고, 그 선물은 다름 아닌 동양의 종교적, 정신적 유산이라고 말했다.

또한 정작 구약성경이라는 인류문명사의 가장 괄목할 만한 작품을 남긴 유대인들의 경전이나 랍비(Rabbi)[4]들이 남긴 수많은 서적을 보면 예수님은 분명 기원을 전후한 시기에 팔레스타인에서 태어나서 12세에 유대인들의 전통에 따라서 성인식(Bar Mitzvah)[5]을 치른다. 이후 출가해서 30세에 갈릴리로 돌아와 3년간의 공생애(公生涯)를 살

---

4) 유대인들의 율법을 가르치는 선생을 뜻하며 재판관이라고도 한다. 보통 랍비라고 부르는데 영어로는 래바이가 맞는 발음이다. 기원후 70 티투스 장군에 의해 성전이 불태워진 후 제사장 제도가 사라지고 랍비로 교체되었다.
5) 유대인 소년들이 13세가 되면 랍비의 주례로 치르는 성년식. 참고로 소녀들은 성숙하면 12세에 성년식을 갖는데 Bat Mitzvah라고 한다.

다 간 역사적인 인물이다. 유대인 가정에서 태어나 성년에 이르러서는 토라(Torah)[6]를 가지고 유대인들에게 율법을 가르쳤던 랍비였다고 하는 사실이다. 예수님이 랍비였다는 사실은 대부분의 보수적인 기독교 목사님들과 기독교 근본주의자들은 듣기를 꺼려하는 금기사항이다. 특히 우리나라의 기독교계에서는 사회적으로 매장되기를 각오하지 않은 한, 입을 벌려서는 안 되는 타부이다. 그러나 우리나라의 기독교가 바로 서기 위해서는 진실을 말하는 소수의 소리에 귀를 기울여야 할 때가 왔다고 나는 생각한다. 그간 미국 개신교 신학의 전통을 가장 오랫동안 지켜온 하버드 신학대학원이나 예일대학 신학대학원에서는 학생들에게 예수님은 한 인간이었으며 유대교의 랍비였다고 가르치고 있다고 한다. 과연 예수님이 꼭 신이어야만 하고 하느님이 되야만 할 필요가 있는 것일까? 십자가에 못 박힌 지 사흘 만에 살아나지 않았다면 우리는 예수님을 섬기지 않았을까?

기독교는 꼭 그렇게 물로 포도주를 만드는 신비적인 마술에 의존해야만 하는 것일까? 그리고 우리 70억 인류는 4천 년 전 보지도 알지도 못하는 너무도 막연한 인류의 조상이라고 하는 아담 한 사람이 사과 한 개를 따먹은 죄에 얽매여 자자손손 그 멍에를 짊어지고 평생을 죄인으로 살아가야만 옳은 종교관일까? 어머니 뱃속에서 으앙 하며 이 세상에 막 태어난 핏덩어리를 너는 죄인이다, 죽어 마땅한 존재다라고 꾸짖으며 정죄하는 게 정말 공의롭다는 하느님이 원하시는 것일까? 언젠가 나는 우리 집에서 저명한 목사님 두 분이 동석하신 단

---

6) 히브리어로 가르침 혹은 율법을 뜻하며, 보통 구약의 모세 오경인 〈창세기〉, 〈출애굽기〉, 〈레위기〉, 〈민수기〉, 〈신명기〉를 가리키는 말이다.

출한 저녁식사 자리에서, "내 핏줄을 타고 막 태어난 핏덩어리를 보고 너는 죄인이야라고 꾸짖을 수 있을까요?" 하고 물어보았다. 그때 두 목사님이 대답을 못하고 서로 눈치만 보면서 대단히 당황해 하는 걸 목격할 수 있었다. 우리는 하루 빨리 이 죄의식에서 해방되어야 한다. 20세기에 가장 존경받던 종교학자요, 하버드 대학 교수였던 윌리엄 제임스(William James, 1842~1910)는 죄를 중심으로 돌아가는 종교를 병든 영혼의 종교라고 했다. 나는 예수님이 신이든 아니든 너무도 예수님을 사랑하고 존경한다. 예수님이 3일 만에 부활하셔서 십자가의 피로써 인류의 죄를 모두 깨끗이 사하여 주셨다는데, 왜 이 세상은 아직도 서로 다른 인종끼리 그리고 민족과 민족 간, 종파와 종파 간에 세계 도처에서 전쟁으로 얼룩져 있으며 기아와 질병, 미움과 증오가 창궐하고 있단 말인가? 과연 21세기를 살아가는 우리에게 보내는 예수님의 참된 메시지는 무엇일까? 그냥 주일날 화려하게 차려 입고 고급 승용차를 타고 교회에 나가서 목사님의 설교를 거룩한 마음으로 공감하며 듣고, 하느님을 경배하는 주기도문을 남이 하는 대로 읊어대고, 그 진위 여부를 따지지 않고 앵무새처럼 사도신경을 암송하고 교회 문을 나서는 순간 세속의 옷으로 갈아입고 마음대로 행동하고 말하면 되는 것인가? 2백 년 전 서양에서 수입된 기독교를 우리는 단 한 번이라도 눈을 부비고 성경의 배후에 깃들어 있는 예수님이 남긴 뜻 깊은 메시지를 꼼꼼히 분석하고 따져 본 적이 있는가?

어느 날 나는 성경의 일획도 달리 해석할 수 없으며 온종일 하느님만을 되뇌며 모든 것을 하느님께 애걸하며 매달리는 너무도 숨 막힐 것 같은 기독교의 획일주의에 더 이상 나를 맡길 수 없다고 판단했다. 정작 성경을 편집하고 만든 유대인들은 성경을 읽을 때 미드라시 (midrash)[7]라는 방법을 사용한다. 미드라시는 성경의 이면에 숨겨져 있는 원래의 의미를 깊이 "연구하다" 혹은 "찾아내다"란 뜻이다. 이는 상상력을 동원한 성서 해석 방법으로, 바빌로니아에서 노예로 있을 때 사제였던 선지자 에즈라가 창안하고 랍비 아키바가 완성한 것이다. 지금으로부터 1734년 전 니케아 종교회의에서 소수의 사제들이 외부 세계와는 철저하게 단절하고 굳게 닫힌 철의 장막 속에서 그들이 취사선택한 공관복음서와 사도신경 그리고 주 기도문을 우리는 무조건 아무런 비판 없이 그냥 받아들여야만 하는가? 하느님은 우리 모두에게 자유의지를 주셨다고 하는데, 왜 우리에게는 그걸 분석하고 비판하며 옥석을 가릴 자유의지가 주어질 수는 없는 것일까? 왜 그걸 따지고 분석하면 신앙심이 없고 이상한 사람이라고 치부하는 것일까? 헤겔은 정반합(正反合)을 기본으로 하는 변증법이란 논리를 주장했다. 모든 원리나 주장은 반드시 안티테제로서 반의 역사를 거쳐야만 완전한 이론으로 정립할 수 있다는 이론이다. 그러나 불행하게도 우리에게는 이씨 조선조 말 타락한 양반문화와 그 이후 일제강점기를 거치면서 우리의 의사와는 관계없이 타의에 의한 분단 그리고 외세의 영향 속에서 자본가와의 야합으로 탄생된 보수 기득권 세력으로 이어지는 정(正)의 역사만이 존재했지, 서양의 근세와 같은 반(反)의 역사는 철저하게 외면당해 왔다. 결국 우리 민족이 지녀온 오랜 전통과 문화를 자체적으로 평가하고 분석함으로써 근대사와 접

---

7) 유대교의 성서 해석 방식. 공부하다, 연구하다란 뜻의 단어 'darash'에서 연유한 것이며, 성서를 새롭고 다양한 방법으로 해석하는 것을 뜻한다.

목할 연계점을 잃어버리고 얼떨결에 현대로 넘어왔다. 그래서 과학으로 위장한 서양의 문명은 모두 합리적이고 인간끼리의 관계를 중시한 소중한 우리의 전통문화는 모두 불합리하다고 하는 이분법적인 사고에 함몰되어 있었던 게 솔직한 현실이다.

그래서 우리나라의 기독교 단체는 성경에 쓰인 구절이 추호의 의심도 없이 하느님의 말씀이라고 믿어야만 한다고 열을 올린다. 그러다 보니 서양에서 수입된 기독교가 불과 2백 년도 안 돼서, 세계에서 큰 교회 순위에서 10순위 내로 드는 교회가 7개나 있을 정도로, 인류 문명사 이래 그 유례를 찾을 수 없는 눈부신 발전을 할 수 있었다.

그러나 그러한 대형화의 이면에는 세속인들의 눈살을 찌푸리게 하는 수많은 미움과 갈등 그리고 부정과 부패로 치닫는 추한 모습들을 연출하고 있다는 사실을 우리 모두는 너무도 잘 알고 있다. 그런데 정작 기독교의 모국이라고 할 수 있는 독일이나 영국, 프랑스와 같은 선진국에서는 성경에 쓰인 말씀이 모두 한 획도 틀림없이 하느님의 말씀이라고 믿는 사람은 10퍼센트도 안 된다는 사실에 우리는 주목해야 한다. 그리고 유대인 랍비들의 의견도 마찬가지다.

예를 들어, 콜로라도의 볼도에 있는 저명한 랍비인 제이미 콘 골드(Jamie S. Korngold)나 뉴저지의 스믈리 보티치(Shmuley Boteach)에 의하면 유대인 중에 저 하늘에 계시다는 하느님의 존재를 인정하는 사람은 9% 정도밖에 안 된다고 고백한다.

이태리를 비롯한 기독교의 뿌리라고 할 수 있는 서유럽 나라들의 기독교 신앙이 근대로 접어들면서 사회적인 부작용 없이 국민들 일상생활의 상식으로 정착하는 데는 수백 년간의 기나긴 각성과 투쟁 그리고 뼈를 깎는 자기 변신의 시간이 필요했었다. 그건 16세기를 기점으로 독일의 마틴 루터 그리고 스위스의 칼뱅과 같은 종교 지도자들이 앞장서서 기독교의 타락상에 날카로운 메스를 가하면서 요원의 불길처럼 번져나갔던 종교개혁의 덕택 때문이었다. 유럽인들의 후예들은 로마 교황청의 제왕주의적인 도그마에 맞서서 치열한 투쟁을 벌였기 때문에 비로소 종교의 자유를 존중하는 자신들의 독특한 기독교 신앙을 반석 위에 올려놓을 수 있었다. 예수님은 "진리가 너희를 자유롭게 하리라."고 했는데 과연 우리는 자유로운가? 예수에 대한 탐구는 지난 2천 년간 철학자, 신학자들의 영원한 과제였다.

2014년 3월 〈뉴스위크지〉는 특별 부록판에서 예수의 탄생과 공생애 기간의 행적, 십자가의 고난과 부활 그리고 승천에 이르기까지 상세하게 보도하였다. 그 기사에 의하면 안타깝게도 미국 기독교의 현실은 요즘 젊은이들이 진정으로 필요로 하고 목말라 하는 그들의 욕구를 충족시켜 주지 못하고 있다고 분석하였다. 주일날 대부분의 교회 신자석은 세계대전을 경험한 80대 정도의 노인층이 주를 이루고 있다는, 아주 절망적인 상황을 보도했다. 한편, 특별히 성공한 사례로 바이블 벨트(Bible Belt)로 알려진 보수적인 남부 텍사스의 휴스톤에 있는 레이크우드(Lakewood)라는 초대형 교회를 언급했다. 이 교회는 최첨단 디지털 테크놀로지의 위력을 활용해서 복음주의 교단 중에 미국에서 단일 교회로는 40,000명의 신도를 확보하고 있는 최대의 성공적인 교회로 명성이 나 있다는 사실도 밝혔다.

또한 요즘 젊은이들의 의견도 소개했다. 젊은이들의 얘기를 들어 보면, 대체적으로 고등학교 졸업반 학생들이 일생에 처음으로 자동차 운전면허를 받기 위해서 도로교통국에 가서 긴 줄을 마다하지 않고 흥분된 마음으로 몇 시간을 참고 기다리다 통쾌한 마음으로 운전면허를 받아오는 그런 극적인 만족감과 절대적인 필요성을 교회에서 그들에게 제공하지 못하고 있다는 것이다. 교회는 인터넷과 아이폰을 우상화하는 자신들과 너무 동떨어진 공허한 구호를 외치는 것 같다는 것이다.

그들의 주장은 간단명료하다. 과연 하늘나라는 구체적으로 무엇을 의미하는가? 지금 인류가 직면한 심각한 문제들, 즉 지구 온난화, 환경오염, 생태계 파괴, 인종 간의 갈등, 빈부 간 격차로 인한 계층 간의 괴리감, 낙태, 질병, 전쟁 등등의 문제들보다 왜 하늘나라가 더 시급한 우선순위를 차지해야 하는 것일까? 〈뉴욕타임스〉의 칼럼니스트인 토마스 프리드맨(Thomas Friedman)은 2008년 출판한 저서 『Hot, Flat and Crowded』에서 로버트 왓슨(Robert Waton)의 말을 인용해서 앞으로 우리가 사는 지구는 과거 몇백 년간 인류가 저질러 놓은 환경파괴 때문에 상상을 초월하는 엄청난 쓰나미가 닥쳐오고 있는데, 사람들은 아직 무대에서 춤을 추면서 내려올 줄 모르고 파티를 즐기고 있다는 것이다. 암담한 인류의 모습을 이처럼 실감나는 메타포로 묘사했다. 아인슈타인은 1944년 유엔에서 행한 연설에서 종교로는 세계평화를 이룩할 수 없으며 서구인들은 좀 더 인간다운 삶을 살기 위해서는 동양의 사고와 만나야 한다는 의미심장한 말을 했다.

과연 어떻게 살아가야 하는 것일까? 물론 쉽지 않은 형이상학적인 질문이다. 평화를 갈구하는 인류의 바람은 이미 초창기부터 산산조각 나고 말았다. 그 비극적인 드라마는 〈창세기〉 편의 에덴동산에서 연출되었다. 티바이 마르크스(Tzvi Marx)라는 〈창세기〉 해석학자에 의하면 인류 최초의 죄인인 카인과 아벨의 이야기를 〈창세기〉 주석서인 『라바(Rabbah)[8]』를 인용해서 다음과 같이 세 가지 시나리오를 제시하면서 우리들의 상상력을 자극해 준다.

첫 번째 해석은 다음과 같다. 카인과 아벨 두 형제는 평화로운 에덴동산에 하나밖에 없는 여자인 자신의 어머니 이브(고대에는 신라의 건국신화에서 볼 수 있듯이 박혁거세의 부인이면서 동시에 누이인 아루 부인과 같이 어머니와 누이 혹은 부인이 혼재된 양상으로 표현되는 것이 동서를 막론하고 건국설화의 보편적인 유형이었다)를 누가 차지해서 성적인 욕구를 충족시키며 자손을 번식할 것인가를 가지고 싸움을 벌였을 것이라는 추측이다. 두 번째 시나리오는 카인은 에덴동산의 땅을 모두 소유했고 아벨은 카인의 땅에서 농사를 지어서 소출을 하고 또 가축을 키우면서 양떼를 관리했다는 것이다. 그런데 카인이 하루는 자신의 땅에서 아벨의 양떼를 모두 쫓아냈기 때문에 갈 곳이 없는 동생 아벨은 결국 형 카인과 다투게 되었으며 그로 인해 형 카인은 모든 것을 혼자 독차지하기 위한 욕망으로 동생 아벨을 죽이는 비극을 연출했다는 것이다. 세 번째 시나리오는 두 형제가 모든 재산과 가축을 공평하게 반반씩 나누어 소유했으나 한 가지 서로 동의할 수 없었던 쟁점은 과연 누가 하느님을 섬기는 성전을

---

8) 히브리어로 '위대한'이란 뜻으로, 히브리 성경을 미드라시 방법으로 해석해 놓은 주석서이다.

소유하고 자신이 원하는 방식으로 관리하며 제사를 지낼 것인가를 두고 다투게 되었다는 것이다. 그리고 이것은 가족의 장자권과 관계 있는 심각한 이슈였다는 이야기이다. 세 가지 분쟁을 자세히 살펴보면 모두 지칠 줄 모르는 인간의 탐욕을 반영하는 것으로 성욕과 재산 그리고 자신이 속하는 동아리(covey)를 결속시키려는 종교적 투쟁이라고 풀이했다. 그건 전 인류 역사의 공통된 분쟁의 씨앗이었다.

필자는 지난 30년간 뉴욕에서 수입업을 하면서 다양한 인종 출신의 사람들과 교류를 하게 되었다. 그런 이유로 인해 자연스럽게 그들의 종교와 접하게 되었는데, 고객 중에 특히 많은 부분을 차지하던 유대인들에 대해서 집중적인 연구를 하게 되었다. 그들과 만나면서 예상 외로 유대인들이 불교에 대한 관심이 대단히 크다는 사실을 발견했다. 그러다 보니 만날 때마다 그들이 불교에 대해 내게 질문을 해오면, 우리보다도 부모님 세대의 주된 종교였던 불교에 대해서 시원스런 대답을 줄 수가 없었다. 그때부터 나는 불교 경전을 열심히 읽기 시작했다. 오랜 세월을 공부하면서 느낀 점은 유대교에 뿌리를 두고 있는 기독교와 불교 사이에 놓인 간극은 대서양의 동쪽에서 서쪽을 건너는 것과 같은 엄청난 홍구가 존재하지 않는다는 것이다. 내가 기독교인으로서 불교에 대한 좀 더 깊은 이해를 위해서 6개월간 뉴욕의 불광선원엘 다니면서 느낀 점은 불교 신자들도 하느님이 주신 참 자아를 발견하기 위해서 어느 종교집단보다도 고통스러운 수행을 마다하지 않고 정진한다는 것이다. 또 수행에서 얻은 참 진리인 예수님의 가르침을 실천하는 선한 사마리아인(Samaritan)[9]이란 걸 발견했다. 우리가 사는 21세기의 가장 중요한 화두는 무엇보다도 공생관계(symbiotic relationship)이다. 나라와 나라 사이의 공생, 선진국과 후진국의 공생, 진보와 보수의 공생, 늙은 세대와 젊은 세대의 공생, 종교와 과학의 공생, 그리고 무엇보다도 종교와 종교 간 공생이 가장 시급한 과제인 것이다.

근대 종교학의 시조라고 하는 독일의 막스 뮐러(Max Muller, 1823~1900)는 하나의 종교만 아는 사람은 종교에 대해서 아무것도 모르는 것과 같다고 했다. 종교도 글로벌 시대에 맞게 남의 문화와 종교를 이해하려고 힘쓰고 존중해야 한다. 표현 방법은 약간씩 다르지만 기본적으로 모든 종교에는 공통적인 윤리적 메시지를 담고 있다는 생각을 바탕으로, 적극적으로 교류하고 이해할 필요가 있지 않나 하는 마음에서 이 글을 쓰게 되었다.

그러므로 우리가 예수님의 가르침을 진정으로 이해한다면 마음의 문을 열고 타 종교에도 구원의 메시지가 공통적으로 깃들어 있다는 다원론(多元論)을 필히 수용해야 할 것이다. 하느님은 어느 특정한 종교와 독점계약을 맺지 않기 때문이다.

사실상 미국을 제외하고 전 세계적으로 기독교의 추세는 이미 다원

---

9) 북이스라엘의 수도였던 사마리아에 살던 사람들을 일컫는 말로 기원전721년 북이스라엘을 멸망시킨 아시리아가 이스라엘 민족의 종교를 멸절시키기 위해서 다수의 종교지도자들을 이스라엘에서 추방한 후, 이민족을 대량 투입해서 혼혈족을 만들어 놓았다. 그런데 이스라엘이 바빌로니아에서 귀환한 뒤, 성전을 재건할 때 도움을 거부했으며 또 순수한 유대인이 아니라고 해서 계속 갈등관계에 있었으나 예수는 그들이야말로 순수한 인도주의자들이라고 칭찬했다.

론 쪽으로 기울어가고 있다는 엄연한 현실을 겸허한 마음으로 수용해야 하리라고 생각한다. 지금으로부터 2천 년 전에 선포하신 예수님의 복음이 그리고 붓다의 깨달음이 어떻게 최첨단 인터넷 세대의 가슴에 전달될 수 있는지 주옥같은 경구들을 풀어 보려고 한다.

2016년 8월

김대원

| 제5장 |

종교와 과학

| 제6장 |

1.

영원한
삶으로 가는 길

1. 어떠한 삶을 살아야 하나

    크레타의 위대한 작가인 니코스 카잔차키스에 의하면 이 세상에는 세 부류의 사람이 있다고 한다.

    첫 번째는 먹고 마시고 사랑하고 돈벌이 하며 명성을 얻는 걸 목표로 하는 삶을 사는 사람들이다. 두 번째는 자기의 삶을 사는 게 아니라 이타적인 삶을 목표로 하는 헌신적인 삶으로, 이 사람들의 목표는 너와 나는 결국 하나라고 하는 믿음을 가지고 끊임없이 사랑과 선행을 베푸는 이타적인 삶을 사는 사람들이다. 세 번째 유형은 전 우주의 삶을 사는 것을 목표로 사는 사람들로, 나는 생동하는 유기체인 우주의 일부라고 생각하며 영혼의 세계를 목표로 하는 전 인격적인 삶을 사는 사람들이라고 한다.

    과연 나의 삶은 어느 부류에 속해 있는 것일까?

    불전(佛典)에는 다음과 같은 우화가 있다.

    토끼 한 마리가 도토리나무 밑에서 낮잠을 즐기고 있었다. 잠이 막 들었는데 도토리 하나가 토끼의 머리 위에 떨어졌다. 잠결에 놀란 토끼는 무슨 일이 일어났구나 생각하고는 무조건 뛰기 시작했다. 그것을 본 다른 토끼들 역시 무슨 큰일이 일어난 줄 알고 함께 뛰기 시작했다. 이를 본 산중의 다른 토끼들 역시 무슨 큰일이 일어난 줄 알고 함께 뛰었다. 뛰는 토끼 무리를 본 산중의 다른 짐승들도 무슨 변이 났구나 하고는 덩달아 뛰었다. 일단 뛰기 시작하자 경쟁이 되어 서로 앞서가기 위해 온 힘을 다해 달렸다. 산짐승 중의 왕인 사자가 그 광경을 보고는 위험한 일이 일어날 것을 알아차렸다. 자칫 낭떠러지로 떨어지면 줄줄이 떨어질 위험이 있기 때문이다. 그래서 사자는 위엄을 갖추고 달리는 짐승들 앞을 가로막고 서서 물었다.

"너희들은 도대체 어디를 향해 그렇게 뛰느냐?"

토끼를 비롯한 짐승들은 그 물음에 서로의 얼굴을 쳐다볼 뿐 아무도 답을 할 수가 없었다. 그러자 사자는 다시 물었다.

"그러면 왜, 무엇을 위해 그렇게 뛰느냐?"

역시 아무도 대답을 할 수 없었다고 한다. 남들이 뛰니까 그냥 덩달아 아무 생각 없이 뛰고 있었던 것이다.

이 우화가 보여 주듯이, 우리 모두는 어디를 향하는지 또 무엇을 위한 것인지도 모르면서 그저 남이 뛰니까 덩달아 뛰고 있는 저 토끼를 비롯한 짐승들의 모습과 다를 바가 없지 않을까?

성경에는 인류의 목적은 하느님을 영광스럽게 하는 것이라야 한다고 명료하게 못 박고 있다. 〈창세기〉에는 태초의 아담과 이브의 삶을 흥미로우면서도 극적인 내러티브로 다음과 같이 장식하고 있다.

여호와 하느님이 그 사람에게 명하여 가라사대, 동산 각종 나무의 실과는 네가 임의로 먹되, 선악을 알게 하는 나무의 실과는 먹지 말라. 네가 먹는 날에는 정녕 죽으리라 하시니라.

— 창세기 2:16, 17

여호와 하느님이 지으신 들짐승 중에 뱀이 가장 간교하더라. 뱀이 여자에게 물어 가로되, 하느님이 참으로 너희더러 동산 모든 나무의 실과를 먹지 말라 하시더냐?

— 창세기 3:1

너희가 그것을 먹는 날에는 너희 눈이 밝아 하느님과 같이 되어 선악을 알 줄을 하느님이 아심이니라.

— 창세기 3:5

〈창세기〉의 이 구절은 우리들을 영원의 세계로 인도한다. 설화는 우리들에게 끊임없는 의혹을 불러일으켜 시적 상상력을 자극시키기 때문이다.

그런데 이러한 성경의 설화와 메소포타미아의 설화에는 공통적으로 모두 뱀이 등장하는 걸 볼 수 있다. 왜 하필이면 뱀이 〈창세기〉의 서막을 장식한 것일까? 인류의 원리를 풀기 위해서 우리는 이 뱀에 얽힌 설화를 잘 이해하고 넘어가야만 하리라고 생각된다.

뱀은 동양의 농경문화에서 우주의 생기와 대지의 뜻을 전하는 전령이고 진리의 수호자로 표현된다. 봄이 되면 여지없이 물꼬를 트고 비를 내리는 농경과 생산의 현장에는 늘 나타나는 그런 존재이다. 허물을 벗고 새로운 생명으로 거듭나서 자기의 한계를 과감하게 탈피하는 생명체이며 윤회론적인 순환의 화신(化身)으로 표현된다. 요가 차크라의 비법에 의하면 우리 몸에는 신체의 척추가 끝나는 부분에 쿤달리니(Kundalini, 인간 안에 내재된 우주 에너지)라는 잠재된 에너지의 집산이 있다는 것이다. 그런데 그것은 생명의 원천이며 그 기운이 발하면 마치 뱀이 땅속에서 하늘을 향해서 얼굴을 들고 세상에 나오는 것 같은 형상을 하기 때문에 뱀이라는 유비(millieu)를 사용해서 생명의 원천을 표현한다는 것이다.

〈복희여와도〉에서 보면, 지금으로부터 7천 년 전에 존재했다는 중국의 신화적인 인물인 복희씨는 뱀의 몸뚱이에 인간의 머리를 한 반인반수(伴人伴獸)의 모습으로 나타난다. 그건 인간 의식이 아직 분화되지 않은, 전 자아적인 상태를 의미하며 전체와 부분 그리고 너와 나, 높고 낮음, 원근조차 구분하지 못하는 두루뭉술한 구석기 원시 무리기의 모습을 그린 것이라고 한다.

또한 불교의 설화에는 깨달음을 얻기 직전, 깊은 명상에 든 부처님을 사신(蛇神)이 독충과 외부의 위협으로부터 안전하게 지켰다고 하는 메타포를 발견할 수 있다. 여기서 뱀의 의미는 모든 중생을 구제하고자 하는 부처님의 대자대비한 서원이 사탄마저도 자비의 화신으로 변화시킨다는 보살의 한량없는 공덕을 뜻한다고 한다.

반면에 유목민족의 문화를 배경으로 하는 유대, 기독교 설화에서는 뱀이 늘 인간을 유혹하는 사탄으로 묘사되고 있다. 즉, 이브를 유혹해서 선악과를 따먹음으로써, 최초의 인간인 아담과 이브가 에덴동산에서 쫓겨나 영원히 유랑하는 방랑자의 신세로 타락하게 한 악의 원흉으로 묘사되고 있는 것이다. 원래 에덴동산에 있을 때 하느님과 인간 사이에는 어떠한 간극도 없이 합일하는 전일적(oneness)인 모습이었으나, 하느님과 결별한 후 선악을 구별하는 이원성의 세계로 타락했음을 보여 주고 있다.

우리 모두는 집단적인 무의식을 간직하고 있다. 인류학자이며 예술가인 발라지 문드쿠르(Balaji Mundkur)는 뱀에 대한 공포는 호모사피엔스가 속한 계통 분류적인 구대륙 영장류 동물 사이에서 뿌리 깊게 정보화되어 있다고 한다. 이는 500만 년 전 호모사피엔스 이전의 존재와 공통조상을 공유했으리라 믿어지는 침팬지에서 유래한 것이며, 인간에게는 뱀에 대한 혐오가 선천적이며 침팬지의 경우와 마찬가지로 청년기에 그 혐오도가 더욱 심해진다고 한다. 이와 같이 뱀이란 존재는 포유류의 오랜 역사와 함께한 자연의 일부였으며 뱀에 대한 혐오는 준비된 학습이란 주제로 모든 인류학 학자들의 공통된 관심의 대상이다. 우리들의 꿈에도 종종 나타나는 몽사(夢蛇)는 파멸과 재생의 영원한 주기를 상징한다고 생각했다. 이것은 인간의 이기적인 특성과 또 다른 한편으로는 에덴동산에서 타락하기 전 순수한 천사의 속성을 동시에 갖고 있는 인간의 원형(prototype)이다. 그리고 재앙의 상징인 판도라의 상자처럼 우리 인류의 역사와 영원히 함께해야 할 운명의 여신이라고 할 수 있다.

설화는 우리가 머리로 하는 윤리적 사유를 마음으로부터 나와야 하는 용기나 자비심으로 연결시켜 줌으로써 우리로 하여금 우리가 원하는 사람이 되도록 도와준다고 한다. 한편, 〈마태복음〉 10장 16절에는 너희는 뱀같이 지혜롭고 비둘기같이 순결하라고 하면서 뱀의 긍정적인 면을 부각했다. 설화는 "인간이 자기 자신에 대해서 아는 것이 진리에 다가가는 최선의 방법"이란 걸 가르쳐 준다. 뱀은 곧 우리 자신의 모습이 투영 된 것이다. 내 안에는 하느님의 성품인 참나와 늘 자신의 욕망만을 채우려는 에고(위장된 자아)가 마치 동전의 양면과 같이 존재한다고 한다. 참나는 하느님의 마음이요, 에고는 사탄(뱀)의 마음이다. 기독교 신학의 아버지인 성 아우구스티누스가 오직 신을 통해 하느님의 마음에 다가간다고 했듯이, 인간의 역사는 어쩌면 신으로부터 자유로워지려는 자유의지와 다시 신으로 회귀하려는 인간의 자기 배반의 역사 사이에 벌어지는 장엄한 우주 드라마인지도 모를 일이다.

에덴동산에서 죄를 짓고 쫓겨난 인류는 게루빔과 두루 도는 화염검을 경계로 애초에 태어난 천국으로 다시는 되돌아갈 수 없는 타락한 존재가 되었다고 한다. 랍비들은 제한적일 수밖에 없는 인간들의 세속적인 신 체험을, 그리고 표현할 수 없는 절대적인 존재에 대한 지극히 제한된 인식능력만을 가진 인류에게 시현하기 위해서 세 가지의 형이상학적인 상징을 이 세상에 숨겨 놓았다고 본다. 그것은 셰키나(Shekinah, 신의 현현)[10], 카보드(Kavod, 영광)[11] 그리고 루아흐(Ruach, 성령)[12]이다. 마치 모세가 시나이산의 불꽃 떨기나무 밑에서

---

10) '천막을 치다.'라는 뜻의 히브리어 shakan에서 유래한 단어로, 신의 현현(顯現)이라고 한다. 랍비들은 신 체험을 무어라 표현할 수 없기에 실제 자체와 구분하기 위해서 신은 세 가지 상징 즉 셰키나, 루아흐, 카보드를 지상에 남겨놓았다고 하는데, 그중 하나가 셰키나이다. 신이 가시적인 형태로 이스라엘 민족에게 시간과 공간 속에 나타남을 뜻한다.
11) 신의 영광이라고 하며 히브리어 뜻은 무거움, 가치 있음을 의미한다. 신이 지상에 남겨 놓은 세 가지 중 하나이며, 신의 성품이 인간에게 나타나는 것을 말한다.
12) 성령을 뜻하며, 신이 지상에 남겨 놓았다는 세 요소 중의 하나이다.

하느님을 만난 것과 같이 하느님이 남기고 간 여운이라고나 할까?

태초에 에덴동산에 있던 생명의 나무는 인간과 자연을 창조했던 근원적인 하느님의 능력을 나타내는 순수정보(Sefirot)[13]를 아홉 가지(갈라디아서 5:22, 23) 속성으로 나타낸 것이라고 한다. 선악과나무는 선과 악을 선택할 수 있는 피조물의 자유의지를 그리고 생명의 나무는 하느님이 아담에게 부여한 영원한 생명을 뜻하는 상징으로, 두 그루의 나무는 늘 균형과 조화를 이루는 절대적인 영원성을 상징한다.

그러나 에덴동산의 타락 이후 둘은 분리되어서 생명의 나무는 죽음을 잉태하였고 선악과나무는 악을 행하는 인간의 타락한, 사탄의 성품을 잉태하였다고 한다. 사실 좀 더 깊이 들여다보면 사탄이란 원래 독립된 객체가 아니라 우주적 의식인 하느님이 인간을 창조할 때 인간의 존재 안에 내재된 프로그램이었다고 한다. 잭 마일스(Jack Miles)는 그의 저서인 『하느님의 자서전(God's Biography)』에서 인간은 하느님의 첫 번째 실패작일지도 모른다고 했다. 왜냐하면 아담에게 사탄의 성품이 없으면 사탄을 인식할 수 없기 때문이다. 마치 우리가 꽃의 아름다움을 인식할 수 있는 성품이 없다면 꽃의 아름다움을 느낄 수 없는 것과 마찬가지로, 호수에 비친 나무의 그림자는 나무가 원래 물에 비칠 수 있는 성품이 있으며, 또한 호수는 나무를 담을 수 있는 성품을 자체 내에 가지고 있기 때문이다. 이 시점에서 자유의지는 내용물이 없는 허울 좋은 포장용지에 불과한 것이다. 자신의 형상으로 창조된 인간이 사탄의 유혹에 넘어갔다는 것은 하느님의 피조물이 하

---

13) 유출(流出)이란 뜻으로, 주로 유대 신비주의(Kabbalah)에서 쓰는 용어이다. 우주의 생성을 1적 10의 원리에 의해서 설명할 때 사용하는 10가지의 순수정보를 뜻한다.

느님의 거짓 형상을 닮았거나 하느님 안에 원래 사탄의 유전자를 가진 야누스의 이중성이 내재되었다고 판단할 수 있다.

에덴동산에서 벌어진 선악과 이야기에 대해 대부분의 진보적인 성경학자들과 랍비들은 성경의 편집 당시 성서 기자들이 설화적이며 상징적인 모티브를 첨가해서 만든 후대 창작으로 받아들이고 있다. 에덴동산에서 쫓겨난 아담의 타락은 인류 모두에게 원죄를 가져왔으며 우리 모두는 쫓겨난 에덴동산으로 돌아가기 위해서 제2의 아담으로 오신 예수님을 통해 성지순례의 길을 가야 한다는 것이 기독교의 가르침이다.

2. 맑은 영혼은 밝은 세상을 만든다

　예수님의 산상수훈은 어떠한 마음으로 살아가야 하는가를 잘 가르쳐 주고 있다. 예수님은 마음이 가난한 자는 복이 있나니 하늘나라가 그들의 것이라고 했다. 문제는 어떻게 나를 비워서 마음이 가난하게 만들 수 있느냐에 있다. 치열한 경쟁사회에서 나와 내 가족이 살기 위해서는 남보다 일찍 일어나고 남보다 더 공부를 많이 해서 남을 밀쳐내고 내가 고시에 합격하고, 수백 대 일의 경쟁을 뚫고 좋은 직장에 들어가겠다는 마음이 머릿속에 꽉 차 있어야 치열한 경쟁에서 살아남을 수 있는 게 지금의 냉엄한 현실이 아닌가? 일상생활에서도 늘 남을 누르고 내가 올라서야 하는 무한경쟁의 마당에서 어찌 한시라도 마음의 긴장을 풀 수 있단 말인가?

　가난한 마음에 대한 수많은 해석이 있으나 가장 명철한 해석은『금강경』에서 도올 김용옥 교수의 주석이 아닌가 한다. 그의 해설에 의하면 '가난한'의 주어로 쓰인 마음에 해당되는 단어인 그리스어 프뉴마(pneuma)는 바람, 목숨, 영혼, 유령, 마음 상태 등의 다양한 함의를 지닌다. 이것은 삼키야 철학에서 쁘라끄리띠(prakrti, 물질)와 함께 형이상학의 두 원리로 간주하는 뿌루샤(purusha, 정신)와 비슷한 어원에 속하는 것이라고 한다. 프뉴마가 가난하다고 하는 것은 결여(lack)의 상태를 말하는 것이다. 가난하다고 하는 것은 아무것도 없어서 줄 것이 없는 영혼의 상태를 말하는 것이다. 다시 말해서 뿌루샤, 즉 인간 존재의 결여인 것이다. 프뉴마의 가난은 직설적으로 프뉴마의 결여를 말한다. 그것은 곧 아상(我相)의 결여를 말하는 것이다. 내어줄래야 내어줄 마음이 없는 것이다. 보일래야 보일 마음이 없는 상태, 이것이야말로 무아(無我)인 것이다. 그것은 참으로 무아의 상태에 도달한 사람이며 복이 있다는 것이다. 마음이 가난하다는 것은 내세울 '나'가 없다는 것이다. 곤궁하고 가난하고 찌들어 핍박을 받지마는, 그러기에 마음이 비워져 버렸다는 것이다.

그런 의미에서 예수님의 산상수훈 중 마음의 가난은, 『금강경』의 무(無)나 반야심경의 공(空)과 같은 의미로, 결국 『금강경』을 읽어야 예수님의 복음을 이해할 수 있다는 아이러니를 발견하는 것이다. 사도 바울은 〈갈라디아서〉에서 성령의 열매를 사랑과 희락, 화평, 오래 참음, 자비와 양선, 충성과 온유 그리고 절제 등 아홉 가지로 표현하고 있다.

그건 천국생활에 대한 예수의 말씀 전체를 관통하는 핵심 주제이기에 기독교인들은 하느님을 사모하는 마음을 가지고 삶의 현장에서 늘 사랑을 실천함으로써 생명나무는 자라난다는 것이다. 마치 한 그루의 나무에 뿌리가 있고 그 위에 줄기가 있으며 가지 위에 잎이 매달려 있고 봉우리가 맺어져서 꽃이 피는 것과 같이 점진적으로 변해가는 성령의 자라남을 나타내는 것이다.

그런데 우리의 내면에는 누구나 그 생명나무의 씨를 가지고 있으나 강한 욕망의 멍에에 가려져서 안타깝게도 그 순수영혼을 보지 못한 다고 한다. 플라톤적 세계관에 의하면 순수영혼은 마치 태양과 같아 서 우리의 내면에 그늘진 어두운 골짜기까지 구석구석 밝게 비춰 주 는 아폴론적인 속성이 있다고 한다. 기독교에서 말하는 예수님의 대 속은 우리들이 에덴동산을 떠나면서 박탈당한 순수영혼을 찾게 하려 는 파우스트적인 연민이었다. 영혼은 인간만이 가질 수 있는 고귀한 특권인 것이다

3. 영혼과 분리된 인간

　서구 계몽주의의 물결을 타고 서양인들의 의식을 사로잡았던 청교도적인 문화는 막스 베버의 프로테스탄티즘의 윤리와 자본주의 정신에 힘입어 인류에게 노동의 신성함을 깨우치게 했다. 그러나 한편으로는 사회적인 성공의 열매로서 얻어지는 물질적인 충만함 그리고 관능적인 쾌락을 즐기며 만족할 줄 모르는 세속적인 물신주의를 잉태했다.

　맥스 피카드(Max Picard)라는 플라톤주의 철학자는 현재 우리의 문명은 하느님으로부터 도피의 상태라고 표현했다. 그 연유는 무엇이며 우리는 어디로 가야 하는가? 이 지구상의 모든 종교는 이러한 단순한 명제에 대한 해답을 제시해야 할 사명을 떠맡고 있다고 할 수 있다. 그러나 불행하게도 기독교는 현대인들에게 그 욕구를 충족시켜 주지를 못하고 있다. 많은 숫자의 기독교인들은 그냥 남들이 교회에 나가니까 따라서 하는, 유행성 서양문화의 일부로 생각하고 있는 것이 아닐까? 아니, 하느님과 소통하기엔 이 시대에 만연한 소비문화가 우리의 의식을 너무도 타락시켰는지도 모른다.

총 7장으로 구성된 『장자』 내편의 4장 '인간세(人間世)'를 보면 하느님에게 다가가는 길인 유도집허(唯道集虛)의 마음을 가르쳐 준다. 깨끗하고 텅 빈 마음에는 하느님이 얼이 가득 차게 된다. 예수님이 문둥병자와 다리를 저는 자, 괴혈증에 시달리는 자 등 수많은 병자를 치료할 수 있었던 것은 하느님의 본성인 성령의 에너지를 충만하게 가지고 있기 때문인 것이다. 심리학자이며 작가였던 스캇 펙(Scott Peck, 1936~2005)은 영적 성장의 궁극적인 목표가 인간이 하느님과 같이 되는 것이라고 하면서 "신이 아는 만큼 인간도 알게 되다."고 한다. 그러나 대부분 우리들의 현실은 전혀 다른 길을 가고 있지 않나 하는 생각을 해 본다.

지혜로운 랍비면서 뉴저지의 럿거스(Rutgers) 대학 종교학 교수였던 잘만 샬로미(Zalman Shalomi, 1924~2014)는 서양인들은 과거 2천 년간 그들의 정신세계를 받쳐 주던 종교에 대한 믿음에서 점점 멀어져 가고, 자신의 내면을 탐구하는 대신 더 많은 물질을 소유하기 위해서 소중한 재능과 시간을 낭비한다고 했다. 그리고 인류가 제2 단계의 성숙한 문명으로 진입하기 위해서는 물신주의에서 벗어나 인간의 내면에 잠재되어 있는 초자아적인 능력을 깊은 명상과 직관을 통해서 발견해야만 앞으로 인류와 자연이 공존할 수 있을 것이라고 하면서 영성지능의 개발을 강조했다. 칼 바르트, 폴 틸리히와 함께 20세기의 대표적인 3대 신학자 중 하나인 루돌프 볼트만은 전깃불 그리고 무선 전신과 현대의료 및 외과의 최첨단 발명품을 이용하면서 동시에 영혼과 기적이 있는 신약성경의 세계를 믿는다는 것은 불가능한 일이라는 의미심장한 말을 남겼다. 또한 우리와 같은 세대를 살고 있는 미국의 대표적인 기독교 신학자이며 인문학자인 댈러스 윌라드는 우리의 영혼은 너무도 세속주의에 흠뻑 젖어 있다면서 인간의 지식과 총명만을 기대하는 현대인들에게 하느님과 예수님의 영적 세계가 현실생활에서 타당한 것임을 설득력 있게 제시하기란 아무리 상상력이 풍부하고 독실한 그리스도인이라 할지라도 어려운 일일 것이라고 실토한다. 그건 마치 경기 막판에 98:3으로 지고 있는 팀에게 계속 우리는 이긴다고 고함치는 응원단장 같은 존재이라고 하면서 기독교의 암담한 현실을 개탄한다. 또한 미국 문화를 지배하는 계몽주의적 가치관 즉 행복의 추구, 무제한의 선택과 자유 그리고 권위와 경멸이 교회를 지배하고 있기 때문에 대부분의 경건한 그리스도인들의 마음조차도 성공의 복음, 해방의 복음, 편안한 인생관으로 가득 차 있다는 비관적인 진단을 내놓았다. 에릭 프롬은 현대사회의 소유 중심적 세속화를 우리의 사고를 경직시키는 심각한 동맥경화라고 했다.

4. 중세 기독교의 타락

물론 인류가 기독교로부터 영적으로 멀어지게 된 근본적인 동기는 중세 가톨릭의 타락이 원인 제공을 했다고 할 수 있다. 전통적인 기독교 신관은 하느님이 저 하늘에 계시다는 초월적인 신관과 내 안에도 임재한다는 내재적인 신관을 모두 수용했으나, 계몽주의 사조를 거치면서 인간의 이성이 초월적인 신관을 대체했기 때문이다. 중세의 유럽을 지배하던 기독교 성직자들은 너무 세속화한 나머지 자신들의 기득권을 유지하기 위해서 하느님의 초월성을 지나치게 강조하였다. 그러다 보니 하느님과 인간 그리고 자연을 격리시켜서 서로 영원히 돌아올 수 없는 강을 만들어 놓았다. 또한 내재적인 신관이 내포하고 있는 우상숭배의 위험성을 예측하지 못하고 근대로 넘어왔다.

기독교 신학의 대가인 서강대학교 종교학과 길희성 명예교수는 하느님에 대한 서양인들의 잘못된 사고를 그의 저서인 『마이스터 엑카르트의 영성 사상』에서 다음과 같이 표현하고 있다.

성서적인 창조론이 인간을 자연의 지배로부터 해방시켰다고는 하나 인간은 초자연적인 신의 모습을 닮아 자연 위에 군림하는 존재가 되었으며 마침내는 신의 자리마저 찬탈한 유일 주체가 되었다. 창조 행위는 하느님의 자유로운 의지에 의해서 이루어졌다고 한다. 하느님은 이 세계를 창조할 어떤 필연성도 없었으며 이 세계는 말하자면 창조되지 않을 수도 있었던 우연적 산물처럼 보인다. 이러한 신관에서는 하느님이 왜 이 세계를 창조하셨는지에 대한 만족스러운 해답을 제시하기 어려우며 세계는 우연이요, 신은 전적으로 자의적 존재로 보인다. 이는 그야말로 아주 비종교적이고 무신론적인 세계관을 낳는 모순을 초래한다. 뿐만 아니라 세계가 존재하든 말든 하느님께서는 아무런 영향을 미치지 못한다. 신이 아니면 세계는 존재할 수 없으나 세계가 없다 해도 신은 건재하다. 이러한 독재 군주와도 같은 나 홀로 하느님을 우리는 과연 숭배할 수 있을까? 세계와 항상 함께하는 사랑의 하느님을 우리는 원하고 있지 않은가? 한편, 신은 세계뿐만 아니라 인간으로부터도 먼 존재이다. 적어도 만든다는 이미지로 이해되는 창조 행위에 의하면 자연도 인간도 모두 하느님의 외적 존재일 수밖에 없으며 인간은 본질적으로 자연과 신 모두로부터 결절된 존재가 된다. 이런 식으로 이해되는 창조론은 이미 그 안에 무신론을 잉태하고 있다. 하느님에 의해 창조되고 그에 의존하는 존재라고는 하나 인간과 자연은 전통적인 신관에 의하면 하느님으로부터 분리된 독자적 존재들이며 인간과 자연을 이해하기 위해서는 굳이 하느님을 끌어들일 필요가 없기 때문이다. 실제로 서구의 세속주의적 세계관이 그리스도교 신관의 풍토에서 자라났다는 사실은 결코 우연이 아니다.

마틴 루터가 종교개혁의 기치를 내세우기 전까지의 시대는 성경은 기독교 사제들의 전유물이었다. 평신도들은 라틴어로 된 성경이 너무 어려워서 읽을 수도 없었고 또한 구할 방법도 없었다. 성경이 일반인들에게 읽히게 된 극적인 동기는 1455년 구텐베르크의 인쇄술이 발견된 이후였다. 중세에 사제들은 신도들의 고해성사를 받는 하느님의 중재자이며 곧 하느님 자신이었다. 예배도 알아들을 수 없는 라틴어로 했다. 따라서 평신도들은 하느님을 관념적으로 상상할 수도 없었으며, 영적인 만남을 기대할 수도 없었다. 오로지 사제들만이 하느님과 독점계약을 맺었다고 믿었기 때문이었다. 어느 누구라도 성경의 일획일자라도 다르게 해석하면 파문을 당하거나 종교재판을 해서 그들을 사회로부터 격리시키거나 사형을 시켜 버렸다.

우리가 흔히 유럽의 중세라고 하는 4세기부터 15세기까지 로마 교황청의 마녀사냥과 종교재판으로 수많은 신학자나 혹은 과학자들이 파문을 당했다. 심지어는 당대에 저명한 수학자요, 철학자 그리고 시인이었던 조르다노 브루노는 로마 교황청으로부터 이단의 혐의로 유죄를 선고받아 로마 광장에서 불타는 장작더미 속에 화형에 처해졌다. 그는 "우주는 무한하게 광대하며 태양은 그중 하나의 항성에 불과하고 밤하늘에 보이는 무수한 별들도 태양과 같은 항성이다."라는 무한 우주론을 주장했다. 그는 화형장에서 "말뚝에 묶여 있는 나보다 나를 묶고 불을 붙이려는 당신들이 더 떨고 있다."고 하면서 과학자적인 자신의 신념을 끝까지 지키며 평정을 잃지 않고 화형을 순순히 받아들였다. 그는 16세에 도미니크 수도원에 들어가 평생을 수도생활에 전념했으나 삼위일체설과 예수의 신성 그리고 동정녀 마리아설을 부인했고 무한우주론을 주장했다는 이유로 처형된 것이다.

　그러나 당시 유럽에서 가장 개방적이었던 이탈리아의 피렌체를 중심으로 르네상스의 기치를 걸고 일어난 문예부흥 운동은 숨 막힐 것 같은 로마 교황청의 도그마에 항거하는 민중의 반란으로 이어졌다. 마틴 루터의 종교개혁은 문예부흥과 인쇄술의 발달이 가져다준 결과였다. 종교의 도그마에서 해방된 인간의 이성은 17세기와 18세기에 걸쳐 기독교의 폭력으로부터 해방을 부르짖으며 계몽주의 사조를 타고 기독교 윤리를 대체할 새로운 대안을 모색하기 시작했다. 계몽주의 사상은 근대 서구 지성의 전통과 서구문화의 출발점이었다. 합리주의와 경험주의가 유럽의 지성인들을 매혹시켰으며 과학혁명으로 무장된 근대의 시민들은 신보다는 과학의 위력 앞에 무릎을 꿇고 말았다. 그들은 인간의 지성으로 모든 걸 밝혀낼 수 있다고 굳게 믿었다.

5. 이신론적인 하느님

　콩도르세(Marquis de Condorcet, 1743~1794, 프랑스의 수학자 및 사상가)를 비롯한 계몽주의 사상가들은 인간은 완전해질 수 있으며 유토피아를 만들 수 있다고 확신했다. 서양의 정신세계를 지배하던 데이비드 흄, 프랜시스 베이컨, 볼테르, 존 로크 그리고 임마누엘 칸트 등 모든 계몽주의 사상들이 이런 이신론적인 사조에 동조했다. 그들의 주장은 하느님은 마치 시계의 태엽을 감겨놓은 다음 스스로 돌아가게 만들어 놓고 손을 떼셨기 때문이 이제 우리는 스스로 사회의 주인으로서 시민도덕을 만들어서 신이 인간사에 간섭하지 않는 자유로운 삶을 살아갈 뿐이라는 이신론(理神論, deism)을 외쳤다. 그리고 우주는 정확한 과학의 법칙들에 의해서 움직이는 하나의 물질적인 유기체라는 명제에 공감대를 이루었다.

　임마누엘 칸트는『실천이성 비판』에서 인간의 본성은 도덕의 궁극적 기준이 무엇인지 알고 있다고 하면서 철학자의 임무는 그 기준을 명료하게 밝히는 것이라고 외치며 민중을 계몽했으며, 그는 그것을 정언명령이라고 했다. 인간은 결코 행복해지기 위해서 사는 게 아니라 정언명령을 지키기 위해서 산다는 것이다. 칸트는 만물이 형성되기 전 그 근본적인 물 자체는 알 수 없는 미지의 세계이고 인간의 이성을 초월하는 불가지의 세계이기에 우리는 오로지 인간의 이성과 오성의 범위 내에서 만물을 보고 판단할 수밖에 없으며, 이 세상은 나의 인식주관이 능동적으로 구성한 결과라고 주장하였다. 그리고 모든 것은 자신의 결단에 달려 있으며 자신의 철학을 코페르니쿠스적 전환이라고 옹호했다. 그러나 우리가 사는 현실은 도덕적으로 타락한 사람들이 더 잘살고 윤리적으로 건전한 사람은 핍박을 받고 궁핍한 삶을 살아야 하는 부조리한 원리가 지배하고 있다. 그 때문에 우리는 그런 현실적인 괴리를 극복하기 위해서, 지금 자신의 불행이 나중에 내세에서 필히 복을 가져다줄 공의로운 신의 존재를 필요로 한다는 것이다. 칸트는 이러한 윤리적인 요청(postulation)에 의해서 신이 만들어졌다고 강조하였다. 따라서 더 이상 동정녀 마리아 아기예수 탄생, 삼위일체설, 부활, 승천 등 전통적인 기독교 교리를 믿는 것을 거부하고, 그런 교리는 인간이 고안해 낸 허구이며 하느님의 계시가 아니라고 부정하면서 민중을 계몽했다.

　전통적인 기독교 공동체는 이런 수모를 당하는 불편한 진실을 감수해야만 했다. 19세기 말 계몽사상의 정점에 선 프리드리히 니체는 신은 죽었다고 선언함으로써 절대선, 아름다움, 평화, 진실함, 정의 등의 기독교적 가치를 전체적으로 부정하였다. 인간은 지난 2천 년간 외부에서 자신에게 투영된 신을 끊임없이 추구했으나, 이젠 차라리 인간 정신 내부에서 스스로 초인이 되어 우주의 궁극적인 의미를 발견할 수 있다고 하면서 땅에 충실하라고 외쳤다.

유럽의 기독교 신학에 결정적인 타격을 준 사람은 독일의 유대인 집안에서 태어난 정신분석학자 지그문트 프로이트(Sigmund Freud, 1856~1939)였다. 프로이트는 신이란 개념은 정말로 이치에 맞지 않는 난센스라고 하면서 과학만이 인간의 정신적, 육체적인 건강을 지켜줄 수 있다고 했다. 그리고 종교는 인간의 진화적 발전을 가능하게 하는 심리적 압박에서 유래한다고 강조했다. 프로이트 역시 계몽사상의 최첨단에 서서 종교는 원시인들의 토템신앙에서 비롯된 것이며 인간의 뇌에 저장되어 있는 집단 무의식의 표출에 지나지 않는다는 자신의 입장을 밝혔다. 그 옛날 신석기시대에 원시인들이 특정 동물을 씨족의 조상으로 삼듯이, 아버지를 토템으로 삼았다고 한다. 아버지는 모든 여자를 자기 것으로 삼았으며 절대적인 독재자로 군림함으로써 자식들을 자신의 적으로 간주해서 죽이고 추방하면서 횡포를 부렸기 때문에 자식들이 모두 단결해서 아버지를 죽여 버렸다고 한다. 이러한 토템신앙은 그 무서운 살인 행위를 기념하는 제사를 지냄으로써 자신들이 죄의식을 없애려는 부친 콤플렉스에서 비롯되었다고 하였다. 프로이트는 종교를 심리학의 한 분야로 파악함으로써 종교계에 커다란 파장을 일으켰다.

그 후 한 세대가 지난 20세기는 양자역학의 발전으로 원자의 비밀이 밝혀지고 원자를 낱개로 파악할 수 있게 되었다. 소립자 물리학이 개발됨에 따라 21세기에 들어서서 유럽에 있는 CERN(유럽 입자물리 연구소)의 대형 초입자 가속기(Large Hadron Collider)에서 우주는 빅뱅에 의해 탄생했다고 확인했다. 태초의 우주 모습을 재연하는 실로 최첨단 과학문명의 시대를 우리는 살고 있는 것이다.

또한 의학의 급속한 발전으로 인간의 수명은 점점 길어져 120세를 사는 시대가 우리 앞에 와 있다. 이 모든 것은 양자역학과 컴퓨터 공학의 눈부신 발전으로 의학의 수준이 상상을 초월할 정도로 발전했기 때문이다. 2012년 '미래의 물리학'을 저술한 이론물리학의 세계적인 대가인 미치오 카쿠(Michio Kaku, 뉴욕 시립대학의 이론 물리학 석좌교수)는 2020년이 되면 이제 모든 사람의 완벽한 유전자지도를 만들어서 자신의 유전정보를 CD-ROM에 담아서 간직하게 될 것이라고 한다. 과학자들은 인간의 염색체에 담긴 모든 정보를 확보한 상태이며, 분석이 끝나면 노화의 원리와 방지책도 알게 될 것이라고 한다. 21세기 말이 되면 인간은 신과 같이 삶과 죽음을 통제할 수 있는 능력을 갖게 될 것이라고 한다.

과연 우리는 몇백 세를 살던 노아의 시대로 회귀할 수 있는 것일까? 정말 과학자들은 인류를 유토피아로 인도할 수 있을까? 아니면 인류를 파멸로 끌고 갈 것인가? 과학은 이제 생명나무의 비밀을 모두 발견함으로써 하느님의 권위를 대체하는 것일까? 이 시점에서 과연 종교의 사명은 무엇인가? 이제 하느님은 인간에게 설 자리를 빼앗기고 마치 아담이 에덴동산에서 쫓겨나듯이 발가벗은 채로 지구에서 쫓겨나야 할 운명에 처해 있는 것일까?

나는 그렇게 생각하지 않는다. 우리가 진정으로 하느님과 만나기 위해서는 내가 누구인가를 우선 알아야 한다. 그러기 위해서는 우리 모두 이 시점에서 가던 길을 잠시 멈추고 왔던 길을 뒤돌아보아야 할 때가 아닐까. 그럴 때 우리는 잘못된 자신의 모습을 발견할 수 있고 주위에서 들려오는 대자연의 웅장한 교향곡을 감상할 수 있는 새로운 혜안이 열리지 않을까 생각된다. 왜냐하면 과거의 나는 지금의 나를 비춰 주는 거울이기 때문이다.

6. 유턴해야 하는 현대인들의 종교관

　우리는 이제까지 철저하게 믿어 왔던, 나를 위한 하느님, 나의 건강과 행복을 지켜 주는 하느님에서 과감하게 뒤돌아서서 너와 나를 함께 지켜 주는 하느님, 자연과 인간이 공존할 수 있게 역사하시는 공평한 하느님, 종교와 과학이 서로 평화롭게 공존하게 하는 친절한 하느님, 시대의 흐름 속에 변화를 두려워하지 않는 동적(動的)인 하느님을 발견해야 한다는 시대적인 요청의 소리를 들을 수 있어야 한다.

　나는 기독교인으로서 저 높은 하늘나라의 권좌에 앉아서 절대 권력을 휘두르는 하느님이 아닌, 지극히 인간적인 하느님, 우리 영혼의 심연에서 늘 우리와 대화를 하며 나에게 진정으로 안식의 공간을 허락하는 하느님, 내 안에서 울려 퍼지는 내면의 소리를 들을 수 있는 자유와 지혜를 주는 그런 하느님을 찾고 있었다.

　그러한 하느님과의 만남을 나는 중세의 기독교 신학자이며 유럽의 도미니크 수도회의 수도승이었던 마이스터 엑카르트의 영성과 원효의 일심(一心)사상에서 발견할 수 있었다. 마이스터 엑카르트는 신실한 기독교 신자요, 수도승으로서 동양의 사상을 깊게 연구했으며, 특히 선불교에 가장 다가간 진보적인 기독교 신학자이다. 또한 그는 기독교와 불교의 만남을 시도한 최초의 기독교 신자이었다. 그는 너무도 타락해 가는 로마 교황청의 숨 막힐 것 같은 도그마에 지친 나머지, 하느님과의 영적인 만남을 끊임없이 탐구하였다. 그리하여 자신의 내면에서 우러나오는 하느님의 소리를 듣고 진정한 하느님과의 만남을 체험한 위대한 신학자이다. 그는 인간은 잃어버린 지성(Intellectus)[14]을 회복해야 한다고 외친다. 지성은 본래 신에게만 존재하지만 하느님의 특별한 은총으로 피조물인 인간의 영혼에도 부여되어 우리 안에서 마치 영혼의 불꽃(Divine Spark)처럼 존재한다는 것이다. 영혼의 불꽃은 결국 영혼 안에 있는 신적 지성이라고 한다. 그는 하느님에 대한 17가지 주장이 문제가 되어 로마 교황청으로부터 파문당했으나, 농부를 귀인이라고 부른 철저한 민중 신학자이었다. 그리고 우주적인 신비주의와 예언자적 의식을 결합하고자 한 통합적 영성가였다.

칼 융, 마틴 하이데거, 에릭 프롬, 폴 틸리히 등은 모두 엑카르트의 영향을 받았다. 엑카르트가 살던 13~14세기의 중세 기독교계와 우리가 살고 있는 현대사회는 여러 면에서 유사하다. 제각기 하느님을 외치면서도 진정한 하느님의 모습은 실종된 작금의 현실은 우리로 하여금 자기반성의 기회를 제공한다고 할 수 있다.

앞으로 어떻게 불교와 기독교가 해후할 수 있는가를 엑카르트의 사

---

14) intelligence와 전혀 다른 말로 마이스터 엑카르트가 사용한 단어이다. 이성이 지성에 이르면 자아는 잊어버리게 되는데, 이 지성은 곧 인간이 신과 접촉하는 마음의 공간이라고 한다. 즉, 나가 멈추고 신이 시작되는 공간이다.

상과 원효대사의 연기론을 교차해서 살펴보면서 그 가능성을 탐구해 보기로 하겠다. 엑카르트는 인간을 억압하고 비굴하게 만드는 권위주의적인 신으로부터 인간을 자유롭게 해방시켜 주는 길을 제시하는데, 그것은 원효의 일심사상과 일치한다. 유엔에서 발의한 '문명의 화합' 대사직을 맡고 있는 영국의 대표적인 신학자인 캐런 암스트롱(Karen Armstrong)은 남의 종교에 대한 무지에서 오는 오해로 인하여 불필요한 갈등과 전쟁을 겪고 있는 종교인들에게 좀 더 열린 마음으로 타 종교에 대한 이해의 폭을 넓힐 것을 강조하면서 21세기를 사는 우리들에게 다음과 같이 조언한다.

　인류는 지적인 존재이기에 앞서 종교적인 존재이다. 인류의 역사를 보면 어느 시대를 막론하고 초월적인 존재를 추구해 왔다. 인간의 마음은 끊임없이 우상을 만들어 낸다는 생각은 신에 대한 우리의 사고에 관해 말할 수 있는 가장 심오한 것들 중 하나이라고 하면서, 우리가 믿는 "근대의 신은 인간이 버리고 가야 할 우상숭배에 지나지 않는다."고 고백한 20세기의 저명한 신학자인 틸리히의 말을 인용했다. 또한 그는 우리가 종교에 관한 우리의 관념을 근본적으로 바꾸지 않는 한, 앞으로도 민족 간에는 종교전쟁으로 인한 증오와 파괴는 계속될 것이라고 암시한다. 지난 수천 년간 악순환처럼 계속된, 피로 물든 인류의 역사가 그걸 입증하고 있는 것이다. 인터넷과 정보통신으로 특징짓는 21세기는 국경을 넘어 한 나라 문화도 쉽게 남의 나라에 전파될 수 있으며 종교 역시 다원주의가 확장될 것이라고 확신한다. 이젠 내가 믿는 종교만이 유일한 구원의 길이라고 주장할 시대는 옛 이야기가 되었다고 캐런 암스트롱은 말한다.

위대한 구약성경을 만든 유대인들은 이미 오래전부터 동양의 종교와 전통을 연구하면서 좋은 점을 취사선택해서 자신들의 종교 전통과 세계의 흐름을 시대변화에 맞게 잘 융화시켜 나가고 있다. 그래서 거대한 호수와 같은 그들의 사상과 종교관은 세계를 지배할 수 있는 지배이념으로 자리매김하게 된 것이다. 사실 그들에게는 종교라는 말이 따로 없다. 유대인들의 일상생활 전체가 곧 종교이기 때문이다.

우리 민족도 새 시대에 걸맞은 새로운 종교관이 절실하게 필요한, 시대적 요구를 들을 수 있어야 한다. 우리 민족이 수천 년간 갈무리해 온 다양하고 풍요로운 종교 전통을 보존해서 다가오는 시대의 도전을 수용하고 통섭해서 전 세계 인류에게 나와 너의 경계를 허물고 인류가 평화롭게 사는 제3의 길을 제시할 수 있다고 나는 확신한다.

7. 다원론적인 종교관을 요구하는 인터넷 시대

기독교는 다른 어느 종교보다도 인류 역사에 크나큰 상흔을 남겼다. 11세기부터 12세기를 거쳐 유럽을 휩쓸었던 십자군운동은 로마 교황청의 주도하에 성지 탈환이란 명분으로 9차에 걸쳐서 250년간 지속되었으며 그 여파로 백만 명 이상의 이슬람과 유대인들이 학살되었다. 1618년 보헤미아 지역의 칼뱅파 신교도들의 반란이 도화선이 되어 신성로마제국(독일)에서 불붙기 시작한 30년 전쟁은 거의 전 유럽이 종교전쟁의 소용돌이에 휘말리게 하였다. 신교도들과 구교도들 간의 증오와 대립으로 인해 독일에서만 800만 명의 가공할 만한 사상자를 냈다.

2001년 11월 세계 무역센터를 공격한 테러리스트 조직인 알케이다를 섬멸시킨다는 명분으로 아프가니스탄 침공을 시작으로 촉발된 전쟁을 우리는 생생하게 기억한다. 당시 조지 W. 부시 대통령은 이라크의 사담 후세인이 알케이다와 연계되어 있으며 대량살상무기를 상당량 보유하고 있다는 CIA의 날조된 정보를 명분으로 내세워 이라크로 총구를 돌려 10년간 3조 달러라는 천문학적인 국민의 혈세를 낭비했다. 2003년 부시 대통령은 영국의 BBC 다큐멘터리 기자와의 인터뷰에서 당시 팔레스타인 지도자 마무드 아바스와 함께한 자리에서 하느님의 명령으로 이라크와 아프가니스탄을 침공했다고 토로했으며 우리가 믿는 하느님이 너희들이 믿는 하느님보다 낫다는 미국식 하느님의 이름으로 명분 없는 자신의 침략전쟁을 정당화했다. 통계에 의하면 그 전쟁으로 인해 1백만 명이 넘는 이라크인 사상자를 냈으며 4천 명 이상의 미국인 병사들이 목숨을 잃었고 수만 명의 미국인 병사들이 손발이 잘리거나 두뇌 손상을 입고 장애인이 되어 인간으로서 신체적 자유를 박탈당한 채 병동에서 비참한 나날을 보내고 있다고 한다.

역사의 아버지라고 하는 헤로도토스는 우리는 역사에서 아무것도 배운 것이 없다고 했다. 호전적인 인간의 침략 근성에 대한 통렬한 비난이 담긴 말일 것이다. 기독교인으로서 내가 느낀 점은 타 종교에 비해 기독교는 대단히 배타적인 성향이 짙으며 남의 문화나 종교에 대해서 너무나 무지하다는 느낌을 떨쳐버릴 수가 없었다.

20세기 구조주의를 제창한 프랑스의 레비스트로스는 『슬픈 열대』에서 문화적 상대주의라는 신선한 용어를 빌려서 각기 다른 문화에는 우열이 있을 수 없다고 하였다. 서구의 문명과 비서구의 미개함을 별개의 것으로 논하던 종래의 관습을 전면적으로 부정하고 그 둘은 결국 하나의 체계 안에 관계를 맺고 있고 구조(構造)라는 감옥 속에서 끊임없이 추구해야 할 인간의 본질을 발견하는 사명을 갖고 있다는 것이다. 그건 마치 한 마리의 고양이와도 나누어 가질 수 있는 인내심, 평온함, 그리고 상호작용이 가득한 눈길 가운데서 우리에게 하사될 수 있을 것이라고 했다. 이제 기독교인들은 글로벌한 시대에 타 종교에 대해서 똑같은 하느님의 자녀라는 인류 공동체적인 마음으로 남의 종교를 적극적으로 포용하는 자세가 절실하게 필요하다고 생각된다.

이 세상의 모든 종교는 각기 자신들이 자라온 전통과 역사 속에서 자연스럽게 피어난 문화의 산물인 것이다. 우리는 아프리카의 부두(Voodoo)종교를 무조건 나쁘다고만 말할 수 없다. 그건 그들이 살던 당시 환경 속에서 가장 현명한 선택이었을 것이기 때문에 아름다운 문화의 전승으로 소중히 간직해야 할 것이다.

성경에 나오는 아브라함과 이삭 그리고 야곱 이야기의 배경이 되는 팔레스타인은 지금도 그렇지만 젖과 꿀이 흐르는 땅이 아니라 메마르며 물이 귀하고 험한 계곡이 있는 척박한 땅이었다. 비가 아주 드물게 내려서 농사를 짓는 데 여간 어려움이 많았던 게 아니었다. 그래서 그들은 하느님께 비를 제때에 내리게 해달라는 염원을 호소하면서 당시 이방인들인 가나안 사람들이 섬기는 풍요와 다산의 신이며 동시에 폭풍의 신인 바알(Baal) 신을 섬겼던 것이다. 바알의 아버지는 엘(El)이며 그의 부인은 아쉐라(Asherah)이다. 그들이 상상하던 신은 인간으로부터 차단된 초월적인 존재가 아닌, 본질적으로 인성과 다르지 않다고 믿었다. 신들과 인간의 차이는, 단지 신들은 인간보다 더욱 힘이 세고 불멸한다는 것뿐이었다. 여기서부터 신인동형론(anthropomorphism)[15]적 사상이 싹 트기 시작했다. 그래서 그들은

---

15) 신도 인간과 같은 속성, 즉 감정, 생각을 지니고 있다는 것을 은유적으로 표현한 것.

신들을 달래는 경건한 제사를 드리고 하느님의 분노를 달래기 위해서 온갖 모형물을 만들어서 집안 여기저기에 달아 놓곤 했다.

그러나 오늘을 사는 우리는 최첨단 정보 통신 기술의 비약적인 발전으로 우리는 구글(Google)에 접속하여 클릭 하나로 언제 비가 오고 눈이 올 것이며 언제 허리케인이 몰려올 것이란 걸 알아낼 수 있다. 심지어는 아주 정확하게는 아니지만 몇 개월 후의 일기예보까지 예측할 수가 있는 과학혁명의 시대를 살고 있으며 우리 모두가 가지고 다니는 스마트폰을 통해서 시간대별로 세계 200여 개국의 일기를 확인할 수 있다. 인간의 지혜는 르네상스 이후 비가 내리고 안 내리고는 하느님이 노해서 인간에게 벌을 주는 게 아니라 하느님의 의지와는 전혀 관계없이 그 당시 바닷물 온도와 기류 상태 그리고 남극과 북극의 덥고 한랭한 기온의 변화 때문이며 그건 언제 어디서나 일어날 수 있는 자연의 운행법칙이란 걸 알아냈다.

> 우리 인간이 하느님께서 착한 일을 하면 상을 주시고 나쁜 일을 하면 벌을 주실 것을 두려워하며 살아간다면 인류는 자신을 스스로 불운한 운명의 존재로 만드는 것이다.
> 　　　　　　　　　　　　　　　　　　　 – 알버트 아인슈타인

또한 우리가 구약성경에서 흔히 볼 수 있는 신비한 현상들, 예를 들어 〈창세기〉 19장 24절과 25절의 내용, 즉 하느님이 유황과 불을 비같이 내리사 타락한 두 도시인 소돔과 고모라를 멸망케 했다는 구절은 사실상 그 당시 지구의 큰 지각변동으로 인해 화산폭발이나 지

진이 일어났던 것으로 고고학자들에 의해서 밝혀졌다. 구약성경을 집적하고 수천 년 동안 수천 명의 유대 랍비들이 토론하고 정리한 것을 보존하며 내려오는 전통을 가진 탈무드에는 미드라시적인 해석을 성경 이해의 기본 강령으로 존중한다. 이와 더불어 시대의 변천에 따라 자신들의 신앙관도 거기에 맞추어 꾸준히 수정, 보완해 나가고 있다.

> 내가 어렸을 때는 말하는 것이 어린아이와 같고 깨닫는 것이 어린아이와 같았고 생각하는 것이 어린아이와 같다가 장성한 사람이 되어서는 어린아이의 일을 버렸노라.
>
> — 고 13:11

> 인간은 너무 엄격한 것에 붙잡혀 있으면 자유로운 정신을 잃게 된다. 일정한 한도 내에서 자기가 성스럽다고 보는 것을 웃음의 대상으로 삼는 것은 인간을 새로이 비약시키고 정신적으로 확장함에 있어 중요한 태도라고 생각한다. 규율이 너무 빡빡한 데서는 새로운 것이 발견되지 않는다. 지나치게 공식적인 교의를 믿도록 강요하는 데서는 새로운 학설과 방법이 생기지 않는다. 결과적으로 고정된 해석에 얽매이다 보면 인간은 하느님이 주신 소중한 창의력을 잃어버리기 때문이다.
>
> — 마빈 토케이, 『탈무드』

율법은 애굽에서 바로의 학정하에 노예로 신음하던 60만 히브리인들을 시내 광야로 탈출시키기 위해서 모세가 하느님으로부터 받은 엄격한 단체 수칙이었다고 한다. 모세의 바통을 이어 받은 여호수아는 40년간 방황하던 이스라엘 민족을 간난신고 끝에 하느님이 주셨다는 가나안 땅에 정착시키게 된다. 가나안에 정착한 이스라엘은 이제 새로운 삶을 살아가야 할 땅이 생겼고 또한 자신들의 처지가 바뀌었기에 새로운 질서를 세워야 할 때가 온 것이다. 새로운 율법은 다름 아닌 번제(燔祭)와 화목제(和睦祭)로 특징짓는 구 율법을 영적 갱신으로 대체하는, 새로운 동틈을 의미하는 게 아닐까?

예수님도 율법의 엄수를 고집하던 샤마이파 바리새인들의 숨 막힐 것 같은 율법주의에서 성령의 하느님으로 탈바꿈하였다. 이와 마찬가지로 기독교는 다른 어떤 종교보다도 예수님이 보여 주신 보편적 사랑의 정신으로 사회정의를 실현할 수 있는 위대한 종교이다. 그리고 불교는 아힘사(Ahimsa)[16]라는 위대한 생명존중 사상이 있다. 인류의 역사를 보면 타 종교에 비해 불교라는 종교의 우월성을 명분으로 인종과 인종 간 혹은 민족과 민족 간에 벌어진 전쟁은 단 한 건도 없었다. 따라서 두 종교는 함께 인류를 선도할 강력한 잠재력을 가지고 있다. 하느님은 인류가 받는 고통과 분쟁을 해결하기 위해서 주기적으로 특별한 능력을 갖춘 구세주를 이 세상에 보내준다는 믿음이 메시아사상이라면 글로벌 시대의 메시아사상은 모든 사람이 각자 메시아로 환골탈태하는 것이라고 생각한다. 인간은 모두 자신의 내면에 나 아닌 또 다른 나를 가지고 있는데(철학 용어로는 모순율이라고 함), 이 둘 사이에는 어떤 결정을 할 때 늘 갈등과 분쟁을 겪는다고 한다. 불교의 믿음은 바로 자신의 내면에 용솟음치는 나 아닌 또 다

---

16) 힌두교의 비폭력, 생명존중 정신으로 브라만의 경전인 우파니샤드에서 기원했으며 힌두교의 핵심 사상으로 간디와 마틴 루터 목사에게 영향을 주었다.

른 나, 즉 욕망의 불꽃을 원천적으로 꺼버리는 자기 비움의 공(空)사상을 기본으로 성립한 종교이다. 거기가 다름 아닌 천국이요 정토인 것이다.

1971년에 비틀스의 멤버였던 천재가수 존 레논은 기독교 국가인 미국이 베트남의 북부에 있는 호찌민의 공산 월맹 정권을 붕괴시키고 남부 베트남의 민주주의를 수호한다는 명분으로 CIA의 조작된 정보를 내세워 남의 나라 전쟁에 개입해서 수십만의 베트공들을 살해하기 위해 미국 가정의 사랑스러운 자식들이 전쟁터로 끌려가 싸늘한 시체가 되어 돌아오는 참담을 현실을 풍자하며 〈이매진(Imagine)〉이라는 노래를 작사 작곡하였다. 이 노래에서 "천국도 없고 지옥도 없고 머리 위에 오직 하늘만 있는 세상을 갈망한다."는 자신의 보편적인 신관을 노래해서 전 세계 젊은이들의 마음을 사로잡았던 걸 나는 기억한다. 하늘은 다름 아닌 보편적인 진리의 세계이다. 거기에는 기독교, 유대교, 이슬람, 불교의 구별도 없는 본질의 세계이며 너와 나의 장벽이 무너진 세계이며 신과 내가 하나가 된 세계가 아닐까? 그 본질의 세계가 우리들 모두의 마음속에 있는 것이다. 기독교의 아버지라고 부르는 세인트 어거스틴은 기나긴 방황의 순간을 마감하고 기독교 사제로 서품 받기 직전에 쓴 『고백론』에서 자신의 내면에서 발견한 하느님과의 만남을 다음과 같이 토로했다.

그토록 오래되었으면서도 그토록 아름다움에 빛나는 당신을 이제야 사랑하게 되었습니다. 그동안 당신은 내 안에 있었으나 나는 밖에서만 당신을 찾으며 당신이 창조한 아름다운 것들 속에 빠져서 있었습니다. 당신은 내 곁에 있었으나 나는 당신을 떠나 있었습니다. 당신이 아니었다면 존재조차 할 수 없었을 것들이 나를 당신에게서 멀어지게 했습니다.

10여 년 전 유럽을 여행하면서 감명 깊게 느낀 점이 있다. 유럽인들은 1700년 전부터 조상 대대로 기독교란 토양에서 자라났고, 기독교 신앙이 정치와 문화를 비롯해서 사회 전체를 지배했던 중세를 거쳐서 근대로 접어들면서 시대의 변천에 따라 기독교가 일상생활의 문화로 정착했다는 걸 느낄 수 있었다. 파리의 노트르담 사원엘 갔을 때 르네(Rene)라는 여인이 우리들을 안내했다. 그때 그녀는 웅장한 사원 입구의 중앙에 위치한 문의 바로 위 화강암에 새겨진 〈최후의 심판〉 그림을 가리키며, 중세의 기독교 교부들은 "너희들이 십일조를 잘 내면 죽어서 저렇게 화려하고 풍요로운 천국에서 살 것이며, 십일조를 안 내면 반대쪽에 보이는 불덩이 같은 지옥에 던져져서 불타오르는 화염에서 형벌을 받을 것"이라고 위협하면서 무지몽매한 민중을 착취했다고 말해 주었다.

현재 그들이 믿는 신앙은 중세 기독교의 모든 신비함을 극복하고 철저하게 예수님이 보여 주신 윤리적 삶의 기반 위에서 나와 남의 조화를 이루며 평화로운 삶을 살아가고 있다는 느낌을 강렬하게 받았다. 유럽인들이 믿는 기독교에서 기복신앙의 흔적은 어디에서도 찾을 수 없었다.

뉴욕에 살던 시절 불광선원을 다닐 때, 거기에 계신 스님들이 부처님의 가르침을 정리한 방대한 분량의 불경(기독교 성경에 비하면 수

백 배 되는 분량)은 물론이고 자신들의 신앙과 직접적으로 관련이 없는 기독교의 구약과 신약성경은 물론 중세의 기독교 신학자들의 신학이론 그리고 현대 물리학과 천체물리학까지 모두 꿰뚫어 보고 있다는 사실을 발견하곤 너무도 큰 충격을 받았다.

아인슈타인은 과학은 확장된 종교라고 했다. 과연 기독교 목사님들 중에 『아함경』, 『법화경』, 『금강경』, 『화엄경』 그리고 『반야심경』 또는 『대승기신론』을 읽은 분이 몇 분이나 될까? 내가 경험한 바로는 불경은 철저하게 인식론적 바탕 위에서 성립되었기 때문에 과학과 대립하지 않는다. 그렇기 때문에 불경도 마음의 눈을 열고 읽을 때 기본적으로 신약성경의 말씀과 크게 다르지 않다는 걸 발견하게 되었다. 한 걸음 더 나아가 나는 사실 불교 경전인 『금강경』과 『반야심경』, 『화엄경』 그리고 『법화경』을 통해서 기독교 신학의 깊은 의미를 좀 더 선명하게 이해할 수 있었다. 실제적으로 불교를 공부하면서 내가 발견한 사실은, 기원후 1세기부터 소수의 진보적인 재가 신자들이 종교적 각성에서 출발해서 2세기경에 만개한 대승불교는 예수님이 공생애 기간 자신이 몸소 실천한 이타적인 사랑에서 상당한 영향을 받았다는 흔적을 엿볼 수 있었다.

불교는 마음의 종교이며 철저하게 자신의 내면을 관조하는 종교이기에 모든 우주와 인생 그리고 만물의 움직임까지 모두 나의 인식주관이 만들어 낸 결과물 이라고 믿는다. 그러므로 불교적인 시각에서 말하는 구원은 각자 개인의 몫 이라는 결론에 이르게 된다. 내가 현재 복을 받고 벌을 받는 것 조차 절대자이신 하느님이 아닌 자신이 지은 업보(Karma)의 탓으로 돌린다. 오늘 좋은 씨를 뿌리면 내일 좋은 싹이 솟아나고 훗날 좋은 열매를 맺을 수 있다는 정직한 인과의 법칙이다. 불교를 알면 타 종교에 대한 불신이나 배타적인 성향을 느끼기보다 오히려 모든 타종교에 대한 진지한 이해와 적극적이고 열린 마음으로 대화에 임할 수 있는 것이다.

물론 이런 나의 교만스러운 주장이 내가 다니는 교회의 교우들과 기독교 신자들을 실망시키리란 걸 잘 알고 있다. 사실 지금 내가 다니는 교회는 내가 이제까지 다녀본 교회 중 가장 예수님의 가르침에 충실하게 따르고 서로를 지극히 사랑하며 교우들 간에 온정이 넘치며 성령 충만한 교회라고 자신 있게 말할 수 있다. 그러나 나는 그러한 사랑의 정신이 특정한 종교와 종파라는 좁은 장벽을 과감하게 뛰어넘어 인류의 광장으로 확장될 때 그 파장은 마치 전 지구를 밝혀주는 태양과 같이 밝고 전쟁이 없으며 평화로운 세상이 되지 않을까 하는 자그마한 소망을 가지고 살아가고 있다.

생물학적으로 인간은 다세포 동물이다. 단세포 동물은 각 세포의 고통이 개별의 고통에 머무르지만 다세포 동물인 인간은 그 육체의 어떤 세포가 고통을 당하면 전체의 세포가 통증을 느낀다고 한다. 그래서 사회적, 역사적 인간인 우리 모두는 상호의존적 연관구조 때문에 타인이 고통을 당해도 자신의 고통으로 느낀다. 그게 싯다르타 고타마가 깨달은 연기(緣起)론이다. 이것은 산산 조각나고 분해되었던 자기중심적인 세계관에서 돌아서서 모든 생명체가 한 우주 안에서 유기적으로 연결되어 있다는 통전적(holistic, 주로 신학에서 쓰는 용어로 통합하고는 좀 다른 뉘앙스로 쓰이는데 모든 것을 통합해서 온전함에 이르고자 하는 신학을 말한다)인 세계관을 의미한다. 연기론적인 시각에서는 기독교와 불교 그리고 이슬람과 유대교라는 이질적인 발상이 상생의 원리에 의해서 서로가 서로를 필요로하는 상호 의존적인 통일체로 본다. 나는 기독교도요 너는 불교도, 이슬람교도 혹은 힌두교도라는 지극히 소아적인 에고가 광활한 우주 공간에서 사방팔방으로 흩어져 버리는 것이다.

마이스터 엑카르트는 지성은 그 본질적인 면에서 텅 비고 순수한 것이라고 하며 하느님과 인간은 이 텅 빈 상태에서 하나가 된다고 말한다. 그래서 붓다는 중생이 아프니 부처의 마음이 아프다고 하지 않았던가? 너와 나의 장벽이 깨진 상태는 공(空)이고 멸(滅)이며 텅 빔의 상태인 것이다. 2천 년 전 팔레스타인에 살던 예수님의 깨달음도 결국 인간적으로 부처님과 같은 차원의 깨달음이었다고 생각된다. 예수님은 배타적이며 선민의식으로 무장된 유대교 제사장들의 편협한 가름의 장벽을 뛰어넘어 전 인류를 보듬는 보편적인 사랑을 강조한 것이다. 문제는 나와 다른 생각을 가진 상대방의 말에 귀를 기울이는 진정성이 필요한 것이다.

우리는 글로벌한 시대의 키워드인 다양성과 인터넷으로 통일된 규범의 이점을 누리며 살아가고 있다. 스티브 잡스라는 천재가 개발한 아이폰 덕분에 온 세계를 상대로 어디든지 수초 안에 접속해서 동시에 통화하고 자신의 사진을 불과 몇 초 내에 지구 마을 어디든지 내가 원하는 상대방에게 전송할 수 있다. 예수님이 태어나신 나사렛을 한 폭의 그림으로 보고 수천 년 전의 숨겨진 비밀의 고문서들을 클릭 하나로 다 알아낼 수 있는, 참으로 신비한 세상을 살고 있다. 우리나라의 젊은이들이 창안한 한류문화가 아시아를 넘어 전 세계로 뻗어

나가는 저력은 한 마디로 남의 문화를 거리낌 없이 받아들이는 유연성 때문이 아닐까 한다. 그들은 미국의 흑인들이 개발한 힙합이란 노래와 댄스에다 세계 어느 나라에서도 찾아볼 수 없는 풍부한 어휘력을 가진 훈민정음으로 가사를 각색한 다음 다채롭게 작사, 작곡한 후 한민족의 핵심인 정(情) 사상을 접붙여서 동서양의 만남이라는 새로운 장르를 창안한 것이다.

종교도 마찬가지라는 게 나의 생각이다. 기독교는 좀 더 시대의 변화에 맞게 2천 년 전 참된 예수의 모습을 우리의 전통문화인 유불선과의 통섭을 해서 동서양의 울타리를 자유롭게 드나들 수 있는 종교관을 정립해야 하지 않을까? 왜냐하면 종교도 인간을 위해서 존재하는 것이지 인간이 종교를 위해서 태어난 게 절대로 아니기 때문이며 모든 종교는 각기 인본주의를 바탕으로 성립했기 때문이다.

우리는 상상의 날개를 펴서 인본주의에 바탕을 둔 인류 보편적 시각으로 다가가야 하리라고 믿는다. 나는 그 해답을 지금으로부터 1만 년의 역사를 가졌으며 우리 민족의 소중한 유산인 『천부경(天符經)』[17]에서 그 해답을 찾을 수 있다고 생각한다. 『천부경』은 총 81자로 간략하면서도 너무도 신비하게 온 우주의 창조원리와 운행법칙을 담고 있다. 서

---

17) 인류역사상 가장 오래된 우리 동이족의 기록으로, 일적십(一積十)의 원리로 모든 우주만물의 생성소멸을 설명한다. 신라의 승려 안함로가 지은 『삼성기1』, 고려 공민왕 때 원동중이 지은 『삼성기2』와 공민왕 때 학자인 범장이 지은 『북부여기』, 고려 말 행촌 이암이 지은 『단군세기』 그리고 그의 손자이며 중종 때의 학자였던 이맥이 지은 『태백일사』를 종합해서 일제강점기인 1911년 운초 계연수(?~1920)가 한 권의 책으로 엮은 것이다. 고구려의 재상이었던 을파소가 쓴 『참전계경』 그리고 『삼일신고』와 함께 우리 민족의 3대 바이블이다. 『환단고기』에 대한 진위를 두고 학계에서 많은 논란이 있었으나 그동안 수많은 학자들이 연구 끝에 이제는 거의 정설로 굳혀진 상태이다.

양의 이원론적 사유는 지난 2천 년간 물질과 정신은 분리된 별개의 존재라고 주장해 왔다. 그러나 양자물리학의 발견으로 사실상 플라톤의 이원론은 설자리를 잃게 되었고 물질과 정신은 동일한 존재의 양 모습이며 물질 도처에 정신이 존재한다는 일원론이 우주만물을 설명하는 가설로 굳어졌다. 이와 마찬가지로『천부경』은 현대 물리학의 진수를 담고 있다는 점에서 가히 놀랄 만한 것이다. 그러나『천부경』의 하느님은 인격성이 배제된 우주적인 에너지(의식)이다.『천부경』에 대해서는 2장에서 상세히 소개하기로 하겠다.

지구상에 있는 모든 종교의 함의는 공통된 하나의 메시지를 담고 있다. 그것은 다름 아닌 남의 아픔을 나의 아픔으로 바라보는 연민의 정이다. 불교에서 제일 큰 덕목으로 보는 자비의 자(慈)는 산스크리트어에서 대단히 철학적 의미가 내포되어 있는 단어로, "내가 너의 입장에서 본다."라는 의미이며 그건 곧 연민(憐憫)의 정을 뜻한다. 산스크리트어는 인류가 만든 최초의 언어이며 다름 아닌 동이족이 만든 언어로, 남을 이롭게하는 정신을 가장 소중하게 생각했다. 기원전 2333년에 시작된 단군조선의 첫 임금 이름이 단군왕검(단군이란 산스크리트어로 '신출귀몰하는 영웅', '뛰어난 왕'이란 일반명사임)인데, 2038년 동안 47명의 왕이 다스렸고 건국이념이 다름 아닌 홍익인간(弘益人間, 인간세상을 널리 이롭게 함)이라는 사실은 우리 민족이 얼마나 평화를 사랑하는 민족인지 가늠할 수 있다.

남을 이롭게 한다는 것은 남을 사랑한다는 것이며 더 나아가 남의 생각과 존재를 그대로 존중한다는 의미이다. 남의 종교에 대해서 아예 들을 생각조차 하지 않는다는 사실은 남의 존재를 인정하지 않는다는 증거이다. 왜냐하면 종교는 누구나 각자의 삶에서 가장 소중한 믿음을 근간으로 하는 가치관이 담겨 있으며 인간이 무엇 때문에 사는지에 대한 해답을 찾을 수 있기 때문이다. 그런데 우리가 성경에 쓰여 있는 예수님의 가르침을 찬찬히 음미해 보면 예수님의 일생은 철저히 남을 위한 삶이었다. 죽는 순간에도 온 인류를 대신하여 십자가를 메고 죽었다는 것이 아닌가. 예수님의 일생에서 타 종교에 대한 배척은 어디에서도 찾아볼 수 없다. 성경에서 예수님은 원수를 사랑하라고 하셨다.

> 너희가 하느님의 성전인 것과 하느님의 성령이 너희 안에 거하시는 것을 알지 못하느뇨.
>
> – 고전 3:16

우리 모두는 하느님의 자녀요, 각자의 마음속에는 주님의 성령이 임재하고 있다고 한다. 하느님의 성령은 불교나 유대교 혹은 이슬람이라고 차별하지 않는다. 예수님이 우리와 함께 지금의 시대를 살고 있다면 오로지 선행과 이타심으로 일생을 살아가는 자비스러운 부처님의 제자들을 당신과 신앙이 다르다고 미워하고 저주하셨을까? 나는 절대로 그렇지 않다고 생각한다. 기독교는 타 종교에 대해서 너무 배타적이라는 생각은 타 종교인들이 공통적으로 느끼는 숨길 수 없는 사실이다.

> 예수님이 지금 살아 계시다면 아마 기독교인이 되지 않았을 것이다.
>
> – 마크 트웨인

예수님을 믿어야만 구원받고 하늘나라에 갈 수 있다는 주장은 예수님이 한 말이 아니며 예수 사후 사도 바울과 초기 기독교 변증가들에 의해서 만들어진 말이다. 주변의 형제자매들이 주말에 오손도손 모여앉아 예수님과 부처님의 가르침을 가지고 서로 토론하는 평화로운 모습을 보면 예수님은 무한한 행복을 느끼시며 "다 이루었다."고 하지 않을까? 2천 년 전 팔레스타인에 살던 예수님이 자주 사용하셨던 비유나 우화는 선불교에서 학승들을 가르칠 때 전통적으로 사용하는 화두나 공안(公案)과 아주 유사하다.

> 인류가 존속하기 위해서는 진정으로 새로운 사고의 지평을 넓혀야만 한다.
>
> – 알버트 아인슈타인

지난 40년 동안 신학대학에서 '예수와 윤리적인 삶'이란 과목을 가지고 학생들을 가르쳤던 하비콕스 교수는 다음과 같이 하버드 신학대학 학생들에게 말했다고 한다.

랍비 예수는 그의 이전이나 이후의 모든 랍비들과 마찬가지로 이야기를 좋아했다. 그에게서 이런 점보다 더 유대적이고 더 랍비적인 것은 없다. 복음서에 보면 그가 했다고 하는 이야기들이 약 60개 나오는데, 아무리 회의적인 비평가들이라 하더라도 그가 진정으로 그런 이야기를 했으리라 믿는 쪽으로 기울고 있다. 우리들에게 익숙한 비유, 즉 "오 리를 가자고 하거든 십 리를 같이 가주어라.", "등불을

켜서 발아래에다 내려놓지 아니하고 살찐 송아지를 끌어내다가 잡아라." 그리고 선한 사마리아인의 비유 등등은 복음서의 35%를 차지하고 있는데, 그가 전달하는 메시지의 방법은 후림상술(bait-and-switch)[18]이었다. 예수님의 말씀은 청중을 익숙한 일처럼 보이는 곳을 따라 안내하다가 마지막 순간에 이르러서는 일반적으로 받아들여진 사회적 통설을 뒤집어엎어서 청중의 인습적 세계관을 흔들어준다. 그의 이야기들은 마치 야구에서 말하는 갑작스러운 변화구(變化球)와 같은 것으로서 처음에는 보통 속도의 공처럼 보이지만 나중에 완전히 다른 형태의 공이 되어 타자의 타이밍을 흐트러뜨리는 효과가 있다.

선사들의 말씀도 어떤 윤리적 지침을 전달하려는 것보다는 듣는 사람들에게 의식의 변화를 가져오려 한 것이었다. 예를 들어, 한 젊은 학승이 자기를 지도하는 스승을 떠나 영운(靈雲)이란 선사를 찾아간 이야기가 있다. "부처님이 나오시기 전에는 세상이 어떠했습니까?" 젊은 학승이 선사에게 물었다. 영운 선사는 아무 대답도 하지 않고

---

18) 광고 상품으로 꾀어서 비싼 물건을 팔려는 상술. 후림상술은 하비콕스 교수가 쓴 『예수 하버드에 오다』에 나오는 용어이다. 선불교에서 선사들이 1,701개 공안(公案)을 제자들에게 가르칠 때 사용하는 방법이라고 한다. 예를 들면, 스티브 잡스가 인도에 가서 명상을 배울 때 세계 제1의 요가 구루(guru)인 마하라지(Maharaji)를 만나 산길을 함께 걷게 되었다. 그때 마하라지가 갑자기 '공기는 무슨 색이냐?'라고 물어보았다. 그때 스티브는 모든 생각과 논리적 사고가 완전히 끊기면서 자신에 대한 깊은 통찰(insight)을 했다고 한다. 후림상술에서 '후림은 남을 꾀어 후리는 솜씨'를 뜻하고 '상술은 장사꾼들이 손님 꾀이는 재주를 발휘해서 물건을 사게 만드는 솜씨'를 말한다. 그래서 영어로 낚시 밥 bait와 switch, 즉 과대광고를 믿고 갔는데 본인이 원하는 물건이 아닌데도 세일즈맨의 능란한 기법에 넘어가서 구매하고 마는 상황을 표현한 것이다.

그의 불자(拂子)[19]만을 치켜들었다. 어리둥절한 학승은 다시 "그렇다면 부처님이 나타나신 후에는 어떠했습니까?" 하고 물었다. 이번에도 선사는 방금 전과 똑같이 불자만을 치켜들 뿐이었다. 이 젊은 학승은 영문을 모른 채 다시 스승에게 돌아가 버리고 말았다. "어찌이리 빨리 돌아왔는고?" 그의 스승은 물었다. "글쎄 아무것도 알아들을 수가 없었습니다." 그러자 스승이 "그러면 이제 나에게 물어보려무나." 하고 말했다. 그래서 학승은 영운 선사에게 했던 두 가지 질문을 자기 스승에게 했다. 그 스승 또한 두 가지 질문에 선사와 똑같이 그의 불자만을 들어올릴 뿐이었다. 그러나 이번에는 그 학승이 무엇인가 알아차렸다는 듯 그에게 머리를 숙였다. 그러자 스승이 불자로 그의 머리를 세게 내리쳤다. 이야기의 끝이다.

　이 공안은 요즘 독자들에게 매혹적이면서도 동시에 황당스러운 것이다. 그 학승이 질문에 대한 대답을 얻은 것인가? 답이 있기나 한 것인가? 왜 그와 같은 질문을 해야만 했던가? 그가 그 스승의 가르침을 정말로 이해했을까? 혹은 이해할 것이라고는 전혀 없다는 것을 이해한 것인가? 머리를 얻어맞은 까닭은 무엇이란 말인가? 완전히 엉터리 같기도 하고 아주 심오한 것 같기도 한, 아마도 그 양쪽 모두를 포함하고 있을 것 같은, 그 유명한 공안 '한 손으로 치는 박수소리(隻手聲)'처럼 학승이 자기 스승과 선사를 만났다는 이 이야기에서 한 가지 확실하게 말할 수 있는 사실은 이것이 이솝우화처럼 어떤 윤리적 교훈 같은 것을 전달하려고 의도된 것이 아니라는 점이다.

---

19) 중국 선종에서 선사들이 설법을 할 때 들고 있는 '총채'로 설법과 권위를 상징한다.

선의 이야기들은 듣는 사람들의 사고방식, 세계를 보는 시각을 뒤흔들어놓기 위한 것이다. 이것이 바로 랍비 예수의 스타일이기도 하다. 그의 이야기는 거의 반전의 고리로 끝나고 있다. 듣는 사람들에게 어떤 정보를 주는 것보다도 그들에게 충격을 주는 것이었다. 즉, 선불교의 본질이 삶을 바라보는 '새로운 시각을 얻는 것'이라고 설명하고 있다. 선의 이야기들은 세계를 보는 우리의 시각이 바뀌는 것을 목표로 한다. 그렇다면, 예수가 사람들에게 바라는 것은 '세상 자체가 바뀌는 것을 보는 것', 따라서 세상을 보는 그들의 방법을 바꾸는 것이다. 그는 이 변화를 '하느님 나라의 도래'라고 했다.

프로테스탄트 신학자인 몰트만은 이스라엘 사람들에게 부활이 영원한 생명이나 행복을 의미하는 것이 아니고 오히려 역사의 마지막에 있을 하느님의 공의에 대한 믿음을 표현하기 위한 신학적 상징이었다고 하면서 그건 공의에 대한 목마름이었다고 했다.

예수님이 선포하신 하늘나라는 네 이웃을 내 몸같이 사랑할 때 예수님의 진정한 제자도에 다가가는 지름길이 될 것이며, 예수님이 꿈꾸던 곳이요, 불교적인 용어로는 증오와 분쟁과 갈등이 없는 불국정토(佛國淨土)라고 말할 수 있다. 그래서 붓다는 "이 세상에는 마음을 두지 말라(應無所住以生起心)."라고 했다. 자신을 구속하는 욕망의 쇠사슬에서 과감하게 벗어나라는 메시지가 아닐까? 여기에서 불교와 기독교가 만나는 원류를 찾을 수 있다. 나는 우리 인류가 평화롭게 살아가는 지혜를 예수님과 붓다의 만남에서 획기적인 전기를 발견할 수 있었다. 누구나 예수님처럼 자신의 생명력을 완전하게 꽃

피울 가능성과 하느님과 하나가 될 가능성을 갖고 있다고 한다. 예수님과 부처님은 세속에 물든 우리들에게 좀 더 평화롭고 고요한 길로 안내하고 있다.

월남 출신으로 미국에서 마음 다함의 수행법을 가르치는 틱낫한 스님은 예수님과 부처님은 인류 역사에 핀 가장 아름다운 두 송이의 꽃이라고 하고 두 분은 한 형제라고 했다. 무한한 자유와 안식을 누릴 수 있는 풍요로운 진리의 여정을 어찌 마다 할 수 있겠는가?

8. 침묵을 사랑하신 예수님과 붓다

여호와여 내 입 앞에 파수꾼을 세우시고 내 입술의 문을 지키소서.

— 시 141:3

어떤 사람이 성당에 가서 한 시간이 넘도록 눈을 감고 앉아 있었다. 신부님이 다가가서 그분에게 물었다. "선생께서는 하늘에 계신 그분께 어떤 기도를 하셨습니까?" "나는 아무 말도 하지 않았습니다. 그냥 그분의 말씀을 듣고 있었을 뿐입니다." 신부님이 다시 물었다. "그럼 그분께서 어떤 말씀을 하시던가요?" "그분 역시 가만히 듣고만 계셨습니다."

현대인들은 매일매일 대중매체를 통해서 쏟아져 나오는 정보의 홍수 속에서 듣고 보고 분석하고 판단해야만 하는 초고속 인터넷 시대에 살고 있다. 아침부터 눈만 뜨면 인터넷을 하고 스마트폰을 온 종일 들고 다니면서 누군가와 대화를 해야만 최첨단을 달리는 것인 양 큰 착각 속에서 늘 쫓기며 하루하루를 정말 너무도 바쁘게 살아가고 있다. 나는 어느 시점에서 모든 정보 매체와의 관계를 일체 차단하고

2달 정도 홀로 살아간 경험이 있었다. 평소엔 그렇게 궁금하고 신경을 곤두세워서 이스라엘과 시리아 문제나 북한의 김정은과 장성택이 어떻게 되었을까 하고 초미의 관심을 끌었던, 주위의 모든 일들이 2주 정도 시간이 지나자, 나의 마음은 마치 미꾸라지들이 흐려놓은 흙탕물이 점차 시간이 지나면서 바닥으로 가라앉으면서 바닥이 투명하게 보이듯이, 고요한 마음의 평정을 찾을 수 있었다. 그런 정보들은 나의 존재 이유와는 아무런 상관이 없고 오로지 우리의 영적 건강을 해치는 무익한 것들이다. 이 시대를 살아가는 우리의 심성을 너무 혼란스럽게 하기 때문에 단순한 삶을 살기 위해서는 오히려 컴퓨터의 델리트(delete) 기능을 이용하여 종종 머릿속에서 불필요한 정보들을 지워버리는 작업이 꼭 필요하다는 느낌이 들었다.

예수님과 부처님은 참으로 침묵을 사랑했다. 예수님은 공생애 기간 중 대부분의 시간을 고독과 침묵, 기도, 묵상을 즐기셨으며 광야에서 40주야를 금식 기도하면서 극기의 훈련을 통해 천국이 열리는 놀라운 변화를 체험하셨다. 부처님 또한 4년 반의 물리적인 고행을 겪었으나 결국 우주적인 깨달음을 얻을 수 없었다. 그리하여 다시 1년 반의 침묵과 선정을 통해 중도(中道)[20]에 이르게 된다. 붓다는 영혼의 심연에 존재하는 밝은 불성(佛性)을 발견한 것이다. 그걸 하느님과 하나가 된 마음의 상태에 안착했다고 표현한다.

우리가 영성을 찾아가는 수행의 단계는 기도의 단계로 시작해서 묵

---

20) 중도(中道)란 생과 사, 주관과 객관, 선과 악이라는 양극단을 떠나서 깨달음에 이르는 길, 즉 모든 세상 만물은 결국 공(空)성을 가졌기 때문에 언젠가는 변화해서 공으로 돌아간다는 믿음이다.

상(默想)의 단계 그리고 관상(觀相)의 단계와 마지막 합일(合一)의 단계에 이른다고 한다. 예수님의 부활 역시 합일의 단계에 이른 것으로 자신의 인성이 하느님의 신성과 완벽하게 하나가 된 자리인 "진리의 나"를 발견한 순간이었다. 그건 예수님의 가상칠언(架上七言)[21]에서 단서를 엿볼 수 있다.

내가 기독교에 몸을 담고 성서를 공부하고 또 신학에 관계된 서적을 두루 읽으면서 가장 이해하기 힘들었던 부분은 성부, 성자, 성신이 하나라는 삼위일체설이었다. 솔직히 세례를 받은 교인으로서 예수님의 삼위일체설에 대해서 받아들이기가 좀 힘들었다. 그런데 아이러니하게도 불교 경전을 읽으면서 쉽게 이해할 수 있었다. 기독교 교리에 관한 한 나는 솔직히 이신론(理神論)에 가깝다. 이신론은 중세의 철학자이며 서양의 근대를 가져온 데카르트가 주장한 이론이다. 수량화된 우주의 질서를 신봉하는 철학 사조를 뜻한다. 사실 나의 일거수일투족을 명령하고 지시하며 심판하고 처벌하는 그런 숨막힐 것 같은 하느님을 솔직히 받아들이고 싶지 않았던 것이다.

인간은 하느님이 자신의 형상대로 지으셨기 때문에 나의 마음에서 자연스럽게 우러나오는 신성의 소리를 들을 수 있도록 선택의 자유가 나에게 주어졌다고 생각된다. 그걸 기독교 신학에서 자유의지(Free Will)라고 부르는데, 나는 사실 자유의지보다 선택의 자유(freedom of choice)라고 부르고 싶다. 사실 인간은 자유의지가 없다. 상세한 것은 4장에서 밝히기로 하겠다. 물론 에덴동산의 사과는 인간의 탐욕

---

21) 가상칠언은 예수께서 십자가에 매달려서 남긴 일곱 가지 말을 가리킨다.

을 메타포로 표현한 하나의 상징물이라고 생각한다. 여기서 말하는 하느님은 인격성을 배제한 우주 자연의 법칙을 말한다. 에덴동산에서 인류의 조상인 아담과 이브는 뱀의 꼬임에 빠졌을 때 선악과를 먹을 것인지 아닌지를 두고 양자택일을 해야만 하는 기로에 서 있었다. 그건 순수하게 선택의 문제인 것이다. 사과나무에 매달린 빨간 사과를 먹고 싶다는 욕구를 느끼는 것은 나의 오감 중 하나인 눈과 코와 내 감각이 요구해서 추동된 원인이라고 하더라도 그런 의식을 일으키려면 일차적으로 정신이 우선 발동해야 한다. 먹고 난 이후의 만족감과 죄의식을 느끼는 모든 행위도 사실 내 안의 정신세계에서 일어나는 충동을 만족시키기 위한 것이다. 우리가 밥을 먹으면 배 자체가 배부르다고 느끼는 게 아니라 결과적으로 총사령탑인 나의 정신이 만족감을 느끼게 되는 것이다. 배는 어떤 의식을 결하고 있기 때문이다. 마치 우리가 칼에 신체의 일정한 부위를 베었을 때 피부가 아프다고 느끼는 게 아니라 나의 머리에 있는 의식이 아프다고 느끼는 것과 같은 논리이다. 감각기관의 작용에 의해서 일어나는 일련의 사건들은 결국 정신작용이라는 총괄적인 사령탑을 위해서 도구 연관으로서의 역할을 하는 것이다. 배 자체가 만족감을 느끼는 게 아니라 나의 정신이 배부름의 상태를 인식하는 것이다. 뇌는 우리의 영혼이 숨쉬는 곳으로 하느님을 닮은 곳이다. 인간은 성령의 도움으로 영적인 성장을 하게 된다고 한다. 신학성경의 주석서를 읽다 보면 난해한 용어가 자주 등장하는데, 사실 기독교 신학은 이해하기 힘든 현학적인 용어를 남발한다. 예를 들어 실재론(Realism)과 관념론(Idealism) 같은 것이다. 실재론은 인간 정신의 외계에 해당하는 실재 세계가 존재하며 인간 정신은 그걸 이해할 능력이 있다는 주장이다. 반면, 관념론은 인간의 질서를 부여하는 인간 정신의 활동을 통해 사물의 형상을 인식할 수 있다고 하지만 정신으로부터 독립적으로 존재하는 실재는 사실상 인간의 능력으로는 인식할 수 없다는 이론이다. 볼테르는 『철학 사전』에서 참된 종교는 쉬워야 하고 그 진리도 쉽게 알아볼 수 있어야 한다면서 무엇보다도 관용적이어야 한다고 생각했다.

우리는 어려운 기독교 이론을 읽으면서 골치 아파할 하등의 이유가 없다. 성직자들이나 알아볼 수 있는 교리나 신학이론은 사실 민중들에게 아무런 가치가 없는 헛된 구호에 불과한 것이다. 그런 기독론에 대한 나의 변론은 4장에서 자세히 밝히기로 하겠다.

어쨌든 기독교의 삼위일체설에 대한 나의 오랜 궁금증은 불교에 입문하면서 너무 쉽게 풀 수 있었다. 불교에서는 삼신 사상을 기본으로 한다. 법신(法身)은 부처님의 가르침인 진리의 세계인 것이며 그건 마치 태양과 같이 온 지구를 골고루 비춰주는 우주의 원리이며 진리의 본성을 뜻한다. 화신(化身)은 중생의 근기와 필요에 따라 응신(應身)하는 제2의 부처님을 말한다. 보신(報身)이란 색신(色身)이라고도 하는데, 좋은 업을 쌓아 완전한 상태에 이른 몸이 붓다가 되는 것이다. 중세에 기독교 교부들은 예수님의 색신을 너무 신비화하는 오류를 범했기 때문에 삼위일체설은 평범한 기독교인들이 받아들이기에는 아무리 머리를 싸매고 고민을 해 봐도 도저히 이해할 수 없는 골치 아픈 변증법이 되어 버린 것이다. 그러나 예수님의 부활은 불교적인 용어로 법신의 나툼(natum)[22)]이었다. 우리가 본받아야 할 것은 예수님이 행하신 이적(miracle)이 아니라 그의 위대한 가르침 그리고 순종의 삶, 이타적인 삶인 것이다. 싯다르타 고타마의 성불도 애초부터 철저한 법신의 반석 위에 서 있다. 그건 순수 영혼을 찾고자 하는 모든 이들이 거쳐야 할 통과의례인 것이다. 니코스 카잔차키스는 인간의 내면에는 누구나 신성의 회오리바람이 불고 있다고 한다. 그러나 에덴동산의 타락 이후 인간은 야만스러운 짐승의 속성을 잉태했기에 인간의 궁극적인 가치는 육체와 영혼, 물질과 정신의 임계 상태 저 너머에서 일어나는 메소이소노(거룩하게 되기)를 이루는 것이라고 외쳤다. 에덴동산의 타락은 물질에 대한 인간의 끊임없는 욕망이며 물질은 영원하다고 보는 인간의 왜곡된 의식이 만들어 낸 판타지를 메타포를 써서 표현한 것이다. 그래서 불교의 연기론은 집착에서 벗어나라고 가르치고 있으며 신약성경은 우리 모두 철저한 자기 비움의 자세로 살다간 예수님의 모습과 행적을 닮아갈 것을 가르치고 있다. 예수님이 공생애 기간에 시현하신 너무도 인간적인 사랑의 빛은 영적인 연금술이 되어 하느님의 화신(化身)으로 변화되셨고 부처님이 보여 준 무량한 이타심은 자비의 화신이 되어 영원을 추구하는 인간의 원형임을 보여 준 것이다. 둘 다 선불교에서 말하는 공적영지(空寂靈知, 신령스러운 앎)를 가르치고 있다. 텅 빈 마음을 가질 때 진리의 세계에 진입하게 되며, 그 경지는 결국 늘 고요한 마

22) 나툼은 산스크리트어인데 모든 현상과 사물이 내 안에 기억된 것을 토대로 의도적이 아닌 잠재적 에너지가 표출된 것이며 자력의 힘으로 자유스런 상태에 이르는 길에 들어선 시점을 뜻한다. 세상은 아름답다고 보는 것 또 내가 보는 모든 것은 진리라고 보는 것 역시 나툼이다.

음을 잃지 않는 선정(禪定)과 내가 해야 할 일과 하지 말아야 할 일을 분별하는 지혜로 집약될 수 있다는 것이다. 진리에 다가가기 위해서는 침묵 이상 더 좋은 영약은 없다고 2천5백 년 전에 부처님은 우리들에게 들려주었다.

9. 의식과 무의식 그리고 초의식

　인간의 마음은 의식과 무의식 그리고 초의식의 세 층으로 구성되어 있다고 한다. 평소에는 누구나 의식을 가지고 일상을 살아가지만 잠을 잘 때는 무의식이 작용하고 고요한 마음으로 오랜 시간을 한 곳에 집중하면 무의식까지 초월하여 결국 초의식이 나타난다고 한다. 초의식은 시공을 초월한 순수 영혼의 세계인 것이다. 이 세계는 너도 나도 없으며 오감도 없고 객관과 주관도 없으며 아주 맑고 텅 빈 자리라고 한다. 보조스님의 『수심결』에 보면 다음과 같은 경구가 있다.

　약오차심(若悟此心) 진소위불천계제(眞所謂不踐階梯) 경등불지(徑登佛地) 보보초삼계(步步超三界) 귀가돈절의(歸家頓節疑).

　해석은 다음과 같다. 만약 이 순수한 마음을 깨닫는다면 참으로 단계를 밟지 않고 곧장 부처의 경지에 오르고 걸음걸이 모두 삼계(三界)를 초월하여, 에덴동산으로 돌아가 한번에 의심을 끊는다는 경지가 될 것이다. 사람이 여러 가지 일에 집중을 하는 것도 힘들지만 한 가지에 몰두해서 오랜 시간을 집중한다는 것은 그중 가장 힘든 일이다. 스티브 잡스, 로버트 오펜하이머, 아인슈타인, 마더 테레사, 로마교황, 그리고 법정스님, 숭산스님, 법륜스님, 성철스님 모두 한 가지 일에 집중한 사람들이다. 파스칼은 인간의 모든 불행은 한 가지 사실, 즉 자기 방에 조용히 머물러 있지 못하는 데서 비롯된다는 것을 자신의 인생 말년에 깨달았다고 실토했다.

우리가 한동안 조용히 쉴 수 있다면 정말로 아무것도 하지 않는 시간을 정기적으로 가질 필요가 있다고 말한 댈러스 윌라드(Dallas Willard, 남캘리포니아 대학 교수이며 목회자)의 충고에 나는 전적으로 동의한다. 그는 또 할 일이 너무 많아 고민하는 사람들을 위한 삶의 치료제도 역시 고독과 침묵이라고 하면서 자신의 욕망으로부터의 해방은 고독과 침묵이 주는 가장 큰 선물 중 하나라고 말한다. 그렇게 되면 다른 사람들을 진정으로 사랑할 수 있는 가능성이 자신 앞에 여명처럼 밝아 온다고 우리에게 말해준다. 침묵과 고독을 즐기다 보면 마치 수선화가 한 밤 자고 일어나면 눈에 띄게 죽죽 자라나 어느 날 봉우리가 만들어지고, 또 하룻밤 자고 나면 곧 꽃이 피어나듯이 자신도 모르는 사이에 놀라운 영적인 성장을 체험하게 된다고 한다.

예수님은 밤에도 수시로 겟세마네 동산에 올라서 하느님께 기도하셨다. 그리고 베드로와 야고, 요한을 데리고 산으로 올라가서 기도하실 때 용모가 변화되고 옷이 희어져 광채가 났다고 한다. 기도할 때 우리는 실존하는 세계, 곧 천국의 실체 속으로 들어가며 몸과 영혼이 창조 때의 본래 모습으로 돌아가는 것이기 때문이라고 한다. 6년간의 수행 후 부처님은 관념적인 세계를 극복하고 모든 걸 초월한 열반에 드셨다. 열반이란 세속적인 욕망의 불꽃을 훅 불어서 완전히 꺼버린 상태를 일컫는다.

하루는 어느 철학자가 붓다에게 "당신은 신의 존재를 믿습니까?"라고 질문을 했다. 그러자 부처님은 차분히 다음과 같이 대답했다. "자네는 마치 물에 빠져 헐떡대는 사람을 한시라도 어서 구하려는 생각은 하지 않고 당신의 이름이 뭐냐 어느 마을에 사느냐 아버지가 누구냐 등등을 물어보며 그걸 대답하지 않으면 구출해 주지 않겠다는 사람과 다르지 않다. 하느님이 이 세상을 창조했다는 걸 아는 것과 모르는 것이 무슨 차이가 있는가?"라고 꾸짖으며 그런 것은 자신 안에 있는 신성함을 알아내는 데에 아무 도움이 되지 않는다고 조용히 타일렀다. 『자아타카(本生經)』[23]라고 하는 부처님의 전생담에는 부처님은 통상적인 법문과 공양하는 일정 이외에는 늘 선정에 들어서 대부분의 시간을 수행에 전념했고 지독한 침묵 속에서 자신을 철저하게 비우는 공의 경지에 이르렀다고 한다. 부처님은 마치 배고픈 호랑이에게 자신의 육신을 공양하는 마음으로 중생을 바른 길로 인도하기 위해 일생을 바친 실천적인 도인이었다.

이 모든 것이 하느님과 하나가 되기 위한 자기 비움의 몸부림이었다. 열반하신 법정스님은 기도란 하느님께 무엇을 바라는 게 아니라 하느님과 하나가 되기 위해서 마음을 비우는 것이라고 했다. 하느님은 손뼉소리나 울부짖음보다 침묵을 더 사랑하기 때문이라고 한다.

---

23) 기원전 3세기부터 쓰인 것으로 부처님의 전생 수행에 대한 내용만을 묶어 하나의 경전으로 만든 것이다.

10. 왜
예수와 붓다인가

2003년 어느 봄날이었다. 나는 예수님이 태어나서 성장하신 고향이며 기독교의 원류인 유대교에 대한 궁금증을 풀기 위해서 맨해튼의 미드타운에 자리 잡고 있는 유대인 센터(Jewish Center)엘 몇 달간 다녔었다. 구약성경을 읽다 보면 수많은 인물들과 장소가 등장하는데, 4천 년 전 메소포타미아에서 태어난 아브라함과 한반도의 자그마한 시골의 섬 마을에서 태어난 나는 과연 무슨 연관이 있을까 하는 의구심이 자연스럽게 생겨났기 때문이다.

어느 날 친하게 지내던 유대인 친구에게 나의 심정을 말했더니 경험 삼아 유대인들의 성경 공부반에 들어가 보라고 권고를 해 주었다. 나는 그 친구의 말을 듣고서 우선 맨해튼에 있는 유대인 센터를 사전답사했다. 유대인 시노가그(synagogue)[24]는 센트럴파크를 중심으로 동

---

24) 회당. 기원후 70년 로마의 장군 티투스에 의해 성전이 파괴된 이후 유대인들은 성전(Temple)이 없기 때문에 그들 삶의 중심은 성전에서 회당으로 바뀌었다. 히브리어로는 베이트 크네셑(Beit Knesset)이라 부르는데, 이는 공회당(House of community)이라는 뜻이다.

쪽과 서쪽 두 군데가 있었다. 나는 우리 집과 거리상 가까운 서쪽에 있는 곳을 선택했다. 내가 유대인 센터를 2달 정도 다니는 동안, 매주 금요일 저녁 7시부터 밤 9시까지 2시간 정도 토라(Torah) 공부가 진행되었다. 그리고 랍비들이 나와서 자유로운 분위기 속에서 유대인들이 말하는 소위 모세 오경이라고 부르는 〈창세기〉, 〈출애굽기〉, 〈레위기〉, 〈민수기〉, 〈신명〉기 성경공부를 하는 데에, 매번 대략 20명 정도가 참여하는 자그마한 모임이었다. 주로 맨해튼에 사는 변호사, 의사, 일반 직장인, 월가의 주식 거래인, 연극배우 등등 다양한 배경의 사람들과 만날 수 있어서 나에게는 참으로 소중한 체험이었다. 그런데 나 홀로 동양인이었고 모두 다 유대인들이었다.

공부 방식은 랍비가 우선 그날의 정해진 챕터에 대한 전체적인 요지를 설명한 다음 거기에 담긴 내용을 다각도에서 분석을 하는 것이었다. 성경에서 말하는 내용이 과연 그 당시 상황에 부합하는지 역사적인 맥락에서 정밀하게 따져보고 성서의 문자적인 표현에서 새로운 의미를 발견해서 전혀 새로운 제3의 해석을 추가하는 탈무드에 근거한 미드라시적인 방식을 채택한다. 왜냐하면 성경에 쓰인 기록은 수천 년 전 신석기 시대 부족집단의 삶을 배경으로 한 비유와 우화를 기본적인 토대로 해서 쓰였기 때문이다. 그 후 4천 년이란 세월이 흐르면서 수많은 시대와 사회적 환경 그리고 각기 다른 시대를 살던 사람들이 상이한 관점에서 느끼고 관찰한 것을 수많은 랍비들의 토론을 거쳐서 성서 기자들에 의해 기원후 6세기경 집대성된 것이 곧 탈무드이기 때문이다.

탈무드의 출현 과정은 다음과 같다. 기원후 135년 2차 유대인 반

란으로 완전히 잿더미가 된 옛 솔로몬 성전에서 모세 오경을 지킬 수
없는 위급한 상황이 발생하였다. 그러자 랍비들은 허탈한 심정으로
잿더미가 된 성전을 바라보며 이제부터는 성전에 집착하지 않고 가상
의 성전을 마음속으로 새기면서 그동안 수많은 랍비들이 율법을 가지
고 토론한 내용을 한 글자 한 글자 정리해 나가기 시작했다. 그들은
집대성한 이 자료들을 자신들의 종교적인 전통과 문화를 영원히 보존
하기 위해서 기원후 2세기 후반에 『미쉬나(Mishina)[25]』라는 구전서를
야브네에서 만들었다. 그 이후 3백 년 동안 『미쉬나』를 가지고 랍비들
이 논쟁한 것을 1천명의 랍비들이 기원후 6세기경 1만2천 페이지에 달
하는 탈무드라고 하는 문학 형식으로 집대성한 것이다.

  탈무드의 기본 지침은 수많은 문제를 제기해 놓고 그에 대한 명확
한 답을 제시하지 않는다. 그들의 성경 공부 방식은 대단히 개방적이
고 자유분방하다. 그런 사고를 하는 배경에는 누구의 견해도 확정적
일 수 없고 진리는 시대에 따라 끊임없이 변하기 때문이다. 또한 전
통이 중요하기는 하지만 스스로의 판단이 더 중요하며 종교적 담화
는 절대 불변일 수 없다고 판단했기 때문이다. 그래서 그들은 성경을
읽을 때 꼭 미드라시라는 그들 특유의 성서 해석 방법을 채택한다.
미드라시는 기원후 135~160년경 랍비 아키바의 해석방식에 따르는
것으로, 성서를 문자 그대로 받아들이는 게 아니라 신의 말씀은 제한
이 없으며 읽을 때마다 새로운 의미를 창출할 줄 아는 상상력이 요구
된다는 아키바의 독특한 성경 해석 방식에서 착안한 것이라고 한다.

---

25) 랍비 하나시가 편집한 것으로, 『토라』는 유대인들의 율법서이고 『미쉬나』는 예식서이다.
즉, 토라를 구체적으로 어떻게 적용하는가를 밝힌 책이다.

미드라시란 단어는 원래 히브리어 "다라시"에서 나왔는데, "탐구하다" 혹은 "깊이 연구하다"라는 뜻이다. 미드라시적인 방식을 채택한 이유는 삶의 지침이 되는 계율을 하느님이 시나이산에서 모세에게 줄 때 그 계명이 너무 일반적인 용어로 되어 있어서 실생활에 적용하려고 할 때는 좀 더 구체적인 상황 설명이 필요하기 때문이다. 또한 그때와 지금의 간극을 메우기 위해서 특별히 랍비들이 창안한 방법이다. '신을 위한 변론'의 저자인 캐런 암스트롱(Karen Armstrong)은 미드라시를 창안한 배경에는 성서는 완제품이 아니며, 마치 밀에서 밀가루를 뽑아내고 아마에서 석유를 추출해 내듯이, 인간의 머리로 그 안에 잠재돼 있는 깊은 뜻을 끌어내야 한다는 랍비들의 논리에서 유래한 것 이라고 말한다. 그리고 계시는 세대를 거쳐 진행 중이라는 브리콜라주(bricolage)[26], 즉 전통을 이어가는 창의적인 방식에 기초하고 있다고 한다. 일설에 의하면 랍비 아키바는 그 당시 명성이 하늘을 찌를 듯 높아서, 모세가 궁금해서 지상에 내려와 그의 수업을 들었다는 것이다. 그런데 난처하게도 자기가 시나이산에서 계시 받은 토라(구약의 모세 오경)에 대한 아키바의 해설을 한마디도 이해할 수 없었다고 한다. 그래서 모세는 하늘로 다시 올라가면서 "내 아들이 나를 뛰어 넘었구나." 하면서 마치 아들의 성숙을 지켜본 부모처럼 뿌듯해했다고 전해진다. 그런 미드라시적인 방법은 거의 2천 년이

---

26) 프랑스의 인류학자인 레비스트로스가 자신의 저서 『야생의 사고』에서 원시부족사회 문화를 설명하기 위해서 쓴 단어로 손에 잡힌 어떤 재료든 창조적이고 값지게 완성시킨다는 말이다. 또 옛 문헌들을 새 시대와 독자들에 맞게 새롭게 해석하는 근대 이전의 유대인 특유의 발상이기도 하다.

지난 지금까지도 전승되어 내가 다니던 시노가그에서도 같은 방식으로 공부를 하였다. 그들은 내가 나를 설득할 때까지 문자의 의미를 액면 그대로 인정하지 않고 늘 궁금증을 가지고 자명한 대답이 나올 때까지 질의와 응답을 계속적으로 주고받는 그런 형식을 취했다. 특이한 점은 하나의 이슈를 가지고 공부를 하는데도 토론을 해 보면 열 사람이면 열 사람 모두가 대답이 다르다는 것이다. 그런데 그걸 당연한 것으로 여기고 우화적으로 받아 넘기면서 늘 유머감각을 잃지 않았다. 그리고 결론은 각자 본인의 몫으로 남겨 놓았다. 그러한 그들의 개방적인 사고의 배경에는 각자 인간은 하느님이 독특한 개성을 가진 존재로서 만드셨기 때문에 생각이 모두 다를 수 있다고 하는 모티브에 기초하고 있다.

그런데 하루는 바로 부활절 전날이었다. 랍비는 강단에 서자마자 첫 마디가 "What's Easter?"라며 보디랭귀지(body language)로 두 어깨를 추어올리면서 무언가 기독교를 비하하는 조로 말하는 것이 아닌가. 나는 자칭 기독교도의 한 사람으로서 모멸감을 참을 수 있었다. 그래서 "Mr. Rabbi, you really don't know Easter?"라고 조용히 반문을 했더니, 그는 양 볼이 약간 발갛게 물들면서 나의 갑작스런 질문에 몹시 당황해하는 표정이었다. 실내는 마치 찬물을 끼얹은 것 같은 적막감이 감돌았으며 주위 사람들의 시선은 모두 나에게로 집중이 되었다. 잠시 후 랍비의 토라 공부는 계속되었다. 그들의 마음속에는 예수님은 자신들과 같은 고향 출신이기에 자신들이 알고 있는 인간 예수가 기독교인들이 알고 있는 예수님보다 훨씬 정확한 역사적 사실일 것이라고 하는 확신에 찬 프라이드가 있었다. 또한 예수는 유대교라는 큰 공동체에서 활동하던 자그마한 종파의 하나였고 예수 부활은 어처구니없는 신화라고 하는 비하의식 그리고 유대인 특유의 우월의식을 느낄 수 있었다.

중간에 휴식시간이 10분간 있을 때, 나는 회당을 조용히 빠져나와 늦은 밤 숲이 우거진 센트럴파크를 가로질러 북쪽 방향으로 걸어가면서 어딘가 씁쓸한 상념에 잠겼다. 지금으로부터 20만 년 전 호모 사피엔스가 이 지구상에 나타난 이후 소위 문명이란 이름으로 발전해 온 인류의 결실이 결국 이런 유치한 편 가르기로 귀결되는 것일까? 물론 유대인들은 타 종교의 교리나 가르침을 모두 인정하지만 기본적으로 기독교나 이슬람이란 종교는 유대교라는 큰 원류에서 갈라져 나온 지류로 파악하며, 자신들의 종교적인 우월감이 뿌리 깊이 박혀 있는 게 사실이다. 그래서 기독교를 자신들의 아류 정도로 천시하는 반면에 기독교는 유대교를 예수님을 죽게 한 사악한 종교로 간주한다. 그래서 오로지 예수천당, 불신지옥을 목 놓아 외치며 유대인들이 모두 예수를 메시아로 받아들여야 한다는 의식이 잠재되어 있다. 또 이슬람은 유대인들을 지구상에서 쓸어버려야 할 사악한 집단으로 생각한다.

이런 천박함은 도대체 어디에서 연유한 것일까? 같은 아브라함의 핏줄에서 나온 형제들이 왜 수천 년 동안 반목하고 철천지 원수가 되어 싸우며 인류 역사를 피로 물들이고 있는 것일까? 하느님은 자신의 형상대로 만든 형제가 그들끼리 수천 년간 하느님을 옹호한다는 명분을 내세워 처절한 살육의 대결을 벌이는 것을 목도하면서 과연 어디에 계셨는가? 공의의 하느님은 수천 년간 피눈물 나는 고난의 행군을 왜 하필이면 자신이 선택하고 가장 사랑하는 유대민족에게 내려야만 하는 잔인함을 시현했는가?

나는 신약성경에서 바리새인들을 그토록 철저하게 죄악시하는지에 대한 연유를 가늠할 수 있었다. 예수님은 결국 너무도 파격적인 주장(예를 들어, 성전의 불필요성과 율법의 준수 문제)과 제사장들의 특권을 인정하지 않는 민중 지향적 성향 때문에 유대 제사장들의 질시와 배척으로 고난을 당하셨다. 또한 예수님이 전파하신 하늘나라의 복음이 세속적인 로마황제의 왕권을 위협하려 한다는 에세네파와 샤마이파 바리새인들의 집중적인 고발 때문에 결국 로마제국에 의해 처형당했다고 한다. 나의 궁금증은 왜 바리새인들이 예수님을 메시아로 인정하지 않았을까? 그리고 예수님은 정말 메시아이신가? 예수님의 부활은 실제적으로 인간 세상에 구체적으로 어떤 평화와 행복을 가져다주었는가? 만일 예수님이 이 세상에 오지 않으셨다면 우리는 영원히 죄인이 되어 모두 지옥의 나락으로 가야 할 비운을 맞이해야만 했을까. 그럼 기독교를 믿지 않는 중국의 14억 인구와 인도의 12억 힌두교도들의 운명은? 또한 지금도 발가벗고 다니는 아프리카의 토속 원주민들의 운명은? 천년왕국을 이루시겠다는 예수님의 재림은 오지 않고 왜 이 세상은 아직도 도처에서 기아와 질병으로 죽어가는 처절한 상황을 예수님은 왜 외면하시는 걸까? 수없이 꼬리에 꼬리를 물고 일어나는 의문에 사로잡혀 자동차를 몰고 집으로 오면서 종교에 대한 호기심은 증폭되어 진리에 대한 목마름으로 다가와 나를 압도했다.

절이 싫으면 중이 산을 떠나야 한다고 했던가? 유대교에 실망한 나는 어느 날 신문 광고란에서 돌아오는 주일날 한국에서 현각 스님이 뉴욕의 불광선원 10주년 창립기념식 참석 차 와서 설법을 한다는 글을 읽었다. 그날 이른 아침부터 흥분된 마음으로 87번 국도를 타고 북쪽으로 운전대를 돌려서 태팬지 브리지를 건너 올드 태팬(Old Tappan)에 자리 잡은 불광사를 찾았다. 이미 한 시간 전부터 수많은 사람들이 운집해 있었다. 중후한 모습의 휘광 스님께서 뉴저지에서 태어난 파란 눈의 현각스님을 간단히 소개하고는 바로 법문에 들어갔다.

스님은 대략 30분 정도 수행법에 대해서 그 요령을 가르쳐 주었다. 법문이 끝나고 질문을 받기에 나는 마침 몇 주 전 현각스님이 최근에 쓴 책인 『해탈을 원하는 것은 큰 잘못이다(Wanting enlightenment is a big mistake)』를 읽고서 왜 해탈을 원하는 것이 크나큰 잘못인지 궁금증이 풀리질 않아서 스님께 단도직입적으로 질문을 했다. 그런데 스님은 직접적인 대답을 피하곤 곧바로 가부좌하더니 "옴마니밧메훔"을 십여 번 반복하는 것이 아닌가. 그러더니 옴마니밧메훔을 잠시 멈추고는 지금 질문을 하신 그분과 모든 분들이 함께 따라서 하자고 제의하고는 또다시 옴마니밧메훔을 연속적으로 십여 번 주문하였다. 이후 별다른 대답은 없이 그냥 그것이 대답의 전부였다. 서로 말은 주고받지 않았으나 그 무언의 메시지는 나에게 자신의 내면을 반조할 수 있는 어떤 화두를 던져 주는 느낌을 받았다. 불교는 대답을 스스로 찾아가는 종교이다. 그 대답을 찾기 위해서 나는 그다음 주 일요일부터 매주 나가던 장로교회에서 불광사로 행선지를 바꿨다.

그런데 하루는 크리스마스 날이었다. 근엄한 인품의 휘광스님은 강대상에 서자마자 오늘은 예수님이 태어나신 날이니 우리 모두 예수님의 탄신을 축하하면서 기도를 드리자고 하면서 법문을 시작하는 것이 아닌가. 나는 그 말을 듣는 순간 지금까지 어디에서도 느낄 수 없었던 신선한 충격에 사로잡혔다. 기독교와 불교의 극적인 만남의 순간이었다. 그 이후로 나는 불교가 어떤 종교인지 궁금증을 풀기 위해서 매주 일요일에 한 번도 빠짐없이 불광사를 열심히 다녔다. 그곳에서 주지스님의 지도하에 매주 일요일에 열리는 정규 불교대학 교양과정도 수료를 하고 스님으로부터 해봉(海奉)이란 법명(法名)도 받았다.

공부를 하는 동안 줄곧 느낀 점은 예수님의 부활과 붓다의 해탈은 결국 동일한 차원의 깨달음이었다는 것이다. 그리고 그 깨달음은 두 분 모두 하느님과 하나가 되기 위한 혼신의 노력으로 성취한 개인적인 체험의 소산으로, 그것은 곧 자신의 내면에 있는 하느님의 품성을 발견한 것이란 걸 확인할 수 있었다.

> 하느님이 자기의 형상, 곧 하느님의 형상대로 사람을 창조하시되 남자와 여자를 창조하시고
>
> — 창 1:27

11. 세상 뒤집어 보기

1) 인도에서 태어난 예수님

역사는 영웅을 만들고 영웅은 역사를 만든다고 했던가. 나는 예수님이 인도에서 태어나서 삭발한 모습으로 가사를 걸치고 맨발로 발우공양을 하는 모습을 한번 상상해 보았다.

역사에는 가정이 있을 수 없다고 하지만 역사에 대한 우리의 해석은 자유롭게 할 수 있지 않을까? E. H. 카는 『역사란 무엇인가』에서 역사에 대한 전통적인 해석 방법을 달리하고 있다. 그는 근대 역사학을 대표하는 랑케의 역사적인 사실을 중요시하는 실증주의 사관을 폄하하면서, 그와 상반된 '한 역사가가 과연 올바른 역사관을 가지고 기록했느냐가 더욱 중요하다.'는 주관적인 역사관을 주창한 콜링우드의 이론을 등장시켜서, 시대의 변천에 따라 역사관도 진보함으로써 비로소 역사에 대한 올바른 방향감각을 갖출 수 있으며 그 객관성을 확보할 수 있다고 했다. 그러기 위해서는 과거와 현재의 끊임없는 대화 속에서 역사는 생명력을 유지할 수 있다고 했다.

기원전 4세기경 마케도니아에서 태어나 불과 30대 초반의 나이에 그리스와 전 유럽 그리고 페르시아를 정복하고 33세에 요절을 한 알렉산더 대왕, 그리고 로마의 시저와 폼페이우스 등의 걸출한 인물들을 인류는 역사상의 영웅으로 숭배해 왔다. 그러나 2001년 맨해튼에 있는 세계무역센터를 폭파시킨 알케이다의 두목인 오사마 빈 라딘을 잡기 위해 삼십만의 병력으로 3조 달러의 국민의 혈세를 낭비하며 이라크 점령을 지시한 부시 대통령은 아마도 후대 역사가들에 의해서 시대착오적인 정신이상자로 기록될 것이다.

모든 인류의 역사는 그 시대를 치열하게 살다간 사람들의 기록이며 거기에는 그들의 집단적인 삶의 기억과 문화 그리고 종교가 고스란히 담겨 있다. 프랑스의 사상가인 프랜시스 베이컨(Francis Bacon, 1561–1626) 역사를 알면 미래가 보인다고 했듯이, 역사를 알면 또한 과거를 명확하게 분석할 수 있는 혜안이 생긴다.

인간의 역사는 결국 되풀이된다는 순환사관의 틀을 벗어날 수 없기 때문이다. 5천 년 전의 이집트 파라오 왕정시대와 6천 년 전의 수메르 왕조 시대 모두 끊임없는 전쟁과 침탈의 역사이며, 지금도 중동과 아프리카에서 전쟁과 침략은 계속되고 있다. 인류가 전쟁이 없는 평화로운 시대를 살기 원한다면 과거의 역사를 철저히 분석하고 미래를 설계해야 할 것이다. 그래서 우리는 역사를 빼놓고 문화를 그리고 종교를 이야기할 수 없다. E. H. 카는 역사는 현재와 과거의 끊임없는 대화라고 규정했다. 흔히 역사적인 사실은 스스로 말한다고 하는데 그건 잘못된 생각이라고 지적하면서 역사가가 어떤 특정한 사실에 말을 걸 때에만 역사는 말을 한다고 했다.

기원전 49년 수많은 사람들이 루비콘 강을 건너갔으나 율리우스 카이사르가 루비콘 강을 건넜다는 사실은 그 당시 역사가가 카이사르에게 말을 걸었기 때문에 중요한 역사적인 사실로 성립될 수 있었던 것이다. 예수님도 1세기 팔레스타인이 처한 사회적, 문화적인 상황에서 태어난 문화의 산물이었다. 기독교인들은 우리가 처한 상황에서 오늘과 어제 그리고 내일을 이어주는 진정한 예수님의 상을 찾기 위해서 역사적인 예수에게 말을 걸어야 한다.

예수님은 그 당시 이스라엘 민족이 로마제국의 압제 그리고 로마제국과 결탁한 제사장 계급인 사두개파의 횡포에서 신음하는 민중들이 자신들의 절망적인 상황을 해결해 줄 영웅에 대한 간절한 목마름 속에서 탄생한, 이스라엘의 독립을 위한 메시아였다. 그건 마치 기원전 597년 이스라엘 민족이 느부갓네살에 의해 바빌로니아에 노예로 끌려간 후 형언할 수 없는 절박한 심정을 담은 〈다니엘서〉에서 이스라엘 민족이 애타게 바라던 메시아사상과 유사하다.

인간의 정복 의지는 구석기시대 이후 줄곧 인류문명의 축을 동에서 서로 그리고 남과 북으로 이동시키는 문명의 전령 역할을 해왔다고 할 수 있다. 과연 인류 문명사의 패러다임을 바꿔놓은 세계사의 주인공들은 누구였을까?

뉴욕 맨해튼의 웨스트사이드에 자리 잡고 있는 자연사 박물관(museum of natural history)에 가면 인류 역사상 가장 광대한 제국을 건설한 나라가, 다름 아닌 우리의 가까운 사촌 아저씨뻘 되는 징기스칸이 건설한 몽골제국이라고 기록되어 있다. 그들은 중앙아시아의 활한 초원지대에서 실위몽골(室韋蒙兀)[27]로 역사의 현장에 나타난 이후, 잘 길들여진 말을 타고 다니며 활을 주 무기로 해서 동으로 서로 신출귀몰하던 용맹스러운 유목민 집단이었다. 그들은 가는 곳마다 원주민을 굴복시키고 영토를 확장했으며 동으로는 한국과 중국, 남으로는 인도를 북으로는 러시아 지역을 그리고 서쪽으로 진출해서 동유럽의 대부분을 정복했다. 그러나 지나친 외정과 정복에 따른 재정의 궁핍, 그리고 몽고 지상주의에 따른 한족의 반발로 명나라를 건국한 주원장에 의해 결국 멸망하고 말았다. 몽골제국이 멸망할 수밖에 없었던 결정적인 요인은, 그 엄청난 제국을 떠받들 수 있는 공통의 법률이나 사회 간접자본의 확립 등 총체적인 문명의 결핍이라고 말할 수 있다.

그다음으로 큰 제국을 건설한 나라는 영국으로, 빅토리아 여왕(1837~1901) 시절이라고 할 수 있다. '해가 지지 않는 나라'라는 호칭에 걸맞게 그들은 세계에 흩어져 있는 크고 작은 100여 개 나라를 식민지화했다. 그래서 영국에서 박사학위를 받은 나의 친한 친구는 영국이란 나라는 식민지배하며 잘 나가던 그 시절에 빼앗아 놓은 재산으로 아직까지 먹고사는 나라라고 농담 아닌 농담을 해 주었다.

---

27) 실위몽골은 원 몽골을 가리키는 말로 대략 기원후 8세기 무렵 아무르강 상류인 에르군네(Ergune)하(河) 유역에서 실위몽골이란 이름으로 역사에 등장하여 당(唐)과 위구르 제국 등이 와해되는 틈을 타서 지속적으로 서진하여 11-12세기에는 오난강 일대까지 진출했다. 그 후 타타르, 나이만, 케레이트, 메르키트 족들과 싸우면서 성장하다 1206년 징기스칸이 등장하여 흩어져있던 부족들을 통합해서 몽골제국을 건설하였다. 사서에 의하면 몽골은 동호(東胡)에서 파생된 부족으로 남부로 간 부족은 거란이 되었고 북부로 간 부족은 몽골(실위)이 되었다고 한다.

세 번째로 큰 제국은 로마제국이다. 예수님은 바로 로마가 지중해와 중동, 유럽의 지배권을 쟁탈한 제국으로 부상했을 당시 갈릴리의 나사렛에서 태어났다.

그 당시 이스라엘은 신정정치의 나라였다. 우리는 기원전 10세기 이스라엘 역사를 배경으로 한 〈사무엘서〉에서 제사장의 권위를 엿볼 수 있다. 최초의 선지자인 사무엘(하느님께 구함 이란 뜻)은 선지자인 동시에 제사장이면서 또한 거의 왕에 버금가는 막강한 권위를 가진 강력한 권력의 소유자였다. 당시 이스라엘 신정정치의 현대판은 이란에서 그 실례를 엿볼 수 있다. 이란은 행정수반인 대통령보다 영적, 종교적 지도자인 알리 카메이니가 국가의 주요 결정사항의 키를 쥐고 있다고 한다. 『로마인 이야기』의 저자인 시오노 나나미는 신에 대한 그의 사견을 다음과 같이 말했다.

로마를 강대하게 한 요인은 종교에 관한 개방적인 사고방식이었다. 로마인에게 종교는 지도 원리가 아니라 버팀목에 불과했기 때문에 종교를 믿음으로써 인간성까지 속박당하는 일도 없었다. 즉, 자기와 종교가 다른 남을 인정하지 않으려는 부정적인 측면이 없다. 광신적이 아니기 때문에 배타적이지도 않고 폐쇄적이지도 않은 로마인의 종교는 이교도나 이단이라는 개념과도 거리가 멀었다. 로마인들은 전쟁을 하긴 했지만, 종교전쟁은 하지 않았다. 일신교와 다신교의 차이는 단순히 믿는 신의 숫자에만 있는 게 아니라 남의 신을 인정하느냐 인정하지 않느냐에도 차이가 있다. 남의 신을 인정한다는 것은 곧 남의 존재를 인정한다는 것이다. 로마 초기의 왕인 누마의 시대부터 2700년이 지났는데도 아직 우리는 일신교적인 속박에서 자유로워지지 못했다. 종교는 그것을 공유하지 않는 사람 사이에는 효력을 발휘하지 않으나 법은 가치관을 공유하지 않는 사람 사이에도 효력을 발휘할 수 있다. 아니, 오히려 가치관이 다른 사람들 사이기 때문에 법이 필요하다. 로마인이 누구보다도 먼저 그리고 누구보다도 강하게 법의 필요성에 눈을 뜬 것도 그들의 종교가 가진 성격을 생각하면 당연한 결과이다.

로마인과 마찬가지로 윤리도덕을 바로잡는 역할을 신에게 요구하지 않은 그리스인은 그 역할을 철학에 요구했다. 소크라테스 이후 그리스 철학의 흐름은 그리스인의 이런 사고들의 경향이 맺은 결과이다.

인간의 행동원칙을 바로잡는 역할을 로마인들은 법률에 맡겼으며, 그리스인들은 철학에 맡겼고, 유대인들은 종교에 맡겼다. 역사가 타키투스는 남의 신을 전혀 인정하지 않는 유대교는 신앙이 아니라 미신이라고 했다. 윤리의식을 종교에 맡기다 보면 결국 종교란 세속적인 인간사를 판단하기에는 너무 애매모호한 점이 많기 때문에 인간은 사회성을 무시하게 되고 사사건건 세속적인 가치와 종교적인 가치가 충돌할 수밖에 없으며 사회가 경직되고 결국에는 국가는 발전하지 못하고 퇴보할 수밖에 없을 것이라고 한다.

과거에 복싱선수인 무하마드 알리가 자신이 믿는 이슬람 교리에 어긋나기 때문에 병역의 의무를 기피했던 것 그리고 여호와의 증인 (Jehovah's Witnesses)에서는 남의 피를 수혈하지 않은 것 등은 모두 자신이 믿는 종교 교리에 어긋났기 때문에 벌어진 일이다. 이처럼 자신의 개인적인 가치를 한 국가의 보편적인 법칙보다 더 상위의 개념으로 평가하는 것은 대단히 시대착오적이며 위험한 믿음이라는 생각이 든다. 내가 이렇게 신에 대한 주제를 가지고 장광설을 늘어놓는 이유는 철저하게 유대교의 바탕에서 태어났고 그 토양에서 자라나신 예수님이 왜 바리새인들과 가는 곳마다 마찰을 겪으면서 불협화음을 내고 전통적인 유대교로부터 분리되었는가 하는 것이다. 그리하여 결국 기독교라는 신흥종교(그 당시 시각으로는)가 탄생하게 되는 빌미를 제공하여 유대교와 영원히 만날 수 없는 평행선을 달리게 되었는가를 설명하기 위함이다.

기독교라는 종교는 로마제국으로부터 수백 년간의 기나긴 탄압과 배척의 역사 그리고 유대교 제사장들과의 치열한 투쟁의 결과로 얻어진 것이다. 예수님이 사역을 시작하던 기원후 1세기 전후부터 200여 년간은 유대교 내에서 다원화된 각종 종교 분파들이 왕성하게 활동하던 시기였다.

유대교 내의 다양한 분파들이 생겨난 이유는 당시 마케도니아의 알렉산더 대왕이 펼친 헬레니즘 정책과 또 다른 한편으로는 로마제국의 세계화 정책이 결정적인 계기가 되었다. 유대인들은 이전에도 대대로 아시리아, 바벨론, 페르시아의 통치를 받았으나 그 당시에는 식민제국에 정해진 세금만 꼬박꼬박 잘 내면 충성스런 시민이 되는 것으로 만족했었다.

그러나 알렉산더 대왕이 이집트, 페르시아, 소아시아 그리고 인도를 차례로 점령하는 도중에 객사함으로써 마케도니아는 그를 따르던 세 장군들이 각개전투로 분가해서 자신들의 왕국을 건설했다. 가장 강력한 왕국이었던 이집트와 리비아를 차지한 프톨레마이오스 왕조, 그리고 마케도니아를 차지한 안티고누스 왕조, 그리고 팔레스타인과 시리아 그리고 페르시아를 장악한 셀루커스 왕조이다. 팔레스타인 지방은 기원전 320년부터 프톨레마이오스 왕조의 지배를 받아오다가 기원전 200년부터는 셀루커스 왕조의 지배를 받게 되는데, 정치적으로는 팔레스타인은 일종의 자치기구로서 게루시아(Gerousia)[28]라 불리는 원로회의에 의해 통치되었다.

그러나 기원전 168년경 셀루커스 왕조의 안티오쿠스 에피파네스 4세는 유난히 다신교에 집착한 유일한 왕이었다. 그는 이집트 원정에 실패하고 돌아오자 자신의 실추된 정치적 위상과 물적, 경제적 손실을 보상하기 위해 팔레스타인 땅에 그리스인들의 문화와 다신론 신앙을 주입시키는 기본전략을 펼쳐나갔다. 그는 홧김에 유대인들에게 여호와 신앙을 모두 버리고 그리스의 다신적인 신앙을 받아들이라고 강요했다. 유대인들에게 안식일을 지키지 말 것, 돼지고기를 먹을 것 그리고 할례를 시키지 말 것, 율법서를 모두 불사르고 모든 규칙을 바꿀 것, 사내아이들에게 할례를 하지 말 것, 성소 안에서는 제사 행위를 하지 말 것, 성소와 성직자를 모독할 것 등등 유대교의 율법을 모두 어겨야 하는 고약한 법령을 선포하였다. 그리고 유대인들의 솔로몬 성전에 주피터를 모셨으며, 일신교를 버리고 그리스인

---

28) 헬라시대의 원로원으로 지방 자치권을 가진 기구였다. 식민통치 제도의 하나였던 이 제도는 페르시아의 대의회와 흡사한 기능을 가지고 있었다. 게루시아는 헤롯시대에는 산헤드린으로, 탈무시대에는 벧딘으로 발전한다. 이 기구들은 독립을 상실한 이스라엘에게 가장 강력한 영향력을 행사하던 대표적 기구이다.

들이 믿는 헬레니즘으로 개종시키려는 의도로 유대교를 법률로써 금지시켰다. 그러고는 그걸 지키지 않는 일부 제사장들을 사형시키는 극단적인 조치를 취했다.

그 당시 셀루커스 왕조의 안티오크스 에피파네스 4세의 지나친 헬레니즘 정책에 배신감을 느낀 독실한 유대교 제사장 집안의 마따디아는 독립운동을 주도해서 성공했었다. 상세한 내용은 2장에서 밝히기로 하겠다. 그러나 기원전 63년, 이번에는 셀루커스 왕조가 당시 팽창하는 로마제국과의 전투에서 로마의 집정관 폼페이우스에게 패함으로써 하루아침에 팔레스타인은 로마의 식민지가 되었다. 이제 유대민족의 운명은 로마제국의 손아귀에 놓이게 된 것이었다. 로마는 유대인들을 효과적으로 통치하는 수단으로 유대인 출신이 아닌 헤롯가문을 유대의 왕으로 등장시켰다. 그래서 유대인들과 유대 왕 사이에는 늘 긴장감이 돌고 있었다. 헤롯의 아버지가 되는 이두메 출신인 안티파테르는 기원전 48년 폼페이우스가 로마병사에 의해 살해당하자 발 빠르게 카이사르와 친분을 맺기 시작했다. 그리하여 카이사르의 군대를 지원하여 하스몬 왕가의 아리스토불루스가 일으킨 민란을 진압한 대가로 마침내 기원전 47년 유다의 행정장관에 임명되었다. 안티파테르는 히르카누스 2세를 대제사장으로 임명하고 예루살렘 성벽을 재건했으며 장남 파사엘을 예루살렘 총독으로 그리고 차남 헤롯을 갈릴리의 총독으로 임명했다. 종교적으로는 유대 제사장이, 정치적으로는 헤롯가문이 그리고 군사적으로는 로마제국이 팔레스타인을 지배하는 복잡한 역학관계에 놓여 있었다. 그러나 장남 파사엘은 그다음 해 사망하고 또 안티파테르도 곧 이어 살해당하게 된다. 그 이후 사실상 둘째 아들 헤롯이 유대왕국을 지배하는 형국이었다.

기원전 44년, 이번에는 로마의 집정관 카이사르가 공화주의자인 브루투스에 의해 살해당하면서 로마로 잡혀갔던 헤롯의 정적 아리스토불루스의 아들 안티고노스와 파르티아 왕국이 합세하여 팔레스타인으로 쳐들어오자 헤롯은 급히 로마로 피신해서 원조를 청했다. 그 당시 로마는 이집트의 클레오파트라와 함께 이집트를 통치하고 있던 안토니우스와 옥타비아누스가 로마제국의 실권을 놓고 한 판 대결이 불가피한 상황이었다. 기회주의자인 헤롯은 옥타비아누스와 원로원의 신임을 얻어 기원전 40년 로마의 식민지하에서 유대지방의 왕으로 임명되어, 공식적으로 유대인의 자치왕국은 종말을 고했다. 그는 정적들을 모조리 제거하고 예루살렘에 입성하여 기원전 37년부터 기원후 4세기까지 이스라엘을 통치했다. 그리고 로마의 세력이 안토니우스에게로 넘어가자 안토니우스 세력에 합세했다.

그러나 로마의 삼두정치 체제의 집정관이었던 옥타비아누스는 기원전 31년 악티움 해전에서 그의 부하인 안토니우스 군대를 전멸하고 기원전 27년 아우구스투스(Augustus)란 칭호로 황제로 즉위하면서 공화정에 종지부를 찍었다. 헤롯은 또 재빨리 옥타비아누스에게 빌붙었다. 옥타비아누스는 유대인들에게 종교의 자유를 비롯한 독립적인 성전의 관리 등 파격적인 대우를 해 준다. 역사상 최초로 유대인들에게 평등권을 제공한 사람이 다름 아닌 우리가 가이우스 율리우스 카이사르 옥타비아누스(카이사르는 페니키아어로 코끼리란 뜻)로 부르는 최초의 로마황제인 것이다.

예수님은 바로 기원을 전후한 1세기에 로마제국의 통치하에 있던 팔레스타인에 살던 한 평범한 목수 집의 아들이었다. 이스라엘은 로마제국의 지배하에 있으면서도 타 식민지와는 달리 로마의 다신론(당시 로마인이 섬기던 신의 숫자는 공식적인 것만 12가지의 신이 있었음) 사상에 물들지 않고 자신들의 유일신 신앙인 여호와 신앙을 굳게 고수했다. 그래서 그들은 로마의 법과 제도에 편입되면 로마의 시민권을 받을 수 있는 특혜를 포기하면서까지 자신들의 정체성을 굳게 지켜 나갔다.

사실 이스라엘이라는 나라는 우리나라 남한 전체의 1/4밖에 안 되는, 경상북도보다 약간 큰 나라이다. 그러나 지금 이스라엘은 미국에 이민 온 유대인들 덕분에 금융과 미디어의 힘을 배경으로 전 세계를 지배하고 있는 강력한 국가로 자리매김했다. 그래서 미국을 제2의 이스라엘이라고도 한다.

당시 로마황제가 보기에는 별 볼일 없는 자그마한 나라이지만 워낙에 유별난 민족이라, 당시의 로마 집정관들은 모두 유대민족 하면 혀를 내두를 정도로 골치 아픈 소수민족이었다. 그들은 로마의 치하에 있으면서도 사법권, 즉 도덕률에 관한 한 생명의 주인이신 하느님만이 관장할 수 있다는 믿음 때문에 하느님이 주신 모세의 율법에 의해서만 처벌할 수 있다는 신념을 굽히지 않았으며, 로마법을 따르기를 거부했다. 결국 사형의 언도를 내릴 수 있는 사법권의 권한을 자신들이 속해 있는 유다 지방장관(총독)의 직권하에서 자신들의 판례에 따라 재판을 받을 수 있게 해 달라고 요청했다. 그리고 이 요청은 그 전 독재관인 카이사르(Caesar)로부터 보장을 받았었다. 단, 조건은 스스로 독립된 국가를 만들려는 폭동은 절대 용서할 수 없으며 로마제국의 행정적 그리고 정치적인 결정에 잘 따르면서 조용히 살라는 것이었다.

그건 로마제국의 식민지 통치 중 전무후무한 특수한 케이스였다. 그러나 그들은 로마의 지배하에서 또다시 독립투쟁을 시도했다. 결국 제1차 유대반란으로, 기원후 70년 예루살렘에 있는 유대인들의 성전이 파괴되는 비극적인 종말을 맞이하게 된다. 그런데 문제는 지난 3백 년간 이스라엘 민족을 통치하던 식민제국이 그리스에서 로마로 바뀌면서, 팔레스타인을 지배하던 그리스계인 안티오크스의 세력에 빌붙어서 자자손손 태평성대를 누리며 특별한 지위를 보장받던 친 헬라파(그리스적인 다신론을 섬기는 파)와 반 헬라파의 대결양상으로 치달았다는 것이다. 친 헬라파는 결국 로마가 지배하면서 친 로마파로 말을 바꿔 타고 기득권을 유지하려고 발버둥치는 세력이요, 반 헬라파는 로마의 지배를 헬라 제국주의의 연장으로 보고 로마의 지배에서 벗어나 독립하려는 민족주의파이다. 그때부터 이스라엘은 두 세력으로 갈려서 치열한 공방전을 벌이고 있었다. 그 당시 상황은 마치 우리나라가 일제강점기에 일신의 영달을 위해서 동족을 탄압하던 친일파와 민족의 독립을 위해 만주로, 시베리아로 떠나서 항일 독립투쟁을 벌인 민족주의자로 대립하는 양상으로 전개되었던 것과 유사한 상황이었다.

그때의 정치 사회적인 상황을, 20여 년 동안 예수님이 태어난 고장에서 전도 사역을 하면서 까다롭기로 이름난 이스라엘 사람들과 호흡을 같이한, 류세모 온누리교회 선교사가 자신의 경험담을 기초로 지은 책 『유대인 바라보기』를 통해서 상세히 살펴보기로 하겠다.

당시 이스라엘 사회는 자신들의 문화와 종교에 대한 입장 차이로 크게 4개의 분파로 나뉘어졌다고 한다.

첫째 바리새파(분리된 자란 뜻)로 그들은 원래 하시딤(Hasidim, 경건한 자들)[29]에서 유래한 집단으로 팔레스타인이 페르시아의 지배에 있을 때부터 계속적으로 존재했던 종파로, 종교적으로는 진보적이었으며 정치적으로는 보수적인 노선을 지켰다. 기존의 성전과 제사장 중심의 희생 제사뿐 아니라 마을에 흩어진 회당에서 누구나 율법을 강독하고 기도생활을 통해 하느님께 나아갈 수 있다는 파격적인 주장을 한, 종교적으로 진보적인 사람들이다. 그러나 종교적으로 다신론을 주장하는 헬레니즘을 죄악으로 치부하며 철저히 배격했던 그 당시 일반 대중이 지지했던 종교의 다수당이었다.

두 번째는 사두개파로, 솔로몬의 제사장이었던 사독(삼하 8:17)에서 유래했고 종교적으로는 보수적이었고 정치적으로는 진보적이었기 때문에 헬라의 정책을 지지했다. 헬레니즘의 장점은 취했으며 성전에서 섬기던 제사장, 레위인들을 중심으로 한 소수 성직자와 귀족층의 종파였다. 그들은 오로지 성전에서 드리는 희생 제사를 통해서만 하느님께 나아갈 수 있다고 주장한, 종교적으로는 보수적인 종파

---

29) 〈막카비아서〉에 처음 등장하는데, 하시딤은 모두 기쁘게 율법을 위해 헌신한 무리들이라고 기록했다. 이들은 훗날 에세네파의 기원이 된 자들이며 묵시사상을 가진 집단이라고 한다. 근대 하시디즘은 12, 13세기 독일을 중심으로 일어닌 하시디즘과 이름은 같으나 직접적인 연관은 없다.

였다. 그들은 바리새인만큼 일반 민중의 지지를 받지는 못했던 종파였다.

바리새인과 사두개인의 또 다른 차이점은 바리새인은 율법과 구전 그리고 성경의 해석서인 『미쉬나』를 동시에 인정했지만, 사두개인들은 기록된 율법만을 유일한 경전으로 인정했다. 또한 바리새인들은 부활과 영혼불멸을 인정한 반면에 사두개인들은 그런 교리를 부인했으며, 바리새인들은 인간의 자유와 그 행위에 대한 책임을 인정했지만, 사두개인은 이를 거부했다.

셋째는 에세네파로 임박한 세상의 종말을 믿고 사회로부터 격리되어 광야로 나가 독립된 신앙 공동체를 형성하며 다가올 새로운 세상에 대한 희망으로 묵시론적인 사상으로 무장된 종파이다. 어떤 역사가들은 1947~1956년에 사해 서쪽에 있는 와디 쿰란 주변에서 발견된 〈사해 두루마리(Dead sea scrolls)〉의 기록에 의하면 예수님은 이 에세네파에서 분파된 또 하나의 종파라고 하는 이론에 동조하는 사람들이 있다.

네 번째로 열심당(zealots)으로 바리새인들과 노선이 비슷하지만 지배자 로마에 대해서 무력항쟁을 선동하며 하느님이 메시아 시대를 앞당기실 것이라고 주장하던, 가장 과격한 종파였다.

우리 기독교인들이 한 가지 꼭 알아야 할 점은 이러한 다수 종파들이 있었으나 그들은 모두 유대교라는 하나의 울타리 안에서 하느님의 말씀을 각기 다르게 해석했을 뿐, 다음의 두 가지 공통된 믿음의 기반 위에 서 있었다고 하는 사실이다.

첫째 윤리적인 유일신 신앙이다. 하느님은 한 분이고 인간에게 올바른 예배와 함께 인간들끼리 바른 관계를 요구하는 분이라는 믿음이다.

둘째는 종말론(apocalyptic)적 소망이었다. 메시아가 곧 도래할 것이라는 소망을 모든 종파가 가지고 있었지만 그 방법론에서 열심당은 무력으로, 나머지 세 종파는 완전히 하느님의 손에 맡겨야 한다는 입장이었다.

이처럼 네 종파가 활동하던 상황에서 나사렛 예수님의 출현으로 그를 추종하는 새로운 세력이 등장했으니, 그들이 곧 나사렛파(행 24:5)로 불리는 종파였다. 이들은 대중의 정당인 바리새파와 가장 유사했지만, 단지 다른 것은 그 종파의 이름대로 나사렛 예수를 그들의 메시아로 믿는 종파였다는 것이다.

우리가 〈마태복음〉이나 〈누가복음〉에 보면 예수님과 바리새인들 간에 사사건건 충돌하는 현장을 만나게 되는데 이 모두 〈레위기〉의 성결법(Holiness Code)의 해석을 놓고 벌어지는 논쟁이 대부분이다.

> 듣고 깨달으라. 입에 들어가는 것이 사람을 더럽게 하는 것이 아니요, 입에서 나오는 그것이 사람을 더럽게 하는 것이니라.
> — 마 15:10, 11

예수님도 원래는 모세의 율법을 엄수하던 바리새인에 가까웠다고 하는 사실은 대부분의 기독교인들에게 신선한 충격일 것이다. 그러나 예수님은 기독교의 창시자가 아닌 듯하다. 예수님은 유대교라는 큰 호수 안에서 일부 율법의 해석을 달리하는 또 다른 분지(分枝)라고 할 수 있다. 실질적인 기독교의 창시자는 바울을 비롯한 바나바 그리고 베드로와 같은 예수님의 사도들이었다. 13세의 어린 나이에 일찍이 출가를 한 후 소년 예수가 30세의 청년이 되어서 고향인 나사렛에 다시 돌아오기기 전까지 대략 17년간의 행적에 대한 사료는 별로 찾아볼 수 없다.

그런데 1984년 미국의 신세대 영성가요 선생이었던 엘리자벳 클레어 프로핏(Elizabeth Clare Prophet, 1939~2009)이라는 여류 작가가 펴낸『잃어버린 17년(The lost years of Jesus)』이란 책에는 예수가 티베트에서 명상을 배웠으며 금강승에 영향을 받았다고 기록되어 있다. 어쨌든 13세에 가출을 한 후 30세쯤에 예루살렘에 나타나신 예수님은 극도로 파편화된 팔레스타인 사회의 종교적인 상황을 목격하고 곧 도래할 이스라엘의 멸망을 감지할 수 있었다.

특히 유대교 제사장들이 엄격하게 지키라고 말한 정결법 그리고 안식일의 준수에서, 평범한 민초들이 이해할 수 있는 상식의 차원을 넘어서 숨 막힐 것 같은 형식주의를 보았다. 이를 보면서 예수님은 인내의 한계를 느꼈으며 또한 정치적으로 사분오열되어 있는 이스라엘이 도저히 구제할 수 없는 타락의 극치라고 판단했다. 이런 사실을 우리는 〈마태복음〉이나 〈마가복음〉 등에서 읽을 수 있다.

> 그러므로 너희가 선지자 다니엘의 말한바 멸망의 가증한 것이 거룩한 곳에 선 것을 보거든, 그때에 유대에 있는 자들은 산으로 도망할지어다. 이는 그때에 큰 환란이 있겠음이라. 창세로부터 지금까지 이런 환란이 없었고 후에도 없으리라.
>
> — 마 24:15, 16, 21

결국 예수님이 전파하신 하느님의 나라는 이스라엘 민족의 편협한 유대민족 중심주의를 극복하고 온 이스라엘 민족이 합심하여 로마로부터 독립을 성취하는 것이었다. 그리고 제사장 계급의 횡포로부터 모든 사람이 하느님과 교류할 수 있는 보편적인 사랑의 복음을 전파한 것이다.

당시 이스라엘의 상황은 유대교라는 하나의 지붕 밑에서 각기 자신들의 교리를 선동하는 한 치 앞을 내다볼 수 없는 혼탁한 상황으로 치닫고 있었다. 길을 잃고 헤매는 양들을 진리의 세계로 인도하며, 파멸을 향해 가고 있는 이스라엘을 하나로 통일시킬 수 있는 메시아가 절실하게 필요한 상황이었다. 이것은 마치 성경에서 보면 예레미야나 이사야 선지자가 각각 북부 이스라엘이 강력한 제국인 아시리아에 그리고 남부 유다왕국이 바빌로니아의 식민지가 되어 분열되기 전 이스라엘의 단합을 부르짖으면서 혜성같이 나타나서 임박한 이스라엘의 종말을 예고하며 활동했던 시기와 대단히 유사한 상황이었다.

예수님은 다가올 이스라엘의 멸망을 예측하고 도저히 구제될 수 없는 바리새인과 열심당과의 결별을 선언하고 타락해 가는 이스라엘의 암담한 현실을 목격하면서 묵시론적 종말론의 기치를 내세우고 이 땅에 하느님의 통치를 실현시키기 위해서 메시아로 이스라엘에 나타난 것이다. 로마제국의 오랜 압제와 유대 제사장들의 착취 그리고 암울한 정치 상황과 다양한 종교 지파 간의 지루한 투쟁 속에서 꿈과 희망을 잃은 민중들의 박탈감과 좌절감은 절대적인 메시아의 탄생을 재촉하는 촉매제의 역할을 했다고 할 수 있다.

인류는 끊임없이 자신들의 욕구를 충족시키기는 수단으로 전쟁을

통해 아테나의 본성을 드러내는, 죄 많은 카인의 후예이다. 예수님
도 자신의 민족이 짊어진 공통의 장벽을 과감하게 뛰어 넘어 보편적
인 연민의 정으로 인류를 바라보면서 새 세상을 만들기 위해 이 세상
에 나타났다고 할 수 있다.

2) 팔레스타인에서 태어난 부처님

부처님이 이스라엘에서 태어났다면 이 세상은 어떻게 달라졌을까?

까까머리를 한 부처님이 팔레스타인의 유대인 회당에서 토라를 가
르치고 갈릴리 바닷가에서 고기를 낚는 베드로에게 나를 따르라고
지시하는 모습을 상상해 본다. 우리나라에서는 신토불이(身土不二)
라는 말을 평소에 많이 하는데 종교에도 신토종교라는 말이 대단히
어울릴 것 같다. 어떤 종교든지 내가 자라난 토양에서 그곳 문화의
영향으로 자연스럽게 발생하는 것이다. 문화와 종교는 상호 삼투압
의 작용을 통해서 주고받으며 자신에게 맞는 옷을 입게 마련이다.

기독교에서 말하는 하느님은 참으로 이 세상에서 가장 멋진 예술가
이다. 오대양 육대주에 각기 다른 인종이 살도록 배려하시고 각기 다
른 말과 예배 방법으로 하느님을 섬기는 지혜를 인류에게 주셨기 때
문이다. 나는 전 세계인들이 똑같은 성경책을 들고 똑같은 시간에 똑
같이 생긴 하느님의 성전에서 똑같은 순서에 의해서 똑같은 말로 하
느님께 예배드리는 모습은 상상만 해도 무미건조하고 숨이 막힐 것
같은 느낌이 든다. 영국의 케임브리지 대학에서 박사 학위를 받은 존
음비티(John S. Mbiti, 1931~)라는 아프리카의 기독교 신학자는 18세기
서구의 식민지 정복과정에서 일방적으로 수입된 기독교는 토착인들

의 문화를 말살하고 강요에 의해서 주입된 참된 신앙이 아니라고 말한다. 그리고 아프리카의 전통적인 종교는 버려야 할 것이 아니라 소중하게 보존해야 할 귀중한 인류의 유산이며 진솔한 그들의 삶의 방식이라고 밝힌다. 그 이유는 거기에는 인류의 소중한 문화전승이 깃들어 있기 때문이라고 했다.

12억의 인구를 가진 인도는 아직도 80%가 힌두교를 믿으며 15% 정도가 이슬람이고 나머지 기독교와 여타 종교가 공존하고 있다. 우리나라의 선교사들이 인도와 세계 곳곳에서 선교활동을 열심히 하고 있다고 들었다. 심지어는 기독교의 종주국인 이스라엘에 가서까지도 말이다. 그러나 남의 민족이 조상 대대로 숭배해 온 소중한 종교를 나의 식으로 모조리 바꾼다는 게 과연 올바른 태도일까? 한번 깊이 생각해 볼 만한 일이다.

뉴욕에 있을 때 인도인들과 상업적인 교류를 하면서 가끔씩 그들과 대화를 할 기회가 있었는데 종교에 대해서 물어보면 모두들 비슷한 대답을 한다. 하느님은 한 분이시고 다만 다가가는 길이 다를 뿐이라고. 그리고 부처님이 이스라엘에서 태어나셨으면 아마 기독교의 창시자가 되었을 것이라고 말한다. 힌두교의 성전인 『바가바드기타(Bagavad-Gita)』[30]에는 진리는 하나이나 성자들은 그걸 각기 다르게 이야기한다고 가르친다. 대부분의 인도인들은 자신들의 전통적인 종교에 대해서 대단한 자부심을 가지고 있으며 예수님을 인류의 성자

---

30) '신의 노래' 혹은 '거룩한 이의 노래'라는 뜻이다. 아르주나 왕자가 18일 전쟁에 참전할지를 놓고 갈등할 때 크리슈나 신이 그를 설득해 전쟁에 나가도록 하는 과정을 기록한 서사시이다.

로 존중하며 예수뿐만이 아니라 인류 모두가 하느님의 아들이란 걸 강조한다. 그들은 카스트제도는 아리안족이 남긴 악습이며 현대사회에서 없어져야 할 구시대의 유물이라고 하는 데에 모두 동의한다. 지금 인도는 시대의 변천에 따라 전통적인 브라만 계급이 급격하게 몰락하고 있다고 한다. 국가에서 하층계급인 수드라와 불가촉천민에 대한 우대정책을 표방하고, 또 민주주의식 선거에 의해 수적으로 열세인 브라만이 공직에 선출되는 확률이 아주 희박하다고 한다. 그 때문에 브라만들은 직장을 구할 수가 없어서 관광지에서 릭샤(인력거)를 끌면서 생계를 유지하고 심지어는 공중화장실 청소를 하는 말단 노동자로 전락하는 추세라고 한다. 머리 좋은 수드라 계급의 자녀들은 봄베이와 같은 대도시로 진출해서 IT 왕국의 첨병 역할을 한다. 그동안 소외된 계층으로 기본적인 인간의 존엄성을 박탈당하고 살아온 자기 조상들의 명예와 자긍심을 회복시키기 위해서 발군의 노력을 하고 있다고 한다. 시간이 흐르면서 구시대의 폐습은 자연스럽게 도태되는 것이다.

부처님이 태어나신 인도의 상황을 좀 더 깊이 이해하기 위해서는, 아리안족의 역사를 잠시 들여다보면 인도인들의 종교를 쉽게 이해를 할 수 있을 것 같다. 미국에서는 백인들을 흔히 코케시안(Caucasian)이라고 부른다. 이들은 주로 유럽인들과 미국에 사는 백인종을 일컫는 말로서, 그들의 원래 조상은 구소련 연방국가들이었던 아메니아와 조지아 그리고 아자바잔의 세 나라에 걸쳐서 길게 위 아래로 뻗어 있는 코카서스 산맥에서 살던 유목민들이다. 몽고인의 피가 섞인 코카서스 유목민들은 기원전 1600년경 춥고 메마른 땅인 코카서스 산

맥을 떠나, 기후가 좀 온화한 곳으로 남하하게 된다. 그때 두 갈래로
나뉘어서 한 부류는 남쪽으로 진출해서 이란인들의 조상인 셈족과
햄족 그리고 일부는 유럽으로 진출해서 유럽인들의 조상인 게르만족
이 되었다. 한편, 동쪽으로 진출한 부류는 인도로 들어가게 되는데
그들은 원래 파미르 고원을 넘고 힌두쿠시 산맥을 지나서 인도의 푼
잡(Punjab)지방에 정착하게 된다. 당시 그곳에는 원주민인 문다족과
드라비다족이 살고 있었는데 일찍이 철기문명을 개발한 그들은 강력
한 무기를 가지고 있었기 때문에 자연의 원리에 순응하며 농사를 짓
고 살던 원주민들과 치열한 싸움 끝에 그들을 굴복시키고 노예로 전
락시켰다. 『베다(Veda)』는 지식이란 뜻으로 아리안들이 인도를 침략하
면서 원주민인 드라비다족들과 싸울 때 피비린내 나는 전쟁 당시의
상황을 기록한 웅장한 서사시인 것이다. 아리안들은 드라비다족들이
그들의 종교에서 신으로 섬기는 여신이나 뱀의 상 그리고 출가할 때
모습인 가부좌한 수행자의 모습을 그린 벽화나 조각을 발견할 수 있
었다. 그 전통을 아리안족이 흡수 포용하면서 자신들의 문화의 일부
로 정착시킨 후 서양에 전해져서, 오늘날 전 세계에 유행하는 요가의
전통이 되었다.

  아리안들은 기원전 1200년경 원주민들의 다신교 전통을 바탕으로
『리그베다(Rig-Veda)』[31]를 경전으로 만들어 자신들을 제일 높은 제
사장 계급인 브라만(Brahman)으로 자리매김하는 새로운 종교를 탄생
시켰다. 그리고 하늘, 바람, 우뢰 등의 자연현상을 신격화해서 창조

---

31) 기원전 12~9세기까지 인도에서 사용된 경전으로 자연현상을 의인화해서 썼다고 하는
1,000여 편의 찬가들이다. 아리안들의 『베다』경전에서 가장 성스럽다고 하는 경전이다.

신인 브라만을 만들었으며 원주민인 드라비다족을 통치하기 위한 지배 이데올로기로 카스트(Caste)제도[32]를 정립하게 되었다. 이것을 브라흐마니즘(Brahmanism)[33]이라고 부르며, 기원전 8세기경 브라흐마니즘을 좀 더 변형시켜서 형이상학적인 우주철학이 담긴 우파니샤드(Upanisad)[34] 시대로 발전해 나갔다. 우파니샤드의 사조가 기울어 가는 시기에 새롭게 나타난 사상이 부처님이 나타나신 불타시대(佛陀時代)[35]인 것이다.

부처님이 태어나신 기원전 6세기경 인도는 원시공산사회에서 고대 노예제로 변천해 가는 길목에 있었다. 부처님 이전에는 두 개의 강력한 군주국이 전국을 통치했으나 부처님이 태어난 이후에는 마치 중국의 춘추전국시대를 방불할 정도로 16개의 소국으로 분열되었다. 각기 부국강병을 위해 남의 나라를 빼앗기 위해 치열한 전쟁을 일으켰으며 민중은 전제군주의 폭정으로 몹시 피폐한 상황이었다. 왕권과 결탁해서 부의 축적에만 혈안이 된 특권층의 수탈로 신음하고 죄 없는 아낙과 아이들은 기아와 질병에 시달려 죽거나 노예로 전락하는 암담한 상황이었다. 민중들은 헤어날 길이 막막한 자신들의 운명

---

32) 인도의 세습적 계급 제도로, 승려 계급인 브라만, 귀족과 무사 계급인 크샤트리아, 상인 계급인 바이샤, 노예 계급인 수드라로 나뉘어 있다.

33) 기원전 1000년경 원주민인 드라비다족에 대한 효율적인 통치를 목적으로 베다사상을 바탕으로 카스트제도를 만들어 통치한 아리안들의 계급제 사회.

34) 산스크리트어로 '가까이 가다'라는 뜻으로, 바라문교의 제3기로 의례와 제사보다 철학적 사고를 통해서 우주적인 질서와 그 이면의 통일성에 대한 사색 끝에 브라흐만과의 만남을 추구한 학파.

35) 기원전 6세기부터 기원전 3세기 말까지의 시기를 이른다. 이 시기에 바라문교에 반기를 들고 고통받는 민중들을 구원하기 위해서 부처님과 제자들의 혁신적인 사상이 태동되었다.

을 바꾸어 줄 구세주를 절실하게 기다리고 있었다. 그들이 염원하는 보살이 바로 불교에서 말하는 미륵보살(彌勒菩薩)[36] 신앙이다. 미륵은 도솔천에 살며 56억 7천만 년 후에 성불하여 이 세상에 제2의 석가로서 모든 중생을 권도(勸導)한다는 보살이다. 부처님은 예수님과 마찬가지로 민중의 절실한 염원을 해결해 줄 수 있는 메시아로 인도에서 태어난 그 시대의 영웅이었다.

---

36) 미륵보살은 불교의 원시경전에서 유래한 것으로 고통받는 중생들을 위해서 민중을 구제할 환상의 존재로 나타난다는 미래불의 화신이며 기독교의 구세주 개념과 같다.

2.

진리의
세계를 향해서

12. 13세 어린 소년의 출가

〈누가복음〉 2장 46절을 보면 예수님이 12살의 어린 나이에 성전에서 유대교 선생들과 설교를 듣기도 하고 질문도 하면서 종교에 대한 토론을 하는 장면이 나온다. 나는 이 구절을 읽을 때면 잠시 상념에 잠기곤 한다. 도대체 깨닫는다는 게 무엇인가? 인도의 성자들은 진리를 추구하기 위한 영적 성장의 과정을 대개 아쉬라마(Ashrama)[37]라고 하는 4단계를 거쳐서 목표에 도달한다고 한다.

첫째, 브라흐마차야(Brahmacharya) 단계로, 삶에 필요한 모든 지식과 사회윤리를 배우고 공부하는 과정이다. 둘째, 그리하스타(Grihasta) 단계로, 결혼을 하고 가정을 꾸미며 사는 재가자(在家者)의 과정이다. 셋째로 바나쁘라스따(Vanaprastha), 즉 숲 속 거주자의 단계로, 가정에 비중을 두는 것보다도 영성지능의 개발을 더 중요시하는 과정으로 정기적으로 잠시 집을 떠나 자연 속에서 머물면서 명상과 자기비움의 과정을 경험하는 것이다. 그리고 네 번째로 산야사(Sannyasa), 즉

---

37) 고대 인도에서 개발된 것으로, 인생의 성장과정을 4단계로 구분해서 영성의 단계로 나가가는 과정을 말한다.

출가자의 단계로, 가족과 종교 그리고 자신이 어느 특정한 인종이라는 인위적인 울타리를 모두 훌훌 털어버리고 광활한 우주 속에서 자신의 위치와 본성을 깨닫는 것이다. 즉, 지구와 우주는 모두 나의 존재를 받쳐주는 생명의 장으로 생각하고 오로지 이타심과 연민의 정으로 이웃과 자신이 속해 있는 공동체 그리고 민족의 아픔을 감싸주고 도와주며 인류를 구원하는 포근한 가이아(Gaia, 대지의 신명체) 같은 마음으로 살아가는 것을 목표로 하는 것이라고 한다.

단테는 자신이 경험한 아쉬라마를 황혼기에 쓴 『신곡』을 통해 너무도 생생하게 표현했다. 그는 성 금요일(Good Friday) 전야에 자신이 죄인의 삶을 살고 있다고 자각하고 시인 베르길리우스의 안내로 지옥과 연옥을, 그리고 자신이 평소에 순수한 사랑의 감정을 간직했던 베아트리체의 안내로 천국을 차례로 순회한다. 지옥과 연옥을 안내하는 베르길리우스는 인간의 이성을 상징하며, 베아트리체는 하느님의 사랑을 상징하는 계시자로서 천국으로 단테를 안내한다. 무의식의 심연에 있는 영혼의 세계를 순례한 것이다. 그는 지옥에서 죄 많은 영혼들의 아비규환을 듣는다. 단테는 베르길리우스의 안내로 지옥문에 접어든다. 그곳에는 지옥의 뱃사공 카론이 배를 저어 와서 단테를 꾸짖는다. 지옥에 떨어진 자들은 그 배를 타고 어두운 물결을 건너간다. 단테는 거기서 까무러쳐 쓰러진다. 제8옥에는 탐관오리들의 무리가 부글부글 끓는 역청 속에 잠겨 있다. 악마가 뛰어와 벼랑 위에서 루카의 한 장로를 역청 속에 내던진다. 장로가 위로 떠오르면 마귀들이 갈고리를 가지고 못살게 굴며 조롱한다. 거기에는 로마교황 아나스타시우스 2세와 그레고리우스 2세, 동로마 황제 보니파키우스 8세, 로마제국의 영웅인 카이사르와 안토니우스의 정부였던 클레오파트라 등이 흉칙한 몰골로 비추어졌다. 연옥편에서 연옥의 문지기인 카토가 거기 온 영령들에게 지구상에서의 신상을 묻는다. 연옥은 세상을 선하게 살았으나 아직 세례를 받지 않고 예수 그리스도를 자신들의 구세주로 영접하지 않은 영혼들이 잠시 머무는 곳이다. 거기에서 그는 시인 호메로스와 라헬을 만난다. 그곳은 에덴에서 가장 높은 산허리에 있으며 일곱 단계로 나뉘어져 있다. 천국으로 갈지 지옥으로 갈지 아직 결정되지 않은 사자(死者)들이 림보(limbo)[38]의 상태에 있기 때문에 늘 불안한 마음으로 살아가는 곳이다. 큰 고통은 없으나 자신의 앞날에 대한 막연함과 자신들이 처하게 될 운명을 눈이 빠지게 기다리는 고독한 영혼들의 세계이다. 그들은 오로지 현세의 선량한 사람들이 열심히 기도를 함으로써 비로소 천국으로 갈 수 있기에 아직 선고유예의 처지에 놓여 있는 사자들이다. 그다음으로 천국 편에서 단테는 첫째 하늘인 월광천으로부터 열째 하늘인 지고천까지 베아트리체와 함께 여행한다. 베아트리체는 천국에 있으며, 그녀는 죄성이 없는 맑은 하느님의 사랑과 신성을 의미하기도 한다.

단테는 중세를 시작하는 시인으로, 바른말을 하는 곧은 성격의 소유자였으며, 정직하게 인생을 살다간 순수함의 모델이다. 그는 당시 이탈리아가 궬피당 내의 실력자인 체르키 가문과 도나티 가문의 내분으로 자신이 태어난 피렌체에서 백파와 흑파로 갈려 피비린내 나게 싸우는 인간의 사악함을 목도하고 이를 자신의 상상력을 동원하

---

38) 단테가 『신곡』에서 표현한 천당과 지옥의 중간 지대.

여『신곡』을 썼다. 그는 서양문학의 거장이요, 문예부흥의 주역이고 당시 정치권에 실제 몸담았던 정치가이기도 하다. 그가『신곡』에서 주는 메시지는, 인간이 어떻게 나와 남을 조화롭게 하면서 사회적인 정의를 실현할 수 있는가를 인과응보의 원리로 구성했다. 결국 인간은 죽을 수밖에 없는 나약한 존재라는 것과 인류문명의 역사는 아담의 에덴동산에서 카인이 자신의 아우 아벨을 죽이고 난 후 저지른 죄악에서 한 발자국도 진보하지 못하고 제자리걸음을 하고 있다고 판단했다. 그리고 인생의 목적은 만물을 창조하고 주재하는 전지전능한 하느님의 존엄과 사랑의 정신을 회복하는 것이라고 결론지었다. 그 역시 하나의 나약한 인간이었기에,『신곡』은 개인적인 수행의 체험을 바탕으로 보편적인 인간 내면의 의식체계를 분석하고 철저하게 반성하며 쓴 장중한 서사시이다.

유대인들은 수천 년간 자신들의 비극적인 상황을 감내하면서 힘든 고난을 극복하기 위해서 늘 하느님이 모세에게 준 계시를 담은 성경에 의존하는 관습에 젖어 있다. 단테 역시 성경으로 돌아갈 것을 암시한다. 성경은 기본적으로 인간이 어떻게 올바른 삶을 살아갈 수 있는지를 말해 주고 있다. 공자가 쓴『논어』와 다를 바가 없는 것이다. 진지한 삶을 살아가는 사람이라면 인생을 살아가면서 한 번쯤은 왜 나는 여기에 있으며 무엇을 위해서 살아가는가를 고민해 보고 싶은 충동을 느낄 것이다.

예수님은 너무도 일찍이 인생의 의미를 찾아 철학적인 사유를 한, 보기 드문 팔레스타인의 어린 아리스토텔레스였다. 유월절 날 예배를 위해서 예루살렘에 입성하여 솔로몬 성전을 방문하고 고향으로 돌아가는 요셉과 마리아는 어린 예수가 당연히 부모님 뒤를 졸졸 뒤따라 올 것이라고 믿고 나사렛으로 돌아가는 먼 길을 빠른 걸음으로 재촉했다. 한참을 가다가 예수가 없어진 사실을 발견한 마리아는 놀란 마음으로 오던 길을 되돌아 사흘 뒤에 다시 성전에 이르게 된다. 그때까지 소년 예수는 유대 성직자들과 성경에 대해 심각한 표정으로 열띤 토론을 벌이고 있었다. 이를 발견하고 너무나 놀란 마리아는 어린 예수에게 "아이야, 어찌하여 우리에게 이렇게 하였느냐? 보라, 네 아버지와 내가 근심하여 너를 찾았노라."라고 가볍게 나무란다. 그다음에 펼쳐지는 예수의 응답에서 우리는 어린 예수의 선지자적인 예지를 엿볼 수 있다. 아니, 진정한 하느님의 아들 모습을 발견할 수 있다.

> 어린 예수께서 가라사대, "어찌하여 나를 찾으셨나이까? 내가 내 아버지 집에 있어야 할 줄을 알지 못하셨나이까."
>
> — 눅 2:49

> 양친이 그 하신 말씀을 깨닫지 못하더라. 예수께서 같이 내려가서 나사렛에 이르러 순종하여 받드시더라. 그 모친은 이 모든 말을 마음에 두느니라. 예수는 그 지혜와 그 키가 자라가며 하느님과 사람에게 더 사랑스러워 가시더라.
>
> — 눅 2:50,51,52

예수님은 성전을 아버지 집이라고 표현했다. 이미 예수님은 13세에 평범한 소년이 아닌 숲 속 거주자의 단계에 접어든 것이다. 동네 아이들과 한참 뛰어놀기도 하고 엄마의 치마폭을 잡고 뒤꽁무니를 따라다니기 바쁜 철부지 어린 나이에 도대체 무슨 신령한 계시를 받았기에 예수님은 하느님을 사모하고 아득한 심연에 잠자고 있는 영혼의 세계에 대한 연민으로 사로잡혀 있었을까? 무엇이 이 어린 소년을 험한 수행의 길로 인도했을까? 왜 세상은 어린 소년이 티 없이 자라도록 내버려두지 않았을까?

성경 전체를 통틀어서 어린아이에 대한 이야기는 예수님이 〈누가복음〉 18장 17절에서 '누구든지 하나님의 나라를 어린아이와 같이 받들지 않는 자는 결단코 들어가지 못하니라.'라고 한 대목이 전부이다. 분명 어린 소년 예수는 천재 기질이 있는 영민한 소년이었음이 분명하며 일찍이 인간 내면의 세계를 깊이 인식했음이리라. 또한 긍휼과 진리가 실종된 당시 이스라엘의 난맥상을 꿰뚫어보고 인간이 성취할 수 있는 가장 보배로운 것은 명예도 지식도 승리도 아닌 신성함이란 걸 깨달았으리라. 이 세상은 보다 나은 인류의 미래를 위해 주기적으로 높은 영성 차원의 천재들을 등장시킨다. 『노자』의 주석을 단 천재 왕필의 나이도 당시 16세 정도의 소년이었다.

예수가 내린 결론은 사람은 빵으로만 살 수 없는 영혼을 가진 존재라는 것. 순수 영혼에 목말라 하던 소년 예수가 인류에게 희망을 전도하는 순례자의 길을 가기로 마음을 굳힌 위대한 순간이었다. 그는 이미 어렴풋이나마 하느님의 신성을 체험했으며 우리의 영혼이야말로 모든 사람들의 내면에 존재하는 하느님의 본성을 품고 있을 뿐 아니라 자신의 몸은 신성을 담은 성전이란 걸 인식했다고 할 수 있다.

13. 29세에 출가한 싯다르타 고타마

　인도의 역사는 마치 우리나라와 같이 이민족의 침략으로 점철된 역사이다. 기원전 16세기에 아리안족을 시작으로 해서, 기원전 4세기에는 마케도니아에서 발원한 알렉산더 대왕의 동방원정 정책으로 인한 헬레니즘의 흔적이 남아 있다. 그다음 중앙아시아에서 발원한 스키타이족의 침입으로 인한 꾸산왕조의 성립, 터키계의 델리왕조, 몽고의 티무르 후손이 세운 무굴왕조에 이르기까지 다양한 이민족의 문화를 포용하였다. 2천 년간의 기나긴 여정을 거쳐서 기원후 7세기경 힌두교라는 심오하고 폭넓은 종교와 철학으로 정착시킬 수 있었다. 붓다는 당시 최고 지배계급인 브라만의 엘리트 의식을 전면적으로 부정하고 모든 사람은 존엄한 존재라는 인간 평등사상을 기반으로 하여 힌두교의 안티테제로서 민중들의 권익을 대변하는 종교단체로 성립된 것이다.

　그런데 전 세계의 어떤 종교를 막론하고 그 내면을 깊이 천착해 보면 우주의 본질을 설명하는 원리나 철학 등에서 약간씩 힌두교의 영향을 받았다고 할 수 있다. 이와 동시에 힌두교는 시대에 흐름에 따라 타 종교의 좋은 점을 모두 수용했다고 말할 수 있다. 그런 면에서 힌두교는 마치 종교의 거대한 바이칼 호수와 같은 종교이다. 부처님이 태어나서 살던 시대의 특징은 우파니샤드(Upanisad, 奧義書)의 말기라고 할 수 있다. 우파니샤드는 산스크리트어의 '가까이'를 뜻하는 우파(upa)와 '적당한 장소'에서 또는 '아래에서'를 뜻하는 니(ni−), 그리고 '앉다'를 뜻하는 샤드(sad)에서 유래한 말로 "스승 가까이에 앉는다."란 뜻이다. 우파니샤드는 바라문의 제3기적인 과정으로 아란야카(Aranyaka)[39] 시대의 철학적 사색이 더욱 깊어진 바라문 철학의 극치를 이루는 사상이다. 우파니샤드를 두고 모든 종교 이론을 이해하는 데 가장 중요한 자료라고 말한 철학자는 쇼펜하우어, 에머슨, 그리고 데이비드 소로이다.

붓다가 태어날 당시 인도의 정치적인 상황은 강력한 군주국인 마가다, 코살라 국을 축으로 16개국으로 구성된 군소국들이 제각기 영토 확장에 혈안이 되어 춘추전국시대를 방불할 정도로 미증유의 시대였다. 얼마 후 마가다국은 코살라국을 쳐부수고 전국을 통일하게 되는데, 이처럼 끊이지 않는 전란으로 대단히 혼탁한 시대였다. 그 폭정으로부터 벗어나기 위해서 출가하는 사람들도 많았다고 한다. 권력과 부가 집중될수록 세상은 점점 각박해진다. 왕족이나 귀족들 중심인 바라문 계급은 놀고먹으며 사치와 향락에 빠져 극도로 타락해 가면서 전통적인 가치관이 무너져 가는 심각한 상황이었다.

---

39) 삼림서(森林書) 시대라고 하며 브라마니즘과 우파니샤드의 중간에 존재했던 시대였다. 숲 속에서 제자들에게 전수할 비의(秘義)를 담은 문헌으로 제사 의식에 관한 철학적 문제를 다룬 내용이다.

불교에서는 위대한 성인이 태어나기 위해서는 전생에 무수한 선업을 쌓았기 때문이라는 전통이 내려온다. 고타마 태자의 전생담을 배경으로 엮어놓은『자아타카』에는 만삭이 된 마야부인이 카필라국 숫도다나 왕의 허락을 받고 대신들과 함께 황금수레를 타고 인도 풍습에 따라 친정인 데바다하로 해산 원정을 가고 있었다고 한다. 룸비니 동산을 지날 때쯤 갑자기 복통을 느껴서 왕비는 가던 길을 멈추고 신하들에 의해 근처의 숲 속으로 옮겨졌다. 가마에서 내린 왕비는 주위의 많은 나무 중에서 아쇼카 나무 아래에 자리를 잡았다. 그리고 왕비가 아름다운 꽃가지를 잡자 곧 산기를 느꼈으며 이윽고 오른쪽 옆구리로 싯다르타 고타마(싯다르타는 '모든 걸 아룬다.'는 뜻이며, 고타마는 '가장 훌륭한 소'라는 뜻)를 출산했다고 한다. 후에 싯다르타는 석가모니('샤키야족의 성자'란 뜻)로 바뀌었다. 고타마 왕자는 태어나자마자 누구의 도움도 없이 사방으로 일곱 걸음을 걷고 나서 상하를 둘러본 후 오른손을 위로 하고 왼손을 아래로 가리키며 사자처럼 다음과 같이 외쳤다고 한다.

"삼계가 모두 고통 속에 헤매이니, 내 마땅히 이를 편안케 하리라(天上天下 唯我獨尊 三界皆苦 我當安之)."

과연 어디까지가 진실일까? 예수가 동정녀 마리아의 몸에서 태어났다는 것과 마찬가지로 붓다의 탄생에도 위에서 보는 바와 같이 두 가지 설화가 전해 내려온다. 과연 고타마 왕자가 옆구리로 태어났을까? 그리고 세상에 나오자마자 일곱 보를 걸어 다녔을까? 우리는 그 해답을 얻기 위해서 지금으로부터 2천5백 년 전 붓다가 태어난 시대로 돌아가야만 한다.

그 당시 바라문교의 경전인『리그베다』에 의하면 누구나 태어날 때 신이 4성 계급 중 하나를 선택해 주는데, 그걸 인드라신(인도인들이 태양의 신이라고 믿는 가장 강력한 신)에 견주어 말한다. 최고 계급인 브라만은 인드라의 머리로부터 태어났으며, 크샤트리아 계급은 팔, 그리고 바이샤 계급은 다리, 마지막으로 노예계급은 발로부터 이 세상에 태어났다고 하는 설화를 만들었던 것이다. 다시 말해서 각자가 맡아야 할 사회의 계급을 신이 이미 태어날 때부터 정해 준 것이라고 하는, 지극히 운명적인 식민지 계급제도를 만든 것이다. 그런 당시의 사고방식에 따르면 싯다르타가 옆구리에서 태어났다는 것은 어쩌면 당연한 귀결이며 부처님이 왕족으로 태어났다는 걸 말해 주는 것이다. 태어나자마자 일곱 걸음을 걸었다는 이야기도 사실은 붓다의 열반 후 그의 제자들이 성인의 위대함을 돋보이게 하기 위해서 윤색했다고 할 수 있다.

그런데 7이란 숫자는 여러 가지 의미가 함축되어 있다. 성경에서도 하느님이 천지를 창조하시고 6일째 인간을 만든 다음, 7일째 안식했다고 했다. 이와 같이 모든 종교의 효시에 얽힌 설화에는 전 세계적으로 공통적인 면이 있다. 불행인지 다행인지는 모르나 싯다르타 태자는 태어난 지 7일 만에 어머니인 마야(Mahamaya) 왕비를 잃게 되어 이모인 마하파자파티 부인을 양모로 해서 자라게 되었다. 어려서부터 고타마 왕자는 당대의 명망 있는 석학들로부터 왕위를 계승하기 위한 교육을 철저히 받고 자라났다. 그는 하나를 가르쳐 주면 열을 깨닫는 영민한 천재소년이었다. 특히 수학과 문학에 남다른 재능을 보였으며, 모든 분야에서 타의추종을 불허하는 능력의 청년으로 성장했다. 불교의 윤회 원리에 의하면 부처님은 전생에서 쌓은 많은 공덕 때문에 귀한 왕자로 이 세상에 왔으나 15세가 되었을 즈음 사문유관(四門遊觀)[40]을 경험한다. 그 후 자신의 기득권을 포기하고 중생구제를 위한 고행의 길을 염두에 두게 된다. 법륜스님의『인간 붓다 그 위대한 삶과 인생』에 나타난 싯다르타의 출가 동기를 다음에 소개한다.

싯다르타 태자가 평민들의 세상살이를 관찰하기 위해 왕궁을 나갔는데 동문과 남문에서는 노인과 병자를 만나서 모든 인간은 태어나서 너나 할 것 없이 늙고 또 병들면 이가 모두 빠지고 허리가 꼬부라지고 살갗이 쭈글쭈글해지면서 허약해져서 질병에서 오는 고통과 싸워야 한다는 걸 보았다. 서문으로 나갔을 때 노예들은 길거리에서 먹고 살아가야 했으며 죽으면 화장할 수도 없었고 그냥 산에다 갖다 버려서 까마귀 떼가 와서 쪼아 먹는 걸 보았다. 시체를 갖다 버리는 숲을 쉬이타바나(尸陀林)라고 하는데, 여기서 스님들이 상가집에 염불하러 갈 때 '시달림 간다.'고 하는 말이 여기에서 유래했다고 한다. 쉬이타바나에 대한 이야기는 경전에도 자주 등장하는데 부처님은 성도 직전 고행을 하실 때 이곳에서 수행을 했다고 한다. 싯다르타 태자가 결정적으로 출가를 하게 되는 동기는 작병천자(作瓶天子)[41]를 발견하게 되면서부터이다.『불본행집경(佛本行集經)』에 보면 마침

---

40) 싯다르타 고타마 왕자가 동서남북 네 방향의 문을 나가서 인생살이의 생로병사(生老病死)의 현장을 보고 출가를 결심하게 된 이야기.

41) 싯다르타 고타마가 북문으로 나갔을 때 길거리에서 자신의 몸을 변화시켜 늙은 노인으로 화하여 태자 앞에 나타난 사람.

내 북문으로 나아갔을 때 작병천자가 신통력으로 수레와 멀리 떨어져 있지 않은 거리에서 태자의 앞에 한 사람의 사문으로 화하여 나타났다. 그 사문은 머리와 수염을 깎고 분소의를 걸쳤으며, 오른팔 소매를 걷어 드러내고 손으로 석장을 짚고 왼손 위에 발우를 든 채 걸식을 하고 있었다. 싯다르타 태자는 그의 모습을 보고 하인에게 물었다.

"저 사람은 어찌하여 저렇게 내 앞에서 위의가 당당하며 걸음걸이가 정숙하고 눈이 맑고 총명하며 걸음걸이도 흐트러지지 않고 단정하게 걸을 수 있는가?"

작병천자는 신통력으로 그 하인을 움직여서 태자에게 말하게 하였다.

"태자시여, 저 사람은 출가사문이라 하며 악한 세상을 떠나 수행을 오래한 끝에 모든 세속적인 욕망을 단절하고 일체 모든 중생에게 인간평등과 자비를 가르치는 수행자입니다."

태자는 그 말을 듣고 너무도 기뻐하면서 즉시 수레에서 내려 그 사문에게 다가가서 물었다.

"사문이시여, 그대는 무슨 연유로 출가사문이 되었습니까?"

"아, 그건 내가 이 세상을 살다보니 모든 것이 고통뿐이었소이다. 그걸 깨닫고 나서 세속의 부귀와 영화에 집착하지 아니하고 가솔들을 떠나 영원한 평온을 구하고 뭇 중생들에게 나의 깨달음을 전도하여 일체의 생명을 고통에서 구하고자 사문이 되었소이다."

그 말을 들은 고타마는 출가사문 앞에 다가가서 머리와 얼굴로 정례하고 그의 주위를 세 번 도는 예법을 다한 후 산란한 마음을 정리하며 궁중으로 돌아왔다.

하루는 숫도다나 왕이 대신들을 대동하고 성 밖으로 나아가 농경제를 지낼 준비를 하고 있었다. 농경제는 군주가 풍년을 기원하면서 첫 삽을 뜨는 제식으로 마치 선농제와 같은 연중행사라고 할 수 있다. 싯다르타는 처음으로 성인의 대우를 받으며 아버지를 따라 백성들이 농사를 짓는 삶의 현장을 관찰할 수 있었다. 가끔씩 소들이 우는 소리와 농부들이 밭을 가는 평화로운 모습과 어우러진, 화창한 봄날이었다. 모두들 주위를 둘러싼 아름다운 자연환경을 즐기며 한가로움을 만끽하고 있었다. 천재는 늘 남들이 못 보는 평범한 진리 속에서 문제의식을 발견한다고 하듯이, 싯다르타는 내가 만약 저 농부로 태어났으면 어떠했을까라는 생각을 떠올려보았다. 금상(錦裳)으로 곤룡포를 입고 있는 숫도다나 왕과 대신들의 화려한 옷과는 너무 대조적으로 누더기 옷을 걸치고 뙤약볕에서 온몸에 흙을 뒤집어쓰고 비지땀을 흘리며 일그러진 얼굴로 힘겹게 밭을 가는 농부의 모습을 보면서 "나는 왕자로 태어나서 호화로운 궁전에서 뭇 사람들의 시중을 들어가며 태평한 나날을 보내고 있는데 왜 저 사람은 힘든 인생을 살아가야 하는가?"라는 의문이 끊임없이 싯다르타를 괴롭혔다.

그때 싯다르타는 순간적으로 바라문교의 교리에 의하면 모든 사람은 태어날 때부터 불평등하게 태어난다는 사실에 주목하게 되었다. 또한 왜 저 소는 저렇게 힘들게 일해야만 하고, 농부는 채찍으로 소를 때리며 밭을 갈고 힘에 겨운 소는 아무 불평도 할 수 없이 주인이 시키는 대로 그냥 앞으로만 가야 하는 것일까? 싯다르타는 그들이 받는 고통이 마치 자기의 고통인 양 괴로워하며 연민의 정으로 바라보고 있었다. 쟁기로 밭을 가는 모습을 물끄러미 바라보던 태자는 흙속에서 반토막으로 잘린 굼벵이와 지렁이를 보고는 놀라움을 금치 못했다. 왜 저 미생물들은 저런 모습으로 태어나서 죽어야 하나? 그런데 잠시 후 몇 마리의 새가 날아오더니 그 꿈틀거리는 벌레를 낚아채 가는 것이 아닌가. 왜 강한 것들은 약자들을 잡아먹어야 하나? 그는 궁금증을 풀기 위해서 농부에게 다가가서 다음과 같이 물었다.

"당신은 무엇 때문에 이러한 고생을 하고 있습니까?"

농부는 대답하였다.

"곡식을 심어서 국왕에게 세금을 바치기 위해서입니다."

한 사람의 군주를 위해서 온 국민이 힘겨운 일을 감당해야 한다는 사실을 알고 난 싯다르타는 백성을 향한 긍휼한 마음을 달랠 길이 없었다. 어린 태자는 이 세상이 무언가 본질적으로 불공평한 원리가 지배하고 있다는 사실에 눈을 떴다. 자연과 인간을 평화롭게만 바라보던 태자의 마음은 어느덧 답답함과 말할 수 없는 번민으로 가득 찼다. 왜 어떤 사람들은 호의호식하면서 놀고먹고 어떤 사람은 평생을 저렇게 힘들게 일하며 낙이 없는 고통스런 일생을 살아가야만 하는가? 상념에 잠겨 궁으로 돌아오는 길에 싯다르타는 지팡이를 짚고 힘겹게 언덕을 올라가는 어느 꼬부랑 할아버지를 목격하고는 "사람은 태어나서 저렇게 허리가 꼬부라져서 병들어 죽을 운명인데 왜 이 세상에 태어나는 것일까?"라는 철학적인 질문을 하게 되었다. 그는 염부수 아래에 앉아 잠시 상념에 잠겼다. 왜 세상은 이렇게 불공평한 것인가? 검게 탄 얼굴에다 목에는 이곳저곳 불쑥불쑥 튀어나온 힘줄을 하고 버거운 일을 하던 그 농부의 모습, 꼬부랑 할아버지의 모습, 그리고 죄 없는 벌레들의 죽음 때문에 궁으로 돌아온 태자는 잠자리에 누워서도 그때 받은 그 충격이 시시각각 뇌리에 떠올랐다. 그리고 연민의 고통이 엄습해 오면서 민중들의 고달픈 삶이 마치 자기의 아픔처럼 다가와 답답한 가슴을 안고 뜬 눈으로 밤을 새웠다. 그 이후 태자는 삶에 대한 절망감으로 식음을 전폐하고 수시로 깊은 명상에 잠기곤 했다.

출가란 이제까지 자신이 살아온 잘못된 삶의 습관을 청산하고 새로운 삶으로 나가기 위해 방향을 격하게 전환하는 극적인 순간을 말한다. 싯다르타 왕자는 호화로운 궁정에서 뭇 시종들의 극진한 보살핌을 받으며 평화롭게 살고 있었다. 그러나 그는 어려서부터 우주와 인생의 의미를 헤아릴 줄 아는 소년 소크라테스였다. 싯다르타 태자는 본인의 의사와는 전혀 관계없이 오로지 불우한 환경에서 태어났다는 이유로 어떤 사람은 하층계급인 수드라로 분류되어 온갖 부역에 시달리며 평생을 고통 속에서 살아야 한다는 사실에 대해 고뇌했다. 그리고 그는 이러한 불합리함과 모순은 어떠한 종교적인 명분으로도 합리화할 수 없는 것이며, 모든 인간은 태어나면서부터 평등하며 '나'라는 존재는 이 세상에서 하나밖에 없는 가장 존귀한 존재이고 스스로의 주인이라는 것을 깨닫게 된다. 이러한 혁명적인 사상을 하게 된 싯다르타는 태자의 신분을 훌훌 털어버리고 출가를 결심한다. 싯다르타 태자는 숫도다나 왕 앞에 가서 일체중생은 은혜와 사랑이 충만하더라도 언젠가는 반드시 이별을 해야 하는 운명이기에 자신의 출가를 허락해 줄 것을 요청한다.

태자의 말을 들은 숫도다나 왕은 크게 실망하면서, "네가 그렇게 힘든 고행의 길을 결코 감당할 수 없을 터이니, 그냥 왕궁에서 살다

때가 되면 나의 왕위를 계승해서 훌륭한 왕이 되어라."라고 하면서 간곡히 만류한다.

그러나 아무리 만류를 해도 아들의 굳은 의지를 꺾을 수 없다는 걸 발견한 숫도다나 왕은 집 떠나는 일만 포기한다면 원하는 걸 무엇이든 들어주겠다고 말한다. 이에 드디어 올 것이 왔다고 판단한 싯다르타 태자는 "제가 원하는 네 가지 조건을 들어주신다면 출가의 뜻을 접겠습니다." 하고 답했다. 첫째, 인간은 모두 똑같은 인간이건만, 어찌하여 어떤 사람은 손에 흙 한 번 만지지 않고 한 평생 쾌락을 즐기며 호화롭게 살다 가는데, 일반 민중들은 평생 피땀을 흘리며 살다가 길가에 쓰러져 죽어가야만 하는지, 그 고통을 없애 달라는 것이었다. 둘째는 16개의 중소 국가들이 늘 전쟁을 하면서 죄 없는 귀한 생명을 죽이고 죽임을 당하는 모순을 없애 달라는 것이었다. 셋째는 인간은 무엇이 옳고 그른지도 모르면서 평생을 살다가 가야 하는 이런 불가해한 모순을 해결해 달라는 것이었다. 그리고 넷째는 중생을 포함한 모든 사람이 함께 행복하게 살 수 있는 길을 자신에게 말해 달라는 것이었다.

숫도다나 왕은 참으로 해결할 수 없는 난감한 청원이었다. 태자의 뜻을 거스를 수 없다고 판단한 숫도다나 왕은 그럼 왕위를 계승할 아들을 하나 낳아달라고 부탁한다. 태자는 "부왕의 소원을 들어드리겠나이다." 하고 대답했다. 그리고 태자가 결혼 후 10년이 지나서 그의 나이가 29세가 되었을 때, 태자비는 아들 라훌라('장애'란 뜻)를 낳았다. 자신이 출가를 하는 데 장애가 된다 해서 '라훌라'라는 이름을 지었다.

아들 라훌라가 태어난 지 1년 후, 출가를 위한 난관이 제거된 태자에게 또 다른 장애물이 생겼다. 쓸쓸하게 홀로 지내야 할 야소다라 공주와 자신을 키워 준 마하파자파티 왕비, 그리고 성 안의 모든 사람에게 실망을 안겨 주어야 하는 것이 출가를 막는 장애물이었다. 무엇보다 가장 큰 장애물은 자신의 사랑하는 한 살짜리 아들 라훌라를 버리고 떠나야 하는 고통이었다. 아마도 가정을 버리고 출가를 해 본 스님들이 공통적으로 느끼는 가장 고통스러운 순간은 자신의 피붙이와 연(緣)을 끊는다는 것일 게다.

마음을 굳게 다잡고 숫도다나 왕과 왕비에게 작별인사를 한 후, 붓다는 사랑스런 라훌라가 자고 있는 방문을 살며시 열었다. 방 안에는 향기로운 등불이 타고 있었다. 야소다라 부인은 아기의 머리에 손을 얹어둔 채 자고 있었다. 태자는 문턱에 서서 그 모습을 가슴 아프게 바라보고는 잠시 생각에 잠겼다. 떠나기 전에 마지막으로 라훌라를 한번 안아보고 싶은 강한 충동을 느꼈다. 자신이 부인의 손을 제치고 아기를 안는다면 부인은 깰 것이고 그렇게 되면 출가에 방해가 될 것이 뻔하므로 태자는 혀를 깨물며 참았다. 그러고는 자신이 부처가 된 뒤 돌아와 만나보리라고 마음을 다잡고 시종인 찬다카가 데려온 말 칸타마에 올라타고 카필라 성을 떠났다.

인간이 겪어야만 하는 고통의 원인을 파악하고 그 고통을 근본적으로 소멸시켜서 모두가 고통이 없는 불국정토를 만들겠다는 원대한 꿈을 실현하기 위한 대장정이 시작된 것이다. 붓다가 살던 시대는 브라만교의 쟁쟁한 학파들이 제각기 우주와 인생의 비밀을 풀었다고 자랑하면서 경쟁하는 백가쟁명의 춘추전국시대였다.

14. 우주와 인간은 하나

　모든 종교는 스스로 진리의 세계를 탐구하고 영원성을 추구하는 것이 목표이다. 여기서 나는 빌 브라이슨이 쓴 『거의 모든 것의 역사』의 구절을 잠시 인용하고자 한다.

　이 세상의 모든 생명체는 단 하나의 세포에서 출발한다. 첫 번째 세포가 생기게 되면서 그것이 바깥에 있는 물질을 끌어들여서 2개 그리고 다시 4개로, 8개로 세포분열의 과정을 거쳐서 그런 분할이 47회 반복되면 1경(10^{16}) 개의 세포가 생기면서 인간으로 태어날 준비가 끝난다. 그리고 각각의 세포들은 모두 탄생에서 죽는 순간까지 당신의 생명을 지키고 보호해 준다. 사람의 몸속에 있는 1경의 세포 중 그 속에 살고 있는 박테리아는 10경(10^{17}) 마리가 된다고 한다. 세포들은 당신을 위해 죽기도 하는데 매일 수십억 개의 세포들이 죽어가고 또 생긴다. 우리가 죽고 나면 우리 몸을 구성하고 있던 원소들은 모두 재활용된다.

　그래서 우리 몸속에 있는 원자들 중의 상당수는 한때 부처와 칭기

즈칸 그리고 베토벤은 물론이고 우리들이 기억하는, 거의 모든 역사적 인물로부터 물려받은 것들도 각각 수십억 개씩은 된다고 한다. 원자들이 재분배되기까지는 수십 년이 걸리기 때문에 반드시 역사 속의 인물이라야 한다고 한다. 그러니까 자연에 비해서 상대적으로 수명이 짧은 우리는 모두 윤회하고 있는 셈이다. 그리고 원자들은 실질적으로 영원히 존재한다. 원자들이 얼마나 오래 살 수 있는가는 아무도 확실하게 알지 못하지만 마틴 리스는 아마도 10^{35} 은 될 것이라고 한다. 그러니 과학적으로도 인간의 영혼은 불교의 윤회론과 일치하는 셈이다.

숭산스님이 쓴 『선의 나침판』에서는 인간의 의식(consciousness)을 다음과 같이 표현하고 있다.

인간은 마음의 존재이다. 우리 모두는 태어나면서 보고, 듣고, 냄새 맡고, 맛보고, 만지고, 생각하는 여섯 가지 의식(眼識, 耳識, 鼻識, 舌識, 身識, 意識)을 갖는다고 한다. 그러다 두 살 정도 되면 좋고 나쁜 것을 분별하는 능력이 생긴다. 그걸 칠식(七識), 즉 분별식 혹은 말라식(末那識)이라고 한다. 여덟 번째 의식은 우리의 행동과 생각과 경험을 기억하는 창고인데, 아뢰야식(阿賴耶識)[42]이라고 한다. 우리의 뇌는 성능이 좋은 컴퓨터와 같아서 이생에서뿐 아니라 전생의 일까지도 모두 저장하고 있다고 한다. 밤에 꿈을 꿀 때는 여

---

42) 유식사상에서 제8식으로 불리며 인간 존재의 근저에 항상 있으면서 변함이 없고, 일생동안 끊어짐이 없을 뿐 아니라 미래의 생존에까지 영향을 미친다는 의식.

넓 번째 의식이 작용한다. 그리고 마지막으로 아홉 번째 의식이 바로 불성(佛性)이라고 한다. 이를 여러 가지로 표현하는데, 법신(法身), 하느님, 참자아, 진아, 진여, 실상 등등으로 부르며 이름이나 모양이 없는 것이다.

불교에서 말하는 열반이란 삶을 마감하고 죽는 것이 아니라 일체의 번뇌에서 해탈하여 대자재(大自在)를 얻는 것을 말한다. 제8식(八識), 즉 아뢰야식이 현대 물리학에서 말하는 원자의 불변성과 유사하다고 할 수 있다. 분자생물학에서 분자나 유전인자가 물질성을 가지면서 자기 자신 속에 유기적인 정보를 지니고 있는 것처럼, 불교의 일체중생실유불성(一切衆生實有佛性)의 사상은 유전자의 정보교환과 같은 유사성을 갖고 있다. 원효대사의 연기(緣起)사상은, 모든 만물은 어떤 조건이 형성되면 인연에 의해 서로 다른 물질과 연관되어 나타났다가 조건이 사라지면 다시 공으로 돌아간다는, 성주괴공(成住壞空)의 순환론적 윤회를 반복한다고 가르친다. 붓다가 주목한 점은 바로 연기의 법칙이다.

이것이 있음으로 저것이 있고
이것이 일어나므로 저것이 일어난다.
이것이 없음으로 저것이 없고
이것이 멸하므로 저것이 멸한다.
– 잡아함경, 제12권 연기법경

그건 아인슈타인의 질량불변의 법칙($E=MC^2$)과 같다. 모든 물체란

강하게 응축된 에너지이며 에너지는 곧 물질을 말한다. 현대의 심층심리학에 속하는 아뢰야식은 우주 에너지가 물질과 유기체를 형성하면서 동시에 동일한 에너지가 정신작용을 현현한다고 말한다. 아뢰야식은 우주 에너지의 개적[43] 근원의 당체이며 여기에 잠재적으로 내장되어 있는 심신의 에너지가 환경인 자연과의 상관관계에서 생기고 현실화하여 오온가화합(五蘊假和合)으로 중생의 활동을 일으키는 것이다. 그건 마치 중천 하늘에 짙게 뭉쳐져 있던 먹장구름이 얼마 후 비로 변해서 내리고, 비가 그치면서 햇살이 비추면 저 하늘의 한켠에서 아름다운 무지개가 되어 나타났다가 얼마 후 다시 없어지는 것과 같이, 이 세상 만물은 끊임없는 생성소멸을 반복한다는 자각이었다. 여기서 가장 핵심은 나의 의식행위이다. 나의 인식기관이 그걸 인식하지 못하면 모든 현상은 일어날 수 없다. 무지개는 시간과 장소라는 조건과 함께 온다. 물, 수증기, 빛 그리고 사람의 눈과 의식이 합쳐져서 생긴다. 이런 조건이 생길 때에만 존재할 수 있다. 조건이 사라지면 모든 존재는 통째로 사라진다. 결국 인간의 생명도 물질로부터 시작한 것이다.

> 여호와 하느님이 흙으로 사람을 지으시고 생기를 그 코에 불어넣으시니 사람이 생명이 된지라.
>
> — 창 2:7

지구도 태양도 은하계도 마찬가지다. 거시적으로 보면 위성은 행

---

43) 각 개인(個人)이 가지고 있는 의식을 말한다. 불교철학의 심오한 이론인 유식설에서는 나의 의식이 모든 사물을 인식하는 데 가장 중요하다고 본다.

성을 중심으로 운동하고, 행성은 항성을 중심으로, 항성은 은하핵을 중심으로, 은하계는 대우주를 중심으로 돌아간다. 미시적으로 보면 분자는 원자로 되어 있고, 원자는 소립자로, 소립자는 쿼크로 구성되어 있어서 무한소의 세계가 펼쳐진다. 이와 같이 세상 만물은 어느 하나도 독립된 실체가 없이 하나의 씨앗 속에 모두 서로 연관 맺고 있다고 할 수 있다. 하나의 세포는 전체의 상호의존적인 연관구조 속에서만 그 생명력을 올바로 발현할 수 있다는 결론이다. 이와 같이 붓다의 깨달음은 가히 혁명적인 발상이었다.

6년의 고행 끝에 깨달음을 얻은 고타마는 붓다(Buddha, Awakened One)가 되었다. 붓다란 '깨달은 자'라는 의미이다. 결국 붓다의 깨달음과 예수의 깨달음은 본질적으로 같은 것이다.

> 나는 아버지 안에 있고 아버지는 내 안에 계신 것을 네가 믿지 아니하느냐. 내가 너희에게 이르는 말이 스스로 하는 것이 아니라 아버지께서 내 안에 계셔 그의 일을 하시는 것이다.
>
> – 요 14:10

구약을 만든 유대인들의 믿음도 결국 동일한 차원이다. Men and Women simply to open their eyes and discover that they are in God's bosom(인간은 잠자고 있는 영의 눈을 떠서 자신이 이미 하느님의 품 안에 있다는 걸 발견해야 한다). 14세기에 지어진 한 기독교 시에는 다음과 같은 내용이 적혀 있다.

하느님은 깨끗하고 텅 빈 자리이다.

그 자리에서 모든 성품이 나타난다.

그것이 본성품이 되어

밝음과 어두움, 고요함과 폭풍이 된다.

The God who is pure emptiness(空)

Is created as form(色)

Becoming substance, light and darkness,

The stillness and storm.

— 숭산스님, 『선의 나침판』

영혼은 시공을 초월해서 과거와 현재 그리고 미래를 돌고 또 돈다는 영혼불멸을 감지한 붓다는 이미 우주적 삶을 살기로 결심한 것이다. 우주적 삶은 곧 하느님의 모습이다. 하느님과 내가 하나라는 성찰, 그건 지족(知足)과 방하(放下)의 삶인 것이며 천국의 열쇠인 것이다. 마치 봄, 여름, 가을, 겨울이 1년을 주기로 끊임없이 순행하는 자연의 법칙과 같이 어디에도 끄달리지 않는 대승(大乘)적인 삶을 살기로 결심한 것이라고나 할까? 그 대승적인 마음의 본체는 곧 모든 사람이 태어남과 동시에 이미 마음속에 프로그램된 인의예지(仁義禮智)의 마음인 것이요, 또한 하느님의 마음이다. 그래서 예수님께서는 나와 하느님은 하나라고 한 것이다. 기독교를 포함해서 이 세상에 있는 대부분의 종교 전통(주자학은 제외)은 인간의 육체는 죽으면 썩어서 없어지지만 영혼은 영원히 존재한다는 사실에 공통적으로 합의하고 있다.

시크교(Sikh)[44]의 경구에 의하면, 내가 하는 일을 하느님이 모두 알고 계신다는 걸 자각하는 순간 당신은 자유로운 인간이라고 한다. 당신이 가진 모든 욕망을 내려놓는다는 마음으로 살면 당신은 더 이상 태어나거나 죽지 않는다고 말해 준다. 지금 죽어도 여한이 없다는 생각이 들 때가 불교에서 말하는 열반이라고 한다. 죽고 사는 건 나의 에고일 뿐 나란 에고가 사라진 상황에서 순수한 나, 진리의 몸인 나는 영원히 존재하는 것이다. 즉, 하느님은 우주적인 의식이다.

> One cannot help but be in awe when he contemplates of eternity, of life, of the marvelous structure of reality(나는 우주의 영원성과 생명 그리고 불가사의한 구조를 생각할 때면 그저 그 경이로움에 압도되어 침묵을 지킬 수밖에 없다).
>
> — 알버트 아인슈타인

---

44) 기원후 15~16세기 인도 북부의 펀잡지방에서 구루 나낙(Nanak, 1469~1538)에 의해 창시된 혁신적인 사상가들의 운동으로, 자이나교나 불교와 달리 이슬람의 중요 요소를 힌두교에 조화시킨 일종의 통합 종교로서 카스트제도를 인정하지 않고 절대평등을 주장한다.

15. 예수님은 하느님의 화신이었나

고향을 떠난 지 17년 후에 고향인 갈릴리로 돌아온 예수는 잔혹한 빌라도 총독의 압정과 유대교 사제들의 착취에 시달리는 팔레스타인 민중들에게 미래에 대한 꿈과 희망을 줄 수 있는 이상적인 모델을 꿈꾸게 된다. 그게 바로 묵시사상(apocalypse)에 기초한 하늘나라의 도래였다.

묵시론은 지금 이 세상은 하느님이 보시기에 너무도 타락했기 때문에 도저히 구제할 수 없는 한계상황에 와 있으며 노아의 홍수 그리고 소돔과 고모라와 같은 방법으로 파멸되어야 하며, 새로운 하느님의 질서에 따라 새 세상을 만든다는, 대단히 혁신적이며 한편으로는 대단히 위험한 발상이었다. 메시아사상은 종말론적 묵시론과 연계해서 발흥했으며 구약성경의 〈이사야서〉에 근거한 사상이었다. 이 사상은 유대민족이 그리스계의 셀루커스 왕조의 강압적인 지배를 받으면서 해방신학의 관점에서 수면 위로 부상되었다고 할 수 있다. 거기에는 그리스와 페르시아로부터 전해오는 조로아스터교의 천사, 부활, 사탄 등의 이원론적인 사상이 도입되면서 〈욥기〉, 〈전도서〉, 〈잠언〉

등의 지혜문학에서도 여러 차례 언급되는데, 한마디로 내세론적 복음사상이다. 영어로는 에스카톨로지(eschatology, 종말신학)라고 하며, 이는 인류 역사에서 일어날 마지막 사건에 대한 신학적 표현이다.

그러나 2천 년이 지난 지금 과연 하느님의 의지대로 노아의 홍수로 타락한 세대를 물로써 모조리 전멸시키고 그리고 소돔과 고모라를 무시무시한 유황과 불로 멸했으나 과연 인류의 죄악은 척결되고 인류 평화를 이루었는가? 생각건대 인간의 호전적인 본성은 이 지구가 멸망하지 않는 한 계속될 것이다. 어린 나이에 성당의 복사를 하며 철저한 가톨릭 집안에서 태어나 성장했으며 지금은 채플힐(Chapel Hill)에 있는 노스캐롤라이나 대학에서 비교종교학을 가르치는 바트 에허맨(Bart D. Ehrman) 교수가 최근에 집필해서 미국을 흥분의 도가니로 몰아넣었던 『어떻게 예수가 신으로 둔갑했는가(How Jesus became God)』라는 책에서 예수의 하느님됨을 다음과 같이 표현했다.

예수는 세례요한의 충실한 제자로 신앙의 첫 발을 디뎠다. 그로부터 요르단 강가에서 침례를 받은 후 메시아에 대한 확고한 믿음을 가지고 하늘나라의 복음을 전도하기 시작했는데, 그 핵심사상은 세례요한이 갖고 있던 종말론적 묵시론에 근거하고 있다. 그러나 예수는 자신이 절대 신이라고 생각하지 않았다. 다만 이 타락한 세상을 뿌리째 뽑아버리고 새로운 세상을 회복하려는 근본적인 혁명의 아이디어를 가진 행동주의자였다. 그런 세상을 자신과 같은 구원자에 의해서 성취할 수 있다는 사상이 곧 메시아사상이다. 메시아는 히브리어로 '기름 부은 자'라는 뜻으로 하느님에 의해 특별히 선택되는 영광을 받은 자란 뜻이다. 히브리어의 메시아를 그리스어로 번역한 것이 곧 그리스도(Christos)이다. 예수 그리스도(Jesus Christ)는 예수가 곧 메시아라는 의미이다. 이스라엘의 초대 왕이었던 사울이 기름 부은 자가 되어 하느님의 선택을 받은 메시아였고, 그를 이어받은 다윗 역시 기름 부음을 받아서 메시아가 되었다. 메시아사상은 다윗과 그의 자손이 대대로 마지막까지 이스라엘을 회복하고 이방민족까지 다스리게 된다는 신앙이며, 〈이사야서〉와 〈에녹서〉에서 그 성경적인 근거를 찾을 수 있다. 그러나 이스라엘은 솔로몬 이후 남부 유다와 북 이스라엘로 분열되어 북 이스라엘은 아시리아의 식민지가 되었고 남부 유다는 바빌로니아의 노예가 되어 다윗 왕가의 전통은 단절되었다. 그 이후 솔로몬 성전이 파괴된 상황에서 이스라엘 민족은 성전에서 토라로 옮겨갔다. 그러나 유대인들은 다윗 왕가의 단절은 일시적이며 하느님은 아직 이스라엘 민족을 버리지 않고 기억하고 계신다고 믿었다. 또한 장차 다가올 메시아는 실제적으로 용맹스러운 전사인 동시에 지상의 왕국을 통치할 지혜로운 정치가 일어날 것이라고 믿었다. 미래의 왕국은 이전과는 전혀 다른, 모종의 전쟁과 악 그리고 고통이 전혀 없는 유토피아가 될 것이라고 굳게 믿었다. 예수를 따르던 제자들은 예수가 바로 그런 메시아라고 확신했었던 것 같다. 그러나 실제로 예수는 그의 공생애 3년간 이스라엘을 통치하는 지도자도 아니었고 오히려 계속되는 전쟁으로 민중들의 일상생활은 말할 수 없이 피폐했다. 유토피아와는 너무도 거리가 먼 잔악한 로마제국의 멍에에서 허덕이고 있었다. 그리고 예수는 결국 로마에 의해 내란 선동죄로 구속되어 십자가에서 처형당했다. 3일 후에 부활했다고는 하지만 여러 유대교 문헌이나 〈사해문서〉, 〈도마복음〉 등을 종합해 보면 예수의 부활과 승천은 의심스러운 점이 너무 많다.

어느 복음서에도 예수가 언제 부활했는지에 대한 명확한 대답이 없다. 그냥 사흘 후에 부활했다고만 기록되었는데 사흘이란 말은 각각 구약의 〈호세아서〉와 〈요나서〉에서 인용한 것으로 보인다.

여호와께서 이틀 후에 우리를 살리시며 제 삼일에 우리를 일으키시리니 우리가 그 앞에서 살리라.

– 호 6:2

여호와께서 이미 큰 물고기를 예비하사 요나를 삼키게 하였으며 요나가 3일 3야를 물고기 배에 있으리니.

– 욘 1:17

그리고 네 복음서의 기록을 상세히 보면 각기 그 표현 방법이 조금씩 다른 것을 발견할 수 있다. 네 복음서에는 다음과 같이 기록하고 있다.

안식 후 첫 날에 막달라 마리아와 다른 마리아가 무덤을 보러 갔는데 큰 지진이 나며 주의 천사가 하늘에서 내려와 돌을 굴려 내고 그 위에 앉았는데 그 형상은 번개 같고 그 옷은 눈같이 희거늘, 천사가 여자들에게 가로되 너희는 무서워 말라 십자가에서 못 박히신 예수를 너희가 찾는 줄을 내가 아노라.

– 마 28:1, 2, 3, 5

안식일이 지나매 막달라 마리아와 야고보의 어머니 마리아와 또 살
로메가 가서 예수께 바르기 위해서 향품을 사다 두었다가, 안식 후
첫날 매우 일찍이 해 돋은 때에 그 무덤으로 가며, 서로 말하되 누가
우리를 위하여 무덤 문에서 돌을 굴려 주리요 하더니, 눈을 들어 본
즉 돌이 벌써 굴려졌으나 그 돌이 심히 크더라, 무덤에 가서 흰 옷을
입은 한 청년이 우편에 앉은 것을 보고 놀라매, 청년이 이르되 놀라
지 말라, 너희가 십자가에 못 박히신 나사렛 예수를 찾는구나, 그가
살아나셨고 여기 계시지 아니하니라, 보라 그를 두었던 곳을.

－ 막 16:1~6

안식 후 첫날 새벽에 이 여자들이 그 예비한 향품을 가지고 무덤에
가서, 돌이 무덤에서 굴려 옮긴 것을 보고, 들어가니 주 예수의 시
체가 보이지 않더라, 근심하고 있을 때에 문득 찬란한 옷을 입은 두
사람이 곁에 섰는지라. 여자들이 두려워 얼굴을 땅에 대니 두 사람
이 이르되 어찌하여 산 자를 죽은 자 가운데서 찾느냐, 여기 계시지
않고 살아나셨느니라, 갈릴리에 계실 때에 너희에게 어떻게 말씀하
신 것을 기억하라.

－ 눅 24:1~6

안식 후 첫날 이른 아침 아직 어두울 때에 막달라 마리아가 무덤에
와서 돌이 무덤에서 옮겨간 것을 보고, 시몬 베드로와 예수의 사랑
하시던 그 다른 제자에게 달려가서 말하되 사람이 주를 무덤에서 가
져갔다 어디 두었는지 우리가 알지 못하겠다 하니, 베드로와 그 다
른 제자가 나가서 무덤으로 갈세, 둘이 같이 달음질하더니 다른 제자
가 베드로보다 더 빨리 달아나서 먼저 무덤에 이르러, 구부려 세마포
놓인 것을 보았으나 들어가지는 아니하였더라, 이에 두 제자가 집으

로 돌아가니라, 마리아가 무덤 밖에서 울고 있더니 울면서 구부려 무덤 속을 들여다보니, 흰 옷 입은 두 천사가 예수의 시체 뉘였던 곳에 하나는 머리 편에 하나는 발 편에 앉았더라, 천사들이 가로되 여자여 어찌하여 우느냐, 마리아가 가로되 사람이 내 주를 가져다가 어디 두었는지 내가 알지 못하나이다, 이 말을 하고 뒤로 돌이켜 예수의 시신 모습을 보았으나 예수인지 알지 못하더라, 예수께서 가라사대 여자여 어찌하여 울며 누구를 찾느냐 하시니 마리아가 그는 동산지기인 줄로 알고 가로되 주여 당신이 옮겨갔거든 어디 두었는지 내게 이르소서 그리하면 내가 가져가리라.

예수께서 마리아야 하시거늘 마리아가 돌이켜 히브리말로 랍비시여 하니(이는 선생님이라), 예수께서 이르시되 나를 만지지 말라, 내가 아직 아버지께 올라가지 못하였노라 너는 내 형제들에게 가서 이르되 내가 내 아버지 곧 너의 아버지, 내 하느님 곧 너의 하느님께로 올라간다 하라 하신대, 막달라 마리아가 가서 제자들에게 내가 주를 보았다 하고 또 주께서 자기에게 말씀하셨다 이르니라.

– 요 20:1~17

죽은 뒤 부활해서 실질적으로 이 세상을 통치한다는 논리는 전혀 유대인들이 생각하는 메시아와는 너무도 동떨어진 생각이었다. 유대인들의 신앙에서 내세에 대한 예찬은 거의 찾아보기 힘들고 유대인들은 천당의 존재를 인정하지 않는다. 그들에게는 자신이 죽은 후 천당에서 복을 받기 위해서 지금 선행을 베푼다는 기복신앙이 자리 잡을 여지가 전혀 없었다. 그들의 신앙은 어디까지나 우리가 살고 있는 현실에서 철저한 선행과 진리를 시현하는 지극히 현실적인 종교라고 할 수 있다. 수많은 신학자와 작가들 그리고 신비론자들이 하늘나라에 대한 모습을 자기 나름대로 표현했다. 그러나 아무도 실제로 거기에 갔다 온 사람이 없기에 하늘나라에 대한 모든 상상은 오로지 가설에 불과하다. 유대인들은 지금 우리가 사는 세상은 이미 부자와 가난한 자, 좌파와 우파 그리고 성실한 신자와 비신자로 인해 극도로 파편화되어 있다고 본다. 그렇기 때문에 종교의 임무는 이런 이원화되고 파편화된 세상에서 남의 다름을 당연한 것으로 인정하며 하느님이 주신 십계명을 지키려고 최대한 노력하며 사회 전체적으로 질서의 향상과 인종 간 또는 국가 간의 갈등을 화합시키고 더 나아가 공동의 노력으로 질병과 가난을 퇴치하고 좀 더 평화로운 세상을 만들려는 현실적인 노력이 종교인들의 가장 중요한 임무라는 데 중점을 두고 있다. 그들은 절대 하느님으로부터 보상받기 위해서 선행을 하지 않는다. 다만 가난한 사람들에게는 자본주의의 원칙이 작동하지 않기 때문에 자선을 하고 선행한다고 말한다. 미국은 세계 각국에서 온 다양한 이민으로 구성된 인종의 다양성 때문에 그들이 가지고 있는 각기 다른 창의력을 바탕으로 이 나라의 발전에 기여함으로써 인류사에 유례없이 비교적 짧은 기간에 세계에서 가장 번창한 나라가 되었다.

청년 예수도 그 당시 팔레스타인의 극도로 파편화된 세상을 자신이 바꾸어 놓을 수 있다는 너무도 당찬 야망을 가지고 있던 혁명가였다. 그러나 그는 로마제국이라는 엄청난 군사대국을 과소평가한 나머지 불행하게도 적을 평정한 게 아니라 오히려 자신이 끔찍한 방법으로 처형되는 비운의 주인공이 되는 나약한 인간이었다. 그리고 그런 의미에서 메시아의 전형에는 도저히 맞지 않는 인물이었다. 기독교 변증가들은 구약성서의 〈이사야서〉 53장과 〈시편〉 22장을 인용해서 예수의 메시아 됨을 옹호하는데, 사실 〈이사야서〉와 〈시편〉은 메시아에 대한 예언이 전혀 아니다. 기독교라는 신흥종교가 태동하기 전에는 구약을 믿는 어느 누구도 〈이사야서〉와 〈시편〉을 메시아의 도래로 해석한 사람은 아무도 없었다. 단지 예수는 잔인한 로마의 지배를 종식시켜야 한다고 민중들을 선동한 정치적인 카리스마를 가진 지도자이었다. 그러하기에 자신을 이스라엘의 왕이라고 불렀으며 하느님의 은혜로 새로운 세상을 만들 수 있다는 확고한 믿음을 가졌었다. 그래서 자신을 인자의 아들(Son of Man)이라고 불렀다.

또한 네 개의 공관복음서에 나타나는 예수라는 인물은 각기 조금씩 다른 인물로 묘사된 것을 살펴볼 수 있다. 〈마태복음〉, 〈마가복음〉에서는 예수를 각기 다르게 표현하고 있다.

> 오늘날 다윗의 동네에 너희를 위하여 구세주가 나셨으니 곧 그리스도 주니시라.
>
> — 눅 2:11

> 성령이 형체로 비둘기같이 그의 위에 강림하시더니 하늘로서 소리가 나기를 너는 내 사랑하는 아들이라 내가 너를 기뻐하노라 하시나니.
>
> — 눅 3:22

> 나는 아버지 안에 있고 아버지는 내 안에 계신 것을 네가 믿지 아니

하느냐. 내가 너희에게 이르는 말이 스스로 하는 일이 아니라 아버지께서 내 안에 계셔 그의 일을 하시는 것이라.

– 요 14:10

그는 보이지 아니 하시는 하느님의 형상이요, 모든 창조물보다 먼저 나신 자니.

– 골 1:15

곧 하느님이 예수를 일으키사 우리 자녀들에게 이 약속을 이루게 하셨다 함이라. 〈시편〉 둘째 편에 기록된 바와 같이 너는 내 아들이라, 오늘 너를 낳았다 하셨고.
또 하느님께 죽은 자 가운데서 저를 일으키사 다시 썩음을 당하지 않게 하실 것을 가리켜 가라사대 내가 다윗의 거룩하고 미쁜 은사를 내려 너희에게 주리니.

– 행 13:33, 34

예수께서 가라사대 진실로 너희에게 이르노니, 아브라함이 나기 전부터 내가 있느니라 하시니.

– 요 8:58

그는 근본 하느님의 본체시나 하느님과 동등됨을 취할 것으로 여기지 아니하시고 오히려 자기를 비어 종의 형체를 가져 사람들과 같이 되셨고 사람의 모양으로 나타나셨으매 자기를 낮추시고 죽기까지 복종하셨으니 곧 십자가에 죽으심이라.

– 빌 2:6, 7, 8

여기서 우리는 예수가 나사렛에서 태어난 구세주에서, 세례요한으로부터 세례를 받은 이후 하느님의 아들(Son of God)로, 그리고 십자가 구속 처형 사건과 부활 이후 하느님의 화신(化身, incarnation)으로, 마지막에는 하느님 자신으로 점점 발전해 가는, 단계적 승격 기독론(exaltation Christologies) 과정을 읽을 수 있다.

물론 구약성서에서 보면 고대의 왕이나 에녹 그리고 모세는 자신들이 저 높은 하늘과 같이 절대적인 권력의 위치에 있었기 때문에 남들이 지극한 복종과 존경심을 가지고 마치 하느님과 같은 존재로 우러러 본다는 자의식을 갖고 있었다. 그러나 그건 어디까지나 남들이 자신을 그렇게 불러 준 것이지 자기 자신이 스스로 '나는 하느님'이라고 말한 것은 아니었다. 그래서 모세가 호렙산의 떨기나무 불꽃 가운데서 하느님의 흔적을 접하고 당신은 누구냐고 물었을 때 나는 하느님이다고 말하지 않았으며 그 대신 "나는 스스로 있는 자다(I'm that I'm)."라고 했다. 왜냐하면 하느님은 순수 상상력에 의해서만 느낄 수 있는 마음의 작용이기에 제한된 인간의 언어로는 표현할 수 없기 때문이다.

2천 년 전의 팔레스타인의 지역 상황을 이해하기 위해서 우리는 예수 당시 글을 쓰고 읽을 수 있는 사람들이 로마제국의 영토에 약 3% 정도밖에 안 된다는 사실을 염두에 두어야 한다. 〈요한복음〉에서 요한은 예수를 로고스로 표현하면서 성부, 성자, 성신의 3위(位) 중에 성자로서 하느님의 모든 계시와 비밀의 인격적 실체이자 총체로 묘사했다.

그러나 다양한 자료들을 종합해 보면 〈요한복음〉에 나오는 기록은 실제 요한이 보고 들은 경험을 기록한 역사적인 사실이라기보다 예수 사후 60년이란 세월이 흐르면서 입에서 입으로 구전된 소문들을 수집한 자료를 배경으로 임의의 저자인 요한이 편집한 것으로 볼 수 있다. 예수의 제자들은 예수가 생존했을 때는 절대 신이라고 하지 않았으나 부활 사건 이후 사도 요한이 예수를 하느님이라고 표현한 것은 이방인들을 기독교로 회유하기 위해서 〈잠언〉과 〈집회서〉에 표현된 "신의 지혜(Logos)가 신과 함께 있었다."란 말을 인용해서 예수의 하느님 됨을 자의적으로 각색한 기발한 발상이었을 뿐이다.

여기서 우리를 당혹시키는 기독교 교리의 모순을 발견할 수 있다. 기독교는 성부, 성자, 성신이라는 삼위일체 중 성자가 인간의 형상으로 지상에 시현한 것이 곧 예수라고 주장한다. 그러나 〈신명기〉에서 하느님은 한 분이며 다른 신은 없다고 분명히 못 박고 있다. 하느님은 어떤 명분으로든 절대 분리될 수 없는 절대적으로 유일한 하나이어야 한다는 것이다.

> 그런즉 너는 오늘날 상천하지(上天下地)에 오직 여호와는 하느님
> 이시오, 다른 신이 없는 줄 알아 명심하고
>
> — 신 4:39

> 이스라엘아 들으라, 우리 하느님 여호와는 오직 하나인 여호와
> 시니.
>
> — 신 6:4

〈누가복음〉은 헤라클레스와 유사한 탄생 신화를 기록하고 있다. 예수와 같은 신의 탄생 논리는 고대 그리스의 신화에서 쉽게 발견할 수 있다. 힘과 용기, 재치의 상징인 헤라클레스는 최고의 신 제우스와 미케네의 왕인 엘렉트리온의 딸 알크메네와의 사이에서 불륜관계로 태어난 아들이었다. 단지 예수 탄생과 다른 것은 예수는 하느님의 섭리로 요셉과 직접적인 성교를 통하지 않고 성수태를 통해서 동정녀 마리아에게서 태어났으며 그 수태고지를 천사로부터 받는다는 것이다.

> 천사가 대답하여 가로되, 성령이 네게 임하시고 지극히 높으신 이의 능력이 너를 덮으시리니. 이러므로 나실 바 거룩한 자는 하느님의 아들이라 일컫느니라.
>
> – 눅 1:35

예수 사후 사도들의 유일한 희망은 예수가 약속한 대로 재림해서 이스라엘을 평화롭게 지배하는 것이었다. 그래서 기적이 일어나기를 학수고대하는 절박한 상황에서 제자들에 의한 예수의 신격화는 어쩌면 당연한 귀결이라고 말할 수 있다. 예수의 십자가 대속과 재림을 믿으면 하늘나라에 갈 수 있다는 생각은 정말로 천지개벽에 버금가는 신선한 사상이다. 기독교가 율법이 아니라 믿음의 종교(Religion of Faith)란 말은 여기에서 출발한 것이다. 예수의 재림을 믿어야만 복을 받고 영생할 수 있다는 주장은 너무도 혁명적인 사상이었고 또 한편으로는 위험한 사상이었다.

신약성경의 성립은 예수 사후 30년 후인 대략 기원후 65~70년경 최초로 〈마가복음〉이 세상에 회자되던 이야기를 모아서 기록되었다. 다시 〈마태복음〉과 〈누가복음〉이 주후 85년경 기록되었으며, 마지막으로 〈요한복음〉이 주후 90~95년경에 기록되었다고 한다. 〈요한복음〉은 예수 사후 거의 65년 후에 기록되었다. 모든 공관복음서의 저자 이름은 모두 원래 저자가 아니다. 다만 구전으로 내려오는 단편적인 예수에 관한 이야기를 여기저기서 듣고 마치 퍼즐 조각을 합성하듯 종합한 다음, 가장 공헌도가 큰 인물의 이름을 붙여서 최종적으로 편집한 것이다. 그리고 완벽한 정경 27권이 지정된 것은 그 후 3백년이란 세월이 흐른 뒤인 기원후 367년이다. 〈마가복음〉이 예수 사후 35년 또는 40년 후에 기록되었다고 할 수 있다. 당시 40년이란 세월은 팔레스타인에 살던 사람들의 평균수명이 이방인들은 33세, 그리고 유대인의 경우 41세라고 하니까 한 세대가 바뀌는 시간이며 비교적 긴 세월이라고 할 수 있다. 기나긴 세월 동안 예수의 생애에 대한 이야기는 입에서 입으로 전해지면서 수많은 수정과 첨삭이 불가피했을 것이다. 따라서 진정한 인간 예수의 모습을 기대하기는 어려울 수밖에 없을 것이다.

기독교라는 신흥종교의 기본적인 틀을 만든 바울은 실제로 예수를 한 번도 만난 적이 없는 인물이다. 그가 기독교에 교화되어 예수의 복음을 전파하기 시작할 당시에는, 예수가 단지 지상에서 신의 활동을 드러내는 신의 능력과 영을 지녔을 뿐, 신의 본성과는 본질적으로 다르다고 생각했다. 그러나 시간이 흐르면서 바울은 예수 안에 신이 성육신했다는 교리를 만들어 나갔다. 유대인들은 그런 바울의 이론을 곤욕스럽게 했으며 모슬렘들은 이것을 신성모독이라고 비난했다. 바울은 원래 소아시아 지방에서 기독교를 탄압하던 로마의 관리였으나 예수 사후 3년 후에 다메섹(다마스커스)으로 가는 길에서 예수의 환영을 보았다고 한다. 그때 예수가 나타나 자신의 눈을 강렬한 빛으로 눈부시게 만들고 "바울아 바울아, 네가 어찌 나를 핍박하느냐."라고 외치며 나무랐다고 증언했다. 그는 예수님의 근엄한 경고의 메시지를 듣고 죄의식을 느낀 나머지 회심하여 기독교로 전향했는데, 바울이 보았다는 환영은 실제 인물이 아니라 고도로 발달한 인간의 마음이 만들어낸 결과라고 한다. 높은 수준까지 영적으로 진화한 사람은 여러 가지 모습으로 자신의 모습을 투사하는 것이 가능하다고 하는데, 그 환영을 감지할 수 있는 사람이 되려면 고도로 영적인 성장을 해야 하며 마음을 열고 계시를 받아들일 수 있어야 한다고 한다.

모든 종교 전통에는 한결같이 신비주의적인 요소가 깃들어 있는데 이슬람은 수피즘(Sufism) 그리고 유대교는 카발라, 기독교는 신인동형론(anthropomorphism), 힌두교는 찬도가야 우파니샤드로 불리운다. 특히 티베트 불교의 탄트라(密敎) 전통에 의하면, 신비주의를 프라나(氣 또는 바람)라고 불리는 미묘한 기운(氣運)의 작용으로 설명한다. 다양한 명상법을 통해서 심신의 에너지와 프라나를 자유롭게 부릴 수 있는데 거기에는 신비적인 방법과 직관적인 방법의 두 가지가 존재한다고 한다.

예수를 믿는 수많은 사람들을 핍박하고 때로는 그들을 죽인 바울이 자신의 무의식 속에 도사라고 있던 죄의식 때문에 늘 두려움을 겪고 있던 중 예수가 부활했다는 소식을 접한 후 그는 결정적으로 속죄하고 아마도 회개하는 마음으로 예수의 제자가 되기를 결심했을 것이다. 그 후 바울은 기독교의 대변인이요, 전도사인 동시에 기독교 신학의 아버지로 자리매김되었다.

바울은 로마 시민권을 가진 유대인이었으나 히브리어를 자유롭게 구사하지 못했다고 기록되어 있다. 단지 그 당시 지식인들 사이에 통용되던 그리스어를 자유롭게 구사했다고 전해진다. 사도 바울은 예수가 하느님의 능력으로 부활하는 모습을 환상으로 보았으며 예수님의 복음을 전파하라는 계시를 하느님으로부터 받았다고 고백했다. 그 핵심 메시지는 예수는 모든 인류의 원죄를 사해 주기 위해서 하느님의 초월적인 능력으로 무염시태(無染始胎)[45]했다는 것이다. 예수가 인류가 치러야 할 원죄의 대가로 죽었기 때문에 누구나 구원을 받기 위해서는 유대인이어야 할 필요가 없으며, 하늘나라에 갈 수 있는 길은 오직 예수를 통해야만 가능하며 이방인들도 예수의 부활을 믿기만 하면 모두 구원을 받아서 천국에 갈 수 있다는 독특한 이론을 만들었다. 그러나 실제로 예수는 이방인들에게는 별 관심이 없었으며 오로지 이스라엘 민족을 로마의 속박에서 해방시키는 게 가장 큰 도전이었다. 이방인들에게까지 선교의 활동 범위를 넓힌 것은 사도 바울의 신선한 아이디어였다. 선교활동의 초기만 해도 바울은 예수가 단지 하느님의 아들이며 곧 메시아라고 전도하며 다녔다. 그러나 점차 시간이 흐르면서 예수를 신격화하는 것이 로마제국의 시민들을 설득하는 데 가장 효과적이라고 판단하고 본격적으로 예수를 신비화

---

[45] 예수가 어머니 동정녀 마리아에게서 잉태될 때 하느님의 능력으로 원죄에 조금도 물들지 않고 태어났다고 주장하는 이론.

하는 작업에 착수했다. 예수 신격화 작업에 초점을 맞추다 보니 인간의 신성을 본질적으로 인정하지 않는 바리새인들과 충돌을 피할 수 없었다. 그 때문에 불가피하게 유대교와 결별하고 독자적인 길을 걸어갔다.

바울이 주목한 것은 이스라엘이 페르시아의 지배를 받는 동안 어렴풋이 나타난 메시아사상이었다. 예수가 주장한 메시아사상의 역사적 원류를 추적해 보기로 하겠다. 기원전 539년 페르시아의 키루스 대왕에 의해 바빌로니아가 멸망하고 바빌로니아의 노예 상태로 있던 이스라엘 민족은 뜻하지 않았던 대왕의 특명으로 가나안으로 귀환을 허락받았다. 그때 유대인들은 키루스 대왕을 메시아라고 불렀다. 이스라엘 민족은 선지자 에즈라의 지도 아래 가나안땅으로 돌아와 바빌로니아에 의해 파괴되었던 성전을 옛 모습으로 다시 복원했다. 그러나 가나안으로 돌아와서 보니 이스라엘 민족의 순수한 종교적 의미는 실종되고 제사장과 서기관 직을 독점하고 있는 타락한 사두개인들에 대한 민중들의 뿌리 깊은 원성의 메아리를 들을 수 있었다. 잃어버렸던 성전을 되찾은 기쁨은 그리 오래가지 못했다.

2세기 정도 지나서 이번에는 팔레스타인 지방이 마케도니아의 알렉산더 대왕 후손들에 의해 또다시 노예상태로 전락했다. 이스라엘 민족의 적은 이제 바빌로니아에서 그리스계의 셀루커스 왕조로 바뀌었으며 독립에 대한 염원은 요원의 불길처럼 번져나갔다. 그 당시 팔레스타인에는 기원전 2세기부터 하느님의 왕국을 건설할 다윗의 후손이 다시 나온다는 사상이 빈번히 회자되었다. 드디어 기원전 167년 셀루커스 4세의 헬라화 정책에 반기를 들고 마카비아가

(Maccabean—家)[46]의 마따띠아는 그의 다섯 아들을 데리고 유다 광야로 나가 헬라주의자들과 반 그리스 투쟁을 주도하게 된다. 그가 죽자 그의 셋째 아들인 유다 마카비가 독립 사령관 직을 계승했다. 마카비의 뒤를 이어 요나단과 시몬 형제들이 바통을 이어받아 치열한 전투를 벌인 결과, 25년 만인 기원전 142년 드디어 셀루커스 왕조를 몰아낸다. 그 후 79년간 독립된 하스몬 왕가(Hasmonean Kingdom)를 이루어 꿈에 그리던 이스라엘의 독립을 성취했었다. 당시 이스라엘 민중들은 이 기적과 같은 사건을 두고 독립전쟁의 수훈을 세운 마카비아 형제를 메시아라고 불렀다. 그러나 기원전 63년 이스라엘은 다시 로마의 식민지로 전락했다. 그때 이스라엘 민중들은 메시아사상이 얼마나 허망한 것인지 뼈저리게 자각하게 되었다. 이스라엘의 민중들의 독립의지는 더욱 강렬했으며 결국 그들은 로마제국을 상대로 기원후 66년부터 70년까지 독립투쟁을 벌이게 되는데, 이것이 바로 제1차 유대인 반란이었다.

그 당시 독립운동을 주도한 성직자 조직은 열심당원(Zealots)[47]이었는데, 그들 역시 메시아사상을 배경으로 종말론적 신앙을 믿었던 집단이었다. 결국 열심당원의 무력항쟁은 역부족으로 로마의 베스파니우스 장군과 그를 계승한 티투스 장군에 의해 4년 만에 괴멸되고 말았다. 그리하여 60만 명의 유대인이 사살되었으며 성전의 파괴와 함

---

46) 하스모니안 집안의 마따디야와 그의 아들 유다 마카비가 유대 반란군을 이끌고 그리스–시리아 통치자인 안티오쿠스 4세에 맞서 싸운 제사장 가문.

47) 적극적인 메시아사상으로 무장하고 로마에 저항하며 무력항쟁을 주도한 종말론적 신앙을 가진 집단.

께 유대인들의 종말을 가져왔다. 그때부터 유대인들은 세계 도처로 흩어져서 디아스포라(diaspora)를 형성하게 되는 계기가 되었다. 이들 모두 실패한 메시아이었다.

예수는 바울을 비롯한 초기 기독교 사제들에 의해서 하느님으로 승격된 인간이었다. 우리는 예수가 물 위를 걸었다는 기록과 물을 포도주로 만들었다는 신비함을 믿는 기적신앙에 지나치게 길들여져 있다. 그러나 그 내면을 찬찬히 들여다보면 기적을 믿는 신앙은, 곧 미신을 믿는 신앙이라고 할 수 있다. 물 위를 걸어 다녔다는 사실이 과연 무지몽매한 민중들에게 무슨 도움이 되었으며 탄압받는 민중들의 궁핍한 생활고를 해결하는 데 얼마나 기여하고 또 평화로운 세상을 만드는 데 실제적으로 어떤 공헌을 했는가? 그 당시 로마제국과 결탁한 유대 제사장과 서기관들로부터 철저하게 착취당하며 비루한 삶을 살아가는 민중들에게는 잔악한 빌라도 총독으로부터 해방되는 것이 가장 시급한 시대적인 요청이 아니었을까. 신앙은 과학과 달라서 객관적인 기준이 너무 애매하다. 코에 걸면 코걸이요, 귀에 걸면 귀걸이다. 중세에 온 사회가 종교재판의 권위 앞에 굴복해서 기독교에 비판적인 민중의 입을 틀어막았다. 그러나 이제 우리는 진정으로 2천년 전으로 돌아가, 실제 인간적인 예수의 모습에 다가가야 한다. 그러기 위해서 역사적인 예수를 복원해야 할 때라고 생각한다. 그것은 승천한 예수를 우리의 구세주로 섬기는 기독교인으로서 당연한 의무이기도 하다. 구세주가 누구인지 정확히 인식할 때 우리는 구세주와 올바른 사제관계를 이룰 수 있다. 그렇게 함으로써 나와 예수의 진정한 도반 관계를 기반으로 하여, 종교적인 오해로 인해 발생한 피로 얼룩진 인류문명사를 새롭게 정립하고 평화로운 마을로 바꿀 수 있기 때문이다. 과거 2천 년간 유대인들이 예수를 죽였다는 기독교의 디어사이드(deicide)[48] 주장 때문에 수많은 유대인들이 중세에 로마 교황으로부터 박해 받으며 죽임을 당하거나 전 세계를 떠돌아다니는 방랑자의 고달픈 삶을 감내해야만 했다. 이젠 그 역사의 오류를 씻고 올바른 관계를 정립해야 하지 않을까? 그러나 올바른 예수 알리기는 지난 2천 년간 이해관계가 다른 두 집단에 의해서 너무도 본질과 동떨어진 방향으로 흘러왔던 게 숨길 수 없는 사실이다. 여러 문헌을 바탕으로 종합해 보면 예수님의 사상을 확대 해석해서 전파한 사도 바울 그리고 기독교 신학의 아버지라고 하는 세인트 어거스틴, 스콜라철학의 왕자인 토마스 아퀴나스 그리고 중세의 종교개혁을 가져다준 마틴 루터를 거치면서 철저하게 왜곡되었다고 할 수 있다. 결과적으로 사랑을 실천해야 할 기독교는 예수님의 가르침과는 역방향으로 발전해서 증오와 투쟁을 잉태했으며, 로마 교황청의 조작과 지령에 의해서 체계적으로 유대인 말살 정책으로 선회했다. 그 중에서도 공식적으로 바리새인들이 예수를 종교적인 이단자로 몰아서 죽게 했다고 주장했던 사람은 어거스틴이었다. 그런 그의 주장은 기독교 근본주의자들과 예수를 하느님으로 인정하지 않는 유대인들 간에 첨예하게 대립하게 되는 계기가 되었으며 그들 사이의 간극이 너무 커서 도저히 접목시킬 수 없는 한계를 드러내게 되었다. 중세에 교황은 유대

---

48) '신을 죽임' 혹은 '신을 죽인 사람'이란 뜻으로, 로마교황청에서 유대인들을 탄압할 때 사용한 말이다.

교를 철저하게 불법화하고 게토(Getto)[49]를 만들어서 유대인들을 격리시켰으며 심지어 교황 이노센트 3세(1198~1226)는 유대인들에게 가슴에 노란 배지를 달고 다니라고 명령했고, 유대인들의 탈무드를 불법화했으며 땅과 집도 못 사게 단속했다. 그뿐만 아니라 여타 민족에 대한 상행위를 금지시켰고 유대인들과의 결혼을 법으로 금지시켰다. 또한 유대인들을 모두 기독교로 개종시키려 했으며, 개종하지 않으면 모두 로마에서 추방시켰다. 근본주의자들은 오로지 성경에 쓰인 율법만이 100퍼센트 하느님이 주신 진리라고 목청 높여 주장하며 유대인들을 증오하고 죽이며 자신의 요새를 더욱 공고히 했다. 바늘구멍 하나 들어갈 수 없는 숨 막힐 것 같은 단절의 시간이었다. 그 후유증은 지난 2천 년간 점점 강도를 더해서 드디어 독일에서 자유주의자들의 유일한 이상이었던 바이마르 공화국(weimar Republik, 1919~1933)이 붕괴되어 경제파탄 상황에 이르렀을 때, 절박한 상황에 놓인 독일 국민들의 정서를 이용해서 이 모든 독일 경제의 파탄이 예수를 죽인 민족의 후손들인 사악한 유대인들(blood sucking Jewish)이 경제의 주도권을 쥐고 우리 독일인들의 고혈을 빨아먹기 때문이라고 부르짖으며 모든 비난의 화살을 유대인에게 돌렸다. 그때 나타난 인물이 히틀러였다. 그는 파란 눈을 가진 아리안족의 순수한 정통성을 되찾아야 한다고 외쳐대며 독일 정계에 혜성같이 나타났다. 그는 특유의 선동술과 세뇌술로 민족주의 운동에 불을 댕겨서 독일 국민의 마음을 사로잡았

---

49) 원래 로마교황 이노센트 3세가 로마에 사는 유대인들을 차별하기 위해서 만든 특정한 지역을 부르는 말이었다. 1516년 베니스 시 당국 역시 시내의 특정한 지역에 유대인이 살도록 게토를 건설했다.

고, 그 결과로 나치당을 세워 독일 제3제국의 총통이 되었다. 막스 베버(Max Weber, 1864~1920)가 인간을 획일화시키는 것만큼 무서운 카리스마는 없다고 말했듯이, 모든 권력을 한손에 쥔 히틀러는 그때부터 유대인 말살정책을 세워서 20년간 6백만 명의 유대인을 학살하였다.

미국 철학의 효시이며 1800년대 미국과 유럽인들의 의식 세계에 막대한 영향을 미친 에머슨(Ralph Waldo Emerson, 1803~1882)은 예수의 이름으로 저지른 인간의 잔인함을 꾸짖으며 진정한 사랑, 진정한 진리는 다름 아닌 내 마음 안에 있다고 하면서 예수님은 신이 아니며 단지 우리 인간들이 그를 신으로 만들었다고 하버드 신학대학 졸업 축사에서 말했다. 그 말 때문에 그는 하버드 대학에서 쫓겨났으나, 후일 그의 명성은 더욱 높아졌다. 그래서 에머슨의 사후 수십 년이 흘러간 뒤 하버드 대학에서는 에머슨 홀(Emerson Hall)을 건축해서 길이길이 그의 선지자적인 식견에 존경과 애정을 표현하고 있으며 그의 주장이 현재까지도 진리로 전수되고 있다.

또한 서양의 20세기를 대표하는 신학자인 폴 틸리히는 예수는 철저하게 바리새인파의 율법을 중요시한 랍비였으며 이스라엘의 독립을 급진적으로 추진하다 로마제국에 의해서 처형된 정치적인 인물이라고 말했다. 그러면서 이제 기독교인들은 예수가 꼭 신이어야만 한다는 독단에서 하루빨리 벗어나야 하며 예수는 한 인간이었고 하느님은 존재가 아닌 비존재(non-being) 혹은 존재의 근원(ground of being)이란 자세로 모든 종교에 대해 관용적이어야 한다면서 예수의 신격화는 자신의 세대에서 끝내야 한다는 의미심장한 말을 남겼다.

예수가 롤 모델로 삼은 독립운동가는 마카비안 형제였다. 즉, 믿음이 충만하면 인간이 신이 될 수도 있으며 신 또한 인간으로 이 땅에 내려와 아픈 사람을 고쳐 줄 수도 있고 인간의 몸으로 세상을 통치할 수 있다는, 유연성 있는 신관을 가지고 있었다. 그러나 마카비안 형제도 예수도 모두 실패한 메시아이었다.

〈사도행전〉에 보면 사도 바울이 바나바와 함께 루스드라라는 지역을 전도여행 하는 중에 어느 집에서 움직이지 못하는 한 절름발이를 발견한다. 그때 그가 하느님의 능력으로 절름발이를 고쳐주었다는 이야기가 나온다. 그 장면을 목격한 수많은 동네 사람들은 신이 하늘에서 사람의 모습을 하고서 내려와 이 절름발이를 고쳐주었다며 사도 바울이 곧 신이라고 믿었다. 그리스의 주신 제우스는 로마의 주피터로 변형되었고 머큐리는 로마의 헤르메스로 변형되었다. 2천 년전 예수님이 살던 로마의 식민지 전역에서 그들이 생각하는 신은 늘 신성과 인성을 바꿔가며 현현하는 메타모포시스(metamorphosis)적 신인동형론의 전형이었다.

제우스는 하늘에서 왔으나 지상의 여인과 성교를 통해서 수많은 자녀를 낳았다. 그의 자손들도 모두 신으로 섬겼으나 조금 낮은 단계의 신들이었다. 『푸르타크 영웅전』에는 알렉산더 대왕의 아버지인 필립왕이 한때 올림피아라는 여인에게 사랑에 빠졌었는데 두 사람이 결혼을 하루 앞둔 밤, 하늘에서 천둥 번개가 치더니 그 빛이 올림피아의 몸속으로 들어왔다고 한다. 올림피아는 이 사건을 제우스의 장난이라고 믿었다. 그러나 그날 밤 필립은 잠자는 올림피아의 얼굴을 보니 마치 뱀이 올리피아와 결혼식을 올리는 형상이 떠올랐다. 그 당시에는 제우스가 뱀으로 형상화되었기 때문에 제우스와의 사이에 태어난 자신의 아들 알렉산더는 인간이 아닌 불멸의 운명을 가진 신이라고 믿었다. 사실 그리스 사람들은 알렉산더 대왕을 신이라고 불렀다.

로마제국의 집정관이었던 시저(Caesar, 기원전 100~44)는 로마 공화정에 종지부를 찍고 제정을 설립한 공로로 원로원에서 그를 신의 자격으로 승격시켰다. 그의 양자로 입양된 아우구스투스도 역시 신격화되었던 로마의 황제였다.

16. 역사적인 예수의 연구

1) 제1기

역사적인 예수 연구의 제1기는 18세기 말 서양의 합리주의를 바탕으로 함부르크 대학 극동 언어학 교수였던 라이마루스(Herman Samuel Reimarus, 1694~1768)에 의해서 촉발되었다. 그는 예수 사도들의 예수에 대한 신앙과 예수 자신의 메시아 선포를 확실하게 구분했다. 그리고 예수의 메시아 선포는 유대교의 맥락에서 이해되어야 한다고 주장하면서 예수는 결국 정치적 메시아이었으며 예수 자신의 믿음과 사도들의 그리스도 선포 사이에는 엄청난 괴리가 존재한다고 주장했다. 그는 사도들의 그리스도 선포를 객관적 사기이론이라고 신랄하게 비판했다. 실패한 예수의 메시아 됨을 위장하기 위해서 예수의 시체를 훔치고 시체 확인이 불확실해졌을 때 예수의 부활을 선포했다는 것이다.

또한 비슷한 시기에 활동했던 슈트라우스라는 학자는 라이마루스와는 다르게 해석했다. 그는 복음서에 나오는 예수에 얽힌 이야기들은 신화적인 상상력의 산물이라고 파악했으며, 헤겔의 영향으로 예수는 하느님이 주신 순수한 인간성을 실현시키는 하느님의 아들로 평가했다. 그의 공헌은 〈요한복음〉의 신학적인 입장을 여타 공관복음서와 근본적으로 다른, 영지주의적 관점에서 편집했다고 본 점이다. 그러나 예수님을 태초부터 계셨던 말씀(로고스)으로 또는 하느님으로 표현한 〈요한복음〉서의 역사성은 사실상 확인하기 어렵다고 판단했다.

2) 제2기

역사적인 예수 연구의 제2기는 다윈이 쓴 『종의 기원』이 출판된 19세기 후반에 자유주의 신학의 영향으로 홀츠만(Heinrich Julius Holtzmann, 1832~1910)에 의해 시작되었다. 그는 개신교 신학자였으며 예수의 신성을 인정하지 않는 기독교 변증가이기도 하다. 그는 그 당시 역사적으로 입증된 Q 자료와 Q 문서 등을 배경으로 〈마가복음〉에 나오는 예수의 기적과 표적들을 인용해서 역사적 예수를 복원하려고 노력하였다. 특히 예수의 신성을 입증하려고 했지만 합리성의 결여와 실증사관의 영향으로 실패로 돌아갔고, 결국 예수는 신이 아니었다고 결론지었다.

홀츠만의 사후 논쟁에 참여한 의사 알버트 슈바이처(1875~1965) 박사는 예수의 생애에 대한 여러 가지 이미지는 당시 저자들 자신이 갖고 있는 윤리적 이상을 예수에 투영해서 복음서를 기록했다고 주장하였다. 그는 오직 역사라는 렌즈를 통해서만 보자는 역사비평의 입장을 견지하는 리츨과 역사적인 증거가 있건 없건 간에 그 안에 담긴 예수의 숭고한 정신을 중요시하자는 헤겔식 역사관의 양극단에서 리츨과 헤겔을 모두 비평하면서 예수는 그 시대의 사람이었고 유대 묵시사상의 산물이었다고 주장하였다. 세상이 파국을 맞고 새로운 창조가 일어날 것이라고 잘못 판단했기 때문에 민중들을 위해 새 시대를 위한 희생물로 예수가 자기 목숨을 바쳤다고 판단했다. 슈바이처 박사는 후대의 학자들에 의해 더럽혀진 요소들을 제거하고 원래의 인간 예수를 찾아야 하며 예수가 선포한 것, 즉 잠정적 윤리의 준수와 봉사 그리고 참회와 생명에 대한 경외심을 주장했다. 비록 예수는 가고 없으나 그가 남긴 사랑의 정신은 갈릴리 호숫가에서 그랬듯이 지금도 "나를 따르라!"라고 부르고 있다면서 아프리카로 떠나 박애주의 정신으로 병든 자들을 치료하며 일생을 보냈다.

슈바이처의 비판 이후 등장한 루돌프 볼트만(Rudolf Bultmann, 1884~1976)은 양식비평(Form criticism)의 입장에서 신앙의 중심이 되는 것은 예수에 대한 역사가 아니라 그 당시 초대교회의 케리그마(Kerygma)[50]라고 주장하면서 케리그마를 통한 신과의 조우(encounter)야말로 참된 신앙인의 모습이라고 주장했다. 양식비평이란 마틴 디벨리우스(Martin Dibelius)에 의해서 소개된 것으로 기록된 복음서들과 그것들의 문자적 의미를 넘어서 과거로부터 내려온 구전과 이야기들을 소재로 그 당시 시대까지 소급해 올라가 사용되었던 다양한 이야기와 언설(言說)들의 양식 혹은 형태를 조사 분류하는 방법이다. 그래서 그는 성경의 인위적인 편집을 해체하고 기록에 있는 구전의 원형을 복원해야 한다고 하면서 신약의 케리그마는 신화적으로 표현되

---

50) 그리스어 케뤼소(kerusso, 선언하다)라는 동사에서 파생된 단어로, 예수 그리스도에게 나타난 하느님의 구원 행위, 즉 복음을 선언하는 것을 말한다.

었기 때문에 우리는 거기서 사용된 신화를 해석해야 한다고 말한다. 그 작업을 '비신화화(demythologizing)'라고 했다. 기본적으로 그는 성서는 1세기를 살던 사람들의 신화적인 의식구조와 문화적인 배경에서 쓰여 있기 때문에 2천 년이 지난 현대를 살아가는 우리들에게 이해되기 위해서는 1세기의 세계관을 이해할 필요가 있다고 했다. 그럴 때에 진정으로 하느님의 전달 수단인 성서와 하느님의 본래 메시지를 분리시킬 수 있다고 판단했다. 그는 하느님 말씀의 의미는 신사상(神思想)에 의해 다양하게 변조되거나 은폐되었다고 주장하고 지금 우리가 읽고 있는 복음서를 무조건 문자적으로 받아들일 수 없다고 한다. 따라서 복음서의 이면에 숨은 예수의 진짜 의도를 발견해야 한다고 했다. 복음서 안에 있는 시간, 장소 등은 믿을 수 없는 것이므로 이런 것들을 모두 떼어내야 한다고 주장한다. 복음서에 나오는 기적 이야기, 예언, 비유, 명언 등을 여러 가지 범주로 분류해서 복음서 내에 어떤 불연속성과 불합리한 점을 정당화해 가는, 이러한 방법을 지속적으로 발전시키다 보면 사건에 대한 우선순위와 무엇이 진실이고 무엇이 거짓인지에 대한 옥석을 가려낼 수 있으며 결국 어떤 것이 예수의 가르침에 가장 가까이 다가갈 수 있는 것인지를 판단할 수 있다고 했다. 볼트만은 복음서에 비친 예수는 역사적 예수가 아닌 헬레니즘적 교회의 산물이라고 했으며 말년에 그는 복음서를 통해서는 솔직히 역사적 예수 자신에 대해서 거의 알 수 없다고 결론지었다. 그렇다고 해서 네 개의 복음서가 전혀 가치가 없다는 것이 아니라, 진정으로 중요한 것은 예수의 케리그마라고 강조했다. 볼트만은 예수의 메시지가 우리들의 일상생활에 어떤 마음의 변화를 가져오느냐에 있는 것이지 문자화되고 의식화되는 것이 절대적으로 중요한 게 아니라는 것이다. 볼트만은 칼 바르트(Karl Barth, 1866~1968)와 함께 20세기를 대표하는 신학자의 한 사람으로, 바르트가 하느님의 타자성에 초점을 맞춘 데 비해서, 볼트만은 계시의 운반체인 성서에 집중했다고 볼 수 있다.

인간은 존재론적으로 가능성이 부여된 존재이나 매순간 올바른 결단을 하지 못함으로써 자기 본래의 참자아를 상실하고 비본래적 존재로 타락할 수 있다. 인간이 이런 비본래적 존재의 처지에 빠져 있는 상태를 타락이요, 죄라고 표현했다. 볼트만 역시 칼 바르트와 마찬가지로 두 종류의 역사를 말한다. 그는 어떤 합리적인 증명에 근거한 것은 진정한 실존이 아니라고 한다. 초역사는 현재 지금 계속 발생되는 사건들로 이루어진다고 한다. 이는 E. H. 카가 설파한 역사철학과 괘를 같이하는 것으로, 역사는 우리들을 먼 과거로 데려가지 않고 오늘과 어제, 오늘과 내일이 이어지는 현재와 과거의 대화이기 때문이라고 한다. 십자가의 죽음, 부활, 재림은 기독교인들이 설교를 믿음으로 행할 때 계속 발생한다는 것이다.

3) 제3기

역사적인 예수 연구의 제3기는 톰 라이트가 주창하고 볼트만의 제자인 에른스트 케제만(Ernst Kasemann, 1906~1998)에 의해서 그리스도를 다시 잇는 작업에 착수함으로써 촉발되었다. 이는 1970년대부터 1990년대까지 사회 전반에 확산되었는데, 과거의 연구방법에서 과감히 탈피해서 신학 이외에 고고학, 역사학, 사회학 등 다양한 분야의

학자들이 관여하고 지역적으로도 유럽과 북미 학자들이 골고루 참여하였다. 1945년 쿰란(Qumran) 공동체에서 발굴된 사해사본(Dead Sea Scrolls) 등에 대한 연구 결과를 토대로 예수가 속해 있던 유대교에 대한 새로운 이해와 고고학적 발견의 성과, 인류학과 사회적인 연구 등이 연계되면서 새로운 국면을 맞이하는 분위기였다.

케제만은 기독교가 예수 그리스도에 대한 신앙으로 머물러 있는 한 역사적 예수를 등한시할 수 없기에 그리스도라는 명칭은 추상적인 신화적 관념이 아니라 예수라는 역사적 인물과 불가분의 관계를 맺고 있다고 보았다. 그는 1953년 대학 강단에서 강의를 통해서 20세기 역사적 예수의 탐구가 신학자들의 관심에서 밀려난 시기에 비역사적 예수나 탈역사화된 기독교가 나치의 이데올로기를 신학화(神學化) 혹은 정당화하는 데 철저히 이용되었음을 지적했다. 결론적으로 그는 역사적 예수에 대한 탐구는 새로운 예수의 모습을 창출하는 게 아니라 1세기 팔레스타인이란 특정한 사회의 종교, 문화, 정치적인 배경에서 탄생한 독특한 예수의 모습을 복원하자는 것이었다. 그러나 2천 년의 시공간을 넘어서 진행된 예수 연구는 여전히 가설 혹은 가장 근접한 추론으로 그칠 수밖에 없는 한계를 노출한다고 결론지었다.

한편, 웨스트민스터 사원의 참사회원 신학자였으며 지금은 더덤의 주교로 있는 톰 라이트(N. T. Wright)는『신약성서와 하느님의 백성』에서 역사적 탐구를 통해서 참다운 기독교 신앙에 다가갈 수 있다며 계몽주의 신학자들의 예수 연구를 부정적으로 보지는 않았다. 그러나 그는 성경에서 예시한 상징들을 중요시했다. 예를 들어 신약성경의 텍스트에 기록된 산상수훈 이야기와 같은 것들이 그 당시의 현실을 볼 수 있는 수단이라고 말한다. 물론 이 상징들은 구약성경에 포함된 묵시문학에서 차용한 것이지만 그런 상징들과의 관계 속에서 우리는 예수가 우리들에게 주는 답을 찾아야 한다고 말한다. 그 상징들과의 관계 속에서 찾을 수 있는 존재방식을 톰 라이트는 실천이라고 정의 했다. 그래서 성경의 텍스트를 이해하기 위해서는 〈이사야서〉와 〈다니엘서〉에 나타난 묵시문학(apocalyptic literature)을 알아야 한다고 말한다. 그런 묵시문학을 근간으로 톰 라이트는 구약과 신약에 나타난 하느님의 임재를 다음과 같이 5부로 구성된 모형으로 제시했다. 1부 창조, 2부 타락, 3부 이스라엘, 4부 예수, 5부 신약성서와 교회. 여기서 4부가 시작되기 전의 이야기에 등장하는 다섯 가지 상징들을 살펴보기로 하겠다.

첫째, 이스라엘의 신은 자신의 계획을 성취할 것이다. 소망은 결코 포기되지 않는다. 둘째, 그 계획은 신이 원래 계획했던 하느님 나라의 질서가 다시 회복되는 결과를 가져올 것이다. 셋째, 이스라엘이 당하고 있는 현재의 곤경은 신과 맺은 계약에 대한 신실성이라는 관점 속에서 이스라엘의 저지른 죄에 대한 징벌로 설명될 수 있다. 넷째, 현시점에서 계약의 신이 활동하지 않고 있는 것은 이스라엘 백성들에게 좀 더 회개할 시간을 주기 위함이다. 다섯째, 그러므로 계약의 백성이 할 일은 참으며 신실하고, 온 힘을 다하여 계약을 지키며, 신이 마침내 그들을 신원하기 위하여 곧 역사하실 것을 믿는 것이다. 이렇게 해서 유대인들이 섬기는 유대인 사상과 선택 사상은 '회복 종말론'이라는 걸 탄생시켰다는 것이며 신은 만물을 운행하게 하고 우주를 움직이는 절대자인 하느님이라고 한다. 이와 같은 입장에서 그는『신약성서와 하느님의 백성』출판 4년 후에 쓴『예수와 하느님의 승리』에서 회의주의(세계에 대해서 우리는 확실한 지식을 가질 수 없다는 흄의 이론)와 종말론 둘 중에 종말론에 동조했다. 종말론은 이 세상을 전복하거나 재앙이 들이닥치는 무시무시한 사건과는 다른 것이며 오히려 재앙이 끝나고 예수께서 "천국이 가까이 왔다."라는 말에서 엿볼 수 있듯이 하느님 나라가 이미 시작되었음을 알리는 기쁨의 시간이라는 것을 성경에서 지속적으로 말하고 있다고 평가했다.

예수는 그 하느님 나라가 이제부터 자신을 통해서 오고 있다고 믿었으며 그 믿음 속에서 말하고 행동했다. 그러나 예수 십자가 처형과 부활 이후에도 여전히 이스라엘은 포로 상태에 있었다. 그리고 인류는 아직도 전쟁과 테러의 공포 속에서 살고 있다. 과연 톰 라이트의 주장이 예수의 신성을 입증하고 또한 온 인류의 죄를 대속하기 위해서 십자가에서 처형되었다는 구속사적(救贖史的)[51] 사건을 설득하기에는 너무도 현학적인 표현 때문에 사실상 역사 비판적 입장에서 받아들이는 데 적지 않은 문제점이 있다고 보아야 할 것이다.

반면, 역사적인 예수 연구의 대가인 전직 가톨릭 신부 존 크로산(John Crossan, 1934~)과 밴더빌트 대학 교수였던 로버트 펑크(Robert Funk, 1926~2005)는 1985년 캘리포니아의 산타 로사에 있는 웨스타연구소(Westar Institute)의 지원으로 예수 세미나(Jesus Seminar)라는 단체를

---

51) 구속(救贖)이란 히브리어 '코페르'에서 유래한 말로 '덮다'라는 뜻이다. 기독교에서는 아담과 이브가 지은 원죄를 예수 그리스도가 죽음과 부활을 통해서 인류를 구원한 사건을 구속사라고 한다.

만들었다. 이 연구소는 저명한 성공회 성서학자인 마커스 보그(Marcus J. Borg, 1942~2015)를 비롯해서 미국과 캐나다 등지에서 약 200명의 신학자들로 구성된 단체로, 주로 성서비평학 분야에서 괄목할 만한 연구결과를 내놓았다.

이들은 실제로 예수의 말씀을 확인하기 위해서 1945년 이집트의 나그함마디에서 발견된 〈도마복음〉을 참고했으며 연구 결과를 『다섯 복음서』라는 책으로 발간했다. 연구 초기에 첫 번째로 시작한 작업은 신약을 현대 미국식 영어로 번역하는 일이었다. 이는 현재의 독자들이 1세기에 살던 팔레스타인 사람들이 예수에 대해서 들었던 말의 뉘앙스를 찾아내자는 것이었다. 그런 다음 첫 5년간은 주후 3세기까지 기독교 문헌들에서 예수의 말이라고 알려져 있는 약 1,500개의 자료들을 참고로 진짜 예수의 말이었는지 아닌지를 가려냈다. 두 번째는 예수의 행적 중 후대에 편집되지 않은 원래의 자료를 찾아내는 것이었다. 학자들은 또한 네 개의 복음서와 다양한 고문서들을 종합적으로 분석했다. 그들은 1,500개 중에서 진짜 예수의 말이라고 믿어지는 핵심 메시지 500개를 뽑아서 그 진실성 여부를 참석자들에게 물어보았다. 방법은 '구슬'로 표현했는데 다음과 같은 방법이었다.

빨강구슬: 해당 문장이 예수가 실제 말한 내용이거나 그와 유사한 말을 했다고 믿는다. (3점)

분홍구슬: 해당 문장이 아마도 예수가 이와 비슷한 말을 했을 것이라고 믿는다. (2점)

회색구슬: 해당 문장이 예수가 한 말은 아니지만, 예수의 생각을

담고 있다고 믿는다. (1점)

검정구슬: 해당 문장이 예수가 한 말이 아니며, 후대의 추종자나 다른 전승에서 온 것으로 믿는다. (0점)

세미나 참석자들은 누구나 한 문장당 한 개씩의 구슬로 비밀투표를 할 수 있었다. 그 최종 결과는 1993년 당시 미국의 주류 언론인 ABC 방송사의 〈예수를 찾아서〉란 프로그램에 공개되었는데 다음과 같다.

검정구슬: 59.1%

회색구슬: 26.1%

분홍구슬: 13.2%

빨강구슬: 1.6%

(더 상세한 내용은 www.westarinstitute.org에 접속할 것)

예수 세미나 이후 크로산은 자신의 저서인 『하느님과 제국』에서 유대인과 유대교라는 기본적 문화적인 틀을 근간으로 로마제국의 야만성을 폭로하고 역사적인 예수의 비폭력적 저항과 하느님 나라의 본질 그리고 바울이 해석한 평등의 정의를 새롭게 해석하였다. 그러면서 서양인들이 기독교를 내세워 세계정치에서 저지르고 있는 문명의 폭력을 예리하게 비판했다. 그는 '하느님의 나라'와 '사람의 아들'이란 용어를 같은 실재를 다르게 표현한 것이라고 한다. 이는 하느님의 대대적인 정화가 임박했다는 것이 아니라 예수와 함께 지금 이 세상에서 이미 시작되었다는 것이다. 하느님이 그리스도 안에서 모든 사람들을 신인(神人) 협력적 종말이라는 기적으로 부르고 있다는 것을 서로 다른 방식으로 표현하는 것이라고 했다.

그가 말한 예수 연구는 1세기에서 말하는 신, 신의 아들 그리고 신이 보낸 인간, 구속자, 해방자, 세상의 구세주라고 불리는 명칭을 가진 자들이었다고 전제한다. 그리고 그런 사람은 누구인가 하고 묻는다. 기독교 전통에 길들여진 서양인들은 물론 예수라고 말할 것이다. 그러나 예수가 존재하기 전에 그 의미는 이미 로마의 황제였던 카이사르 아우구스투스를 칭하는 말이었다.

크로산은 다음과 같이 말한다.

예수는 원래 하느님의 임박한 강림을 말하는 세례 요한의 신학을 받아들였다. 그러나 요한이 헤롯 안티파스의 부정한 성관계를 비판하자 헤롯 안티파스에 의해 목이 잘리는 처형을 당하고 난 후 하느님의 현존에 대한 신학으로 옮겨갔다. 요한은 하느님의 강림을 원했으나 하느님 대신 로마의 기병대가 나타났다. 요한은 비참하게 처형되었고 복수의 하느님은 오지 않았다. 예수는 그것이 하느님의 방식이 아니라고 생각했다. 그리고 예수는 하느님의 나라는 임박한 것이 아니라 지금 바로 여기에 현존하는 것이라고 선언하게 된 것이다. 그래서 예수는 이스라엘 민족의 메시아가 되려고 했다.

크로산은 역사 속의 예수는 로마제국의 표준적인 믿음과 가치를 정면으로 부정하고 급진적 평등주의를 퍼뜨린 냉소주의자이었으며 그의 제자들이 이를 로마제국의 변방으로 퍼뜨리자 로마제국은 체제전복의 위협을 느끼고 결국 국가전복 음모의 죄목으로 예수를 처형했다고 한다. 결국 예수는 이스라엘의 독립을 위해 싸우다 간 시대의 희생양이 되었다고 결론지었다.

4) 예수 연구회에 대한 재야 학파의 제3의 해석

폴 존슨의 『유대인 역사』 그리고 중근동 언어와 신학을 누구보다 심도 있게 연구한 『예수 평전』의 저자인 조철수 교수, 바트 에허맨(Bart D. Ehrman) 교수와 스믈리 보티치(Shmuley Boteach) 등의 자료에 의하면, 예수가 초기에 에세네파의 영향을 받았다고 하는 데 모두 동의한다.

에세네파는 크게 쿰란 공동체 안에 존재했던 단체로, 원래 예루살렘에서 성전을 무대로 활동하던 사제들이었다. 그러나 일부 제사장과 서기관들이 성전을 미끼로 자신들의 이익만을 챙기는 파행을 곱지 않은 눈으로 보며 그들을 타락한 도독의 소굴이라고 비난한 후 예루살렘의 제사장들과 결별하고 여리고 남쪽 12km에 있는 사해동굴로 가서 독립한 집단이라고 한다. 그들은 오로지 자신들이 있는 본원만이 유일한 성전이라고 고집하며 외부와 철저하게 차단된 채 금욕과 기도 그리고 철저한 극기를 몸소 체험하면서 동굴에서 살았던 특별한 집단이었다.

예수는 한때 그런 에세네 공동체에서 생활했을 것으로 생각된다. 그러나 에세네파들의 지나친 고행과 율법의 준수가 순수한 인간의 모습을 왜곡시키는 장애물이며 비현실적이라고 판단하고 에세네 공동체를 뛰쳐나와 예수 공동체로 독립했을 것으로 본다. 그렇다고 해서 유대교를 떠난 것은 아니고 유대교라는 큰 울타리 안에서 좀 더 진보적인 생각을 가지고 있었던 집단이라고 보는 게 합리적이라고 믿어진다.

예수가 에세네 공동체를 떠난 이후, 에세네파는 예수를 피로 물든 사악한 제자라고 몰아세웠다. 에세네파는 그 사악한 제자인 예수가 무리를 잘못 이끌어 피로 언약을 맺는 헛된 도시를 세웠다고 비난했다. 그 의미는 예수의 최후만찬에서 피로 언약을 맺는 것과 같이 그의 제자들이 이끄는 집단이 예수의 십자가 피로 새로운 신앙관을 가지게 되었다는 것으로 해석할 수 있다고 한다. 에세네 집단은 예수가 거짓 메시아를 성경에서 입증하기 위해서 부단히 노력했다는 근거를 〈하박국서〉에서 그 실마리를 잡아 예수가 유다의 입맞춤으로 붙잡히게 된 과정부터 십자가형에 처해 죽을 때까지를 메시아의 출현으로 해석했다고 하는 일련의 사건에서 찾을 수 있다는 것이다. 예수 당시의 이야기를 유추해 보면 가장 주목해야 할 부분은 예수가 자신을 에메트(진리)라고 부르는 점이다. 예수는 그를 믿는 유대인들에게 이렇게 말했다.

> 그러므로 예수께서 자기를 믿은 유대인들에게 이르시되 너희가 내 말에 거하면 참 내 제자가 되고 진리를 알찌니 진리가 너희를 자유롭게 하리라.
>
> — 요 8:31~32

에세네 공동체에서 이탈한 예수는 그 당시 태동하기 시작한 랍비 신앙에 가담하여 힐렐학파의 영향을 받고 성장했다.

저명한 랍비인 잘만 샬로미에 의하면 예수는 바리새파 중에서도 성문율법만을 중요시했던 샴마이(Shammai)[52]파가 아닌, 구전율법을 동시에 존중하고 율법보다 선행을 더 중요시하는 힐렐(Hillel)[53]을 따르는 아가다(aggadah) 집단의 일원이었으며 하카밈(경건한 유대인 집단이라는 말)이었다고 한다.

폴 존슨은 예수가 다양한 사상적 동향을 보인 바리새파를 포함해서 열심당원 그리고 경건한 유대인 공동체 안에서 급속히 발전해 나가고 있던 논쟁에 적극적으로 참여했다고 기록했다. 그 논쟁의 내막은 성전의 주도권과 그 필요성, 성결법 등의 율법 준수의 문제 두 가지에 집중되었다고 한다. 첫 번째 문제와 관련해서 예수는 거룩한 삶을 일반인에게 확산시키는 데 성전이 오히려 장애가 된다는 입장을 지지했다고 한다. 즉, 예수는 성전을 설교 장소로 이용하면서도 성전에 반대한 이사야와 예레미야의 행동양식을 보였다. 오히려 예수는 기초 학교와 회당(성전이 아님)을 통해 백성들 사이에 퍼져 나갈 것이라고 믿었다.

두 번째 문제는 율법을 어느 정도로 준수해야 하느냐 하는 문제였다. 문서로 기록된 모세 오경만 인정하는 사두개파와 구전율법까지 가르친 바리새파 사이에 처음 생긴 이 논쟁이 예수 시대에 이르러서는 하카임과 바리새파 사이의 논쟁으로 발전했다. 바리새파도 좀 더

---

52) 바리새파 중에 성문율법만을 인정하며 구전율법을 인정하지 않는 보수적인 정통학파의 지도자 이름이며, 힐렐과 대조적인 학파이다.

53) 유대인들이 가장 존경하는 인물로 예수와 동시대에 활동한 바리새인 중 힐렐학파의 창시자. 율법이 인간을 해방시키기 위해서 존재하는 것이지 인간을 구속하기 위해서 존재하는 게 아니라고 주장한 진보 성향의 지도자이다.

보수적인 하라카(Halacha)[54]를 따르는 부류와 아가다를 따르는 온건한 부류가 있었는데 예수는 아가다의 가르침을 따르던 입장이었다. 샴마이 학파는 정결과 부정의 문제에 특히 엄격한 입장을 취하는 하라카에 동조했다. 그러나 힐렐학파는 이런 입장은 가난한 백성들이 율법이 요구하는 거룩함의 경지에 이르는 것을 대단히 힘들게 하기 때문에 실용성이 없다고 판단하고 아가다의 가르침을 따랐다. 이런 이유에서 샴마이 학파의 추종자들은 랍비 중심의 유대교 전통에서 멀어지고 결국 사두개파처럼 제1차 유대반란 후 역사에서 영원히 사라져 버렸다. 한편 샴마이와 비슷한 시기에 활동했던 힐렐학파는 토라를 좀 더 인간적이고 보편타당한 개념으로 해석할 것을 주장함으로써 예수를 포함해서 많은 추종자들이 따랐다고 한다. 힐렐은 토라의 핵심은 다름 아닌 바로 '정신'이라고 했다. 율법이 요구하는 정신만 이해하면 세세한 일에 관해서는 모든 인간이 스스로 올바르고 성스러운 삶을 살 수 있다고 판단했다. 어느 무신론자가 자신이 한 발을 들고 있는 동안 참된 신앙이 무엇인지를 말해 주면 믿겠다고 하자 힐렐은 "내가 싫은 것을 남에게 시키지 말라."라고 말했다. 이는 공자의 황금률[己所不欲 勿施於人]에 영향을 받았다고 한다. 그리고 그는 그 외의 나머지는 모두 주석에 불과하다는 의미심장한 말을 남겼다. 여러 자료를 종합적으로 분석해 보면 예수는 자신이 메시아가 되어 이스라엘을 구원할 수 있다고 생각했던 게 확실하다.

부활신앙을 변호하는 대부분의 신학자들은 예수의 메시아 됨은 이

---

54) 탈무드를 두 파트로 나누는데 모세 오경을 해석한 부분을 할라카(Halacha)라고 하며, 지혜를 모은 부분을 아가다(Aggadah)라고 한다.

미 〈이사야서〉 53장이나 〈시편〉 22장에서 예견된 것이라고 주장한다. 한편 예수의 메시아사상에 비판적인 신학자들은 〈이사야서〉나 〈시편〉에서 메시아를 분명히 말하지만, 이는 예수와 같은 메시아를 지칭하는 게 아니라고 한다. 고대 이스라엘인들이 바라던 메시아는 죽은 후 부활해서 이 지상을 통치할 것이란 기대를 전혀 하지 않았다. 그들이 기다리던 메시아는 다윗왕과 같이 강력한 힘과 군대를 가지고 주변의 적들을 섬멸해서 평화로운 하느님의 왕국을 회복할 수 있는 인물, 즉 현실적으로 카리스마를 가진 지도자이기를 바랬다. 〈다니엘서〉에 나타나는 메시아는 묵시론 사상을 문학적인 장르로 잘 발전시켰다고 할 수 있다.

그러나 예수는 그들이 바라던 메시아와는 너무도 동떨어져 있었으며 그냥 무력하게 로마 군대에 의해 정치범들에게 내리는 십자가 처형으로 죽고 말았다. 예수는 사도들에게 예언하기를, 자신은 십자가 처형 3일 후 부활하고 다시 승천한다고 언약했었다. 그리고 언제인지는 밝히지 않았으나 지상으로 돌아와 고통과 전쟁이 없는 천년왕국을 건설하겠다고 예언했다. 과연 하느님의 왕국은 실현되었는가? 그에 대한 대답은 분명히 노(no)이다.

그들의 메시아는 로마제국에 의해서 무참하게 처형되었으며 하느님의 왕국에 대한 꿈은 산산조각 나고 말았다. 이제 예수를 따르던 제자들은 허탈한 심정으로 하늘을 바라보며 천국에 대한 그리움을 가슴에 묻고 예수의 재림을 손꼽아 기다리게 된다. 그러나 예수는 오지 않고 억측과 오해만이 난무하며 로마의 폭정은 날이 갈수록 한층 더 심해졌다. 이런 민중의 실망을 진정시키기 위한 새로운 사상이 생겼으니, 그게 곧 파루시아(Parousia, 재림)인 것이다. 20여 년간 신약성경에 나타난 예수의 행적을 심도 깊게 연구한 스믈리 보티치(Shmuley Boteach)라는 미국의 저명한 랍비는 『코셔 지저스(Kosher Jesus)』라는 저서에서 예수의 마지막 순간을 다음과 같이 표현했다.

어느 날 갑자기 강력한 카리스마를 가진 청년이 갈릴리에 나타나서 갈릴리 언덕에 올라 로마제국의 무자비한 통치를 비난하며 이스라엘 민족은 반드시 구원되어야 한다고 절규한다. 그는 하느님의 은혜로운 통치로 이 땅을 기필코 회복시킬 수 있다고 외치며 갈릴리와 사마리아 그리고 시돈 주민들을 선동하며 다녔다. 그 당시 갈릴리는 수준이 상당히 높은 엘리트들이 많이 사는 그런 지역이었다. 예수는 에세네 공동체에서 나와서 자신의 고향으로 돌아와 갈릴리의 민중들을 다음과 같이 설득했다.

"사악한 로마제국을 절대 두려워하지 말 것이며 철저하게 무장을 하고 로마제국의 병사들과 싸울 만반의 준비를 하라. 하느님은 우리 편에서 반드시 이스라엘 민족을 승리로 이끌어 주실 것을 확신한다. 당신들은 소수의 병력을 가진 다윗이 천하무적의 골리앗 군대를 섬멸한 걸 기억하는가? 또 다윗이 무자비한 산헤립의 군대를 가차 없이 물리친 것을 기억하는가? 하느님은 이번에도 우리들의 편에 서 계실 것이다."

예수의 핵심 메시지는 간단명료했다. 하느님이 주신 모세 오경과 그 가치를 철저하게 지킬 것을 스스로 맹세하라. 그리고 우리들 서로가 신뢰하고 사랑하며 단합한다면 아무리 강력한 군대라도 우리의 반석 같은 믿음을 분열시키지 못할 것이다. 이건 우리를 보호하시는 하느님의 뜻이다. 구원의 시간은 점점 가까워지고 있으며 하느님의 왕국은 우리들의 눈앞에 와 있다. 그의 강력하고 흔들리지 않는 믿음의 메아리는 날이 갈수록 갈릴리 전역과 예루살렘으로 퍼져 나가기 시작했고 예수는 자신이 메시아라는 믿음을 기반으로 조금도 흔들림이 없었다. 추종자들은 메시아 예수의 예언자적인 카리스마에 설득되어서 그 숫자가 기하급수적으로 늘어나게 되었으며 드디어 큰 세력을 형성하는 규모로 확장되었다. 청년 예수는 이제 조금도 두려움이 없었다. 로마군대를 대적할 막강한 수비대를 확보하고 있었으며 더욱이 하느님의 특별한 은총으로 무적의 로마군대를 마치 추상같은 기세로 물리칠 수 있을 것이라고 믿어 의심치 않았다.

예수는 마치 모세가 파라오의 폭정을 피해 60만 명의 이스라엘 민족을 인도하고 홍해를 건너려 할 때 하느님의 특별한 은총이 깃든 지팡이로 홍해를 쳐서 바다가 극적으로 갈라져서 60만의 이스라엘 민족이 무사히 건너온 것과 같은 유사한 상황을 떠올렸을 것이다. 당시 예루살렘에 떠돌고 있던 기류는 마치 거대한 허리케인이 해안가를 덮치기 전야와 같은 팽팽한 긴장감이 감돌고 있었다.

때는 유월절을 며칠 앞두고 예루살렘의 솔로몬 성전으로 향하는 유대인들의 발길이 분주하게 움직이고 있었다. 예수는 그의 추종자들과 함께 해가 뉘엿뉘엿 서쪽에서 황금빛 광채를 내며 사라져가고 땅거미는 대지를 뒤덮고 있을 즈음 갈릴리를 떠나서 약속의 땅 예루살렘으로 진군했다. 갈릴리에서 예루살렘까지는 120km로 걸어서 며칠을 가야 하는 먼 거리였다. 운명의 시간은 다가오고 있었다. 예수는 담담한 심정으로 입술을 깨물며 하느님의 능력으로 마치 삼손이 수천 명의 블레셋 족속을 전멸시킨 것과 같이 천하무적의 로마군대를 복수의 칼로 무너뜨리라는 믿음에 조금도 흔들림이 없었다.

그리고 며칠 후 예루살렘에 당도했을 때 거기에는 엄청난 숫자의 예수 추종자들이 겹겹이 둘러싸고 대단히 격앙된 심정으로 메시아의 도착을 목마르게 기다리고 있었다. 예루살렘에 도착한 예수 일행은 목요일 저녁에 이미 예정된 마가의 다락방에 모여 열두 제자들과 함께 마지막 만찬을 가졌다. 여기에서 예수는 제자들의 발을 씻어 주었다고 한다. 예수님이 제자들의 발을 씻어 주었다는 건 대단히 의미심장한 것이다. 이는 발로 실천을 해야 한다는 걸 의미한다. 신약성경에 가룟 유다가 나오는데, 이는 사실 후대의 성서 기자들이 예수의 십자가 죽음이 인류대속을 위해 죽었다는 속죄이론에 맞추기 위해서 만들어 낸 가공의 인물이다. 다음 날 금요일이 되었다. 예수는 겟세마네 동산에 올라 하느님께 신실한 기도를 드렸다. 예수는 모세의 인도로 이스라엘 민족이 애굽에서 구원된 것과 같은 기적이 다시 한번 일어나기를 고대하며 기도를 드렸을 것이다. 그리고 제자들과 함께 예루살렘 성전으로 발길을 돌렸다. 거기에는 이미 수많은 지지자들이 모여 있었으며 예수의 인도로 로마제국의 학정에서 해방되리라고 굳게 믿으며 민중들은 몹시 흥분된 상태였다. 사실 메시아에 대한 민중들의 바람은 과거에 여러 번 추진되었지만 모두 강력한 그리스 군대와 로마군대에 의해 초토화되고 수많은 인명만 희생되었다. 결국 거짓 메시아로 판명된 쓰라린 과거를 기억하고 있다.

그러나 이스라엘 민중들은 이번만은 진짜 메시아일 것이라며 한 치의 의심도 없었다. 예수는 신명기의 구절 "네가 수고하는 것을 여호와께서 보시고 너를 축복해 주실 것이니."를 마음속으로 수없이 되뇌었다. 모세는 자신의 손을 하늘을 향해 치켜세움으로써 아말렉족을 일거에 물리칠 수 있었으며, 이스라엘이 셀루커스 왕조의 잔혹한 지배하에 있을 때 마카비안 형제들에게 베푸신 기적 때문에 그리스계 제국인 셀룩시드 왕국의 안티오크스 4세를 물리칠 수 있었지 않는가. 나의 군대는 비록 수적으로는 로마에 비해 열등하지만 하느님이 우리 편인데 두려움이란 있을 수 없다.

다음 날 아침 예수는 추종자들과 함께 성전으로 들어갔다. 비마(bimah, 유대 성전의 강대상)에 선 예수는 우리 민족을 탄압하는 로마제국의 군대를 우리 땅에서 몰아내고 우리 민족의 독립을 반드시 쟁취해야 한다고 주장하며 흥분된 어조로 민중을 설득했다. 그의 말은 강한 호소력이 있었으며 듣고 있던 성전의 평신도들은 이구동성으로 소리 높여서 "그래, 그놈들은 우리의 고혈을 빨아먹는 나쁜 놈들이야, 죽어 마땅해." 하며 상당히 격앙되어 있었다. 예수는 포악한 로마제국의 통치를 공격한 다음 이번에는 타락한 성전 제사장들에게로 비난의 화살을 돌렸다. 왜냐하면 로마제국은 최고 제사장을 임명하는 권력를 갖고 있기 때문에 대부분 사독계열의 제사장들은 로마 권력층을 등에 업고 예루살렘에 파견되어 로마의 하수인들과 함께 성전의 금품을 수탈하고 있었기 때문이었다. 그의 설교는 점차 그 목소리를 높여 가며 로마제국에 대한 심한 욕설을 퍼부었고 극도로 흥분된 상태로 치달아 드디어 절정을 향해 가고 있었다.

성전 안에는 평신도들과 사독계열 그리고 바리새파 성직자들이 함께 있었는데 당시 바리새인 랍비들은 두 분류로 나누어져 있었다. 보수적인 샤마이 학파와 진보적인 힐렐학파로 나뉘어져 있었다. 그 당시 성전에 모여 있던 힐렐계열의 많은 랍비들은 예수의 의견에는 전적으로 찬성하지만 이렇게 성급하게 혁명을 할 게 아니라 상황과 시기를 봐 가면서 단계적으로 추진해야 할 것이라는 데 묵시적으로 합의하는 분위기였다. 그런데 예수는 지체 없이 행동으로 옮겨야 한다는 급진적인 성향으로 독립운동을 진행시켰다고 한다. 랍비들이나 서기관들은 모두 자신들의 동조가 없이는 예수가 주도한 독립 혁명이 결코 성공할 수 없다는 점을 너무도 잘 알고 있었다. 그러나 예수가 한층 성대를 높여서 자신의 의견에 따라 줄 것을 끈질기게 요구하자, 힐렐파 랍비들은 하는 수 없이 침묵을 지키고 있었다. 그다음 날은 유월절 제삿날이기 때문에 로마정부는 유대인들의 동요를 우려해서 미리 성전에 비밀 정보원을 파견한 상태였다. 바리새인 중 샤마이 계열의 랍비들은 서로 중얼거리며 갈릴리 촌 구석에서 온 시골뜨기가 나타나 다시 정치적인 소요를 일으키고 있다고 불평을 터뜨리며 모종의 조치가 있어야만 한다고 이구동성으로 불평하기 시작했다.

그러던 중 샤마이 계열의 한 정보원이 결국 밀정으로 나온 로마의 관원에게 사태의 심각성을 보고했다. 결국 그 말이 사독계열의 성전 최고 제사장에게까지 전해지게 되었다. 로마정부는 즉시 군대를 보내서 독립을 요구하는 폭동을 시작하기도 전에 성전에 들어가 로마제국에 대한 내란음모 혐의로 예수를 체포했다. 그리고 별도로 폭동 주모 혐의에 대한 증인채택이나 정식 재판절차도 생략한 채 예수를 1급 내란 음모 혐의자들에게만 내리는 십자가 처형을 단행했다. 새로운 하느님의 왕국을 성취하겠다는 메시아는 형장의 이슬로 사라졌다. 여기서 예수의 일생은 명실공히 끝난 것이다.

> 그러므로 이제 내 종 다윗에게 이처럼 말하라. 만군의 여호와께서
> 이처럼 말씀하시기를 내가 너를 목장 곧 양을 따르는 데서 취하여
> 내 백성 이스라엘의 주권자로 삼고
>
> — 삼하 7:8

> 내가 또 이상 중에 보았는데 인자(Son Of Man) 같은 존재가 구름을
> 타고 와서 옛적부터 항상 계신 자에게 나와 그 앞에 인도되매, 그에
> 게 권세와 영광과 나라를 주고 모든 백성과 나라들과 각 방언하는
> 자로 그를 섬기게 하였으니 그 권세는 영원한 권세라 옮기지 아니할
> 것이요, 그 나라는 폐하지 아니할 것이니라.
>
> — 단 7:13, 14

5) 예수의 인간적인 고민

사실 예수는 다가올 하느님의 왕국은 모종의 고통과 악 그리고 삶
의 멍에가 전혀 없는 유토피아가 될 것이라고 전도하며 다녔다. 그러
나 예수님이 상상하는 추상적인 하늘나라를 이해할 수 있는 사람들
은 거의 없었다. 그래서 예수는 가나의 혼인 잔치 집에서 물을 포도
주로 변화시키는 첫 번째 이적을 행함으로써 반신반의하던 이스라엘
사람들의 마음을 사로잡았다.

2천 년 전의 팔레스타인에 살던 사람들의 문맹률은 97%였다고 하
는 사실에 우리는 주목해야 할 것이다. 천둥 번개만 쳐도 하느님이
노해서 우리들에게 벌을 주는 것이라고 생각했던 시대를 살던 팔레
스타인 사람들에게 물을 포도주로 만들었다는 예수의 이야기는 그가

분명 평범한 인간이 아닌 신일 것이란 확신을 가지게 했을 것이다.

신약성경에는 다음과 같이 기록되어 있다. 신약성경에 의하면 마리아는 가브리엘 천사를 통해 성수태 고지(annunciation)[55]를 받는다.

> 보라, 처녀가 잉태하여 아들을 낳을 것이요, 그 이름은 임마누엘이라 하리니. 이를 번역한즉 하느님이 우리와 함께 계시다 함이라.
>
> – 마 1:23

예수님은 기원후 33년쯤에 공생애를 마치고 승천했다고 한다. 그 이후 제자들에 의해서 예수는 하느님의 아들이었으나 점차 시간이 흐름에 따라 하느님으로 승격되었다.

그런데 역사를 보면 예수님이 살던 그 당시에는 예수 탄생과 유사한 기적이 많이 횡행했다. 로마제국의 식민지인 소아시아의 갑바도기아에서 태어나 기원후 100년까지 살던 아폴로니우스(Apollonius)[56]라는 피타고라스학파의 철학자가 있었다. 그는 인생의 중반기부터 핍박받는 사람들을 상대로 영성의 지도자 역할을 했었는데 철학자인 동시에 목회자이기도 했었다. 그의 탄생과 행적에 관해서는 예수와 비슷한 시기에 태어나서 유사한 이적을 했다고 기록하고 있다. 그중 대표적인 이야기는 다음과 같다.

---

55) 예수가 탄생하기 전 마리아에게 가브리엘 천사가 나타나서 하느님께 은혜를 입었으니 아들을 낳을 것이라고 전해 주고 조상 다윗의 위(位)를 이을 구세주라고 말했다는 것.

56) 피타고라스학파의 철학자로 예수와 같이 성수태 고지를 받고 태어났으며 예수와 비슷한 시기에 활동했다. 그리고 로마제국을 두루 여행하면서 기적을 행하고 병자를 고쳐준 신비한 인물이다.

그의 어머니가 아폴로니우스를 수태했을 때 신성한 기운이 그녀의 몸속으로 들어오는 느낌을 받았다고 한다. 그리고 며칠 후 바다의 신 프로테우스가 나타나 동정녀의 아기 탄생 성수태 고지를 전해 준다. 깜짝 놀란 아폴로니우스의 어머니는 도대체 누구의 아이냐고 물었더니 다름 아닌 프로테우스 자신의 아이라고 했으며, 그 아이는 결코 죽지 않는 불멸의 존재가 될 것이라고 알려 준다. 그녀는 산달이 아직 되지 않았으나 하루는 천사의 안내로 초원으로 나가게 되었다. 그녀가 풀밭에 누웠을 때 백조 한 쌍이 눈앞에 보이며 날개를 펄럭거리며 막 날아오르려는 순간, 갑자기 산기를 느끼고는 바로 아이를 출산했다고 한다. 당시의 목격자들의 증언에 의하면 아폴로니우스가 태어난 순간 땅이 꺼질 것같이 포효하는 엄청난 천둥 번개가 칠 듯하더니 한 줄기 선을 그리면서 갑자기 어디론가 사라져 버렸다고 한다. 그들은 모두 한결같이 이건 분명히 심상치 않은 신의 선물인 것이며 신이 우리들의 삶을 복되게 만들기 위해서 보내 준 귀한 제우스의 특별한 선물일 것이라고 믿었다. 아폴로니우스는 부유한 가정에서 태어났으나 자신의 재산을 모두 가난한 사람들을 위해서 기부했으며 검소한 채식주의자로 살았다고 한다. 예수님과 같이 12세에 유대 풍습에 의해 성인식을 가졌으며, 그때 이미 유대교의 종교 사제들과 열띤 논쟁을 했다. 그리고 16세에 피타고라스 철학에 심취되어 영원불멸한다는 인간의 영혼을 믿으며 자신의 철학을 정리한 남다른 천재성을 보였다. 아폴로니우스는 그 후 30대 청년으로 성장해서 인도와 이집트를 다녀왔으며 거기서 요가수행과 신비한 이적행위를 배웠다고 한다. 고향으로 돌아온 아폴로니우스는 예수가 한때 속해 있었던 에세네의 공동체 일원이었다. 에세네 공동체에서 뛰쳐나온 그는 신의 아들이라고 자처하면서 로마제국의 여러 나라를 돌아다니며 예수가 한 것과 같은 수많은 이적을 수행했었다.

그의 사망 후 제자 중의 한 사람인 필로스트라투스(Philostratus's)는 기원후 230년경 아폴로니우스의 철학과 신앙 그리고 그의 행적에 대해서 8권으로 된 방대한 저서 『Life of Apollonius of Tyana』를 남겼다. 그 기록에 의하면 아폴로니우스도 예수와 마찬가지로 불치의 병으로 누워 있는 수많은 사람을 낫게 했으며 마귀를 쫓는 주문을 외웠고 죽은 사람을 살려내는 이적을 많이 행했다고 한다. 그의 주변에는 늘 수많은 추종자들이 따라다녔으며 그를 신이라고 추앙했고 예수의 추종자들과 치열한 경쟁관계에 있었다고 한다. 예수의 제자들은 아폴로니우스를 거짓 신이라고 조롱했으며, 아폴로니우스의 제자들은 예수를 하느님의 거짓 아들이라고 공격했다고 한다. 그리고 그가 죽고 난 후에도 추종자들은 그의 고향에 신전을 만들고 오랫동안 그를 신으로 섬겼다. 심지어는 기원후 217년까지 살았던 알렉산더 세베루스 황제는 아폴로니우스를 신으로 섬겼다고 전해진다. 아폴로니우스의 인간에 대한 깊은 사랑과 이해는 세속에 물들지 말며 영성에 뿌리내릴 것을 강조하는 순수한 신앙심이었다. 이러한 믿음은 근동과 아프리카 그리고 전 로마제국으로 전파되어 예수보다 더 큰 영향력을 미쳤다. 그러나 그는 신에게만 바치는 제물을 신자들로부터 받고 하느님의 아들이라고 주장한 죄목으로 도미티안 로마황제로부터 재판을 받고 신성모독죄로 구속되었다. 그의 신비함은 거기서 끝나지 않았다. 그는 감옥에서 그를 감시하는 개(아폴로니우스가 빠져나오려고 하면 개가 물어 죽이게 됨)와 함께 속박된 상태에서 마법을 써서 감옥을 기적적으로 빠져나왔다고 한다. 그리고 다시 로마제국을 돌아다니며 민중들에게 육체의 구속에서 벗어나 자유로운 천상의 세계를 지향할 것을 강조했다고 하는데, 이는 마치 죽은 지 사흘 뒤에 부활한 예수의 승천사상과 너무도 유사하다. 그러나 기독교 교회사를 최초로 편찬한 유세비오스는 아폴로니우스를 거짓 신이라고 비난했다. 아폴로니우스는 100세까지 살았다고 하며 그의 제자들에 의하면 그는 승천했다고 한다.

6) 인류의 신관은 어떻게 진화되어 왔나

파스칼은 인류는 자신이 인간이라고 자각하는 순간부터 신을 섬겼다고 하면서 인간의 내면 깊은 곳에는 신의 모습을 닮은 텅 빈 영적 공간이 있어서 늘 그곳을 채우려 하는 본능적인 공허감이 도사리고 있다고 보았다.

그래서 마치 예술작품을 창조한 것과 마찬가지로 종교를 만들었으며 우리들이 알고 있는 대부분의 제도적인 종교는 사가들이 기축시대(Axial age)[57]라고 부르는 기원전 800년경부터 기원전 300년 사이에 만들어졌다고 한다. 붓다, 소크라테스, 공자, 장자, 예레미야 모두 기축시대의 인물들이다.

1994년 프랑스 남부에 있는 쇼베동굴의 지하 50미터에서 고고학을

---

57) 기원전 8세기 후반부터 기원전 3세기 후반까지 이오니아의 철학자를 비롯해서 동양의 공자, 맹자, 노자, 붓다, 플라톤, 소크라테스, 예레미야, 이사야 등 전 세계적으로 정신적인 지도자들이 대거 등장한 시대를 일컫는다.

전공하는 J. M. 쇼베는 지금으로부터 약 3만5천 년 전 네안데르탈인들이 그린 동굴벽화를 발견했다. 거기에는 지금은 멸종된 매머드나 사자와 하이에나, 소, 표범, 올빼미와 같은 동물들의 모양을 울퉁불퉁한 벽면에 3차원적인 효과까지 내면서 예술적으로 그려진 그림 300여 점이 고스란히 보존되어 있었다. 네안데르탈인들은 대략 28만년 전에 지구상에 나타나 2만8천 년 전까지 유럽에 살았었다고 하는데, 무슨 이유에서인지 갑자기 멸종되었다고 한다.

또한 1879년 스페인의 아마추어 고고학자이던 마르셀리노 산즈 데 사우투올라가 그의 8살 된 딸과 함께 우연히 발견한 스페인의 알타미라 동굴(cueva de Altamira)에는 대략 18500년에서 14000년 사이에 그려진 수많은 천장 벽화가 있었다. 말과 소, 수퇘지, 큰 사슴 등의 동물들의 모습이 생생하게 3차원의 효과를 내면서 그려져 있었다. 아마도 크로마뇽인들의 작품이었을 것이다. 크로마뇽인 역시 또 다른 이유로 해서 지구상에서 영원히 멸종되었다고 한다. 보스턴의 museum of fine art엘 가 보면 피카소가 쇼베동굴을 돌아보고 쇼베동굴에 그려진 소의 그림 옆에 자신의 상상력을 동원해서 그린 소의 그림이 나란히 있는 걸 볼 수 있다. 그 당시 사냥과 수렵으로 연명했던 그들은 짐승을 가장 소중하게 생각했으며 죽은 짐승들에게 지내는 제의를 그런 식으로 표현했던 것이다. 그것은 곧 모든 종교의 시작이었다. 마치 곰을 사냥해서 먹고 살던 에스키모인들이 백곰을 자신들을 보호하는 가장 신성한 존재로 믿고 죽은 백곰을 신성시하며 제사를 지내던 샤머니즘적 의식구조라고 할 수 있다. 모든 종교는 이처럼 샤머니즘적 충동을 근간으로 하고 있다.

(1) 고대 메소포타미아의 신관

서양의 사가들은 흔히 비옥한 초승달 지역인 메소포타미아 문명을 인류 최초의 문명이라고 한다. 메소포타미아의 수메르인들은 대략 기원전 4천 년경 오이쿠메네(Oikumene, 문명화된 세계)라는 위대한 문명을 건설했다.

메소포타미아의 바빌로니아 설화는 혼돈을 이기고 승리한 신들을 찬양하는 〈에누마 엘리쉬(Enuma Elish)〉[58]라고 하는 서사시에서 엿볼 수 있다. 세상의 물질적 기원에 대한 신비를 상징적으로 표현한 것이라고 할 수 있다. 태초에 무형질의 질퍽질퍽한 황무지에서 압수(Apsu, 달콤한 강물을 나타낸다)라는 남성 신이 태어났다고 한다.

그다음 그의 아내인 티아마트(Tiamat, 짠 바닷물을 나타낸다)와 혼돈의 자궁인 멈무(Mummu)가 나타난다. 압수와 티아마트라는 이름은 혼돈, 심연 혹은 끝없는 혼돈의 나락을 의미한다. 앞의 세 신으로부터 수많은 신들이 태어나게 되는데, 한참의 세월이 지난 후 신들의 혈통에서 가장 완벽한 형태의 태양 신 마르둑(Marduk)이 태어났다. 신들의 집회에서 마르둑은 모든 신들의 통치자가 되는 조건으로 여성 신인 티아마트와 한판 싸움을 벌인다. 길고 험난한 싸움에서 드디어 마르둑은 바다의 태모요, 혼돈의 여신인 티아마트를 살해하고 천지 창조를 한다.

이는 마치 구약성서에서 남성 신인 야훼가 혼돈의 흑암을 빛으로 정복하고 천지를 창조하는 설화와 유사하다. 그건 근본적으로 후대

---

58) 세계의 창조를 말하는 바빌로니아 서사시로 신년 축제 기간에 낭송되었다.

서양 문명의 성격을 좌우하는 남성원리와 여성원리의 균열(European dissociation)로 자리매김하게 된다. 마르둑은 티아마트의 시체를 두 동강 내어 천지창조를 한다. 마르둑보다 저급한 신들은 세계를 평정한 마르둑을 위해서 지구라트(Ziggurat)[59]라는 거대한 신전을 건설한다. 그리고 마지막으로 마르둑은 인간을 창조했다. 인간을 만들 때 신적 본성이 담겨 있기 때문에 본질적으로 모든 인간에게는 신성이 깃들어 있다고 믿었다. 이 신화는 바빌로니아에서 노예생활을 하던 이스라엘 민족들에게 영향을 주어서 노예생활에서 풀려나 가나안에 정착했을 때 그들의 창조신화에 영향을 주었다. 수메르인들은 키쉬, 에레크, 우르 등의 도시를 건설했으며 설형문자를 만들었고 수많은 신전을 만들어 각종 신들을 섬겼으며 심지어 법률과 신화를 만들었다.

그러나 약 1500년이란 세월이 흘러서 기원전 2500년경 같은 셈족 계열의 아카드인(Akkadians)이 수메르를 정복하고 수메르인들의 문화를 많이 답습하면서 거의 천 년을 지배했다. 다시 천 년이 흐른 뒤 아모리(Amorites)인들이 수메르와 아카드 문명을 정복하고 바빌론을 수도로 삼았다. 그리고 300년 후인 기원전 1200년경 아시리아인 (Assyrians)들이 아수르에 정착한 후 주변 지역을 하나하나 통합해 가면서 기원전 8세기에는 드디어 바빌론까지 점령했다. 성경에 나오는 아브람(후에 아브라함으로 변경됨)의 부족인 히브리인들은 대략 기원전 19세기에 등장하는데 그 당시는 아카드인들이 메소포타미아를 지배하던 시기였다.

---

59) 수메르인에 의해 건설된 탑 형태의 신전. 거대한 돌계단으로 만들어졌으며 인간이 신을 만나기 위해서 그곳을 올라갔다고 함.

가나안 사람들은 메소포타미아의 마르둑과 타이마트의 영향을 받아서 폭풍과 다산의 신 바알-하바드(Baal-Habad)에 관계된 흡사한 이야기를 만들어 냈다. 구약성경에는 이 신을 당연히 사악한 존재로 묘사하고 있다. 왜냐하면 아브라함은 유일신 야훼를 섬기고 있었기 때문이다.

융에 의하면 신화란 인류가 꾼 꿈이라고 한다. 우리들의 뇌는 3억 1104만 년 동안 내려온 인류의 기록이 고스란히 저장되어 있다고 한다. 그래서 프로이드가 꿈의 해석에 관심을 두었던 반면, 융은 신화에 대한 연구에 자신의 일생을 바쳤다고 한다. 스캇 팩은 집단 무의식이야말로 하느님이라고 말한다. 개인 무의식은 개인과 하느님이 마주 보는 것이다. 이렇게 하느님과 직접적으로 마주 보는 개인 무의식은 때로는 약간 혼란된 상태를 유발하므로 개인의 의지와 신의 의지 사이에 투쟁의 양상을 띠는 것은 당연한 일이다. 융은 집단 무의식이야말로 인류역사에 숨겨진 보물이라고 한다. 인류는 언제나 그 보물에 의지하여 살아왔으며 이 보물에서 신들이나 만물을 만들어 내었으며, 그것 없이는 인간이 인간이기를 그만두어야 하는 것과 같은 강력한 이념의 체계가 역시 여기에서 비롯되었다고 한다.

초인격 심리학의 대가인 윌버에 의하면 인간의 의식구조를 전자아(pre-ego), 자아(ego) 그리고 초자아(trans-ego)로 나눈다. 이를 다른 말로 전인격, 인격, 초인격이라고도 한다. 윌버는 자아를 이와 같이 3원적 구조로 나누고 이를 다시 8개의 요소로 나눈다. 전자아에는 ❶ 우로보로스(Uroboros), ❷타이폰(Typhon), 자아에는 ❸태모(Great Mother), ❹태양영웅(Solar Hero)이 있다고 한다. 그리고 초자아에는 앞의 네 요소가 반복해서 나타나는 초인격의 단계이다. 이 단계를 윌버는 평균적 양상(average mode)이라고 하고, 평균적 양상이 반복해서 초월되는 양상을 전향적 양상(advanced mode)이라고 한다. 평균적 양상의 4원소를 순수한 우리말로 해석하면 알, 곰(감, 검음), 닥, 밝으로 풀이할 수 있다.

우로보로스는 그리스 신화에 나오는 뱀이 자기 입으로 자신의 꼬리를 물고 있는 상징으로, 이는 아직 분별적 균열이 생기지 않은 인류의 영아적인 상태를 나타낸다. 이것은 마치 알이 깨어지지 않아서 부분의 구분화가 일어나지 않은 상태와 같다. 역사상 나타나는 건국신화 중 박혁거세, 김알지, 고주몽 모두 알에서 태어났다. 그리스의 오르페우스교에서 말하는 신화는 태초에 크로노스가 있었고 거기에서 아이테르와 카오스가 생겨났고, 크로노스와 아이테르가 결합하여 커다란 은회색(銀灰色)의 은란(銀卵)이 생겼다고 한다. 여기에서 남녀 양성을 갖춘 광명신 파네스가 나왔다고 한다. 광명신은 결국 태양이다.

1세기경의 인물이라고 하는 필로비블로스가 그리스어로 번역했다는 페니키아 건국신화에는 대기와 공간에서 바람과 욕망의 신이 생겨나 알 모양을 한 모트(Mot)를 낳고 그 알이 깨지면서 태양과 달 등 모든 천체가 튀어 나왔다고 한다. 알은 이처럼 전 세계적으로 우로보로스의 세계를 상징하는 융의 무의식과 같은 것이다.

타이폰은 그리스신화에 나오는 반인반수적 존재이다. 사람의 얼굴에 독수리 날개와 뱀의 몸을 가진 존재이다. 이는 우리나라의 단군신화에서 곰이 사람으로 변하는 반인반수적 상태와 같다. '곰'은 '감'이나 '검'과 어원이 같으며 신성함, 위대함, 검음 등의 의미를 가지고 있다. 희랍 신화에서는 이를 타이폰(Typhon)이라고 한다. 그다음 단계인 태모를 닭으로 표현하는 이유는 농경 모계사회에서는 생산과 다산을 지고의 덕으로 삼고 하늘을 나는 날짐승을 토템으로 삼게 된다. 이때에 날짐승의 일반적인 명칭이 '닭'이다. '알'과 '감' 층의 단계에서는 마술이 지배한다. 그러나 '닭' 층의 단계에서는 신비가 지배한다. 마술과 신비가 다른 점은 마술의 단계에서는 부분과 전체를 구별하지 못한다. 그러나 신비의 단계에서는 인간은 초월 내재로부터 분리되어 땅보다 하늘을 쳐다보며 신비로움을 느끼기 시작한다. 자연히 토템이 길짐승에서 날짐승으로 변하게 된다.

다시 말해서 '닭' 층은 자기 반성적 단계로 진입하는 고등단계라 할 수 있다. 여기서 4단계에 속하는 '밝'을 태양화 시기(solar age)라고 표현했다. 하늘이 환하게 밝아지면서 땅의 검음과 대립되는 시기이다. 육당 최남선은 이 시기를 밝 문화 혹은 불함(不咸)이라고 했다. 이 시기는 태양 영웅이 나타나는 시기이며 태양의 밝음을 온 몸에 지니고 제우스나 인드라 그리고 한국의 환웅과 같은 존재가 내려오는 시기라고 한다. 이때를 구약성서를 연구하는 학자들은 에누마 엘리쉬라고 하며 기원전 2333년 단군이 역사에 등장하는 시기도 바로 이때이다. 메소포타미아의 마르둑도 이 시기에 태어났다. 밝음은 양(陽)이며 남성을 상징한다. 동양의 대표적인 철학서인 『주역(周易)』에 나오는 음양사상에서 남자는 양으로 여자는 음으로 표현하듯이, 태양을 상징하는 양은 음으로 대표되는 땅의 검음과 대치되는 상징이다. 감과 밝의 언어적 대칭은 동양의 음양사상과 일치한다. 그런데 서양인들의 사고를 지배하는 이원론적 세계관을 이끌어 낸 인도

유로피안 신화에서는 일률적으로 남성원리와 여성원리가 심각한 충돌을 하게 된다. 하늘의 신 우라노스의 아들 제우스는 땅의 타이폰을 살해한다. 또한 바빌로니아 신화에서는 남성신 마르둑이 바다의 태모 혼돈의 여신 티아마트를 살해하고 천지창조를 한다. 그리고 구약성경에서는 남성신 야훼가 혼돈의 흑암을 빛으로 정복하고 천지를 창조한다. 그리고 끝내 이브는 신과 갈라진다. 이 같은 남성원리와 여성원리의 대립은 문명의 성격을 좌우하게 되는데, 우리나라의 단군신화에서는 하늘에서 내려온 환웅이 땅의 웅녀와 결합한다. 이를 한국적 화합(Korean association)이라고 한다. 과정철학자인 화이트헤드(Whitehead, 1861~1947)[60]는 서양의 문화를 유럽적 균열(European dissociation)이라고 폄하했다.

월버는 우리가 사는 현대를 평균적 양상이 끝나고 전향적 양상이 나타나는 시기라고 했다. 전향적 양상은 평균적 양상을 반복하면서 나타나는데 이를 두고 무적(巫的), 선적(仙的), 불적(佛的), 연적(然的)이라고 표현했다. 월버는 남성(구약성경에서 보는 것과 같이 아브라함이 이삭을 낳고 이삭이 야곱을 낳고 야곱이 요셉을 낳고 등으로 남자 계보 중심주의), 하늘, 태양 등 남성 우월주의 전통에서 저주받던 태모(여성)들이 4천 년이 지난 지금 대반격을 하는 세기를 맞고 있다고 분석했다. 그런데 우리 동양에서는 이미 2천5백 년 전

---

60) 영국의 철학자이며 수학자. 20세기를 대표하는 철학자이며 기호논리학의 창시자 중 한 사람. 말년에 하버드대학교 초빙교수로 있으면서 『과정과 실재』, 『과학과 근대 세계』 등의 많은 저서를 남겼으며, 만물은 유기적으로 연결되어 있다고 주장하는 '유기체 철학'이라는 새로운 사상을 구축했다.

춘추전국시대에 남성 위주의 사회에 대한 반동으로 여성의 우위를 확보한 사상가가 있었으니, 바로『도덕경』의 저자인 노자이다.

메소포타미아의 또 다른 창조설화는 태양화 시기에 만들어진 것이다. 인류 역사를 통틀어 가장 오래된 이야기 중 하나인 〈길가메시 서사시〉에는 기원전 27세기를 살았던 길가메시의 영웅담이 셈족 언어인 아카드어로 기록되어 있다. 이 토판은 영국의 고고학자 오스틴 헨리 레어드가 1845년부터 1851년 사이에 쿠윤지크에 있는 센나케리브(산헤립) 궁전 서고에서 발견하였다. 길가메시 서사시에 담긴 내용은 다음과 같다.

길가메시는 가장 가까웠던 친구 엔키두의 죽음으로 자신도 언젠가는 죽을 것이란 두려움에 빠져 영생의 비밀을 찾아 나선다. 그는 우트나피쉬팀('지우수드라'라고도 함)이란 현인이 영생의 비밀을 알고 있다는 소문을 듣고 찾아갔는데, 알고 보니 그는 대홍수에서 살아남은 유일한 생존자였다. 우트나피쉬팀은 기원전 2900년경 '슈루파크'라는 도시의 왕이었는데 하루는 꿈속에 신이 나타나서 이 세상이 너무 타락해서 지상의 모든 것을 홍수로 쓸어버릴 테니 큰 방주를 만들라는 계시를 받는다. 그는 큰 방주를 만들고 그 안에 값진 금은보화와 짐승 그리고 자신이 가진 모든 것들을 실었다. 그러자 이내 비가 오기 시작해서 7일 주야를 계속해서 내렸는데 우트나피쉬팀의 배는 니무쉬(Nimush) 산의 정상으로 올라가서 정박하고 있었다. 결국 40일이 지나서 지상의 모든 것들은 다 떠내려가고 우트나피쉬팀만 살아남았다는 이야기를 듣게 된다. 길가메시는 그 현자의 도움을 받아 영원한 삶을 보장한다는 불로초를 얻었다. 그러나 그걸 얻어서 돌아오는 길에 너무 피곤한 나머지 잠시 길가에서 잠이 든 사이에 그만 뱀이 그걸 먹어버리는 바람에 비탄에 젖어 다시 고향으로 돌아가게 된다. 길가메시는 강하고 지혜로운 존재로, 3분의 2는 신이었고 3분의 1은 인간이었다. 그는 자신이 건설한 우르라는 도시를 초인적인 힘과 권위를 가지고 무자비하게 통치했다. 그러나 영생의 비밀을 찾아 나섰으나 결국 공허한 바람이란 걸 깨닫고 고향으로 돌아와 개과천선해서 자신의 일과에 충실하며 좋은 군주로 일생을 마쳤다고 전해진다.

길가메시는 우리와 마찬가지로 하나의 인간이었으나 그 당시 왕은 신들 앞에서 책임을 다하는 존재요, 신의 대리자라는 전통적인 관념 때문에 민중을 탄압하며 신과 같은 위엄을 부리는 기고만장한 폭군으로 변신했었다. 스스로 영생을 꿈꾸고 신의 위치를 엿보는 탐욕의 극치를 꿈꾸다가 결국 길가메시도 자신의 한계를 인식하고 겸허한 인간으로 돌아온다는 영적인 순례에 대한 이야기이다.

사가들은 호머의 〈오디세이〉 그리고 성경의 노아의 홍수 이야기도 〈길가메시 서사시〉의 영향을 받았을 것으로 추정한다. 이 설화에는 성경의 〈창세기〉 설화와 같이 6이란 숫자가 등장하는데, 6의 의미는 실로 인간의 문명을 결정짓는 핵심적인 수리철학인 것이다. 인류역사상 가장 오래된 우리 민족의 경전이며 숫자로 모든 우주의 생성원리를 설명하는 『천부경』이나 『주역』에서도 6은 땅의 근본숫자로 만물을 낳은 어머니라고 한다. 6은 곧 생명의 탄생을 의미하는 중요한 숫자이다.

하느님의 그 지으신 모든 것을 보시니, 보시기에 심히 좋았더라. 저녁이 되며 아침이 되니 이는 여섯째 날이니라.

– 창 1:31

여기서 앞서 잠시 언급한 『천부경』의 전문을 소개하고자 한다.

一時無始一　일시무일시
(우주는 시작됨이 없이 시작되었다)

析三極無盡本　석삼극무진본
(하늘과 땅과 사람으로 나뉘어도 그 근본은 변함이 없다)

天一一地一二人一三　천일일지일이인일삼
(하늘을 1이라는 숫자로, 땅을 2라는 숫자로, 사람을 3이라는 숫자로 대치해서 설법하노라)

一積十鉅無櫃化三　일적십거무궤화삼
(1이 쌓여서 10이 되는데 담을 상자가 없어서 3, 즉 사람으로 변했다)

天二三地二三人二三　천이삼지이삼인이삼
(하늘은 2와 3이란 숫자를, 땅도 2와 3이란 숫자를, 사람도 각각 2와 3이란 숫자를 가지고 있다)

大三合六生七八九　대삼합육생칠팔구
(하늘의 수 1과 땅의 수 2 그리고 사람의 수 3을 더하면 6이 된다. 그리고 7, 8, 9로 변하는데 합하면 24절기가 된다)

運三四成環五七　운삼사성환오칠
(3이 움직여 4를 이루고 5와 7을 둘러싼다)

一妙衍萬往萬來　일묘연만왕만래
(1의 움직임은 묘하도다. 삼라만상이 가고 오는도다)

用變不動本　용변부동변
(세상 만물이 쓰임이 변해도 근본자리는 바뀌지 않음이니)

本心本太陽　본심본태양
(근본 마음이 본래 밝은 빛이니)

昻明人中天地一　앙명인중천지일
(사람을 우러러 비추어라. 천지 중에 으뜸이니라)

一終無終一　일종무종일
(우주는 끝남이 없이 끝나니라)

　좀 더 상세한 해석은 다음과 같다. 동양철학에서 1은 우주 만물을
존재하게 하는 하나의 점 태극(太極, singularity point)을 의미한다. 빅뱅
이후 우주는 엄청나게 빠른 속도로 팽창했기 때문에 하나에서 시작
되었지만 인간의 오감으로 그걸 느낄 수 없음을 압축법으로 표현한
동양 우주론의 핵심이다. 2는 한 점에서 분리된 음양을 뜻하며, 3은
음양을 다시 합하는 통합의 힘으로 황극(皇極, 균형 잡힌 우주의 중
심)이라고 하며 3이 움직여 4를 이루고 5와 7을 덮는다. 즉 음과 양,

중(middle)의 3극으로 나뉜 황극은 고정된 것이 아니라 서로 상생하며 연기의 법칙에 따라 돌면서 4를 만들어내는 것이다. 4는 기(energy)이며 5는 만물을 순환시키는 원리인 음양오행의 법칙이며 7은 음양오행이 움직여 만들어내는 다양한 칠정(喜, 怒, 愛, 樂, 哀, 惡, 慾)의 마음이다. 대삼합육생칠팔구는 『천부경』에서 쓰는 압축법으로 천지인 3요소가 합치면 6이 되기도 하면서 7, 8, 9, 즉 세상만물을 만들어 간다는 원리이다. 일종무종일은 이 우주가 끝날 때 끝나는 하나는 역시 엄청나게 빠른 속도로 완전히 공(空)으로 사라져버릴 것이기 때문에 끝이 없다고 한 것이다. 그래서 첫 문장인 일시무시일과 끝 문장 일종무종일은 대구법으로 처리했다.

『천부경』의 내용은 우주와 신과 인간에 대한 관계를 고도로 압축된 수리철학으로 표현하였다. 여기서 하늘의 기(氣)가 형상으로 나타난 것이 사람이라고 한다. 『천부경』에서 말하는 신은 우주와 자연의 운행법칙이다. 불교의 팔만대장경을 200자로 압축한 것이 『반야심경』이라고 하는데 『반야심경』을 81자로 압축한 것이 『천부경』의 내용과 별 차이가 없다고 한다. 『천부경』은 시종(始終)이 없는 우주에 대해서 말한다. 현대 물리학도 시종이 없는 우주론 쪽으로 기울고 있는 것이 사실이다.

여기서 6은 가장 중요한 숫자이다. 입자물리학에서는 무기물이 유기물이 되기 위해서는 탄소(C)가 필요한데 『천부경』의 81자 중 가운데 자리인 41번째 숫자가 다름 아닌 6인 것이다. 참으로 우주의 원리를 이렇게 간략하게 압축하여 설명한 우리 선조들의 지혜에 감탄하지 않을 수 없다. 미국의 물리학자인 스티븐 와인버그(Steven Weinberg,

1933~)는 1979년 압두스 살렘 그리고 셸던 리 그래쇼와 함께 표준모형의 바탕을 이루는 전자기력과 약력의 상호작용을 통합하는 이론(GWS)으로 노벨물리학상을 받았다. 이들은 우주 탄생의 비밀을 A4 용지 800장으로 설명했다고 하는데, 『천부경』은 단지 81자로 집약해서 설명했다. 참으로 우리 선조들의 영특한 지혜에 탄복하지 않을 수 없다.

『천부경』에 대해서 잠시 부언하면, 전 세계 인류는 1만 년 전에 시작된 충적세 말기에 마지막 빙하기가 끝나고 대략 기원전 8000~7500년경 히말라야산맥의 마고성(麻姑城)에 모두 함께 살고 있었다. 이곳을 환국(桓國)이라 불렀으며 4연방으로 나뉘어져 있었고 모두 12개의 연방국이 있었다고 한다. 워낙 광대해서 동서로 2만 리 그리고 남북으로 5만 리였다고 한다. 첫째 연방은 '운해주'로 파미르 고원 동쪽의 티베트와 양자강 유역이며, 두 번째 연방은 '천산주'로 파미르 고원 동북쪽과 천산 동쪽이고, 세 번째가 '월식주'로 파미르 고원 서쪽의 수메르 지역이었으며, 네 번째가 '성생주'로 파미르 고원 남쪽의 인도 지역이다. 서양사에서는 기원전 4천 년 전으로 예상되는 수메르 문명이 인류 역사상 가장 오래된 문명이라고 주장해 왔는데, 이 학설은 그보다 3천 년 정도 일찍 발흥한 환국역사의 발견으로 사실상 그 효력을 잃어가고 있는 실정이다. 환국은 우리의 선조인 동이족이 만든 최초의 대제국이다. 물론 다른 여러 민족이 섞여 있으나 동이족이 우수한 문명으로 지도자적인 위치에 있었던 것으로 사료된다. 『천부경』은 마고성에서 인류는 3천 년 정도 살았는데 인구의 증가로 4연방으로 분산될 때 파미르 고원의 동북쪽으로 간 동이족에게 환인이 지상에 내려가 다스리라고 환웅에게 준 삼부인(三符印) 중 청동거울에 새겨졌던 것으로 구전으로 전해 내려온다. 동이족은 삼위산(三危山, 『삼국유사』 고조선편, 지금의 감숙성 돈황현)으로 내려와 태백산에 정착한 후 거기서 나라를 세우고 신시(神市)라고 했으며 국호를 배달국(倍達國)이라고 했다. 배달이란 광명, 태양, 동녘 등을 뜻하는 '밝'에서 유래한 말이다. 천도한 후 거기에서 환웅시대(기원전 3898~2381, 18명의 왕이 통치했음)에 1세 왕 거발환 환웅의 사관이었던 신지혁덕(神誌赫德)이 환웅의 명으로 백두산의 신시(神市)에 우리 한글의 모태인 녹도문자(鹿圖文字)로『천부경』을 기록했다고 한다. 녹도문자는 고조선 시절에 가림토(加臨土)문자로 변형되었다가 한자에 영향을 주었다고 한다. 세월이 많이 흘러 신라시대 해동공자로 알려진 고운 최치원(857-?)이 지금의 평북 연변군 묘향산의 비석에 새겨진 녹도문자로 된『천부경』을 보고 그걸 한자로 풀이해 놓았다고 한다.『천부경』은 인류역사상 가장 오래된 경전이다. 그 당시 태백산에서 일부 종족이 비슷한 시기에 갈라져서 남쪽으로 이동했는데 황제로 시작되는 중국의 역사도 사마천의『사기』에 의하면 동이(東夷)에서 분화된 한 갈래라고 기록하고 있다. 중국 대부분의 사학자들도 이 사실에 동의하고 있다.

그러나 불행하게도 우리나라의 반도사관을 주장하는 일부 신민사학자들은『천부경』의 진위를 인정하지 않으려고 한다. 그들은 서양인들이 쓴 역사서는 만고불변의 진리로 인정하면서 정작 자랑스런 우리의 선조들이 쓴 민족의 역사를 부정한다. 중세와 근대 세계사를 살펴보면 모든 국가는 자신의 민족에 유리한 방향으로 역사왜곡을 한 흔적을 발견할 수 있다. 그런데 존재했던 우리의 역사를 부정하는 이런 천박함은 어디에서 기인하는 것인지 참으로 부끄러운 일이 아닐 수 없다.

『천부경』에는 모든 종교를 포용하는 깊은 철학이 배어 있고, 특히 불교에는 『천부경』의 사상이 고스란히 녹아 있다. 『천부경』에는 "인간이란 하늘을 담아 놓은 그릇이다."라고 쓰여 있으며 하늘이 변한 것이 곧 사람이라고 한다. 이런 차원에서 종교 간의 편가름은 한낱 공허한 말장난에 지나지 않는다. 동학의 인내천(人乃天, 사람이 곧 하느님이다)사상도 여기에서 연원한 것이다. 인간이 하늘일진대 어찌 제한된 이성을 가진 인간이 하느님의 종교를 잣대질을 할 수 있단 말인가? 인류의 모든 종교는 사실 『천부경』에서 파생되었다고 말해도 지나친 표현이 아니라고 생각된다.

그럼 여기서 현대물리학의 이론과 『천부경』의 원리가 일치한다는 사실을 과학적으로 검증 해보려고 한다. 독일에서 입자물리학을 전공했으며 독일 브란덴베르크 대학 사회학 교수를 역임한 입자물리학의 대가 김정양 교수는 다음과 같이 『천부경』의 실재와 효력을 설명했다.

탄소를 구성하는 중성자와 양성자 안에는 쿼크가 모두 3개씩 들어있다고 한다. 중성자 6개와 양성자 6개가 모여서 만들어진 것이 탄소라고 한다. 우주의 모든 물체는 수소와 헬륨으로부터 생겨났다. 수소 원자 2개가 합하면 헬륨이 되고 헬륨 2개가 합하면 벨리움이 된다. 벨리움에 헬륨이 합치면 탄소가 된다. 탄소에 헬륨이 합치면 산소가 된다. 하느님은 6일 동안에 만물을 만드신 게 아니라 오직 수소와 헬륨만을 만드셨다고 김정양 교수는 말한다. 탄소를 나타내는 숫자인 6을 『천부경』에서 81자 중 가운데에 위치시킨 기발한 발상, 그리고『주역』에서도 6은 땅의 근본 숫자로 만물을 낳은 어머니라고 하는 것이 우연이 아니라 우리 조상들의 신적인 직관력의 소산이 아닐까?

유대인들의 신비경전인 『카발라(Kabbalah)』[61]에서도 우주의 발생원리를 10개의 세피롯(Sefirot, 순수정보)이라고 하는 일적십(一積十, 하나가 발전해서 열이 된다)의 원리로 설명하고 있다. 필자는 유대인에 대한 호기심으로 그들의 종교에 관해서 많은 시간을 할애해서 연구해 보았다. 그 결과 카발라는 『천부경』의 원리를 그들 특유의 미드라시란 방법을 통해서 설명했다는 사실을 발견했다. 카발라의 원리는 후에 별도로 유대인 이야기에서 상세히 설명하려고 한다.

유대인과 동이족의 만남, 구약성서와『천부경』. 이 무슨 운명의 만남이란 말인가? 자, 이제 냉철한 이성으로 돌아가 보기로 하겠다. 우주는 137억 년 전 한 점으로부터 빅뱅에 의해 탄생되었다는 이론은 1920년 벨기에의 성직자인 알렉산더 조르주 르메르트가 제안하고 1940년 러시아 태생의 미국인 물리학자인 조지 가모브(George Gamov)에 의해 정립되었다. 바늘구멍보다 수백만 배나 작은 특이점(singularity point)[62]이 폭발해서 우주의 탄생 직후 10^{-34}초마다 그 크기가 두 배로 늘어나면서 엄청난 속도로 팽창했다고 한다. 특이점은 공간을 차

---

61) 유대교의 신비주의.

62) 스티븐 호킹은 영국의 수학자 로저 펜로스와 함께 일반 상대성 이론이 최소한의 규모에까지 적용된다면 특이점이 존재한다는 것을 증명하는 새로운 테크닉을 발전시켜서, 우리가 속한 우주는 어느 한 특이점에서 빅뱅에 의해 팽창되어 수많은 별들이 생겨났다는 학설을 정립했다.

지하지도 않고, 존재할 곳도 없다고 한다. 또한 우주가 팽창한다고 해서, 비어 있던 공간을 채우는 것은 아니라고 한다. 다만 폭발이 일어나면서 만들어지는 공간만이 존재할 뿐이라고 한다. 이 이론을 주장한 사람은 당시 스탠퍼드 대학의 젊은 입자물리학자였던 앨런 구스였다. 그런 팽창은 1초의 100만분의 100만분의 100만분의 100만 100만분의 1에 해당하는 10^{-30} 초 이내에 끝났지만, 그 결과는 손바닥에 들어갈 정도의 우주가 무려 10,000,000,000,000,000,000,000,000,000배로 커졌다. 구스의 이론에 의하면 1초의 1조 분의 1조 분의 1조 분의 1,000만 분의 1(10^{-43})만에 중력이 출현했다고 한다. 그 직후에 전자기력과 함께 원자핵에 작용하는 강한 힘과 약한 힘이 등장하면서 지금의 물리학이 시작되었다고 한다. 대폭발 이후 3분 내에 우주의 모습이 만들어졌다고 한다. 이 초 팽창이론은 당시 뉴저지의 벨연구소에서 일하던 아놀드 펜지니어와 로버트 윌슨이라는 두 젊은 천문학자들이 대형 통신 안테나를 설치하려고 건물 지붕에서 일하던 중 계속적으로 들려오는 back ground 잡음 때문에 다른 실험을 할 수 없었다고 한다. 그래서 1년간 계속되는 잡음의 출처를 밤낮으로 추적한 결과, 조지 가모브가 일찍이 수학적인 계산을 통해서 예상했던, 빅뱅에서 터져 나온 빛이 광활한 우주를 가로질러 지구에 도달하게 되면 마이크로파가 될 것이라고 예측했던 바로 그것이었다. 즉, 대폭발에 의해서 우주가 생성될 때 방출되었던 빛으로 우주가 팽창하면서 식어가기 때문에 지금은 절대온도 2.74에 해당하는 마이크로파의 형태로 관측된다고 한다. 대폭발 직후 수소와 헬리움이 만들어졌다 고 한다. 대폭발 이후 40만 년 부터 5 억년 까지를 물리학자들은

dark age 라고 부른다. 이때에 1조 5천억 도 였던 폭발 당시의 온도는 (참고로 히로시마에 원자폭탄이 투하됐을 때 지표에 도달한 온도는 8천도 였다) 점차적으로 식어가서 40만 년 이란 세월이 흘러갔다. 나사(NASA)에서는 1989년 11월 18일 COBE(Cosmic Background Explorer)위성을 우주에 띄워서 대폭발 이후 40만 년 당시의 사진을 시뮬레이션 촬영하였다. 그런데 우리나라의 태극기 모습과 똑같았다. 물결 모양의 윗부분은 높은 온도로 인해 빨간색이었으며 아랫부분은 낮은 온도로 인해 파란색이었다고 한다. 정확하게 만물이 탄생하기 전 음양을 함유한 태극의 모습이었다고 한다. 2013년 10월 4일 유럽의 입자물리연구소(CERN)에서 대형입자가속기를 통해서 밝히려고 했던 것은 다름 아닌 최초의 대폭발 후 3분 이내에 쿼크와 구루온 프라스마에서 어떤 운동이 일어나는가를 시뮬레이션 해 보자는 의도였다. 수십억 번의 양성자 충돌 중 단 한번 만 나타나는 입자의 존재를 확인하기 위해서였다. 서로 다른 방향으로 도는 양성자와 양성자를 강력한 전기장과 자석으로 가속하고 빅뱅 당시와 비슷한 에너지로 서로 정면 충돌시켜서 우주 탄생 초기의 미립자인 신의 입자(God's particle)의 존재를 포착하기 위해서였다. 전 세계에 있는 3,000명 이상의 저명한 과학자들이 참여한 이 프로젝트는 성공리에 끝마쳤으며 물질의 최소단위인 미립자의 존재를 확인했다. 힉스입자(Higgs Boson, 일명 신의 입자)라고 불리는 이 입자는 결국 만물이 만들어지기 위한 기본 원소인 수소를 말한다고 한다.

『천부경』의 원리는 데이빗 봄(David Boem, 1917~1992)을 필두로 많은 물리학자들이 1970년대부터 관심을 기울이고 연구해서 밝힌 입자물리학 그리고 양자이론의 개념과 정확하게 일치한다. 거기서 6은 생명의 탄생을 뜻하는 핵심 숫자이다. 신화는 우리를 인간이게끔 만들어 준다. 오랜 옛날 호모사피엔스의 조상들은 대단히 진보된 문명을 만들어 냈다는 걸 입증하는 것이다. 이제 메소포타미아의 수메르인들이 우리와 어떻게 연계되어 있나 한번 살펴보기로 하겠다.

　앞에서 잠깐 언급한 마고성의 4연방 중 월식주 연방에 수밀이국(須密爾國)이 있는데, 이는 다름 아닌 수메르인을 말하는 것이다. 역사를 보면 검은 머리를 한 황색인종이라고 되어 있다. 더욱 놀라운 점은 김정양 교수가 독일에서 박사학위를 공부할 때 독일 고문서 연구소에서 아르바이트를 했던 때의 일화이다. 히틀러가 독일의 총통으로 있을 당시 나치 군대가 이라크를 침공해서 옛 쐐기문자로 된 점토판 2만 장을 압류해서 독일로 가져왔는데 그걸 판독하는 일을 했다고 한다. 거기에는 대략 기원전 1200년부터 600년까지 고대 메소포타미아의 수메르 지역을 통치했던 아시리아의 4대 왕인 앗수루 바니팔 왕이 그 전 왕조인 수메르 왕조의 마지막 왕 '둥기'가 말한 것을 기록하고 있는데, 그 내용은 다음과 같다.

　"우리의 선조는 외국에서 왔다. 우리는 검은 머리에 작은 키, 큰 눈을 가진 사람들이며 여기 와서 배를 만드는 법 그리고 바벨탑과 같은 큰 건물을 짓는 걸 가르쳐 주고 난 뒤 1,000명을 데리고 동북쪽으로 떠났다." 거기에는 또 "하늘에는 중앙에 큰 불덩어리(central fire)가 있고 그 주위에 9개의 행성이 있다."라고 기록되어 있었다고 한다. 김정양 교수는 너무 놀라서 그 사실을 독일에서 공부하고 있던 안호상 박사(초대 교육부 장관 역임)에게 말했더니 '둥기'란 아시리아 식 발음으로 '단군'을 뜻하며 1,000명이 동북쪽으로 갔다고 한 해는 그레고리력으로 환산하면 단군왕검이 고조선을 세운 기원전 2333년과 거의 맞아떨어진다고 했다는 것이다. 메소포타미아는 한때 유대인들의 시조인 아브라함이 살던 곳이고 또한 동이족의 조상들이 거주하던 지역으로, 문화적 그리고 언어적으로 상호 연계되지 않았을까 하는 점을 일부 학자들이 심도 있게 연구하고 있다고 한다.

(2) 고대 이집트의 신관

기원전 2700년경에 실존했다는 이집트의 신 토트(Thoth)는 반은 신이고 반은 인간이었다고 한다. 그는 이 세상을 창조하는 데 일조를 했다고 하는데, 인간이 죽어서 저승으로 갈 때에 최후의 심판에도 그의 영향이 미친다고 전해온다. 토트는 동시에 인간의 심리를 분석한 의식학에 대한 수많은 저작과 수학, 천문학, 연금술의 달인이었다. 그는 또 소수의 고제들에게만 전수되는 모든 고대의 비법(esoteric)을 만든 장본인이다.

그리스의 신 헤르메스(Hermes)는 이집트의 토트와 결합하면서 우주와 인간의 탄생 그리고 그 이후에 탄생하게 되는 신들의 운명을 결정짓게 되는데, 심오한 철학적인 사고를 담고 있는 헤르메스 트리스 메기투스(Hermes Trismegistus)라고 하는 헤르메티시즘(Hermeticism)[63]을 탄생시킨다. 이것을 요약 해 놓은 비법이 곧 에메랄드 타블렛(Emerald

---

63) 이집트의 신 토트와 그리스의 신 헤르메스가 결합한 혼합주의적인 철학과 종교적 믿음이다. 트라이스 헤르메스라고 하는 인물이 썼다고 하며 서양의 영지주의와 신플라톤주의 그리고 기독교에도 많은 영향을 미쳤다.

Tablet)이다. 중세의 연금술사들은 철학자들이 추구하는 신비의 돌(stone)을 찾기에 혈안이 되었는데 그 돌은 돌을 금으로 만들고 모든 물질을 변화시키는 신비와 함께 인간의 영생까지도 가능하게 하는 비법을 간직하고 있다고 한다. 영국의 저명한 작가인 톨킨(J. R. R. Tolkien)이 여기서 아이디어를 얻어서 쓴 이야기가 바로 『반지의 제왕』이다.

그 후 2세기 정도 지나서 이집트의 태양신 라(Ra)가 등장한다. 르(Re)와 라는 같은 의미로 쓰이는데 이 단어는 고대인들의 신화를 이해하는 데 대단히 중요하다. 산스크리트어에서 유래한 단어로 불, 태양, 영광을 의미하기도 한다. 우주의 질서에 잘 맞게 진열하는 걸 르 혹은 리(Ri)라고 하며 메소포타미아의 태양신 마르둑 역시 중간에 '르'를 넣어서 신의 이름을 지었다는 것은 무심코 지나칠 일이 아니다. 우리 동이족의 일파인 아리안(Aryan, 스키타이) 역시 산스크리트어로 '고귀한'이란 뜻이며 또한 우주의 질서에 맞게 사는 사람을 말한다. 인류의 신화는 모두 각기 다른 민족의 문화적 요소들이 상즉상입(相卽相入)하면서 영향을 주고받았다고 할 수 있으며 모든 신화는 공통적으로 보편적인 창조의 원리를 내포하고 있다고 볼 수 있다.

20세기 가장 위대한 신화학자인 조셉 캠벨(1904~1987)은 신화란 삶의 경험담이며 인간에게 깊은 내면으로 돌아가는 길을 가르쳐 준다고 했다. 이집트 신화에 의하면 인간은 라가 흐르는 눈물을 한 번 훔칠 때 만들어졌다고 한다. 이렇게 해서 이집트 고대 제2 왕조시절 태양신 라는 절대 유일의 신으로 자리 잡는다. 그리고 이집트의 파라오들은 자신들이 태양신 라의 화신이라고 민중들을 현혹시킨다. 그러나 몇 세기가 지나서 중 왕조시기로 들어가서 태양신 라의 효력이 떨어지자 다시 파라오들은 사막과 모래의 신 세트(Seth, 구약성경의 셋을 연상시킴)를 탄생시킨다. 대체적으로 신은 난폭함, 악, 어둠, 전쟁 등의 부정적인 의미로 묘사되는 게 서양 신화의 특징이다. 피라미드에서 발견된 문서 중에는 파라오의 힘은 곧 세트의 힘이라고 새겨져 있다고 한다. 세트는 대지의 신 게브와 하늘의 신 누트 사이에서 태어난 신들 중 4번째 자식이었다. 오시리스는 세트의 형이라고 한다. 세트는 자신의 누이인 네프티스를 아내로 삼았다. 세트는 식물의 성장과 부활의 신인 오시리스의 상대로 등장한다. 오시리스가 생명의 근원인 나일강을 수호한다면 세트는 사막을 지배하며 모래 바람을 일으킨다고 믿었다. 이집트는 사막으로 형성된 나라이기 때문에 신들도 몹시 사나운 모래 바람이 불어대는 사막과 풍요로운 곡창지대인 나일강이 당연히 주 무대가 될 수밖에 없었다.

캐런 암스트롱은 신에 대한 어떤 특정한 생각이 그 의미나 적절성을 상실했을 때 그것은 조용히 폐기처분되고 곧 새로운 신으로 대체되었다고 한다. 그런데 기독교나 이슬람 근본주의자들은 이러한 사실을 부정하는데, 이는 근본주의가 본질적으로 반역사주의적이기 때문이라고 말한다. 왜냐하면 신 관념 자체는 어디까지나 인간이 만든 것이고 그 관념들이 상징하는, 표현 불가능한 실재와는 분리된 것이라고 한다.

고대 이집트인들의 신앙은 물활론적인 신앙이었으며 하늘과 땅은 본질적으로 다른 차원의 존재로 하늘은 인간의 몸을 입은 창조주, 즉 왕에 의해서 통치되었으며 파라오는 지상에 나타난 신의 화신이었다고 믿었다. 그들은 메소포타미아의 신관보다 미숙한 신의 관념을 가지고 있었다고 할 수 있다.

(3) 고대 그리스인들의 신관

고대 그리스인들은 지구는 둥글고 평평하다고 믿었다. 그리고 자신들의 나라는 그 중앙에 위치하고 있고 그 중심점에 델포이의 성지인 올림포스 산이 있다고 상상했으며 그 가운데에 신들이 살고 있다고 했다. 그리고 원반과 같은 자신들의 땅은 동서로 길다란 바다에 의해서 두 개로 나뉘어져 있다고 믿었다. 사람들은 그 바다를 지중해 그리고 그 바다로부터 연결된 바다를 에욱세이노스(흑해)라고 불렀다. 그들은 무수한 신을 숭배해 왔는데 사가들에 의하면 공식적인 12개의 신 외에 수많은 신들이 있었다고 하며 신들 중에서 특히 힘이 센 신들을 가장 존경했다고 한다. 그리스 신화는 시간이 경과할수록 문화의 발전에 적응하며 변화해 왔으며 오늘까지 이어져 오는 점진적인 진화의 과정을 거쳤다. 커스버튼의 말처럼 본질은 정치적인 것이었다. 농업에 종사하던 발칸반도의 초기 거주자들은 애니미즘(animism, 物活論)을 통해서 자연의 모든 것에 영혼을 부여하고 사람으로 가장된 이런 영혼들을 지역 신화에서 신으로 등장시켰다.

그리스인들은 제우스를 신들과 인간의 아버지라고 불렀다. 그런데 제우스에게도 부모는 있었는데 크로노스가 아버지요, 레아는 어머니였다. 또 크로노스의 아버지는 우라노스요, 어머니는 가이아인데, 이들 사이에는 모두 6명의 아들과 6명의 딸들이 있었는데 그들을 티탄족(Titans)이라고 한다. 그러므로 크로노스와 레아는 티탄족에 속한다. 그러나 아버지가 너무 폭군이었기 때문에 막내아들 크로노스의 지휘 아래 반기를 들고 아버지 우라노스를 쫓아내고 자신이 세계를 지배한다. 그러나 비극은 거기서 끝나지 않는다. 크로노스의 아들인 제우스가 또다시 반기를 들고 아버지를 쫓아내고 올림포스 신전의 주신으로 자리매김한다. 이는 구약성경의 네피림이 등장하는 구절을 연상하게 한다. 영어로 giants에 해당하는 히브리어 네피림(Nephilim) 은 문자적으로 '타락한 자들(fallen ones)'이라고 한다. 결국 신들도 인간과 마찬가지로 주도권 쟁탈전의 연속이었다.

> 사람이 땅 위에 번성하기 시작할 때에 그들에게서 딸들이 나니, 하느님의 아들들이 사람의 딸들의 아름다움을 보고 자기들의 좋아하는 모든 자로 아내를 삼느니라. 여호와께서 가라사대, 나의 신이 영원히 사람과 함께하지 않으리니 이는 그들이 육체가 됨이라. 그러나 그들의 날은 일백이십 년이 되리라 하시니라. 당시에 네피림이 있었고 그 후에도 하느님의 아들들이 사람의 딸들을 취하여 자식을 낳았으니 그들이 용사라. 고대에 유명한 사람이더라.
>
> — 창 6:1~4

우리가 사랑의 신이라고 하는 아프로디테는 제우스와 티탄족의 여신인 디오네의 사이에서 태어났다. 궁술과 예언과 음악의 신 아폴론은 제우스와 레아 사이에서 태어났다. 사랑의 신인 에로스는 아프로디테의 아들이었고 그는 어머니와 늘 붙어 다녔다고 한다. 술의 신 디오니소스는 제우스와 세멜레 사이에 태어난 아들이었다. 그는 술에 취하게 하는 마력을 상징할 뿐 아니라 술의 사회적인 좋은 장점을 상징하기 때문에 문명의 촉진자 혹은 평화의 애호자로 불리었다.

인류에게 가장 큰 선물을 준 신은 프로메테우스이다. 그는 인간이 창조되기 전에 지상에 거주하던 거신족 티탄족의 한 신으로, 제우스로부터 불을 훔쳐다 인류에게 준 문화영웅이다. 프로메테우스는 티탄족인 이아페토스와 바다의 요정 크리메네의 사이에 태어났다고 하는데, 그의 이름 프로메테우스는 '먼저 생각하는 사람, 선지자'라는 뜻이다. 헤로도토스의『신통기』에 따르면, 프로메테우스는 인간이 신에게 바칠 제물에 대해서 신과 협정을 맺고 있을 때 소의 뼈를 가지런히 정리하여 윤기가 흐르는 비계로 감싸고 살코기와 내장도 윤기 흐르는 비계로 감싼 다음 제우스에게 어느 것을 가져갈 것인지 선택하게 하였다고 한다. 프로메테우스의 계략을 간파한 제우스는 분노하여 인류에게서 불을 빼앗는다. 하지만 프로메테우스는 제우스를 속여 꺼지지 않는 불을 훔쳐가지고 회양목 안에 넣어 인간 세상에 전해 준다. 그래서 프로메테우스는 인류에게 문화의 영웅으로 칭송받는다.

신이 불을 인간에게 전해 주었다는 이 이야기는 인간의 지능이 발달해서 광명의 상징인 불을 발견했다는 사실을 설화적으로 표현한 것이다.

(4) 유대인들의 신관

유대인들의 조상은 유목민으로 원래 중동의 사막에서 살다 당시 강력한 군주국 바빌로니아가 있던 메소포타미아로 이주해서 살았다. 역사를 보면 대략 기원전 1850년경 아브람이 75세 정도 되었을 때 여호와 하느님의 지시로 자신의 고향인 갈데아 우르를 떠나 하란을 거쳐 가나안으로 향하는 이민의 역사로부터 세계사의 무대에 정식으로 등장한다. 그들이 가나안에 정착했을 때 그곳 원주민인 가나안 사람들은 군주국 바빌로니아의 영향을 받은 폭풍과 다산의 신 바알-하바드(Baal-Habad)를 섬기고 있었다. 구약성경에는 이 신을 대단히 비우호적인 신으로 묘사하고 있다.

가나안의 신들은 서로 주도권을 쟁취하기 위해서 바다와 강의 신 얌-나하르(Yam-Nahar, 얌은 바다, 나하르는 강의 뜻)와 바알(Baal) 사이에 치열한 전투가 벌어진다. 바알과 얌은 모두 가나안의 최고신 엘(El)과 공존했다. 엘의 어전에서 얌은 바알(다산의 신)에게 자신을 따를 것을 요구한다. 몹시 불쾌한 바알이 두 가지 마법의 무기로 얌을 죽이려는 순간 아쉐라(Asherah, 엘의 부인이자 신들의 어머니)가 포로를 죽이는 것은 명예롭지 못한 일이라고 하자, 이에 부끄러움을 느낀 바알은 얌을 살려준다. 여기서 얌은 땅을 끊임없이 위협하는 홍수의 신으로 자리매김 되어 흉흉한 바다와 강을 상징하는 반면, 바알은 폭풍의 신으로서 대지를 비옥하게 하는 힘을 소유하게 된다. 가나안에서 발견된 또 다른 신화의 점포판에는 바알은 머리가 일곱 개 달린 용 로탄(Lotan)을 죽인다. 로탄이 다름 아닌 구약성경의 〈욥기〉와 〈아모스〉 그리고 〈시편〉과 〈이사야서〉에 등장하는 리바이탄이다.

그러므로 구약성경은 바빌로니아와 가나안의 설화가 중첩되어서 만들어진 혼합주의(syncretism)의 결과인 것이다. 이 세상의 어떤 종교도 자신들의 독자적인 문화와 풍습 속에서 만들어진 것은 하나도 없다고 할 수 있다. 대부분의 문화권에서 용이 등장하는 것은 아직 인류의 문명이 분화되지 못한 상태를 뜻한다.

> 여호와께서 아브람에게 이르시되, 너는 너의 본토 친척 집을 떠나
> 내가 네게 지시하는 땅으로 가라.
>
> - 창12:1

　영국의 역사가인 폴 존슨에 의하면 원래 히브리민족은 하비루
(Habiru)라고 불리었는데, 표의문자로는 SA.GAZ라고 적혀 있다고 한
다. 하비루는 도시에 정착하지 않고 이곳저곳을 옮겨다니며 동가식
서가숙하는 골치 아픈 무리들을 일컫는 말이었다고 한다. 그러나 하
비루는 대다수 광야 생활을 하는 집단들보다 지적인 면에서 훨씬 뛰
어났다고 한다. 이집트의 역사가 마네토(Manetho)[64]의 기록을 보면
이집트의 관료들조차도 이 유목민을 다루는 데 골머리를 앓았다고
하는 내용이 나오는데, 이는 이들이 지적이면서 동시에 대단히 용맹
스런 집단이었을 것으로 추정할 수 있다. 그들은 특정한 나라에 용병
으로 지원하기도 했고 일부는 국가에 고용되었으며 때로는 막노동이
나 행상도 하는 순발력을 가진 일종의 떠돌이 집단이었다. 하비루는
많게는 2천 명의 집단을 이끌고 자신들의 이익을 위해서 전쟁도 불사
했으며 필요할 때는 한 나라에 정착해서 자그마한 나라를 만들었다.
그리고 상황에 따라 하비루의 지도자는 지역 왕으로 자처하며 그 나
라 왕의 지시에 따르는 봉신왕의 역할을 하기도 했다고 한다. 기원전

---

64) 이집트의 성직자인 동시에 역사가로, 그리스계의 프톨레마이오스 1세(기원전 305~282)
때 그리스어로 된 이집트 역사를 쓴 인물이다.

19세기 당시의 고대사회는 이집트라는 강력한 군주국과 어떤 방식으로든지 연계하지 않고는 지역의 중소 왕들은 그 권력을 계속적으로 유지할 수 없는 역학적인 군사관계에 얽매여 있었다고 한다.

고대를 살던 사람들의 사고방식은 전 세계적으로 유사한 면이 있다. 아브라함 이전 세대 유대인들 역시 지구는 납작하며 사방이 물로 잠겨 있고 지하에도 물이 가득하고 하늘에도 물이 있다고 믿었다. 지상의 물은 커다란 항아리가 있어서 그 물을 떠받치고 있다고 믿었다. 그 후 하늘에는 그 물을 비나 눈을 밑으로 내보낼 수 있는 문(門)이 있을 것이라고 생각했다. 그리고 태양과 별과 달은 엄청나게 큰 항아리 밑에 있으면서 각각 지구를 향해 비추고 있으며 지구의 밑에는 숄(Sheol, 죽은 사람이 있는 저승)이 있다고 믿었다.

그러나 이스라엘 역사는 아브라함을 기점으로 새로운 국면으로 접어든다. 아브라함은 318명의 종을 거느린 규모가 큰 부족의 족장이었다고 한다. 그는 아버지 데라가 메소포타미아에 있을 때 수많은 신을 섬기는 다신교의 정통을 버리고 우주 만물은 모두 야훼가 만드셨다는 일신교의 전통을 세운 서양 역사와 문화의 선구자였다. 그러나 이스라엘 민족도 남성신과 여성신, 천사와 악마 등으로 구분하는 이분법적 사고에서 벗어날 수는 없었다.

인간은 누구나 내면에 남성적인 면과 여성적인 면을 반반씩 가지고 있다고 한다. 『천부경』을 근간으로 만든 『주역』은 남성의 창조성과 진취성을 하나의 연결된 선(_)으로 표현하고 여성의 수동성과 포용성 그리고 온유함을 중간이 끊긴 선(--)으로 표현한다. 이는 남성이 마치 태양과 같이 밝음과 강인함으로 표현되는 반면에, 여성은 연약

함과 어두움으로 표현되는데, 단절과 쉼은 모든 걸 감싸주는 다정한 모성애를 의미한다. 인간의 양면성을 잘 표현해 주는 것으로, 이것이 만물을 창조하는 근본적인 생성 에너지임을 말해 준다. 이와 마찬가지로 아브라함이 일신교의 전통을 확립한 후 유대인들이 하느님이 창조한 합리적인 우주를 설명하기 위해서 많은 노력을 한 흔적을 엿볼 수 있다. 유대인들의 카발라에는 다름 아닌 우주의 창조원리를 담고 있다. 그 창조의 원리를 세피롯(Sefirot)이라고 부르며 주역의 원리와 같이 음양의 화합으로 만물의 생성을 설명한다. 이를 소개하고자 한다.

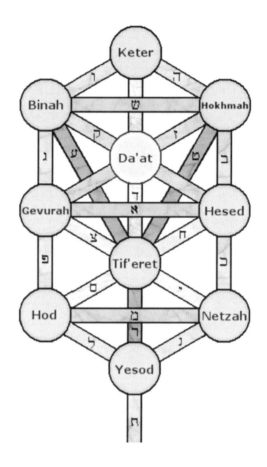

카발라

　카발라는 유대 신비주의로 히브리어 '키벨'에서 온 말로 '지혜와 믿음'이란 말이다. 카발라는 구약에 나오는 우주 만물의 생성을 비유적, 상징적으로 해석하는 특수한 방법을 담고 있다. 오랜 세월 동안 체계적으로 교육받은 고제(高第)들에게만 전해진 비밀스런(esoteric) 우주 창세 신화이다. 카발라의 연구를 통해서 고제들은 신성과의 직접적인 교감을 체험할 수 있다고 하는데, 중세에 들어와 안젤무스에 의해 스콜라철학과 결합하면서 신비주의 사상으로 정착했다. 그 이면에는 〈시편〉 46장 10절의 내용을 차용했다고 할 수 있다.

> 너희가 가만히 있어 내가 하느님 됨을 알지니라. 내가 열방과 세계
> 중에서 높임을 받으리라 하시도다.
>
> — 시 46:10

전설에 의하면 대천사 라파엘이 에덴동산에서 추방된 아담에게 알려준 카발라의 가르침은 이스라엘 민족의 조상인 아브라함에게 전해졌다고 한다. 또 다른 일설에 의하면 멜기세덱이 아브라함에게 카발라의 진수를 전수했다고 하며 아브라함이 이스라엘 최고의 경전인 『세페르 예치라』의 저자라고 한다.

카발라의 원리는 『천부경』과 같이 1적 10의 원리로 해석한다. 하느님은 10개의 순수 에너지인 세피롯을 통해서 만물을 창조했다고 한다. 태초에 Ein Sof(無極, 공의 상태)가 Tzimtzum(응축)을 통해서 Keter를 출현시켰다고 한다. Keter(신의 세계, 태극)는 1이며 하느님을 뜻한다. 맨 밑에 있는 Malkhut(왕국, 씨앗)는 10이며, 이는 완성이고 천국을 뜻한다. 좌우에 있는 3가지의 속성 중에 왼편에 있는 Binah(이해, 배아), Gevurah(정의, 줄기), Hod(영광, 잎)는 음(陰, feminine)의 속성을 뜻하고 오른편에 있는 Hokhmah(지혜, 싹), Hesed(사랑, 가지), Netzah(승리, 꽃)는 양(陽, masculine)의 속성을 뜻한다. 그리고 가운데는 음양을 조화시키는 특성을 가진 주역의 토(土)에 해당되는, Yesod(기본 토대, 열매)와 Tif'eret(아름다움, 봉우

리)는 모든 것을 선하게 만드는 촉매제를 그리고 Da'at(지식)는 신비의 합일을 의미한다.

일부 학자들은 유대인들이 메소포타미아에서 바빌로니아의 노예로 있을 당시 분명 음양사상의 영향을 받았을 것으로 추측하는데, 이는 충분히 이해가 가는 말이다. 새로운 생명이 태어나려면 여성과 남성이 교합해야 하는 원리와 같이 음양은 만물을 움직이게 하는 만고불변의 법칙인 것이다. 인간도 남성은 남성적 속성만으로는 살 수 없고 자신의 내면에 있는 여성성을 발견하지 못하면 완전한 남성이 될 수 없다고 우리에게 말해주고 있다. 심리학자인 프로이드는 긍정적이며 역동적인 에너지를 리비도(libido)라고 정의했고 부정적이며 축소향적인 죽음의 에너지를 타나토스(thanatos)라는 말로 표현했는데, 이 두 속성은 인간의 내면에서 끝없는 투쟁을 벌인다고 한다. 리비도와 타나토스는 남성성과 여성성을 말하는 것이다. 평범한 인간은 오로지 리비도만을 추구하며 성적인 만족, 사회적인 성취, 더욱 많은 물질적인 욕망과 방만한 자유를 추구한다. 그러나 동양의 지혜는 오히려 타나토스를 통해서 인간은 진실한 자유와 해탈을 성취할 수 있다고 말한다. 대자연의 질서도 온전한 하루가 되기 위해서는 작렬하는 태양의 햇빛이 필수적인 한편, 만물의 생성과 번식을 위해서는 밤의 어두움, 만물을 보듬어 주는 정적과 고요함이 절대적으로 필요하다. 즉, 만물을 창조한 충동은 남성성이지만, 그걸 보존하고 양육하는 것은 여성성인 것이다.

실제로 인류는 어두움 속에서 위대한 순간과 만났다. 모세는 만물이 잠든 깊은 밤에 시나이산 정상에서 여호와 하느님을 만났고 이아샤 선지자는 무릎을 꿇고 기도하면서 밤하늘에 반짝이는 별과 함께 민족의 앞날을 점쳤다고 한다. 예수님은 40주야를 금식하며 삭막한 요르단 광야의 칠흑 같은 어둠 속에서 사탄의 유혹을 이겨내고 불타오르는 욕망과 인간 내면에 자리 잡은 업장을 과감하게 이겨내고 스스로 하느님의 아들로 환생한 것이다. 밤은 여성성을 상징한다. 마치 쓰라린 아픔과 고통의 골짜기에서 인간의 영성이 성숙해 가고 인생의 깊은 의미를 발견하는 것과 마찬가지로 이 모두 남성성과 여성성의 만남이었다.

> 여호와 하느님이 아담을 깊이 잠들게 하시니 잠들매, 그가 갈빗대 하나를 취하고 살로 대신 채우시고, 여호와 하느님이 아담에게서 취하신 그 갈빗대로 여자를 만드시고 그를 아담에게로 이끌어 오시니.
>
> – 창 2:21~22

하느님 안에는 남성성과 여성성이 함께 공존하는 것이다. 우리나라의 태극기는 완벽한 하느님의 모습이다. 호모사피엔스가 이 지구상에 나타난 이후 지금까지 한 번이라도 진정한 세계 평화를 누린 경험이 없다. 만물의 영장인 인간의 이성으로 왜 평화를 이루지 못하는 것일까? 그건 서양의 철학자들을 괴롭힌 영원한 딜레마였다. 그건 유대교적 토양에서 자라서 플라톤의 이원론과 결합한 인도 유로피안(Indo–European)적 사고 때문이었다. 뒤늦게나마 유대인 랍비들은 인생의 참 목적은 내면의 여성성인 참자아와 만나는 것이라는 사실을 깨닫고 신과 인간이 탈인격적 신성의 무(無)에서 완전히 하나가 되는 불이(不二)의 상태를 가장 높은 경지로 본다. 근대에 들어와서 하시디즘[65]이 출현하여 범재신론(panentheism)으로 탈바꿈하게 되는데 그 결정적인 계기는 바알 셈 토브(Baal shem Tov, 1700~1760)[66]에 의해서다. 그는 선불교의 영향을 받은 것으로 사료된다. 그는 하느님은 모든 창조물에 존재하며 하느님과 함께 모든 창조물을 함께 만들어 나가는 것이 인간의 과업이며 모든 생각과 행동에서 하느님을 경배해야 한다는 것이다. 그래서 그들은 하느님은 존재(being)가 아닌 동적인 현상을 나타내는 동사(verb)로 파악한다. 즉, 범재신론은 신이 만물 속에 내재한다는 생각이다. 물질적이든 정신적이든 세상의 모든 것은 신이 자기 자신을 나타내 보이는 신의 현현(顯現)이라는 신학이론이며 초월만을 강조하는 유신론이나 내재만을 강조하는 범신론의 일방성을 극복하여 신의 초월과 내재를 동시에 강조하는 신관으로서 양극적 유신론(bipolar theism) 혹은 변증법적 유신관(dialectical theism)이라고 한다.

범재신론에 가장 가까이 다가간 철학자는 다름 아닌 네덜란드에서 태어난 유태계 철학자이며 대작 『에티카(ethica, 윤리학)』를 남긴 스피노자이다. 스피노자는 신을 자연과 분리된 존재로 보지 않았으며 이

65) 1700년대 중반 폴란드의 랍비 바알 셈 토브에 의해 창설된 성속일여(聖俗一如)의 신앙을 주장하는 종교적 혁신운동이다. 율법에 얽매이지 않으며 늘 올바른 생각과 올바른 행동, 즉 지행합일을 이루려는 종파이며 모든 세상 만물을 신의 현현으로 보는 입장이다. 선불교와 유사한 면이 있다.
66) 폴란드 태생의 유대인으로, 원래 이름은 이스라엘 벤 엘리에제르(Israel Ben Eliezer, 1698~1760)이었는데, 나중에 그에 대한 존경의 표시로 제자들에 의해 바알 셈 토브로 바뀌었다. '거룩한 이름의 큰 선생님'이란 뜻이다.

세상 만물을 곧 신의 현현으로 파악했다.

완전한 깨달음의 세계에 도달한 상태를 불교에서는 열반이라고 하고 노자는 도(道)라고 했고 예수는 하느님 아버지의 아들이라고 했으며 장자는 현해(懸解)라고 했고 유대인들은 왕이라고 표현했다. 고통 속에서 하느님과의 해후를 경험한 스토리는 괴테의 『파우스트』를 비롯해서 수많은 문학과 〈시편〉 그리고 〈욥기〉의 아름다운 주제이다. 이들 모두 내면에 잠재하는 자신의 다른 반쪽인 여성성과의 만남이었다. 우리의 인간사는 모두 작고 큰 내러티브(narrative)의 조합이라고 할 수 있다. 성경도 결국 신과 인간의 내러티브이다. 이야기꺼리가 없다면 우리 인생은 참으로 무미건조하고 답답함의 연속일 것이다. 유대인들의 〈창세기〉에 의하면 우리는 비록 에덴동산에서 쫓겨났으나 아직 자연의 아름다움을 감상할 수 있는 눈과 온갖 새들의 아름다운 지저귐 그리고 베토벤의 교향곡을 들을 수 있는 신비스러운 귀와 사람을 사랑할 수 있는 따뜻한 마음을 가지고 있다.

파스칼은 『팡세』에서 만일 우리가 모든 것을 이성에 종속시킨다면 우리의 종교는 그 신비성과 초자연성을 상실할 것이라고 했다. 또한 우리가 이성의 원리를 거스른다면 우리의 종교는 부조리하고 우스꽝스러운 것이 될 것이라고 하면서 이성을 배제하는 것과 이성 외에는 아무것도 받아들이지 않는 것 모두 똑같이 위험한 양 극단이 될 것이라고 했다. 우리 인류는 3억 1104만 년의 기나긴 진화기를 거쳐 여기까지 왔다. 이 때문에 극도로 진화한 인간의 의식세계는 너무도 복잡한 두뇌 구조를 가지고 있다고 한다. 17세기 독일의 철학자이자 수학자인 라이프니츠(Gottfried Wilhelm Leibniz, 1646~1716)는 사람의 두뇌를 집체만큼 만들어서 그 안을 이 잡듯이 샅샅이 뒤진다고 해도 의식이 숨어 있는 곳을 찾지 못할 것이라고 했다.

　그러나 미치오 카쿠는 우리의 두뇌를 해부학적으로 볼 때 크게 세 부분으로 나눌 수 있다고 한다. 첫 번째는 두개골의 바닥 근처(두뇌의 가장 깊은 곳)에 있는 선조계(Striatal system)로, 대부분 파충류의 두뇌도 이와 비슷한 구조로 되어 있다고 한다. 균형 잡기, 침범하기, 영토 보존하기, 음식 구하기 등 원시적인 생명기능은 바로 이 부분에서 제어된다고 한다. 그러나 고등동물일수록 두뇌가 앞쪽으로 발달돼 있는데, 그 안쪽으로 들어가면 두 번째 부위인 대뇌변연계(limbic system)가 나타난다고 한다. 그 구조는 원숭이의 두뇌와 비슷하고 두뇌의 중앙에 위치하고 있으며, 감정을 관장하는 편도체(amygdala)가 그 부위에 자리 잡고 있다. 무리를 지어 다니는 동물들은 대부분 변연계가 발달되어 있다고 한다. 집단의 규칙을 이해하려면 어느 정도 사고력이 필요하기 때문일 것이다. 야생에서 살아남으려면 동종의 다른 동물들과 협력해야 하는데, 동물은 말을 할 수 없으므로 몸짓이나 다양한 소리로 감정을 전달하는 수밖에 없다고 한다. 세 번째 부위는 두뇌의 가장 바깥쪽에 위치한 대뇌피질(cerebral cortex)로서, 인간다운 생각과 논리적 사고를 관장하는 부분이라고 한다. 다른 동물의 특징은 거의 본능과 유전적 특징에 의해 좌우되지만 대뇌피질을 소유한 인간은 논리적 추론을 할 수 있다고 한다. 결론적으로 감정은 두뇌의 진화과정에서 핵심적인 역할을 했다고 한다. 인간이 종교를 가지게 된 원인도 대뇌피질의 진화 때문이라고 한다.

　결국 종교는 인간 영혼의 심연에 있는 번뇌들로부터 유래한 것이다. 오로지 인간만이 가진 특징이며 유대인들 역시 깊은 명상의 정점에서 최초의 인간인 아담과 이브가 갖고 있었던 순수한 자신의 모습인 신적 자아를 발견할 수 있다고 한다.

그러므로 내가 누구인가를 아는 것이 이 세상을 알 수 있는 지름길인 것이다. 요즈음 뉴욕과 보스턴의 뉴잉글랜드 지방에 가 보면 불교 선원과 사찰에는 수많은 엘리트 미국인들 특히 진보적인 성향의 유대인들이 스님들과 함께 가부좌를 하고 육체적인 불편함을 참아가며 불교의 수행과정에 참여하고 있는 걸 쉽게 발견할 수 있다. 왜 그럴까? 그들이 믿어 온 서양의 종교는 교리(doctrine)와 제의(ritual)라는 쇠사슬로 인간을 구속하는 데 반해, 불교는 저 구만리 창천을 날아다니는 새들과 같이 인간을 자유롭게 해방시켜 주기 때문이다.

유대인들의 신관은 상당히 형이상학적이나 시대에 흐름에 따라 수정하고 진보하면서 마치 물이 흐르듯이 자연스럽게 변천해 가고 있다고 볼 수 있다. 그들이 동양의 불교에 진정한 진리가 있다고 판단했기 때문이 아닐까?

(5) 동양의 신관

인류의 시원에 관한 태고적 이야기는 크게 두 가지로 집약할 수 있다. 첫 번째는 동양사상과 문화의 뿌리인 마고성(麻姑城, 산스크리트어로 재물이 넘치는 성이란 뜻) 이야기와 서양인들이 이야기하는 에덴동산 이야기이다. 앞에서 잠시 언급했듯이 마고성은 제석천(帝釋天)이라고도 하는데 지금의 히말라야와 천산산맥 그리고 힌두쿠시가 만나는 파미르고원 지역이다. 신라의 충신이었던 박제상(362~419)

이 쓴 『부도지(符都誌)』에는 다음과 같이 그 당시의 상황을 묘사하고 있다.

　마고성에 사는 마고가 태초의 인류 시조인 인조(仁祖, 사람의 조상)를 탄생시켰다. 그 인조들은 천인(天人, 하늘에서 온 사람)으로 조화롭게 이상적인 국가를 만들어서 행복하게 잘 살았다. 사실 그 당시 하늘에서 온 사람이란 진짜 하늘에 온 사람이란 뜻이 아니라 타민족에 비해 문명이 훨씬 우수한 민족을 그렇게 불렀다고 한다. 그런데 마고성에 살던 사람들의 유일한 주식은 식유(地乳)였으나 오미(五味)의 화(禍), 즉 백소(白巢) 씨족의 지소(支巢)씨가 포도를 먹고 다섯 가지 맛을 알게 되면서 인조들이 존재계의 질서를 바로잡는 자재율 기능을 상실하게 되면서 질서가 완전히 파괴되었다. 추측건대 늘어나는 인구의 증가로 식량 부족현상이 일어났음을 은유적으로 시사한 것이라 사료된다. 이에 천인들의 어르신 되는 황궁씨가 대표로 흩어져 살 것을 약속하는 복본(複本)의 서약을 한다.

　그 이후 인조들은 마고성의 동서남북 사방으로 퍼져나가 각기 분가했다고 한다. 동북문으로 나온 황궁씨의 후손들은 정성과 믿음으로 언젠가는 다시 마고성으로 복본하겠다는 마음을 가지고 늘 수행에 힘쓰며 삶을 살았다는 내용이다. 황궁씨의 후손이 곧 우리 동이족이라고 한다. 한국선도는 마고성 출성(出城) 이후를 현생 인류의 시작으로 본다. 황궁씨의 후손인 환인-환웅-단군(왕을 부르던 보통명사) 등의 동이족 선조들은 가는 곳마다 중앙에 천부단(天帝壇)을 쌓아 천제를 지내는 등 수행하는 삶을 살면서 마고성으로의 복본을 잊지 않고 살아가고 있었다.

설화 속의 마고 할머니는 마고성을 떠난 인조들의 후손들이 조상들을 기리며 적석제단을 쌓는 관습으로 내려오고 있으며 지금도 태백산 천제단(마고탑), 부산 장산의 천제단과 마고당, 강화도의 마니산, 지리산의 노고단 등이 대표적인 유물이다. 또한 마고할미가 쌓았다고 하여 마고산성으로 부르는 산성이 전국 곳곳에 분포되어 있다. 경기도 양주의 노고산성(마고성), 충주의 마고산성, 거제의 마고산성, 양산의 마고산성 등은 마고성의 역사적 실제를 대변해 주고 있다.

이렇듯 우리 민족의 설화는 서양의 설화에 비해서 대단히 인간적인 냄새를 풍기고 있다. 마고성에서 시작된 인류의 시원을 밝혀주는 『천부경』의 원리를 좀 더 상세히 풀이한 『주역』에는 완전한 인간이 된다는 것은 양성을 구유한 신적 본능을 발견하는 것이며 무의식의 세계로 들어가는 것이라고 가르친다. 그래서 주역의 최종 목적은 정의입신(精義入神), 즉 자신이 신이 되는 것이다. 주역은 무사야(無思也, 생각함이 없고) 무위야(無爲也, 작위적인 행함이 없음)하면 적연부동(寂然不動)하여 그곳이 곧 무의식과 만나는 장소라고 한다.

우리는 수천 년 동안 신의 신비로움에 길들여진 나머지 인간은 영원히 인간이어야 한다고 굳게 믿고 있다. 그러나 우리 인생의 목적은 내면에 잠재하는 신성과 만나는 것이다. 대부분의 종교는 영적 성장을 목표로 하며 신이 아는 만큼 인간도 알게 된다고 한다. 서양은 플라톤의 이원론적 신관을 배경으로 한다. 서구인들의 사고는 본질적으로 창조자와 피조물, 지배와 복종을 근간으로 하기 때문에 이런 신관은 인간을 일방적으로 명령하고 통제하며 편애하며 처벌하고 분노하는 수직적인 하느님이다.

그러나 동양 신관은 하느님과 인간이 본질적으로 하나이며 자생자화(自生自化)로 인한 자기복제에 의해서 분화되어 나왔기에 신성과 인성의 구분은 없어지고 오직 내면의 여성성을 깨닫고 나면 상대적인 관계가 하나로 통합되기에 함께 세상을 만들어가는 수평적인 하느님이다. 신과 인간의 동질성에 대해서 근래에 출판된 『인식과 존재의 변증법』에서 성신여대 정치외교학과의 최민자 교수는 다음과 같이 말하고 있다.

데이빗 봄(David Bohm, 1917~1992)의 양자이론에서 정신과 물질은 분리되지 않으며 동일한 존재의 양면성으로 이미 입증되었다. 데이빗 봄의 양자역학과 글렌 라인(Glen Rein)의 양자생물학을 의학에 접목시킨 양자의학(quantum medicine)은 인체를 구성하는 세 가지 구조, 즉 눈에 보이는 부분과 눈에 보이지 않는 부분 그리고 마음으로 되어 있다고 한다.

다시 말해 생물의 몸은 장기, 조직, 세포, 분자 등과 같이 눈에 보이는 부분이 있는가 하면, 원자 이하의 전자, 양성자 및 중성자, 에너지, 파동 그리고 초양자장과 같이 눈에 보이지 않는 부분이 있다. 마음은 반드시 뇌에 위치하는 것이 아니라 몸의 공간과 겹치면서 중첩적으로 존재한다는 것이다.

그는 눈에 보이지 않는 육체에 대하여 정보-에너지장(information-energy)이라는 용어를 사용했는데, 수학적으로는 미세 파동(subtle wave)이라고 한다. 이처럼 눈에 보이는 육체(physical body), 정보-에너지장 그리고 마음(mind)이라는 세 가지 구조로 이루어져 있다는 것이 글렌 라인의 양자생물학(quantum biology)의 핵심이다.

한편, 데이빗 봄의 양자이론과 글렌 라인의 양자생물학을 의학에 접목시킨 양자의학은 인체를 구성하는 세 가지 구조(즉, 눈에 보이는 육체, 정보-에너지장 그리고 마음) 가운데 육체를 다루는 생의학(biomedicine), 에너지장을 다루는 정보-에너지 의학(information-energy medicine), 마음을 다루는 심성의학(mind medicine)인데, 이 세 가지 의학을 통합적으로 다루는 것이 통합의학이다. 이 세 가지는 동양의학에서 말하는 정(精, body), 기(氣, energy), 신(神, soul)과 상호 조응한다.

양자의학에서는 몸의 내부 구조 속에 소립자, 에너지, 파동 그리고 초양자장 등을 갖추고 있듯이, 마음의 구조(표면의식, 개인무의식, 집합무의식) 속에도 소립자, 에너지, 파동 그리고 초양자장 등이 있어 몸과 마음은 그 질료가 동일하고 서로 연결되어 있다고 생각한다. 그러므로 양자의학에서 말하는 것과 같이 몸과 마음이 합쳐진 것은 생명이고 분리된 것은 죽음이라고 하는 까닭에 마음은 생명의 본질이며, 생명체에서 볼 수 있는 생리현상, 대사현상, 생화학적 현상 그리고 열역학적 현상 등은 모두 몸과 마음의 결합에 의해서 생기는 부수 현상일 뿐이라고 생각한다.

불교에서도 만물은 하느님의 속성을 구유하고 있기에 천인합일(天人合一) 성리원융(性理圓融) 천인무간(天人無間)이며 색즉시공(色卽是空) 공즉시색(空卽是色)인 것이다. 스캇 팩은 우리 모두가 추구하는 영적 성장의 목표를 의식적 자아가 신성을 획득하는 것이 되어야 한다고 말한다. 스캇 팩은 "모든 사람이 하느님 그 자체가 되는 것"이란 미묘한 말을 남겼다. 그 말의 진정한 뜻은 무엇일까? 인간이 하느님이 된다? 그의 말은, 또렷한 의식을 지닌 채로 무의식의 뿌리로부터 자라나는 의식의 새싹이 신 그 자체로 성장할 수 있다면, 신은 전혀 새로운 모습의 삶으로 나타날 것이라고 한다. 이것이 인간 개체의 존재 이유이다. 그는 우리는 의식을 지닌 개인으로서 새로운 방식의 삶을 살아가는 신이 되고자 태어난 것이라고 말한다.

의식은 존재 가운데 실천하는 부분이다. 결정을 내리게 하고 그것을 실천에 옮기도록 추진하게 만드는 힘은 무의식이다. 그러나 단순히 완전한 무의식적인 존재가 된다면 우리는 갓 태어난 어린아이와 같아서 하느님과 함께 있기는 하지만 이 세상에 하느님의 현존을 드러내 보일 수 있는 성숙한 행동은 할 수 없을 것이다. 신이 된다는 것은 참자아가 전혀 없는 의식의 상태에 있는 아기가 아니라 하느님이라는 참자아가 될 수 있는 성숙한 의식적 자아로 성장하는 것이다. 영어에서 보면 childish는 어린아이의 행동이며 childlike는 어린아이와 같이 행동하는 것이다. 전자가 유아기의 철없는 아기의 실제 모습이라면 childlike는 마치 무대에서 어린아이의 행위를 흉내 내는 성숙한 배우의 역할을 뜻한다. childish가 전분별적이고 전자아적인 소산이라면 childlike는 초분별적이고 초자아적인 소산이다.

좀 더 깊이 들어가 보기로 하겠다. 우리가 자신을 의식하는 자아로 정의할 때 무의식은 우리보다 더 많은 것을 알고 있다고 할 수 있다. 우리가 새로운 진실을 깨닫게 되는 것은 그것이 옳다는 것을 인식하기 때문이다. 의식하게 되는 것은 무의식과 함께 아는 것이다. 우리는 언제나 신의 일부이며 무의식이 곧 신이라고 정의한다. 기도와 명상은 무의식에 다가갈 수 있는 최적의 장소라고 한다. 모든 종교의 기본적인 믿음은 우리들의 의식보다 지고한 상위의 영성체가 존재한다는 가정하에 성립하는 것이다. 명상은 침묵을 통해서 인간만이 느낄 수 있는 고귀한 그 무엇으로 변화시켜 준다. 우리가 일상생활에서 떠들어대는 모든 재잘거림은 사실 신의 본질과는 너무도 동떨어져 있다. 기도와 명상의 차이점은 기도는 외부의 신에게 무엇을 비는 반면, 명상은 내면의 신성에게로 초점을 옮기는 것이다. 가는 방향이 정반대인 것이다. 인도 태생의 세계적인 구루인 크리슈나무르티 (Krishnamurti)는 다음과 같이 말한다.

나는 수시로 하느님께 기도한다. 내가 나 자신에게 기도한다는 사실을 인식할 때까지.

휘광스님은 현대 양자물리학의 입장을 다음과 같이 정리했다.

정신은 물질이 최고로 진화한 상태의 물질적 표현태이며 물질은 미진화 상태의 정신적 잠재태로 물질과 정신은 상즉상입(相卽相入) 상즉불리(相卽不離)이며 오직 하나일 뿐이다.

그래서 예수님도 부처님도 모두 무아(無我)를 강조하면서 물질에 얽매이지 말고 영혼의 세계인 하늘나라의 삶을 강조했다. 이것은 곧 우주적인 삶이며, 태어나고 죽음이 없는 것이다. 왜냐하면 영원불변하다고 말하는 것은 모두 변함없는 진리에 근본을 두고 있기 때문이며 영원불멸의 원리는 곧 하느님이요, 불성(佛性)이기 때문이다. 서양 철학의 원류인 플라톤은 그걸 이데아(idea)라고 표현했다. 하느님과 완벽하게 하나가 된다는 것은 나의 주관과 객관이 일치하는 것이며 하느님이 곧 자신임을 깨닫는 것이라고 할 수 있다. 예수님은 자신의 물리적인 육체를 17년간의 수행을 통해서 신성한 진리의 몸으로 변화시킨 것이다.

한국과 중국 불교를 통틀어 역사상 가장 위대한 불교 사상가요, 출가승이었던 원효스님은 그의 나이 10세에 출가하여 화쟁사상(和諍思想)을 근본으로 해서 『대승기신론』을 찬술하게 되는데, 대승기신론의 기본 정신은 여래장사상(如來藏思想)이다. 모든 사람은 그 내면에 선하고 맑은 하느님의 성품[진여(眞如)]을 간직하고 있다는 것이다. 하느님의 성품은 순수한 참자아이다.

동양의 경전인 『서경(書經)』에는 인심(人心)은 유위(惟危, 위태로움)하고 도심(道心)은 유미(惟微, 아주 보일락 말락 미미함)하다고 말한다. 우리가 일상생활에서 느끼고 말하고 행동하는 것은 인심(人心)이며 그 내면에는 변치 않는 도심(道心)이 있는 것이다. 도심은 다른 말로 천심(天心)이라고도 한다. 천심은 영원히 변치 않는 마음의 본성으로 누구나 가지고 있으나, 마치 저 봄날 허공에 아른거리는 아지랑이와 같이 보일 듯 말 듯, 늘 위태로운 상황으로 표현하고 있다. 원효스님은 천심을 '한 마음'이라고 표현했다. 그건 텅 빈 마음이요, 탐욕에 물들지 않은 마음이다. 그래서 주역에서 무사야 무위야를 강조하는 것이다. 그러면 적연부동하고 천하의 연고가 확 트인다고 한다.

사도 바울은 다음과 같이 하느님의 마음을 표현했다.

나는 내가 하는 것을 이해하지 못합니다. 나는 내가 바라는 것을 하
지 않고 오히려 내가 싫어하는 것을 합니다.

– 로마서 7:15

3.

기독교와
불교의 성립

17. 메시아로 재림한 예수와 기독교의 성립

예수님의 일생은 탄생부터 부활과 승천까지 신비함으로 가득 차
있다.

보라 네가 수태하여 아들을 낳을지니 그 이름을 예수라 하라.

– 눅 1:31

사실 메시아에 대한 〈누가복음〉의 예언은 〈이사야서〉 7장 14절에 그
기초를 두고 있다고 대부분의 신학자들은 말한다. 미국 속담에 무엇보
다도 적절한 시기가 가장 중요하다(Timing is everything)란 말이 있다.

그 당시 갈릴리를 비롯한 예루살렘에 떠돌던 혼미한 상황은 팔레스
타인에도 이제 새로운 메시아가 탄생할 최적의 환경을 조성시켰다.
과연 예수님은 하느님인가 아니면 하느님의 아들인가 하는 예민한
사안은 4장에서 상세히 밝히기로 하겠다.

어쨌든 13세에 고향을 떠나 17년 후인 30세에 이스라엘에 나타난
예수님은 그 당시 로마제국의 지배하에서 제국과 결탁한 이스라엘의

대제사장과 서기관 그리고 장로들이 민중의 권리를 탄압하며 성전을 볼모로 금전을 착취하고 방탕하며 극도로 타락한 상황을 목도하게 된다. 그리고 로마제국으로부터의 독립을 쟁취하는 것만이 이스라엘의 옛 영광을 회복하고 종교적인 자유를 누릴 수 있으리라고 판단한다. 30세의 장성한 청년 예수가 요단강 건너의 베다니에서 요한으로부터 세례를 받을 당시의 일이다. 그때 세례요한은 예수의 머리 위에 안수할 때 성령이 비둘기같이 하늘에서 강림하는 신비스러운 체험을 하게 된다. 요한은 예수의 친척으로 그 당시 새롭게 태동한 세례요한파의 영적 지도자였다. 요한은 예수가 하느님의 아들임을 증거함으로써 벳세다(어부의 집이란 뜻)에 사는 그의 제자들이 예수는 이 땅에 새로운 하느님의 왕국을 가져올 이스라엘의 메시아라고 외치며 다닌 것이다. 그 후 주위에 있던 안드레와 시몬 베드로 그리고 빌립과 나다니엘을 비롯한 제자들이 예수의 제자됨을 고백하고 예수님의 사도로 봉사했다고 〈사도행전〉에 기록되어 있다.

세례를 받고 난 후 사흘이 지나서 예수님은 갈릴리의 가나에서 있던 혼인잔치에서 물을 포도주로 변화시키는 첫 번째 기적을 행해 보이신다. 그다음 예수님은 가버나움으로 이동했다. 나훔은 마을이란 뜻으로 갈릴리 호수의 북서 해안의 성읍으로 제자 중의 마태가 세리로 일하던 곳이요, 예수의 제2의 고향이라고 불리던 곳이다. 이곳은 예루살렘과 아크레에서 다마스쿠스를 거쳐 바빌론으로 통하는 주요 중계지로, 그 당시 무척 번창하였던 상업도시였다. 이곳에서 예수는 앓아누운 베드로의 장모(마 8:14~15)와 왕의 신하의 아들(요 4:46~54) 등을 치료하고 문둥병 환자를 치료하는 기적을 행했다. 또 오병이어와 관련된 생명의 떡에 관한 감화와 많은 설교를 했다. 이런 기적과 교훈에도 불구하고 이곳 사람들이 회개하지 아니하므로 예수님은 가버나움이 곧 멸망하게 될 것이라고 예언했다. 가버나움은 로마의 군대가 주둔하고 세관이 있는 큰 성읍이다.

그다음 예수는 솔로몬 성전이 있는 예루살렘으로 행했다. 때마침 유월절이라 성전 안에는 소와 양과 비둘기를 파는 사람들과 환전하는 사람들이 장사를 하고 있었다. 이를 보시고 상을 뒤엎으시며 노끈으로 채찍을 만들어 소나 양을 모두 성전에서 내쫓아버리고 아버지의 집을 장사하는 집으로 만들지 말라고 경고하며 장사꾼들을 꾸짖었다. 예수님은 이스라엘 사람들에게 율법의 하느님에서 내 안에 있는 하느님을 발견할 것을 강조함으로써 삶의 새로운 패러다임을 제시하였다. 그리고 동터오는 새 세상 새 시대를 열어 줄 하느님 나라에 주목할 것을 강조했다.

그러나 예수님은 새로운 종교의 교주가 되는 것을 목표로 한 종파의 창시자가 아니었다. 다만, 로마제국과 결탁한 유대교 제사장의 타락한 상업주의를 비판하며 유대교의 울타리 안에서 토라를 엄수하고 바리새파 중에서도 약간 생각을 달리하는 힐렐파 바리새인들과 교류하며 민족의 자존심을 걸고 무자비한 로마제국으로부터 독립을 외친 이스라엘 민족의 독립운동가였다. 그리고 메시아가 되려고 애썼던 유대교의 충실한 랍비였다.

여기서 잠시 예수님이 살았던 당시 팔레스타인 지방의 정치적 상황을 소개하고자 한다. 유대교 지도자들은 신약성경에서 바리새인들을 철저한 위선자요, 사탄의 자식들로 묘사하여 희생양으로 삼는 것은 대단히 잘못된 해석이라고 한결같이 말한다. 왜냐하면 한때는 예수님도 바리새인이었기 때문이다. 당시 사멸해 가는 제사장 제도를 대체하면서 기원후 1세기 후반부터 생겨난 것이 랍비 제도인데 샴마이(Shammai)학파와 힐렐(Hillel)학파 그리고 에세네학파 모두 예수를 메시아요, 이스라엘의 왕이라고 선포하는 것에 불만을 품고 있었기 때문에 반기를 들었다. 예수를 메시아 왕이라고 선포하는 것은 산헤드린에서 논의된 사항이 아니기 때문에 바리새인들은 예수에게 제자들의 입단속을 당부했다. 그 당시에는 어느 누구가 메시아라는 풍문이 돌면 산헤드린에서 그 문제를 가지고 심각하게 토론하고 징계하거나 경고처분을 했다고 한다.

힐렐은 2천 년이 지난 지금도 유대인들로부터 가장 존경받는 랍비이다. 그래서 미국의 아이비리그 대학을 포함해서 전 세계 550여 대학의 캠퍼스에는 힐렐센터(Hillel Center)가 있으며 그의 가르침을 공부하고 있다. 힐렐은 늘 하느님을 향한 진실한 믿음을 강조하면서 용서와 화해의 덕을 가르치고 시대의 변화에 맞는 올바른 사고를 갖도록 가르친 선량한 선생님이었다. 또한 병든 자를 고쳐주고 인생을 살아가면서 어쩔 수 없는 상황에서 저지른 잘못을 따듯한 사랑으로 감싸주고 가난한 사람들과 문둥병 환자들 그리고 사회적으로 핍박받는 약자들과 함께 아파하며 그들 편에서 앞으로 올 하느님의 나라의 희망을 전도하는 큰 스승이었다. 그 당시 샴마이학파는 이혼을 금지하고 이방인의 개종을 원칙적으로 받아들이지 않는 강경파인 반면, 힐렐학파는 좀 진보적이어서 여자가 간음을 했을 경우 이혼을 허락하는, 보다 개방적이며 진보적인 성향의 학파였다. 어느 신학자보다도 성경을 깊이 연구하고 신약성경에 주석을 단 루돌프 볼트만은 다음과 같이 예수를 평가했다.

예수는 혁명적인 열정으로 유대교의 교리를 통째로 흔들어 놓았다. 그러자 자기 민족을 의인과 죄인으로 나누었던 바리새인들은 그리스도를 배척하기 시작했다. 예수는 하느님의 참된 율법은 아름다운 마음의 표현 그 자체로 고유의 아름다움을 지니고 있다고 가르쳤다.

예수는 결국 공생애 3년을 살았으며 예수님의 사후 그를 따르던 사도들은 앞으로 어떤 방향으로 나아가야 할지를 두고 엄청난 혼란에 빠졌다. 그러나 예수가 부활하고 승천했다는 소문이 나돌고부터 사도들은 조직적으로 예수의 말씀을 전하면서 활동을 하기 위한 교단 체제를 구축했다. 자신들을 선교사로 자처하고 유대인과 이방인들에게 예수님의 복음을 전파해 나갔다. 사실 기독교라는 새로운 종교는 누구보다도 먼저 예수님의 말씀을 따르던 수제자인 베드로와 사도 바울에 의해서 주도된 것이다. 그 이후 요한과 안드레 등이 합류하면서 12사도들은 주로 동 지중해 지역을 그들의 선교운동의 주 무대로 활동을 하기 시작했다. 예수님 사후 1백 년이 지나서 그의 말을 따르던 수많은 소규모의 단체들이 자신들을 기독교인이라고 부르기 시작했다. 예수님의 복음은 너무도 강력한 호소력이 있었기에 고기잡이를 하던 베드로는 예수님이 '나를 따르라!'는 한마디에 자신이 하던 어부의 직업을 과감하게 내던지고 예수를 따르게 되었다.
예수님의 공생애 3년 동안 대략 70명의 충실한 추종자가 있었다고 전해진다. 예수님은 계율에 얽매이지 말며 과감하게 율법의 틀을 깨고 자유롭게 행동하라는 메시지를 전하였다. 예수님은 기존의 유대교 사제들의 타락과 형식주의 그리고 로마제국을 뒤집어엎지 않는 한 새로운 세상은 올 수 없다고 단정하고 엄청난 혁명을 주도하였다. 이는 마틴 루터보다 훨씬 위대한 혁명가였다. 그건 인간평등 사상에 기초한 인간 해방운동이었으며 또한 평화로운 하느님의 나라를 건설하는 사회개혁 운동이었다.

예수님이 선포한 핵심적인 메시지는 지상에 "하느님의 다스림"이었다. 그건 형이상학적인 의미가 아니라 곧 정의가 지배하는 세상을 말한다. 하느님의 다스림이란 하느님만이 윤리적 권위의 유일하고 진정한 원천이라는 의미를 가진다. 정의는 공평성과 보편성을 기반으로 하는 사회를 말한다. 하늘나라에 대한 해석은 예수님의 산상수훈에서 명확하게 엿볼 수 있다. 신학자인 달라스 월라드는 신약성경에 나오는 8복 이야기는 예수와의 인격적 관계를 통해 지금 가까이 와 있는 하느님의 나라를 눈앞의 현실 상황을 바탕으로 설명하고 예시한 말씀이라고 했다. 제자들은 예수님이 하느님의 신성과 인성을 겸비한 구세주라고 믿었다. 어떻게 이것이 가능한 것일까?

그러나 인간은 누구나 예수님처럼 자신의 생명력을 완전하게 꽃피울 가능성과 하느님과 하나가 될 잠재력을 갖고 있다고 한다. 예수님은 줄곧 종교가 과거에 대한 경직된 교리에 얽매이면 결국 침체될 것이라고 했다. 그리고 하느님의 말씀은 인간에게 수많은 새로운 길을 찾아내기 위한 전체적인 큰 틀을 제시해 준 것이므로, 각자 자신의 마음에서 우러나는 양심의 명령대로 움직이라고 가르쳤다. 사실 인간의 양심은 하느님의 영역이다. 우리가 물가에 빠지는 어린아이를 보는 순간 부지불식간에 물가로 뛰어들어 어린아이를 구하는 행위는 누가 가르쳐 준 것이 아니라 인간의 마음에 갈무리된 자연스러운 측은지심(惻隱之心)의 발로인 것과 같이 말이다. 그러나 예수님이 보기에 제사장 계급인 사두개인들은 세속적으로 너무 타락해 있었으며 또한 일부 경직된 바리새인들은 613가지의 복잡한 율법에 얽매여서 자연스런 인간의 자유를 제한하는 종교의 도그마 속에 민중을 옥죄어 가고 있었다.

기성종교에 대한 불신과 회의가 팽배한 상황에서 힐렐이 지도하는 아가다 학파였던 예수는 "내가 곧 길이요 진리요 생명이니, 나를 따르라."고 외쳤다. 그러나 예수가 말한 하늘나라는 이 세상을 떠난 별천지가 아닌 오로지 이웃을 내 몸과 같이 사랑하는 지극히 소박한 세상, 즉 생각의 전환을 통해서 만들 수 있는 마음의 천국이요, 또한 지상에 존재하는 곳이었다.

> 가라사대 너희에게 이르노니 너희가 만일 믿음이 한 겨자씨만큼만 있으면 이 산을 멸하여 여기서 저기로 옮기라 하여도 옮길 것이요 또 너희가 못할 것이 없느니라.
>
> — 마 17:20

평생 하버드 대학의 교수였던 하비코스 교수에 의하면 예수님이 선포한 핵심적인 메시지는 지상에 "하느님의 다스림"이었다고 하면서 다음과 같이 말한다.

예수님의 하느님 되심을 증명하는 건 낙타가 바늘구멍을 통과하는 것보다 더 힘든 노릇이 될 것이다. 그러나 기독교는 그런 교리를 비판 없이 무조건 받아들여야만 하는 종교일까? 우리는 예수님이 동정녀 마리아에게서 태어났다는 동정녀 마리아설, 그리고 다시스로 가는 도중 해상에서 풍랑을 만난 요나가 삼일삼야(三日三夜)를 물고기의 배 안에 있었다는 이야기와 모세가 지팡이로 홍해를 가르고 이스라엘 민족을 구출했다는 이야기를 어떻게 무조건 받아들일 수 있는가? 사실 예수가 그리던 하느님의 다스림은 그때나 지금이나 그의 말을 듣는 사람들이 더 이상 기다리지 말고 마치 그때가 이미 온 것처럼 살기시작하라고 부르는 예수의 초청이었다.

이제 다음 장에서 기독교의 교리와 불교의 교리를 비교하면서 흥미로운 여정을 시작해 보려고 한다.

18. 불교의 성립

불교의 야사에는 다음과 같은 이야기가 전해 온다.

기원전 356년 마케도니아의 알렉산더 대왕은 빌리포스 왕의 태자로 태어나 당시 가장 뛰어난 석학으로 알려진 아리스토텔레스에게 교육받은 엘리트였다. 세계통합의 꿈을 성취하기 위해 그는 30대의 젊은 나이에 시리아, 이집트 그리고 바빌로니아와 당시 강대국이었던 페르시아를 차례로 점령하였다. 연전연승의 가도를 달리던 그의 군대는 파죽지세로 북부 인도를 진군하고 있었다. 그의 군대가 지나가는 가도에 서 있던 인도의 원주민들은 위풍당당한 알렉산더대왕의 군대에게 항복의 표시로 모두 허리를 굽히며 부복했다.

그런데 어느 부락에 도착했을 때 그의 부하 장수 한 사람이 보리수나무 밑에서 가부좌하고 미동도 하지 않은 채 깊은 명상에 잠겨 있는 수도승을 발견했다.

화가 난 장군은 장검을 뽑아들고 조용히 명상하는 수도승의 이마에 칼끝을 갖다 대며 "이 무뢰한 놈!" 하고 큰 소리로 꾸짖었다. "이 놈, 네 옆에 계신 분이 누구인 줄 아느냐 모르느냐?"

깊은 선정에 들어 미동도 하지 않고 있던 수도승은 너무도 우렁찬 소리에 놀란 나머지 조용히 고개를 돌려 장군을 쳐다보고는, "도대체 그분이 누구시길래 깊이 잠자는 사람을 깨우시오?"라고 응수했다.

그러자 알렉산더의 부하 장군은 "이놈이 죽으려고 환장을 했나. 어서 빨리 부복하고 사죄하지 못할꼬?" 하면서 호령을 쳤다. 그때 옆에서 그 수도승의 의연함을 지켜보던 알렉산더 대왕은, 잠깐 하면서 수도승에게 "당신의 이름이 무엇이오?"라고 물었다. "나는 출가승으로 속명이 없소이다. 그런데 도대체 말 위에 탄 그대의 이름은 무엇이오?" 하며 알렉산더 대왕을 쳐다보며 물었다. "나는 알렉산더대왕이오."라고 대답했다. 그러자 수도승은 "그건 세상 사람들이 당신에게 준 가짜 이름이고 당신이 태어나기 전부터 주어진 본래의 이름이 있을 것이오. 그걸 대보시오." 하였다. 수도승의 난데없는 질문에 알렉산더 대왕은 잠시 상념에 잠겼다. 세상을 살면서 난생 처음 들어보는 질문이었다.

그는 되새김질을 했다. 나의 본래 이름이 있다? 그게 무엇일까? 생각하는 순간, 수도승이 던진 예리한 한마디가 알렉산더의 허를 찔렀다.

"당신은 자신의 이름도 모르면서 어찌 세계를 정복하려고 하며 또 정복해서 무얼하려고 그렇게 수많은 귀중한 생명을 죽이면서 남의 나라를 마구 침범하면서 부질없는 짓을 하고 다니는 것이오?"

그 충격적인 말 한마디에 심한 내적 동요를 느끼던 알렉산더는 인생의 허망함을 깨닫고 휘하 장군들에게 회군을 지시했다고 한다. 결국 그는 페르시아에 이르렀을 때 무리한 강행군으로 시달린 데다 엎친 데 덮친 격으로 말라리아에 걸려 객지에서 33세를 일기로 인생을 마감했다는 전설이 전해지고 있다.

인류의 정신 문명사를 보면 대체적으로 기축시대에 그 문명이 만개했다. 그 시대의 특징은 공통적으로 오랜 세월 동안 전해 내려온 신화나 전설을 이성적인 접근을 통해서 분석하고 정리해서 신비함의 베일을 벗겨버리고 윤리적이며 도덕적인 새로운 인간의 모습으로 세상에 나타났다는 사실이다.

붓다가 활동하던 기원전 6세기 인도에서도 우파니샤드의 발흥과 함께 바라문들의 전변설과 적취설을 정면으로 비판하고 새로운 우주와 인생관을 제시하며 자유로운 사상을 실천하는 철학자들이 대거 진출하였다. 그중에서 브라만의 아트만 사상을 부정하고 나타난 부류가 있었으니 그들을 통칭해서 일반사문(一般沙門)이라고 불렀다. 사문이란 "노력하는 사람" 혹은 "몸을 괴롭게 하는 사람"이라는 뜻이 담겨 있다.

부처님께는 사리불과 목견련이라는 최초의 두 제자가 있었다. 원래 사리불과 목견련은 그 당시 아리안들이 체계화한 바라문교 (Brahmana)의 뛰어난 추종자였으나 부처님과의 진리에 대한 끝없는 논쟁에서 부처님에게 설득당하였다. 그 후 부처님의 고매한 깨달음에 감복해서 바라문교를 뛰쳐나와 붓다의 수제자가 되었다. 불교에 입문하기 전 사리불과 목견련이 믿던 종교는 브라흐마니즘 (Brahmanism)인데, 이는 아리안족이 사성제도를 만들어서 피지배자인 민중의 반항의식을 원천적으로 차단하기 위해 만들어진 것이다. 바라문교와 불교의 차이점은 바라문교에서는 인간의 내면에는 순수하게 변치 않는 영혼인 아트만(Atman)[67]이 있다고 하는 것이다. 그러나 사리불과 목견련은 인간에게는 '나'라고 규정할 만한 실체가 없다는 붓다의 제생무상(諸生無常)에 매혹되어 바라문교를 떠나 부처님의 수제자가 되었다. 그리고 불교라는 교단을 만드는 두 축으로 자리매김하게 되었다.

브라만이나 크샤트리아 계급의 귀족들은 핍박받는 민중들은 안중에도 없고 사치와 향락에 젖어 있었다. 이처럼 무자비하게 민중을 탄압하는 상황을 개선하기 위해서 붓다는 4년 반의 극심한 고행과 1년 반의 명상을 통한 수행 끝에 우주의 원리와 인생의 의미를 확철대오(廓徹大悟)한 후 부처(Buddha)[68]가 된 것이다. 이제 붓다는 온 우주의 실상을 마치 자신 앞에서 벌어지는 연극을 두 눈으로 보는 것은 혜안으로 볼 수 있었다.

이런 인류의 대 성인이 출현하게 된 배경에는 인도라는 나라가 갖는 기후의 특성에서 찾을 수 있다. 인도는 몬순기후의 탓으로 우기(6~10월)에 비가 심하게 오는 관계로 정상적인 일을 할 수 없었다. 그래서 수도승들은 여름에 하안거(夏安居)라는 수행기간을 정해 놓고 하루에 한 끼 정도로 근근이 생명을 부지하면서 수행에 전념하는 관습이 오래전부터 있었다. 수행을 통해서 붓다는 지배계급이 짜놓은 이 모든 사악한 일들은 오직 인간의 어리석음 때문이라고 결론짓

---

67) 요가 수련자들과 우파니샤드 현자들이 추구한 인간 내면의 영원불멸의 자아로, 힌두교에서는 브라흐만과 아트만을 동일한[梵我一如] 것으로 생각했다.

68) 깨달음을 얻은 자. 부처님을 뜻하지만 동시에 니르바나(열반)에 이른 무수한 사람들을 뜻하기도 한다.

는다. 이런 모순을 근본적으로 해결할 수 있는 유일한 방법을 붓다는 인간은 누구나 마음속에 부처가 될 수 있는 불성(一切衆生 實有佛性)을 지닌 존재라는 여래장사상(如來藏思想)을 깨닫게 해주는 것이며, 그것이 자신의 임무란 걸 자각하고 중생제도를 위해 자신의 몸을 던졌다. 그건 마치 거울에 먼지가 잔뜩 끼어서 앞에 선 자신의 모습을 볼 수 없는 것과 마찬가지로 중생은 세속적인 욕망의 업장에 가려서 눈이 있어도 참자아를 보지 못한다는 것이다. 붓다는 막막한 현실 속에서 미래에 대한 꿈을 잃고 마치 동물과 같은 삶을 살아가는 인도 민중들의 강렬한 염원 속에 환생한 미륵불(彌勒佛)[69]의 화신이었다. 중생의 아픔이 나의 아픔과 같이 연민의 정으로 다가오면서 붓다는 더 이상 지체할 수 없었다.

---

69) 56억 7천만 년 후에 온다는 부처이다. 미륵불이 오면 모든 고통스러운 세상을 구원한다는 희망을 중생들에게 심어주기 위함이다.

19. 예수님과 붓다는 우리와 함께 사는 21세기의 인물

아인슈타인은 시간이란 존재하지 않는다고 했다. 우리가 과거, 현재, 미래를 말할 때 그것은 3차원의 세계에서 말하는 것이요, 4차 5차원의 세계에서는 시간이란 존재하지 않는다는 자신의 이론을 정립했다. 그는 시간은 한 방향으로만 흐르지 않는다고 하면서 미래는 과거와 동시에 존재하며 사람이 홀로그래픽(holographic, 입체적) 정신을 가지고 있다면, 보이지 않는 비가시적인 미래를 충분히 예측할 수 있다는 양자역학적인 입장에서 시간과 예언자적인 계시는 동시에 존재하는 것이라고 정의했다. 아인슈타인의 원리를 확대 적용해 보면 예수님과 부처님은 시공을 초월하여 지금도 우리들에게 하늘나라의 모습을 보여주고 있다. 우리가 과거라고 하는 것 그리고 미래라고 하는 것 역시 현재 나의 의식이 확장된 형태의 일부일 뿐이다. 도올 김용옥 교수는 다음과 같이 말한다.

오늘이라는 것은 곧 나의 의식의 흐름을 의미한다. 즉, 시간이라는 것을 우리는 그리니치 천문대에서 움직이는 바늘에 의하여 측정

될 수 있는 고정된 실체들의 연속이라고 파악하는 것은 매우 어리석은 일이다. 이것은 뉴턴 물리학이 근대인에게 준 과학적 환상 중의 하나이다. 그것은 어디까지나 우리의 대중의 삶을 양화(量化)하기 위한 방편(means of quantification)에 불과하며, 비록 우리의 일상적 시간 파악이 우리 손목에서 움직이는 크로노그라프에 의존하고 있더라도 그것이 곧 절대적인 객관적 타당성을 지니는 것은 아니다. 시간은 어디까지나 우리의 의식을 떠나서는 존재할 수 없다. 우리의 의식과 무관한 시간은 우리에게 시간으로 파악될 수 없다. 옛것을 지금 것으로 바꾼다 할 때에도 그 옛것과 지금 것은 모두 나의 의식 속에서 진행되는 사건들일 뿐이다. 옛것이 나의 의식과 무관한 어떤 것이라면 그것은 옛것이란 단어를 빌려서 나의 의식 속에 등장하지도 않는다. 시간을 순수하게 시간적으로 파악할 때는 고정된 시점이 발생하지 않는다. 우리가 갖는 의식의 흐름이라는 내적 경험 속에 시점은 상대화되어 버릴 뿐이기 때문이다. 내가 존경하는 노자의 『도덕경』2장에는 다음과 같은 말이 있다. 전후상수(前後相隨), 즉 전(前)과 후(後)라는 시간상의 시점은 흐르는 시간 속에서 서로 관계지어진 것이라는 뜻이다. 즉, 도(道)라는 시간의 전체상 속에서 파악할 때는 전과 후라는 고정된 절대 시간관념은 성립하지 않는다는 문맥에서 쓰인 말이다. 과거와 현재와 미래라는 시점이 구분된다는 것은 시간을 시간적으로 파악한 것이 아니라 오히려 공간적으로 파악한다는 것을 의미한다. 이때 말하는 공간성이라는 것은 기하학적 공간을 뜻하며, 이것은 희랍(그리스) 사유에서 매우 특이한 것이다. 대체적으로 우리 동양에는 시간적으로 이러한 기하학적 사유가 중시되지 않는다. 동양인들은 공간 자체도 시간적으로 파악해 버리는 경향이 강하기 때문에 공간이라는 외적 형태의 절대성을 인정하지 않는다. 우리가 살고 있는 오늘이라는 시점은 이미 동일한 공간 내에서 시간적 변화만을 일으킨 것이 아니라 이미 그 변화가 타 공간들과의 착종(錯綜, mutual appropriation) 속에서 이루어졌다는 시공(時空)의 불가분리성(不可分離性)을 새롭게 인식하지 않으면 안 된다.

우리는 자신의 의지에 반해서 어느 시점엔가 태어났고 또 자신의 의지에 반해서 때가 되면 저세상으로 가야 할 숙명적인 존재인 것처럼 생각한다.

그러나 낳고 죽는 것은 상대의 세계 즉 시간을 고정시켜 놓고 나는 어제 태어나서 내일 죽는다는 지극히 공간적인 발상이며, 이때 부르는 공간이라는 것은 시간을 빼놓고 순수한 공간을 의미하지만 미안하게도 시간이 존재하지 않는 공간이란 존재할 수 없는 것이다. 불교에서는 모든 우주와 생명계를 불생불멸(不生不滅)이라는 연속된 고리의 무한한 순환의 원리로 풀이한다.

잠시 생각해 보자. 내가 지금 여기에 있다고 생각하는 순간 이미 과거가 되어 버리는 것이다. 만물은 한시도 쉬지 않고 움직이기 때문이다. 과거, 현재, 미래는 존재하지 않는다는 것이 불교의 기본 입장이다.

예수님은 우리들에게 하느님이 태초에 천지창조와 인간을 만들고 우리가 죽으면 천당이라는 환상적인 세계로 진입함으로써 영생을 보장받을 수 있다고 했다. 불교의 열반(Nirvana)과 이론적으로 유비를 이루는 것이다. 참나와 하느님은 하나다. 참나와 하느님은 이어져 있다. 그러므로 유한과 무한은 이어져야 한다. 그것은 영원한 생명이다. 거짓과 진실, 죽음과 영생 사이에 가로놓인 거리는 영원이다. 그러나 장자는 헤아리기 힘들만치 먼 이 영원의 거리는 인간이 제 마음 속에서 얼의 나를 깨닫는 순간 다리가 놓인다고 말한다. 여기에서 유한과 무한이 만나는 기적이 일어난다고 말이다.

부처님은 천지의 나타남과 사라짐 그리고 모든 생명체까지도 모두 연기법(緣起法)에 의한 작용으로 말한다. 내가 좋은 생각을 하면 좋은 과보가 생기고 내가 나쁜 생각을 하면 나쁜 과보가 생기는 것, 즉 원인이 있기에 결과를 만든다는 너무도 자명한 해답이다. 무지개는 어떤 시간과 장소라는 조건과 함께 온다. 비가 온 후 맑게 갠 하늘에 아름답게 타원을 그리고 있는 무지개는 태양과 물, 수증기 그리고 우리의 눈과 의식이 합쳐져서 생긴 것이다. 이런 조건들이 있어야만 무지개는 존재하는 것이다. 그 조건이 사라지면 모든 현상은 물거품과 같이 몽땅 사라져버린다. 공으로 돌아가는 것이다. 예수님과 붓다는 곧 나의 내면에 잠재되어 있는 나의 일부이다. 그 속에는 과거도 현재도 미래도 없이 영원히 순환하는 원리인 만다라(Mandala)[70]인 것이다.

장자는『소요유』에서 수성(獸性)의 곤(鯤)에서 영성(靈性)의 붕(鵬)으로 거듭날 것을 강조했다. 사람이 만물의 영장이 될 수 있는 것은 불생불멸의 절대적인 영성이 있기 때문이다. 제나는 멸망하는 제한된 생명이지만 얼나는 영원한 생명이다. 그 영성을 찾은 예수와 붓다

---

70) 산스크리트어로 본질(mandal)과 소유(la)가 결합된 단어로 우주의 본질이 가득한 원형의 바퀴를 말한다.

는 21세기를 사는 우리와 영원한 동반자인 것이며 그래서 우리는 예수와 붓다를 닮아가려고 하는 것이다.

4.

기독교 신학과
불교의 본질

20. 초기 기독교 신앙

예수는 1세기 팔레스타인 지방에서 일반적으로 사람을 부르는 히브리어 이름 "예수아"의 그리스어 음역이다. 그러나 바빌로니아 포로시대 이후 여호수아로 변형되어서 널리 사용되었다. 여호수아라는 말은 구원하다라는 뜻의 "야샤"에서 유래한 것으로 구원자가 곧 예수아이다. 동시에 플레로마(Pleroma)는 영지주의(Gnosticism)[71]에서 주로 사용한 용어로, 그리스어의 "채우다", "완전하게 하다"는 단어에서 차용한 것으로 그들은 그리스도를 플레로마라고 불었다. 이는 기독교 신학에서 신의 은총으로 충만한 상태, 즉 예수의 대속으로 구원을 받은 상태를 뜻하기도 한다.

〈사도행전〉에 의하면 기독교는 예수님의 부활 이후 10일 만에 마가의 다락방에서 모인 120명의 사람들에게 성령이 역사하심으로 예수를 주로 고배하는 기독교회의 공동체가 시작되었다고 한다. 초대

---

71) 그리스 플라톤 철학에 기원을 두고 동방 종교들의 이원론을 흡수하여 독특한 구원관을 만든 철학사상. 믿음이 아닌 앎(그노시스)을 통해서 구원에 이를 수 있다고 주장하는 이원론적인 세계관.

교회는 사도 바울의 탁월한 영적 능력으로 예루살렘에서 안디옥으로 다시 소아시아에서 로마로 그리고 스페인과 아프리카로 급속하게 퍼져나갔다.

기원후 300년경에는 기독교 공동체가 예루살렘과 로마 콘스탄티노플 등을 포함해서 5개 교구로 확장되었다. 당시 대부분의 유대인이었던 그의 제자들은 로마제국의 변방이며 헤롯왕가의 통치를 받는 팔레스타인 지방의 갈릴리에 살던 예수가 구세주란 걸 신봉하는 사람들로 구성되었다. 그들은 예수를 통해서 하느님의 능력으로 잔악한 로마제국의 통치에 종지부를 찍고 하느님의 통치가 실현되리라는 확신에 차 있었으며 그 믿음에 대한 일말의 의심도 없었다. 그건 곧 실제적인 이스라엘 왕국의 건설이었다. 이렇듯 기독교 신학은 예수님을 신격화하는 시점에서 그 실마리를 찾을 수 있다.

예수는 또 영생을 강조했는데 예수가 말한 영생이란 과연 무엇인가? 예수의 제자들은 영생은 인간이 죽으면 하늘나라에 가서 죽지 않고 영원히 하느님과 함께 살 수 있다고 믿었다. 그러나 실제로 예수가 말한 영생은 가시적인 세계가 아닌 진리와 하나가 된 완성된 인간을 말한 것이었다.

그래서 독일 낭만주의 운동에 불을 붙인 신학자 프리드리히 슐라이어마허(1768~1834)는 『종교론』에서 종교적 탐구는 우주적 분석에서 출발할 것이 아니라 우리의 마음 깊은 곳에서 출발해야 한다고 했다. 그러나 예수를 따르는 제자들과 초기 기독교 교부들은 예수를 하느님의 일을 땅에서 성취하기 위해서 이 땅에 온 신으로 우상화했으며 제도화시켜 나갔다. 그 결과 기독교의 본질은 예수에 대한 절대적인 복종을 요구하게 되었으며 현실과의 간극을 메우기 위해서 초월적인 신의 개념으로 발전해서 예수를 믿으면 모종의 보상을 받고 믿지 않으면 처벌을 받는다는 신학이론으로 발전했다. 그런 절대화한 믿음은 항상 우상숭배로 타락할 위험을 내포하고 있다고 할 수 있다.

예수님이 3년간 전파한 복음은 유대인들에게 외부로만 향하던 자신들의 에너지가 유턴을 해서 자신의 내면을 관찰할 것을 선언한 인류 정신문명의 거대한 의식혁명이었다. 예수님은 자신을 따르던 제자들이 늘어나자 그들을 중심으로 자그마한 단체를 만들게 되었으며 일종의 순회전도사(itinerant missionary)와 같이 이곳저곳을 떠돌아다니며 임박한 하늘나라의 복음을 전파하기 시작했다. 예수도 물론 유대교라는 지붕 밑에서 해석을 달리한 자그마한 종파였다고 할 수 있다. 제자들의 숫자가 늘어나자 예수는 그들을 각기 다른 지역으로 파송해서 병들어 고생하는 자 그리고 악령에 사로잡힌 자들을 고쳐주고 치료해 주다 보니 점점 지중해 방면으로 선교 영역이 확대되었다. 초기의 기독교인들은 각 지역의 장로들의 집에서 모임을 가졌으며 믿는 신자들의 숫자가 기하급수적으로 늘어남에 따라 자연스럽게 그들 중에 대표를 뽑아서 집사(deacon) 혹은 감독(bishop)이란 직책을 부여하게 되었다.

〈출애굽기〉 3장 14절에서 하느님이 모세에게 이르시되 "나는 스스로 있는 자"라고 했다. 나(I)는 내가 세상에 나기 전 원래의 나이며 또 내가 죽고 난 후의 나이기도 하기 때문에 영원한 나이며 진리의 나인 것이다.

예수님이 깨달은 하늘나라 역시 영원한 나의 세계인 것이며 영생의 세계이고 신의 세계이며 진리의 세계인 것이다. 2세기의 기독교 신학자인 오리겐(Origen)은 신성함은 모든 인간들에게 아주 자연스런 그런 상태이며 누구든지 극도로 절제된 훈련을 통해서 신의 경지를 체험할 수 있다고 했다. 예수께서 자기를 믿는 유대인들에게 이르시되 "너희가 내 맘에 거하면 참 내 제자가 되겠고 진리를 알지니 진리가 너희를 자유롭게 하리라."라고 했다. 예수와 진리는 하나이다. 그래서 예수는 사람이 진리의 몸으로 태어나면 영생을 할 수 있으며 죽어도 살아있는 것이라고 했다.

사도 바울의 믿음은 세 가지로 집약할 수 있는데, 첫째, 예수는 하느님의 아들이라는 것, 둘째, 구약성경에서 선지자들이 예견한 메시아가 바로 예수라는 것, 셋째, 예수는 인류의 죄를 대속해 주기 위해서 이 세상에 인간의 몸으로 왔으며 믿는 자들을 위해서 하늘나라를 마련했다는 것이다.

21. 초기 기독교인들은 히브리 성경을 어떻게 이해했을까

기독교 초창기에 예수 사도들은 모두 유대인들이었기에 철저하게 타나크(Tanakh)[72]가 신의 계시로 만들어진 유일한 권위의 상징으로 굳게 믿었다.

그러나 예수 승천 이후 시간이 흐름에 따라 구약에 나타난 메시아에 대한 해석을 두고 어떻게 메시아의 의미를 해석할 것인지 또 언제 메시아가 지상에 올 것인지 등등의 문제에 대해서 의견이 엇갈렸으나 결국 예수를 구약에서 예시한 메시아로 확정하기에 이르게 되었으며 예수는 곧 지상에 온 구세주라는 믿음을 정착시켜 나갔다. 예수 제자들은 애굽으로부터 시나이산으로 탈출한 이스라엘 민족의 제사상 아론은 일시직인 제사징이었으니 예수를 유대교로부터 차변화해서 인류의 메시아로 자리매김 하기 위해서 예수는 전 인류의 제사장이라는 교리를 만들어 나갔다. 그건 〈창세기〉 22장에서 엿볼 수 있듯이, 하느님이 아브라함에게 그의 사랑하는 아들 이삭을 자신에게

---

72) 유대인들은 자신들이 믿는 구약성경을 세 가지로 분류하는데, 율법(Torah), 선지자들의 예언(Navi'im), 문서(Kethvim)의 첫 글자를 따서 타나크(Tanakh)라 부른다.

번제할 것을 요구하는 것과 일치시키기 위해서 예수는 인류의 원죄를 대속하기 위해서 지상에 나타났다는 대속신앙의 이론으로 발전시켰다. 그러나 〈마태복음〉이나 〈누가복음〉을 보면 메시아에 대해서 각기 다르게 묘사하고 있는 걸 발견할 수 있다. 두 공관복음서에 나타난 계보를 보면 〈마태복음〉은 예수를 아브라함과 다윗 그리고 바빌론 포수 역사를 이어온 히브리인의 후손이요 메시아라고 규정짓고 있다.

> 그런 즉 아브라함부터 다윗까지 열네 대요, 다윗부터 바벨론으로 이거할 때까지 열네 대요, 바벨론으로 이거 후부터 그리스도까지 열네 대더라.
>
> – 마 1:17

그러나 〈누가복음〉에 보면 예수의 계보를 세례 요한으로부터 요르단 강가에서 세례를 받을 때 예수가 하느님의 음성을 들었던 사실로부터 유추해서 예수는 이미 에덴동산에서 아담의 후손으로 이어 온 계보를 이어 받았음으로 분명 예수는 인류의 대속을 위한 하느님의 권능으로 이 세상에 왔다는 교리를 만들어 나갔다.

유대 제사장들에게는 초기 예수의 사도들은 눈에 가시와 같은 존재였다. 그래서 어떻게든지 초기 기독교 사도들의 성경 해석에 제동을 걸고자 했다. 왜냐하면 구약에 나타난 선지자들의 계시와 메시아에 대한 해석을 모두 예수의 메시아 됨에 초점을 맞추다 보니, 구약의 하느님을 믿는 유대교 사제들의 시각으로 볼 때 이는 가당치 않은 어불성설이었기 때문이었다. 사도들의 그러한 믿음은 고스란히 구약성경을 재해석할 때 신약성경에 반영되었다고 할 수 있다. 그래서 초기 예수 사도들은 히브리 성경을 해석할 때 문자적으로 해석하는 것과 성경 구절구절에 영감을 불어넣어서 성령 충만한 하느님의 계시로 해석하는 두 가지 해석방법을 병행하게 된다. 이것이 확대 해석하게 된 동기라고 할 수 있다.

예수 사도들은 유대 제사장들이 율법을 문자적으로만 해석한다고 간주했다. 그래서 문자적 해석 위에 그들 나름의 영감설을 추가한 것이다. 영감을 불어 넣는다는 말은 신약성경을 만든 저자들이 이미 하느님과 영적인 교류를 통해서 메시지를 전달받았다고 확신하는 입장에서 성경을 해석하는 것으로 유대인들이 이용한 미드라시와 유사한 방법이다. 그들이 주장한 핵심사상은 인간에게는 두 가지 법칙이 공존하는데, 하나는 인간의 통제하에 있는 인과법칙이 있으며 또 다른 하나는 전혀 우리의 통제하에 있지 않고 절대자의 의지대로 작동한다는 형이상학적인 해석 방법이었다. 후자는 어떤 면에서 대단히 독단적인 해석 방법이라고 할 수 있으며 문자적으로 해석하는 방법보다 더 교조적이고 자의적인 해석이 끼어들 수 있는 위험성이 내포된 해석 방법이라고 할 수 있다.

그러나 예일대학의 영문학 교수이며 야훼신앙과 예수를 깊이 연구한 해롤드 블룸(Harold Bloom) 교수는 『예수와 야훼, 누가 신인가』라는 저서에서 신약성경에 나오는 예수의 이야기는 과거 1천5백 년간 초기 기독교 변증가들과 사제들 그리고 스콜라 철학자들과 신학자들에 의해 수정, 증보, 변절, 첨삭, 조작이란 무수한 수난과 심각한 투쟁을 거쳐서 구약의 하느님인 야훼를 추방하고 예수를 신약의 하느님

으로 대체한 가공된 기록이라고 고백하면서 오히려 영지주의자들에
의해서 쓰인 〈도마복음〉의 기록이 신빙성이 있다고 했다.

22. 사도 바울은 왜 기독교 신학에서 가장 중요한 인물인가

  사도 바울은 소아시아의 다소(Tarsus)에서 벤자민 지파의 후손으로 태어나서 로마 시민이 된 유대인이었으며 원래 이름은 사울이었다. 기독교 자료에 의하면 바울은 그 당시 율법해석에 있어 온건한 입장을 취한 힐렐학파의 랍비 가마리엘 밑에서 유대성경을 체계적으로 공부했다고 한다. 그때까지 그의 신학적 바탕은 유대교 안에 있었다. 바울은 소아시아와 지중해 연안 그리고 그리스 등지를 열정적으로 여행하면서 전도했으며 기원후 67년 로마의 서쪽 5km 지역에서 로마제국으로부터 참수형을 받을 때까지 평생 예수의 복음을 전하는데 신명을 다 바쳤다.

  바울 선교의 목표는 예수의 십자가 죽음과 승천 이후 모세의 율법은 파기된 것이며 예수가 가르친 법이 모세율법을 대체했다는 것이었다. 따라서 이를 뒷받침할 수 있는 이론을 정립해 나갔다. 이제부터 유대인과 이방인의 차별은 없으며 구약의 성경을 예수의 메시아 됨에 초점을 맞추어서 해석해 나가기 시작했다. 그의 기독교 신학이론은 중세에 들어와 성 앨베르투스 마그누스와 토마스 아퀴나스 등에게 결정적인 영향을 미쳤고 마틴 루터의 종교개혁에도 지대한 공헌을 했다. 마그누스와 아퀴나스는 중세의 다양한 철학자들의 형이상학적 기독교 이론에 경도되지 않고 기본적으로 바울의 신학에 전적으로 의존했다고 할 수 있다. 바울신학은 기본적으로 예수를 새로운 세상을 다스릴 천년왕국의 왕으로 보는 시각에서 출발했다. 바울은 기독교의 아버지라고 할 수 있다.

23. 어떻게 4복음서가 탄생하게 되었나

강이 에덴에서 발원하여 동산을 적시고 거기서부터 갈라져 네 근원이 되었으니, 첫째의 이름은 비손이라, 금이 있는 하윌라 온 땅에 둘렸으며, 그 땅의 금은 정금이요 그곳에는 베델리엄과 호마노도 있으며, 둘째 강의 이름은 기혼이라 구스 온 땅에 둘렸고 셋째 강의 이름은 힛데겔이라 앗수르 동편으로 흐르며 넷째 강은 유브라데더라.

— 창 2:10~14

상징적인 의미에서 네 강은 신약성서의 4복음서를 의미하고 또한 하느님의 계시가 사방으로 온 천하에 퍼져나가는 보편적인 종교임을 암시하는 것이다. 이와 동시에 인간의 네 가지 덕성인 신중함, 정의, 용기 그리고 절제를 뜻한다. 지상의 네 강은 천국에 대응물이 있으며 그곳은 하느님을 믿는 자들만을 위해서 만들어졌다는 대단히 종말론적 기복신앙이다. 이렇게 신약성경의 4복음서가 만들어진 동기는 히브리어로 된 구약성경의 내용과 일치하도록 확대해석을 거쳐서 편집되었다. 성경해석의 측면에서는 유대인들과 차별화하면서도 그들의 근본적 신학적 틀은 구약의 전체적인 흐름에서 벗어나지 못하는 이

율배반적인 면을 엿볼 수 있다. 다음의 기독교 변증가들의 기록에서 그 면모를 살필 수 있다.

예수 사후 1세기가 지나서 예수의 동정녀 탄생과 메시아 됨 그리고 삼위일체설과 대속 등의 교리를 두고 치열한 논쟁이 벌어졌다. 저스틴 마터와 터툴리안은 물론 아테나고라스와 아리스테데스 등과 같은 기독교 변증가들은 모두 헬라철학과 유대주의를 대립적인 것으로 보지 않았다. 오히려 유대교와 헬라철학을 연계시켰으며 모세와 플라톤을 관통했고 예루살렘과 아테네를 연결했다. 저스틴 마터(Justin Martyr, 100~165)[73]는 예수라는 인간에 내재된 신성의 모티브를 추구한 것이 초대교회의 핵심주제였다고 변론했다. 그는 〈시편〉 22장을 26회나 인용하여 예수의 십자가 처형이 예언되었다는 걸 입증하려 했으며 〈이사야〉 53장 12절을 29회나 인용해서 예수의 대속신앙을 옹호했다. 그러나 저스틴과 반대의견을 가진 트리포는 선지자 엘리야가 아직 오지 않았다는 이유로 예수가 메시아라고 믿지 않았다. 그는 〈신명기〉 21장 23절에 의해서 볼 때 도저히 상상할 수 없는 일이라고 했다.

우리가 흔히 공관복음이라고 부르는 〈마태복음〉, 〈누가복음〉, 〈마가복음〉의 세 복음서는 초기 기독교 사도들이 하느님 나라를 예시한

---

73) 기원후 150년경 팔레스타인에서 활동하던 초기 기독교 변증가이다. 예수님이 〈이사야서〉 52:13 그리고 53:11에 예시된 메시아라고 주장하며, 예수는 하느님 자체는 아니라고 웅변했다. 말년에 로마에 의해 처형되었다.

예수의 사역과 말씀을 정리한 것이다. 거기에 〈요한복음〉을 합쳐 4복음서라고 한다. 공관복음(共觀福音)이란 동일한 관점에서 예수의 사역과 말씀을 파악했다는 의미이다. 〈마가복음〉의 약 90%가 〈마태복음〉에 기록되어 있으며 〈마가복음〉의 약 53%가 〈누가복음〉에 기록되어 있다. 그러나 〈요한복음〉은 세 복음서와는 좀 다른 측면에서 기록되었는데, 영지주의적 관점에서 쓰였다고 전해지고 있다. 그 차이점은 다음과 같다.

첫째, 사상적 차이로 공관복음에는 이원론적인 개념이 등장하지 않는데 반해 〈요한복음〉은 영지주의자들이 사용한 참과 거짓, 빛과 어두움, 생명과 죽음 등 이원론적인 개념이 자주 등장한다.

둘째, 공관복음에는 미래적인 종말을 강조하고 있는데 반해 요한복음서는 현세적인 종말을 강조하고 있다.

셋째, 공관복음에는 마귀를 쫓는 것과 가나안 혼인잔치에서 물을 포도주로 변화시킨 기적 같은 사건이 자주 등장하는데 〈요한복음〉에는 그런 기적이 등장하지 않는다.

넷째, 공관복음에는 예수의 말씀 중에 하늘나라가 기본 주제이며 거의 짧은 말들로 되어 있는 반면, 〈요한복음〉에서는 "나는 길이요 진리 생명이다."라는 식으로 자기 계시적이며 긴 말들로 되어 있다.

다섯 번째, 공관복음에는 예수께서 점진적으로 메시아 됨을 밝히는 반면, 〈요한복음〉은 처음부터 예수를 메시아로 보고 후에는 하느님으로 서술했다.

여섯 번째, 공관복음에는 심판과 하느님 나라는 세상이 끝나는 시점에 온다고 말하는데 반해, 〈요한복음〉은 이미 여기 와 있는 것으로 현세적인 종말론을 말한다. 예수를 영접한 사람은 현세에서 이미 구원을 얻게 되고 참다운 생명이 이미 시작 되었으며 다만 죽어서 완성된다는 것이다.

사실 그 당시 80개 정도의 잡다한 복음서들이 유포되었던 것으로 사가들은 추정한다. 그러나 콘스탄티누스 대제는 4복음서만을 짜 맞추라고 지시했다고 한다. 콘스탄티누스 대제는 평생 태양신을 섬기는 이교도였다. 그러나 그는 죽기 전 침대에서 침례를 받았다. 콘스탄티누스보다 40년 정도 앞선 시기에 로마제국의 황제였던 아우렐리아누스(Aurelian, 214~275)가 기원후 272년 최초로 태양신(Sol Invictus)을 로마의 신들 중 하나로 선포했기 때문이다.

24. 기독론

    기독론은 예수 그리스도는 신성과 인성을 겸비한 하느님의 성육신이라는 것과 하느님의 계시가 그리스도 안에 있다는 교리를 뜻한다. 그리스도를 구주로 고백하는 신앙 공동체를 크게 세 가지로 구분할 수 있는데, 정교회와 로마 가톨릭교회 그리고 개신교로 나눌 수 있다.

    기원후 312년 콘스탄티누스는 정적인 막센티우스와의 싸움에 나가기 하루 전 정오가 지날 무렵 하늘에서 이상한 물체를 보았다고 한다. 그것은 빛나는 십자가로 거기에는 "엔 투토이 니카(이 증표 안에서 승리하라는 뜻)"라는 문구를 쓴 깃발이 그려진 환상을 보았다고 한다. 그날 밤 잠자리에서 낮에 본 그 환상의 의미를 되새기는 동안 그만 잠이 들었다. 그런데 꿈에 구세주가 나타나 낮에 본 것과 같이 십자가가 그려진 깃발을 들고 나타나서 이 깃발을 만들어 전쟁에 나가면 승리할 것이라는 소리를 듣는다. 반신반의하던 콘스탄티누스는 밀비아누스 다리 전투에서 가슴에 십자가를 달고 전투에 나가 경쟁자 막센티우스를 물리치고 승리한다. 황제 콘스탄티누스 대제는 자신의 승리가 기독교의 신 덕분이라고 믿게 되어 기원후 313년 밀라노

칙령으로 그동안 탄압했던 기독교를 정식 종교로 인정하고 325년 소아시아의 니케아 종교회의에서 삼위일체설을 승인했으며 381년 콘스탄티노플 총회 때 삼위일체설을 기독교인들의 공식신경으로 채택했다. 392년 테오도시우스 칙령으로 기독교는 로마제국의 국교로 선포되었고 451년 11월 1일 칼케돈 공의회에서 500명의 감독이 참가하고 황제 마르키온의 주재하에 예수는 한 인격에 두 인성을 겸비한 신인 동시에 인간이며 그리스도이고 구세주라는, 기본 교리를 확정했다고 신약성경의 주석서는 일률적으로 말한다. 그것이 곧 기독론이다.

그 당시 로마제국의 공식 종교는 태양숭배였다. 무적 태양신에게 매년 제사를 올렸고 로마 황제 콘스탄티누스는 제사장이었다. 그러나 기독교인들의 숫자가 기하급수적으로 늘어났기 때문에 한때는 기독교와 이교도 간에 전쟁이 일어났으며 로마를 둘로 가르자는 의견까지 나올 정도였다. 사태의 심각성을 간파한 콘스탄티누스는 수많은 식민지를 통치하고 있는 로마제국의 지속적인 안정과 속국들의 동요를 막기 위해서는 모종의 특단의 조치가 필요했다. 그리고 당시 상승세를 타고 있는 기독교를 국교로 선택할 수밖에 없었다. 그러다 보니 이교도의 상징과 날짜, 그리고 여러 종교의 제식 등을 섞어서 통합 종교를 만들었다.

원래 초기 기독교는 유대인들과 마찬가지로 토요일을 안식일로 섬겼다. 그러나 325년 니케아 종교회의 이후 태양숭배일인 일요일(Sunday)을 안식일로 정한 것이다.

그 이후 콘스탄티누스의 버전 외에 금지된 복음서를 읽거나 전도하는 사람은 이단자로 간주해서 처형했다. 이단(heretic)이란 단어는 그

때 나온 것이다. 콘스탄티누스는 당시 남아 있던 복음서 중 4복음서만 제외하고 모두 불태우라고 명령했다. 그러나 1945년 이집트의 나그함마디에서 무하마드 알리라는 한 소년에 의해 콥트어로 쓰인 〈도마복음〉이 콥트 두루마리 형태로 발견되었다. 또 역사가들에 의해 쿰란 근처의 동굴에 숨겨져 있었던 두루마리가 1950년에 발견되었다. 〈도마복음〉은 예수의 12제자 중 한 사람인 도마가 쓴 것으로 이를 Q(불어 Quelle, what의 뜻)복음서 혹은 Q사본이라고 하는데, 기독교에서는 이를 외경으로 취급하고 있다. 그동안 로마 교황청은 이 두루마리의 공개를 철저하게 저지해 왔으나 1975년 각국어로 번역되어서 항간에 출판되었다. 거기에는 진정한 인간 예수의 모습이 담겨져 있는데, 4복음서에 자주 등장하는 예수가 신이라는 것과 하느님의 아들이라는 말 또는 예수가 물을 포도주로 만들었다는 등등의 신비한 이야기들은 전혀 찾아볼 수 없었다.

기독론의 핵심 이슈는 두 가지로 집약할 수 있다. 첫째, 성육신의 교리는 신약성서 안에 있지 않기 때문에 예수라는 인물을 어떻게 한 인격 안에 두 본성, 즉 신성과 인성이 연합할 수 있는가에 대한 문제와 두 번째는 삼위일체를 어떻게 해석하느냐 하는 문제이다.

첫째, 신성과 인성의 문세에 관한 것이다.

아리우스의 이론이다. 알렉산드리아의 기독교 성직자이며 신학자이던 아리우스(250~336)는 예수가 신임을 부정하지는 않는다. 즉, 예수는 하느님과 유사한 본질을 가졌지만, 참 아버지 하느님은 한 분이라고 주장했다. 성자 예수는 하느님의 말씀과 지혜(Logos)[74]에 의해 창조된 피조물이기에 종속적인 존재이며 로고스가 인간이 되면 완벽한 복종의 삶을 살 것이기 때문에 그 보상으로 신적인 지위로 올려졌다고 보았다. 여기서 로고스는 완벽한 인간의 원형이 되었다고 했다. 그는 결국 신의 초월성을 지키고자 했다고 할 수 있다. 아리우스는 유일무이한 신은 유일하게 비출생적이고 유일하게 영원하고 유일하게 불멸하며 유일하게 지혜롭다고 했다. 예수는 신성과 인성을 겸비한 하느님의 피조물이다. 기독교인은 그의 진정한 케노시스를 모방함으로써 그 자신도 신의 아들이 될 수 있다고 했다.

그다음 아타나시우스(293~373)의 이론이다. 알렉산드리아의 총대주교였던 아타나시우스는 정통 기독교 신앙의 아버지로 칭송받는 인물로 로마 가톨릭, 동방정교회, 성공회, 개신교로부터 모두 칭송받는 위대한 신학자이다. 그는 아리우스가 정말로 그리스도를 한낱 피조물로 여긴다면 그에게 예배드리는 것은 우상숭배의 죄를 짓는 것이라고 주장했다. 그는 예수의 선재설(인간이 되기 전에 아담 이전부터 이미 하느님 안에 존재했다)을 주장했다. 말씀이 인간이 된 것은 인간을 신적 존재로 만들기 위함이며 육신을 통해서 드러낸 것은 보이지 않는 성부를 인정하게 하기 위함이라고 했다. 그리하여 우리는 인간 예수를 보면서 예수가 아니면 알 수 없을 것을 안에 내재하는 신과 성령을 불완전하게나마 느낄 수 있게 되었다. 말씀이신 그

---

74) 기원전 6세기 헬라클레이토스가 우주의 창조과정에서 창조의 원리로 해석한 데서 유래했다. 이성, 정의라는 뜻이며 신의 로고스는 그리스 정교회 신학자들에 의해 유대교 성서에 나오는 신의 지혜와 동일시되었다.

리스도는 창조되지 않고 성부의 우시아로부터 말로는 표현 불가능한 방식으로 태어났다고 믿었다. 그러므로 예수는 완전한 인간인 동시에 완전한 신이었다고 주장한다. 다시 말해서 예수는 모든 피조물과는 전혀 다른 방식으로 신으로부터 나왔다는 이론이다. 아타나시우스는 신의 절대성을 강조한 것이다. 이 논쟁은 325년 소아시아의 니케아 종교회의에서 아타나시우스의 이론을 채택하고 아리우스는 이단으로 지목하고 파문하면서 일단락되었다.

둘째, 하느님(성부)과 하느님의 독생자인 예수(성자) 그리고 성령(하느님의 영)은 3위(세 인격)로 존재하지만 본질은 하나의 신이라는 삼위일체론이다. 삼위일체론은 하느님은 성자 예수님의 아버지 되신다는 형이상학적 이론이다. 그러나 구약성경에는 삼위일체에 대한 명확한 계시가 없다.

역사적으로 보면 삼위일체 개념은 고대 이집트에서 기원한 것으로 믿어진다. 고대 이집트 종교는 다신론이었으며 타민족의 종교를 흡수한 혼합주의적인 종교였다. 헬리오폴리스 신화에 보면 창조신 아톤(Aton)과 태양신 라(Ra) 그리고 라의 딸이며 우주의 창조 법신인 마트(Maat)가 하나의 인격, 즉 삼위일체를 이룬다는 내용이 삼위일체의 기원이라고 한다. 힌두교에서도 우주를 창조(Creation)한 브라흐마(Brahma, 梵天) 그리고 우주를 보존(Protector)하고 발전시키는 신 비슈뉴(Vishnu) 그리고 파괴(Destroyer)의 신 시바(Shiva)와 같이 세 신이 있지만, 실제로는 하나의 신을 각기 기능적인 요소에 따라 셋으로 분류한 것이나 마찬가지다.

기독교는 1세기 초기 기독교 교부였던 크레멘스가 최초로 언급하고 그 이후 3세기의 교부인 터툴리안, 오리겐 등이 이집트와 메소포타미아 그리고 그리스의 신관을 참조해서 구성한 삼위일체론이 381년 콘스탄티노플 공의회에서 정통교리로 확정되면서 기독교 신조로 굳혀졌다. 그리고 영지주의의 유출설과 마르키온주의의 이원론은 이단으로 지목되고 퇴출되었다.

삼위일체론 논쟁 중 대표적인 양자론과 양태론을 살펴보겠다. 먼저, 양자론(역동적 단일신론)이다. 양자론은 예수님은 우리와 같은 사람이었으나 하느님께서 그에게 성령을 부어 주셔서 아들을 삼았다는 이론이다. 예수님은 비록 동정녀에게서 태어났지만 태초에는 우리들과 똑같은 사람이었다고 말한다. 그러나 예수가 세례를 받을 때에 비로소 성령을 통해서 신적 능력이 주어졌다고 한다. 그러나 하느님은 오직 한 분이며 예수님은 성령을 통해 하느님과 역동적인 관계를 갖게 되었다는 것이다. 이런 점에서 양자론은 역동적 단일신론이라고 말한다. 즉, 예수는 하느님과 본질적으로 같은 하느님은 아니라고 한다. 비록 성령을 통해서 양자가 되었지만 하느님의 속성을 가지고 있다는 것이지 성부 하느님과는 다른 존재라고 하며 하느님은 성부 하느님밖에 없다고 한다. 다시 말해서 예수는 보통 사람이었지만, 세례 요한에게 세례를 받아서 하느님의 아들이 되었다고 한다. 예수님이 가진 신적인 능력은 이때에 임한 비둘기 같은 성령에 의해 주어진 것이다. 성부만이 하느님이며 예수님은 하느님이 아니다. 그러나 양자론 사상은 예수님의 신성을 거부했다는 이유로 이단으로 정죄되었다.

다음은 양태론에 대한 설명이다. 양태론은 성부와 성자를 한 하느님이 두 가지 다른 양태로 나타난 것으로 이해하는 입장이다. 하느님은 오직 한 분이지만 인간의 죄를 구속하기 위해서 여러 가지 다른 모습으로 시현했다고 주장한다. 가령 교회의 목사님이 교회에서는 목사님으로 불리지만 집에 돌아가서 아내에게는 남편으로 자녀들에게는 아버지가 되고 또한 할머니나 할아버지 앞에서는 아들이 되는 것과 같이 상황에 따라 각기 다른 모습으로 비추어지나 사실은 동일한 한 사람이라는 맥락으로 이해하는 이론이다. 이와 같이 양태론자들의 주장은 하느님께서 때로는 성부로, 성자로 또는 성령으로 나타난다고 주장한다. 이런 의미에서 양태론자들은 3위(三位)를 구분하는 것을 반대한다. 양태론에서는 성자를 인간의 몸을 입고 오신 성부로 본다. 그러므로 십자가에 달려 고난을 겪은 분이 다름 아닌 성부라고 주장한다. 후에 터툴리안은 그것을 "성부 수난설"이라고 불렀다.

양태론을 체계적으로 집대성한 사람은 서방의 시벨리우스였다. 그는 하느님께서 구속사의 과정 속에서 세 모습으로 나타났다고 주장했다. 마치 인간이 육과 영으로 그리고 정신으로 구성되어 있는 것처럼 신의 본질은 세 가지로 구성되어 있다는 것이다. 마치 태양은 하나이지만 그 안에서 열과 빛을 발하는 것처럼 성부는 태양이요, 성자는 빛을 내는 광선과 같고 성령은 태양에서 나오는 열과 같다는 은유법으로 자신의 이론을 정립했다. 그러나 그는 성부와 성자가 본질상 하나라는 점을 지나치게 강조한 나머지 예수의 인성을 외면하게 되는 모순을 드러냄으로써 결국 이단으로 정죄되었다.

다음은 동방정교회의 삼위일체론이다.

기독교가 동방과 서방으로 갈라지게 된 주요 원인은 그리스도의 위격(位格)에 관한 이견 때문이었다. 서방교회는 우리 주 예수 그리스도는 하느님과 똑같은 한 분의 동일한 아들이시고 신성에 있어서 이성적인 영혼과 몸을 가진 성부와 동일한 본질이시니 죄만 빼놓고 모든 것에 있어서 우리와 마찬가지라고 고백한다. 그러나 381년 콘스탄티노플 공회에서 삼위일체설을 기독교의 공식 신경으로 확정한 후 예수의 신격(하느님이 어떻게 예수 인간 안에 존재할 수 있는가?)을 두고 오랜 기간 치열한 논쟁이 벌어졌다. 콘스탄티노플 신경에는 "성령님은 주님이시고 아버지로부터 나오시는 분임을 믿습니다."라고 되어 있다. 그러나 서방교회가 스페인에 진출해서 성령을 "아버지로부터 그리고 아들로부터 나오시는"이라고 임의적으로 추가했다. 그걸 라틴어로 표현하면 필리오케(Filioque, and from son)라고 한다. 동방교회는 이에 대해 〈요한복음〉 15장 26절에 "성령은 아버지로부터 나온다."라고 명기되어 있기 때문에 "아들로부터"라는 문구를 넣으면 성령이 아버지로부터도 나오고 아들로부터도 나온다는 이중출원설이 되어 혼돈을 초래할 수 있다고 반박한다. 그리하여 809년 아헨(Aachen) 공의회에서 교황 레오 3세에 의해 결의되고 로마 황제 샬레만에 의해 칙령으로 반포된 '성부와 성자로부터 나오시고(ex Patre et Filioque procedit)'는 잘못된 것이기에 아버지로부터 나온다는 단일출원설로 수정할 것을 교황청에 강력히 요구했다. 서방교회는 3위가 페리코레시스(perichoresis, 순환)에 의해서 하나를 이루고 있지만, 삼위는 각각 개별적이고 독특한 위치와 사역을 지니고 있기 때문이라고 변론한다. 그러나 동방교회는 성령을 내쉬는 분은 오직 성부 하느님뿐이라고 강력히 반발했다. 서방교회는 이런 동방교회의 주장을 묵살

하고 자신들의 입장을 변경하지 않았기 때문에 결국 1054년 동방교회와 서방교회는 각기 소아시아의 콘스탄티노플과 로마로 분열하게 되었다. 동방교회의 주장은 성자 하느님을 세상에 보내신 분은 성령을 내쉬는 성부 하느님이라는 것이며 오순절 마가의 다락방에 오신 하느님은 성령 하느님이시지 성자 하느님이 아니며 십자가에 매달리신 하느님 역시 하느님이라는 것이다. 따라서 보내신 하느님과 보냄을 받은 하느님을 혼동해서는 안 된다는 것이다. 사도신경에 필리오케를 삽입하면 삼위일체에 하느님에 대한 올바른 증거를 혼란에 빠뜨린다고 주장하면서 서방교회의 입장을 강력하게 반대했던 것이다.

| 성 어거스틴의 삼위일체론 |

어거스틴은 당시 기독교의 바이블 벨트(Bible Belt)라고 하는 아프리카 힙포의 주교로 있으면서 기독교의 핵심 이론인 삼위일체론(De Trinitate)을 자신이 저술한 방대한 저서인 15권의 『신국』에서 상세히 밝히고 있다. 그 내용을 요약하면 삼위일체, 즉 아버지와 아들과 성령은 하나인 동시에 "유일하고 하나이신 참된 하느님이시다."라는 것이 핵심이다.

첫째, 3위는 나누어질 수 없는 동등한 본질을 소유하고 있다. 그 본질인 지혜는 한 하느님으로 불멸 또는 불가견적이고 항상 존재하시는 자의 본질을 소유하므로 이것을 우시아(Ousia)[75]라고 부른다.

---

75) 본성, 본질이란 뜻으로 인간의 이성과 경험으로 파악되지 않는 신적 본질을 뜻한다.

그리스도는 하느님의 지혜요, 능력이며 하느님과 함께 계셨고 성부와 성자는 모든 일에 있어서 그 본질이 똑같기에 동일할 수밖에 없고 3위가 불가견적 피조물을 통해서 특별한 계시, 곧 신현(Theophany)의 가능성 및 그 사실을 지적함으로써 서로 동등함을 주장한다. 그것은 획기적인 사상이다. 그는 플라티노스의 유출설과 영지주의의 이원론 그리고 아리우스의 종속이론을 극복한 것이다.

둘째, 시벨리안은 양태론에서 삼위의 구별을 무시했으나 어거스틴은 이에 대해서 아버지는 아들이 아니며 아들은 아버지가 아니고 성령은 성부, 성자가 아니라고 말한다. 본질은 같은데 관계는 다르다. 성부는 성자를 갖지 않고는 아버지가 아니고 아들은 성부를 갖지 않고는 아들이 아니다. 3위는 신성 안에서 신성이 일으키고 낳음, 탄생과 발현함이라는 요인들과 같이 실질적인 영원한 관계이다. 그러므로 성부, 성자, 성신은 각기 품격이 무엇이든 간에 각기 한 부분이며 나머지 두 부분과 관계되어 있다는 뜻이다. 그는 여기서 당황스럽게도 하느님은 한 분이라는 〈신명기〉 6장 4절을 인용했다. 아버지란 삼위일체 안에서 신이 본질적으로 존재하는 양식에 적용된 관계개념이라고 한다. 그는 성자의 형이상학적인 면을 Forma Dei(신의 현상)이라고 칭하고 그의 인간적인 존재양식을 Forma Serv(종의 현상)이라고 했다. 성령에 대해서 성부와 성자가 모든 면에서 동일한 것같이 성령은 그의 본체(substantia) 면에 있어서나 기능에 있어서 성부와 동일하다고 했다.

결론적으로 어거스틴 신학은 성경과 플라톤 철학의 결합이라고 할 수 있다. 그의 삼위일체론은 개체의 다양성보다 통일성을 강조한 점이 특징이며 성령의 방출이론, 삼위일체의 흔적사상 특히 인간 심리학적 면에서 분석, 추구한 노력들은 서방 삼위일체 신학이 다르게 된 근본적인 방향을 제시했다고 볼 수 있다.

| 아래로부터의 기독론과 위로부터의 기독론 |

기독론에 대한 또 하나의 논쟁은 하느님의 성육신과 십자가 처형 등을 두고 예수 그리스도에 대한 인식의 순서가 어디서부터 시작되느냐에 따라서 위로부터의 기독론과 아래로부터의 기독론으로 구분된다.

(1) 위로부터의 기독론

위로부터의 기독론은 예수님을 이미 선재하신 하느님의 로고스(말씀)이신 분으로 인식하는 방법을 말한다. 정통기독교에서는 위로부터의 기독론만이 구원을 받는다고 말한다. 예수님은 하느님의 2위로서 이 땅에 가장 낮은 자리에 오셨고 십자가에 못 박혀 죽으심으로 인류의 죄를 구속했으며 다시 승천하여 하느님의 우편에 앉아서 지금도 우리를 다스리신다는 이론이 위로부터의 기독론이다. 이 이론을 정립한 대표적인 신학자는 신정통주의의 선구자인 칼 바르트였다. 그는 하느님의 무한한 은혜와 십자가의 비이성적 행위는 반드시 위로부터 온 것이지 아래로부터 올 수 없는 것이라고 했다.

(2) 아래로부터의 기독론

이것은 19세기 계몽주의를 기점으로 인간의 주체성이 강조되면서 발흥한 이론으로 하느님 또는 신의 개념은 자명한 것이 아니라 인간의 이성 속에서 파악할 수 있어야 한다면서 하느님이 어떻게 인간 예수 안에 있을 수 있느냐는 근본적인 회의에서 출발하는 이론이다.

아래로부터의 기독론은 역사적 사실로서 예수를 탐구한 신학자들로부터 많은 영향을 받았다고 할 수 있다. 이 이론은 유대인 예수가 역사적으로 어떠한 삶을 살아갔으며 어떻게 신으로 승격되었나 하는 데 초점을 맞추었다고 할 수 있다. 아래로부터의 기독론을 주장한 대표적인 신학자는 20세기 신학의 대가인 폴 틸리히와 케제만 그리고 판넨베르크였다. 틸리히는 예수 그리스도 안의 인간 존재의 내재적인 성품, 즉 그리스도는 태초부터 인간의 모습 속에 구현되어 있는 하느님의 모습을 대변했으나 동시에 타락한 인간의 삶 속에서 살았다는 것을 전제로 예수는 한 인간이었다고 주장한다. 케제만 역시 역사비판적인 입장에서 예수 그리스도의 믿음을 받아들일 것을 주장한다. 그의 이론을 배경으로 역사적 예수에 대한 연구가 지속되었고 그 결과로 예수는 신성을 상실한, 평범한 인간으로 평가하는 분위기가 조성되었다.

(3) 판넨베르크의 기독론

틸리히와 함께 아래로부터의 기독론에 동조했던 판넨베르크는 틸리히와 조금 다른 주장을 했다. 그는 신성의 문제를 밝히는 것이 고전적인 기독론의 문제라면 그건 이미 예수의 신성을 인정하고 다만 그 신성을 밝히는 방법론을 모색하는 것과 같이 마치 우물 속에 개구리가 들어가 있는지 아닌지를 확인해 보기도 전에 이미 개구리가 들어가 있다는 걸 전제로 어떻게 개구리를 잡아내야 하는지를 두고 설왕설래하는 것과 같다고 했다. 그는 기독론의 과제는 인간의 역사가 예수의 신앙에 대한 기초를 구성하는 데 있다고 주장하면서 예수의 십자가 죽음과 부활 그리고 그의 복음은 단순한 역사 지식을 습득하기 위해서라도 필요불가결한 방법이라고 주장했다. 그 이유는 아래로부터의 기독론은 철저히 하느님의 중심에 서 있다는 위로부터의 이론에 대한 반동으로 나온 것이며 그는 지상에서 살던 한 인간인 예수가 어떻게 신성에 도달하게 되었는지 그 과정을 상세하게 해명하려고 노력했다고 할 수 있다. 결국 그는 그리스도의 인성과 신성 사이의 연속성이 존재할 것이라는 가정을 예시했다.

그러나 절대적인 진리는 시공을 초월해서 영원한 진리여야 한다고 주장하는 유대인들은 하느님이 분리된다는 이론이 구약에 정면으로 위배되는 교리이며 말도 안 되는 억지라고 주장한다.

> 이스라엘아 들으라. 우리 하느님 여호와는 오직 하나인 여호와시니.
> — 신 6:4

기독론에 대한 수많은 신학자들의 장황한 이론을 일일이 논박하고 싶지는 않다. 다만 중세의 탁월한 신학자요 도미니크 수도원의 성실한 수도사였던 마에스터 엑카르트의 영성사상에 나타난 신의 창조 개념을 다룬, 길희성 서강대 교수님의 『엑카르트의 영성사상』 글을 소개함으로써 기독론에 대한 나의 입장을 정리하고자 한다.

엑카르트는 인간 영혼과 하느님의 일치를 추구하는 신비주의자로서 서양의 기독교와 동양의 선불교와의 만남을 추구한 최초의 기독교 신학자였으며 도미니크 수도원의 수도사였다. 그의 존재론은 철학적 사변이 아니라 신비적 합일이다. 이 합일의 길을 엑카르트는 두 가지로 제시한다. 하나는 초탈(Transcendental escape)이고 다른 하나는 하느님 아들의 탄생이다.

엑카르트에게도 신은 우주 만물을 창조한 알파요, 오메가다. 세상 만물은 거기로부터 나와서 거기로 돌아간다. 신의 창조는 자기 밖의 어떤 사물을 만들어 내는 외적 행위가 아니라 존재 자체인 자기 자신 안에서 일어나는 자연스런 내적 행위로 간주된다. 마치 자기 자식을 자신의 몸 안에 품고 있다가 내보내는 어머니의 출산 행위에 비유했다.

예수가 태어난 것은 다름 아닌 자신 안에 있던 신성의 발견이었다. 이런 것을 소위 범재신론(panentheism)이라고 한다. 모든 세상 만물이 하느님의 현현(顯現)이며 동시에 하느님의 속성은 만물에 내재되어 있다는 이론이다. 엑카르트는 인간 안에 본질적으로 존재하는 것, 그것은 신성이라고 한다. 신과 신성은 마치 하늘과 땅처럼 서로 다르다고 한다. 신성은 모든 변화를 초월하는 절대적 실재 그 자체인 반면, 신은 피조물들과 인간과의 관계 속에서 해체되는 상대적 존재이며 신은 활동을 하지만 신성은 아무런 활동도 없는 정적인 실재이다.

엑카르트의 하느님은 신과 인간과 피조물이 모두 완벽한 하나가 되는 신성의 세계이다. 예수가 하느님이 되었다는 것을 장자는 〈대종사(大宗師)〉에서 다음과 같이 표현했다.

옛날의 참사람은(故人眞人)
자면서는 꿈 안 꾸고(其寢不夢)
깨서는 시름없다(其覺無憂)
먹음을 달가워 않고(其食不甘)
숨 쉼은 깊고 깊다(其息深深)
참사람의 숨은 발꿈치로 쉬고(眞人之息以踵)
뭇사람의 숨은 목구멍으로 쉰다(衆人之息以候)

이것은 참사람의 자질을 밝힌 것이다. 다시 말해 자신의 내면에 끓어오르는 욕망의 불꽃을 끄고 하느님과 완벽하게 하나가 되었다는 것이다. 마음에서 나오는 것은 살인, 간음, 음란, 도둑질, 거짓증언, 미움, 모독과 같은 악한 생각들이다. 인간은 누구나 자신을 '나'라고 말한다.

그런데 이 '나'는 세 층으로 구성되어 있다. 몸의 나, 마음의 나, 그리고 얼의 나이다. 어버이로부터 받은 것은 몸과 마음의 나이다. 그러나 하느님이 주신 얼인 속알(德)은 참나이다. 속알이란 진리에 대한 의식이다. 진리에 대한 의식이란 하느님의 인식을 말한다. 예수가 발견한 것은 인간의 내면에 도사린 수성(獸性)을 버리고 참나를 되찾은 것이다. 그걸 장자는 진재(眞宰)라고 했다. 참사람의 주인이라는 말이다.

산다는 것은 한 편의 꿈이다. 개체의 생명은 일생이란 한 편의 꿈에 지나지 않는다. 죽으면 모든 부귀영화와 명성은 공으로 돌아간다. 존재 자체가 꿈인데 기뻐하고 슬퍼하는 것은 다름 아닌 영화의 멋진 장면을 보고 즐거워하는 것과 다를 바 없다. 그러나 장자는 말한다. 몸은 죽어서 이 땅에서 흙으로 변화되어 버리지만 몸나를 떠나 얼나의 세계로 들어가면 고요한 하느님의 세계를 만난다고. 우리가 죽을 때 죽는 것은 몸나이지 얼나는 절대로 죽지 않는다고.

원불교 전서에 보면 십우도(十牛圖)가 나오는데 목동이 소를 찾아 나선다. 그리고 초원에서 소를 찾는다. 그리고 목동이 길들인 소를 찾아서 집으로 돌아온다. 집을 나간 소는 우리 인간들의 모습이다.

> 우리는 하느님을 자기 밖에 있는 것으로 파악하거나 보아서는 안 되
> 고 나 자신의 것, 내 안에 있는 것으로 보아야 한다.
> — 마이스터 엑카르트

그럼 과연 공관복음에 나타난 예수는 자신을 무엇이라고 생각했을까? 성경에 보면 예수 자신은 나는 그리스도요, 메시아라고 하지 않았다. 〈마태복음〉 16장 13절에 예수께서 가이사랴 빌립보 지방에 이르러 제자들에게 물어 가라사대, "사람들이 인자를 누구라고 하느냐?"라고 물었다. 어떤 이들은 세례자 요한이라고 했고 혹은 엘리야, 다른 이들은 예언자 가운데 하나라고 대답했다. 그러자 예수는 "나에 대해 여러분들은 내가 누구라고 말합니까?"라고 다시 질문한다. 그러자 베드로는 "당신은 살아 계신 하느님의 아들 그 메시아입

니다."라고 대답했다. 그러자 예수는 그것에 대해 어느 누구에게도 말하지 말라고 그들을 나무랬다.

예수가 하느님이었다면 왜 남들이 자신을 어떻게 부르는지 궁금했을까? 우리는 여기서 하느님과 하나가 되기 전 인간 예수의 나약한 단면을 볼 수 있는 것이다. 삼위일체설은 기독교 변증가들에 의해서 일반인들이 도저히 이해할 수 없는 복잡한 형이상학이 되어 버렸다. 모든 진정한 인간은 하나의 원인이고, 하나의 국가이며, 한 시대라고 한 에머슨의 명언이 뇌리를 스친다.

25. 기독교 구원론

에덴동산에서 아담과 이브가 원죄를 지었기 때문에 예수가 인간의 몸으로 이 세상에 와서 인류의 죄를 모두 대속해 주었다는 이론이 소위 구원론이다. 구원론에 대한 대표적인 논증을 두 가지만 요약해 보기로 하겠다.

| 어거스틴의 구원론 |

어거스틴은 신국론에서 인간의 선행에 전제되는 것은 하느님의 은총이라고 주장한다. 하느님의 은총이 없으면 인간의 자유의지로서는 악의 유혹을 물리칠 수 없다고 한다. 그에게 은총은 하느님을 의미하며 인간 안에 성령의 내재를 의미한다. 모든 인간의 행위는 가치가 있는 것이든 없는 것이든 하느님의 은총이 없이는 실행될 수 없다고 본 것이다. 그러나 그는 인간의 자유의지와 하느님의 은총이 어떻게 마찰 없이 작용하는지에 대해서는 언급하지 않았다. 다만 하느님의 은총이 자유의지를 파괴하지 않는다고 말했다.

어거스틴은 펠리기우스의 엘리트주의에 반발하여 기독교인들의 신에 대한 관계를 신학적으로 정립했다. 그 대작이 『신국(De Civitate Dei)』이었다. 신도들은 성사(Sacraments)를 통해서 진정한 신의 도성에 참여가 가능하며 구원은 신이 선택한 자 모두에게 자유롭게 하사하는 은혜의 선물이라고 주장했다. 그는 이 세상을 물질적 세계에 존재하는 "눈에 보이는 교회"와 "선택된 자들만의 교회"로 구분이 가능하다고 했다. 따라서 기독교는 지상의 나라인 로마제국이 존속하든 멸망하든 무관하다고 말했다.

과연 아담의 선악과 때문에 인류는 모두 죄를 짓고 예수의 대속을 통해서 인간은 속죄될 수 있는 것일까? 이 세상과 인간은 하느님의 지혜로 6일 만에 창조되었다고 한다. 그렇다면 세상을 창조할 때 하느님은 분명 작동하는 자연의 원리를 함께 만들어 놓았다고 할 수 있다. 중력의 원리, 전자기력의 원리, 강한 핵력과 약한 핵력 등등. 그리고 생명의 원리와 인과율(因果律)을 만들어 놓았다. 무거운 물건을 땅 바닥에 떨어뜨리면 깨지고 물은 위에서 아래로 흐르는 원리, 그리고 식물도 동물도 생명이 다하면 죽는다. 그리고 죄를 지면 벌을 받아야 하는 응보의 원리도 만들어 놓았다. 인간은 자신이 남의 물건을 훔쳤거나 남을 살해하면 그에 상응하는 벌을 그 자신이 받아야 한다. 아들이 저지른 살인죄를 짊어지고 아버지가 대신 형무소로 갈 수는 없는 것이다. 그 누구도 타인의 권리를 하이잭킹할 수 없으며 모든 인간은 양도할 수 없는 자신만의 권리와 의무를 갖고 있는 것이다. 그건 1만 년 전 인류문명이 시작된 이후 조금도 변함없는 사회집단의 지배원리다.

미국은 자유를 하느님이 주신 최고의 미덕으로 생각하는 나라이지, 사실 기독교 국가가 아니다. 초대 대통령 조지 워싱턴과 존 아담스 그리고 토마스 제퍼슨은 모두 기독교를 미국의 국교로 하는 것에 반대를 했던 사람들이다. 1620년 102명의 청교도들은 종교의 자유를 찾아서 영국에서 미국으로 건너왔다. 당시 헨리 8세와 그의 딸 메리 여왕 그리고 제임스 1세 치하에서 벌어진 종교 간의 치열한 분쟁을 목도한 그들은 철저하게 정교분리(政教分離) 원칙을 헌법에 명시했다. 그래서 미국의 3대 대통령 토마스 제퍼슨은 자신이 재임기간에 라틴어판, 그리스어판, 불어판 그리고 영어판 신약성서를 모두 섭렵한 뒤 신비하고 형이상학적인 부분은 모두 삭제하고 윤리적이고 세속적인 부분만 발췌해서 제퍼슨 바이블을 따로 만들었다. 제퍼슨이 신봉하던 신은 성경에서 말하는 여호와 하느님(창조주)이 아니라 이성, 즉 우주 자연의 법칙이었다. 제퍼슨 자신도 구원이란 개개인의 행동에서 비롯되는 것이지 예수가 인류를 구속한다는 건 있을 수 없는 일이라고 일축했다.

그러나 기독교에서는 오직 예수를 통해서만 구원을 받을 수 있다고 못 박고 있다. 사도 바울이 말한 것처럼 예수라는 한 인간을 통해서 구속사적인 가르침을 믿으면 우리의 모든 죄를 대속받을 수 있다는 기독교의 교리는 개인의 자유와 독립된 인격을 존중하는 미국적인 가치관과 정면으로 위배되는 것이다. 한 사람의 실제적인 행동이 호언장담이나 천 마디의 말보다 더 낫다는 걸 우리 모두는 너무도 잘 알고 있다. 자신의 소득의 10%를 가난한 사람을 위해 실제적으로 기부하는 행위는 나는 언젠가는 내 재산을 몽땅 자선하겠다고 열 번 약속하는 것보다 백 번 낫다는 걸 우리는 알고 있다.

말을 좀 바꿔서 하면 지미 카터 대통령은 어느 기자와의 인터뷰에서 자신이 젊은 시절에 마음속으로 여러 번 여자를 간음했다고 고백했다. 여기서 우리가 유추할 수 있는 사실은 실제로 여성을 간음한 사람이 단순히 마음속으로 간음한 사람보다 엄청난 사회적인 악을 유발한다는 사실이다. 인간은 내가 그 사람이 아닌 이상 오로지 그가 하는 행동으로밖에 판단할 수가 없는 것이다.

그러나 기독교 성경에 나타나는 믿음은 평범한 상식을 가진 사람들이 이해하기엔 좀 난해한 면이 적지 않은 게 사실이다. 성경에는 속죄와 구원은 자신의 실제적인 선행보다 우선 예수를 구세주로 "믿음"으로써 구원받을 수 있다고 선언했다. 기독교의 가르침은 개인의 선행은 천국에 가는 데 필요조건은 될지언정 충분조건은 될 수 없다고 말한다. 오로지 올바른 믿음만이 천국에 갈 수 있다고 가르친다.

> 그러므로 사람이 의롭다 하심을 얻는 것은 율법의 행위에 있지 않고
> 믿음으로 되는 줄 우리가 인정하노라.
>
> — 롬 3:28

여기서 한 가지 더 짚고 넘어가야 할 것은 구약성경의 〈레위기〉에서는 사실 인간이 죽은 다음의 세계에 대해서 침묵하고 있다는 사실이다. 시간이 흐르면서 후기에 편집된 〈다니엘서〉와 〈이사야서〉에서 두 번 정도 언급하고 있는 게 전부이다. 성서에 등장하는 천국에 대한 언급은 사실상 기원전 200년경 유대 성서 기자들에 의해서 유대

교인들이 그리스 문화에 경도되는 걸 방지하기 위해서 추가한 것이라고 한다. 그리스의 신화는 인간은 죽으면 어떻게 된다는 사후세계에 대해서 전혀 언급이 없기 때문이다. 초기 기독교에서 천국이라는 개념을 구약의 유대인들보다 더욱 강조한 것은 사실이다. 당시 로마제국의 올무에서 벗어날 수 없는 고난의 나날을 살아가는 유대인들에게 '예수를 믿으면 천당에 간다.'는 말은 경천동지할 사상이었다.

'선행-악행=행복한 인생'이라는 방정식은 인간의 선행을 독려하기에 그 이상 좋은 방법은 없을 것이다. 그러나 평생 선행을 했음에도 불운한 인생을 살아가는 사람들을 우리는 주위에서 수없이 볼 수 있다. 그런 경우 기독교 입장에서 과연 어떤 해답을 그들에게 제공할 수 있을까? 이런 경우에는 방정식을 '선행-불행한 인생=행복한 하늘나라의 인생'이라는 방정식을 적용할 수 있을 것이다. 계몽주의 시대의 과학자이며 철학자인 라이프니츠가 제시한 신정론(theodicy)을 떠올리게 한다. 선량한 욥은 자신이 가진 엄청난 재산인 칠천 마리의 양과 삼천 마리의 낙타 그리고 오천 마리의 소를 이방민족인 스바사람에게 하루 밤새 몽땅 빼앗기고 거기다 자식마저 모두 죽임을 당하는 참담함을 경험한다. 그리고 자신마저 몹쓸 악창으로 사경을 헤맨다. 한때는 하느님을 저주하고 항거하며 분노하고 이유 없는 자신의 고난을 탄식해 본다. 어느 날 친구 세 명이 와서 너의 삶을 되돌아보라고 충고한다. 그러나 자신은 죄를 짓지 않고 정말 진실한 인생을 살아왔다고 확신한다. 그러던 어느 날 하느님의 사자가 나타나서 하느님의 섭리를 끝까지 참고 신뢰하면 두 배 세 배의 복을 받는다는 이야기를 해 준다. 그리고 실제로 욥은 열 배의 보답을 하느님으로부터 받는다. 그러나 사랑하는 자식들과 아내를 몽땅 빼앗기고 그 대가로 받은 열 배 스무 배의 복은 과연 무슨 의미가 있을까 하며 허탈한 심정을 달랠 길 없다. 과연 내가 행복할 수 있는 존재 이유를 모두 앗아간 다음 황량한 벌판에 덩그러니 홀로 서 있는 나에게 천 년 만 년 입을 옷과 먹을 양식을 주신 것을 궁휼한 하느님이 할 수 있는 최선의 구원이라고 말할 수 있을까? 〈욥기〉가 우리에게 주는 교훈은 인생은 단 한 가지 이유만으로 정해진다는 결정론을 거부한다. 스코틀랜드 출신의 철학자이며 경제학자인 데이빗 흄(David Hume, 1711~1776)에 의해서 형성된 회의주의는 인간은 이 세계에 대해서 절대적인 지식과 진실을 확인할 수 없다는 것이다. 인간의 경험에 앞서 규정된 것들(도덕, 신 관념 등)을 부정했다.

그러므로 현대를 살아가는 우리들은 통속적인 방정식을 모두 털어버리고 불행은 예고 없이 언제 어디서 누구에게나 찾아올 수 있다는 사실을 깨닫게 된다. 불합리함 그 자체가 우리가 세상을 살아가는 인생의 원리인 것이다. 그렇다. 우리가 사는 세상은 너무도 불합리함으로 가득 차 있다. 그러나 불합리한 현실을 순응하며 받아들일 때 그 자리가 바로 하느님의 자리인 것이다. 하느님은 함께함이다. 인도네시아의 쓰나미, 하이티의 지진, 캘리포니아의 산불, 2012년 12월 미국 동북부를 강타한 허리케인 샌디 등등을 우리는 그냥 자연적인 재앙이라고 부르며 논리적인 설명을 자제하고 인간의 한계상황이라고 자위할 수밖에 없는 것이다. 자동차를 운전하고 가다가 갑자기 타이어가 펑크가 났을 때 그것을 과연 하느님의 잘못으로 돌릴 수 있을까? 고층빌딩을 짓는 공사장 옆을 지나가다 우연히 공사판에서 떨어진 벽돌이 행인의 머리에 떨어져 죽었을 때, 그것은 하느님의 장난이 아니라는 걸 우리는 알고 있다. 하느님은 우주의 운행법칙인 것이다. 최첨단 과학문명의 이기를 누리고 살아가는 우리들은 돌을 갈아서 동물을 사냥하며 먹고 살던 만 년 전 구석기 시대의 신에 대한 의식을 고수하며 방정식을 바꾸지 않는 한, 다음과 같은 방정식에서 벗어날 수 없을 것이다.

선행+선행=불행한 인생+사후 세계의 행복

전 세계 모든 종교는 오랜 세월을 이와 같은 방정식에 의해서 유지되어 왔다. 그리고 내가 받는 지금의 고된 현실은 사후의 세계에서 영원히 보상받으리라는 희망을 던져주고 있다. 기독교, 불교, 힌두교, 이슬람 모두 마찬가지이다. 우리가 성숙한 신앙을 필요로 하는 소이연은 이제 인류는 1만 년의 문명사를 달려와 가장 최첨단 과학문명의 시대에 살고 있기 때문이다.

| 루돌프 볼트만의 구원론 |

20세기의 가장 위대한 신약성서 학자인 볼트만은 구원은 잃어버린 자기 자신을 찾는 것이라고 했다. 그는 신약을 현대인들에게 올바로 이해시킨 사람으로, 신약의 핵심은 구원이며 잃어버렸던 자기 자신을 찾는 것인데 그 사건의 선포를 케리그마(Kerygma)라고 했다. 그는 『신약성서와 신화론(New Testament and Theology)』에서 18세기 헤겔적 합리주의는 하느님을 세계정신으로, 19세기 자유주의 신학은 하느님의 나라를 윤리적 가치 또는 인간 내면의 상태로 그리고 19세기 말 20세기 초의 종교학파는 하느님의 나라를 신인합일의 황홀경으로 대체했다고 지적한다. 하느님의 사상을 윤리적 가치로 해소해 버리는 인본주의 오류와 인간의 접근이 전혀 불가능한 초월적 세계에 하느님을 유폐시키는 정통주의 오류 그리고 하느님과 세상을 구별하지 못하고 마구 혼재시키는 무비판적 근본주의 신앙의 오류에 빠지는 것을 피해서 볼트만은 신존론적 해석을 주장했다. 구원은 결국 하느님이 주신 내면의 참자아를 홀로 찾아가는 것이며, 참자아는 곧 순수 지성(intellectus)으로 하느님을 닮았기 때문이라고 했다.

중세의 신학자 엑카르트도 지성은 존재보다 우월하며 존재와는 다른 질서에 속한다고 했다. 이성이 지성에 도달하면 자아는 잃어버리게 마련이다. 엑카르트에게 지성은 신성과 인간이 접촉하는 마음속의 공간이었다. 지성은 곧 '나'가 멈추고 신이 시작되는 곳이기 때문이다. 우리가 경험할 수 있는 어떤 것과도 다른, 무엇도 아닌(nothing) 상태로 넘어가게 된다. 신과 인간은 순수한 무(無)적 지성에서 닮은 꼴이다. 영혼의 근저는 신이며 신의 근저는 곧 영혼의 근저이기 때문이다. 신인합일의 경지라고 할 수 있지 않을까?

| 스피노자의 구원론 |

인류역사상 인간의 다양한 감정을 48가지로 나누어서 그 본질을 규명한 전대미문의 철학자 스피노자. 그는 우리가 신이라고 부르는 것

이 자연 전체일 뿐이라고 말한다. 그는 마라노들처럼 계시종교를 멸시했다. 그의 신은 유대교나 기독교의 인격화된 신이 아니었다. 그것은 다름 아닌 우주를 지배하는 질서인 자연법칙의 총체이자 원리였다. 신은 창조주도 제1 원인도 아니고 물질세계와 분리되지 않으며 만물의 통합과 조화를 이루어내는 내재적인 힘이다. 마치 대기 중의 수증기가 승화나 응결과정을 통해 물방울을 형성함으로 해서 비가 만들어지는 원리처럼 말이다. 스피노자는 인간은 자기 자신의 정신작용을 자세히 들여다볼 때, 그 속에서 활동하는 영원하고 무한한 신의 실재를 받아들이게 된다고 한다. 그것은 신이 앎의 대상이 아니라 사유의 원리이기 때문에 우리가 앎에 이를 때 경험하는 기쁨이 바로 바로 신의 지적인 사랑이라고 했다. 구원은 다름 아닌 지행합일을 이루어 내려는 인간의 노력이라고 했다. 인간을 제외한 모든 동물들은 지행합일이 자연스럽게 이루어지는데 인간만이 늘 나를 살려달라고 하느님께 매달리는 가련한 모습을 발견한 스피노자는 감정의 윤리학에서 어떻게 구원에 이를 수 있는지를 보여주고 있다.

26. 교회론

| 예수는 정말 부활했을까 |

예수 십자가 처형 후 그를 따르던 11명(유다는 자살했다고 함)의 제자들은 스승을 잃은 후유증으로 크나큰 충격과 혼란에 빠졌다. 세상이 허망하고 삶의 의미를 모두 상실했다. 베드로 같은 제자들은 이제 다시 갈릴리로 돌아가 어부 생활을 해야 할지 어쩔지 갈피를 잡지 못하고 있었다. 이때 제자들에게 청천벽력과 같은 소식이 들려왔다. 무덤에 갔던 여인들이 동굴 속에 있던 예수의 시신이 없어졌다는 것이다. 제자들은 사흘 만에 살아나리라고 예시한 예수의 말이 정말 성취되었다고 생각했다. 어머니 마리아와 예수를 따르던 막달라 마리아는 예수가 천사를 통해 부활했다고 주위의 사람에게 말을 퍼뜨렸다. 그 말은 또 친지들에게 전해졌고 이제 예수의 제자들에게도 전해졌으며 급물살을 타고 경건한 믿음을 간직하고 있던 모든 신도들에게 알려졌다.

부활에 대한 기록을 보면 대체적으로 두 가지로 집약할 수 있다. 첫 번째는 육체의 부활을 강조하는 부류가 있고, 두 번째는 육체적인 부활이 아니라 영적인 부활을 했다고 주장하는 부류이다. 부활한 예수를 직접 보았다는 사람도 있고 영적인 만남을 경험했다는 사람들도 있었다.

> 주께서 호령과 천사장의 소리와 하느님의 나팔로 친히 하늘로 좇아 강림하시리니 그리스도 안에서 죽은 자들이 먼저 일어나고 그 후 우리 살아남은 자도 저희와 함께 구름 속으로 끌어 올려 공중에서 주를 영접하게 하시리니 그리하여 우리가 항상 주와 함께 있으리라. 그러므로 이 여러 말로 서로 위로하라.
>
> — 살전 4:16~18

부활한 뒤 예수는 40일간 갈릴리와 예루살렘 등지를 다니며 열한 번이나 사람들 앞에 나타났다고 한다. 그리고 제자들에게 내가 다시 와서 지상에 천년왕국을 이루겠다고 약속한 후 승천했다고 한다. 그러나 예수는 다시 오지 않았다. 이런 믿음을 가진 사람들이 모인 공동체가 다름 아닌 천국의 도래이며 그 공동체가 바로 예수의 몸인 것이다. 그래서 교회는 예수의 몸이 되었다. 그게 교회론이다.

분명 팔레스타인에 살던 사람들은 예수의 이적 행위에서 신성을 발견했던 것 같다. 여기서 다시 이야기를 예수의 오병이어와 물 위를 걷는 이적으로 초점을 돌려보겠다.

사실 그리스도교 근본주의자들에게는 좀 불편한 말이겠지만 영적 치유는 예수에게만 국한된 것이 아니고 특정한 종교 전통을 넘어서 불교의 고승들, 인도의 구루들, 그리스도교의 성인들 그리고 바알 셈 토브와 같은 하시딤의 창시자나 스누루 잘맨 리아디(Shneur

Zalman of Liady，1745~1812, 러시아의 정통 유대 랍비)와 같은 루바비치(Lubavitch)의 선구자 그리고 아빌라의 성녀 테레사(St. Teresa of Avila, 1515~1582)[76], 십자가의 성 요한, 중세의 도미니크회 수도사인 마이스터 엑카르트, 카발라의 신비주의자 모두 예수님과 같은 이적을 행했다고 한다. 실제로 예수님의 이적은 다음과 같은 구약의 내용과 같은 맥락에서 이해될 수 있다.

〈마태복음〉에 나오는 예수님의 첫 번째 기적은 가나의 혼인잔치에서 물을 포도주로 만드는 것인데 그건 모세가 나일강의 물을 피로 물들인 기적과 유사한 자료들을 인용한 것이다. 두 번째 오병이어의 기적은 바알살리사에서 보리떡 20개로 백 명을 먹이고 남았다는 〈열왕기하〉의 내용(왕하 4:42~44)을 모방한 것이다. 세 번째, 죽은 나자로를 살리는 〈요한복음〉의 내용은 〈열왕기하〉의 내용을 인용한 것이다.

> 마침 그 사람을 장사하는 자들이 그 적당을 보고 그 시체를 엘리사의 묘실에 들이던지매 시체가 뼈에 닿자 곧 회생하여 일어섰더라.
>   - 왕하 13: 20~21

〈마태복음〉에서 물 위를 걷는 예수님의 이적은 〈요나서〉에서 인용한 것이며, 예수님과 함께 배를 타고 가던 베드로가 모진 풍랑을 만나 배가 전복될 위험에 처했을 때 예수님이 이적을 행함으로 바람이 멎고 잔잔해졌다는 〈마태복음〉의 기사는 욥기 9장 8절과 시편 107장

---

76) 로마 가톨릭의 신비가이자 수도원 개혁에 주도적인 역할을 한 수도원의 수녀였다. 신비술로 많은 병자들을 고쳐주었다고 한다. 유대교에서 기독교로 개종했다.

29절을 인용한 것이라고 한다.

그리고 귀신을 쫓아내는 예수님의 신령한 치유방법은 특별한 게 아니고 예수님의 생존 당시에 팔레스타인 지방에서 수많은 랍비와 종교 지도자들 사이에서 성행했던 풍습이었다. 바빌로니아 탈무드에 나오는 수많은 악령 퇴치행위 중 다음과 같은 이야기가 있다.

랍비 자이라와 또 다른 랍비 라바는 퓨림(Purim)[77] 축제 중에 함께 술을 많이 마시고 흠뻑 취한 혼수상태에서 라바는 그만 자이라를 죽여버리고 말았다. 그런데 다음 날 아침 라바는 하느님께 신실한 기도를 했으며 얼마 후 자이라는 다시 살아났다고 한다. 그런데 이 탈무드의 비유 역시 엘리샤가 죽은 자식을 살려 달라고 애원하는, 가난한 한 이스라엘의 가정에서 일어난 이야기를 각색한 것이라고 한다. 기적을 행했다고 신의 위치를 확인받는 건 아니며, 그건 우주적인 의식인 하느님이 자연의 질서를 통해서 이 세상을 통치하시는 통전적인 방법이라고 한다.

〈마가복음〉, 〈마태복음〉, 〈누가복음〉, 〈요한복음〉에 거론되는 모든 이적들은 모두 구약의 〈출애굽기〉, 〈이사야서〉, 〈요나〉, 〈욥기〉에서 아이디어를 얻은 것이다. 기원전 9세기의 예언자 엘리야와 엘리샤는 모두 기적을 행한 사람들이었다. 기원전 1세기에 존재했던 유대교 신비주의자인 호니(Honi the Circle-Drawer)는 갈릴리에서 태어났으며 여름철에 비가 오지 않으면 들판에 나가서 원을 그리며 가운데 무릎을 꿇고 앉아서 비가 내릴 때까지 기도를 해서 대부분 그의 소원이

---

77) 페르시아에 노예로 있던 유대인들이 왕비 에스터의 지혜로 몰살 위기에서 모두 살아남은 날을 기념하는 큰 축제일이다.

이루어졌다고 하는 전설이 있다. 모두 신의 뒤나미스(Dynamis)[78]가 작용했다고 한다.

자신을 영적인 몸으로 변화시킨 예수님은 예루살렘으로 돌아와서 이스라엘 사람들을 연민의 정으로 바라보며 자신의 가슴에서 솟아나는 광명의 빛으로 죽은 나사로를 무덤에서 살려내고 문둥병자를 비롯해서 간질병환자, 또 사회로부터 버림받은 창녀와 혈루병 환자 등등 모든 사람들의 마음을 따듯한 손길로 보듬어주고 그들의 아픈 몸과 마음을 어루만지고 고쳐주었다고 한다. 필자 역시 성경을 읽으면서 가장 난해한 장면은 예수가 물 위를 걷고 죽은 자를 살렸다는 이야기이다. 과학은 과연 성경에서 가르치는 기적과 어떻게 조화를 이룰 수 있을까? 복음서에는 병 고치는 이야기가 12개 나오는데 병 고침은 하느님이 시작하는 새로운 질서가 동틈을 예고하는 표징(그리스어로 '세메이온', 영어로는 sign)이었다고 한다.

예수님은 당시 팔레스타인에서 서로 다른 유대인 공동체 안에 감돌고 있는 짙은 불신과 증오 그리고 위선적인 감정을 보면서 "사랑의 결핍은 죄"라고 규정했다. 그래서 예수님은 사랑을 그토록 강조하신 것이다.

안델센의 동화인 〈두꺼비와 엄지공주〉에서 등장하는 아름다운 공주는 배후자가 될 왕자를 밤낮으로 찾아 나서지만 꿈을 이루지 못한다. 그런데 어느 날 밤 자신이 제일 싫어하는 두꺼비의 아버지에 의해서 두꺼비의 집으로 납치당한다. 잠에서 깨어난 엄지공주는 자신

---

78) 그리스어로 무엇이든지 할 수 있는 신의 능력, 권능을 뜻하는데 세상에서의 신의 활동을 가리키기 위해서 그리스인이 고안했으며 근접하기 힘든 본질과 큰 차이가 있다.

의 앞에 혀를 날름거리고 있는 두꺼비를 발견하곤 까무러친다. 그러나 잠시 후 정신을 가다듬고 두꺼비를 응시하는데, 이때 아들 두꺼비가 자신에게 키스해 줄 것을 요구한다. 두꺼비는 모두가 혐오하는 징그러운 양서동물이라는 선입견을 물리치고 엄지공주는 자신이 그토록 싫어하는 두꺼비에게 진정으로 사랑스런 키스를 해준다. 그 순간 두꺼비가 멋진 왕자의 모습으로 둔갑하면서 엄지공주는 자신의 오랜 꿈을 드디어 성취하게 된다. 진정한 사랑은 내가 먼저 닥아감 이다.

우리의 두뇌는 혐오와 원망, 저주와 한탄 그리고 때로는 실망과 파괴적이며 부정적인 사고로 꽉 차 있기 때문에 사랑과 은혜와 보살핌과 용서의 화해를 위한 공간이 좁다.

『조하(Zohar)』라고 하는 구약성경의 주석서에는 다음과 같은 설화가 있다. 어머니의 태반에서 아이가 형성될 때 하느님이 천사를 보내서 태모에게 머리가 좋은 아이를 원하는지, 지혜로운 아이를 원하는지 혹은 힘이 센 아이를 원하는지 또는 평범한 아이를 원하는지 등등의 소망을 묻는다고 한다. 그런데 그때 누구나 어떤 희망사항을 요구해도 좋으나 단 한 가지 예외가 있는데 선한 사람을 만들어 줄까 아니면 선하지 않은 사람을 만들어 줄까라는 질문은 할 수 없다고 한다. 그건 전적으로 하느님의 권능으로 사람이 태어날 때 우리의 DNA에 새겨진 것이라고 한다. 그 이후에는 사람이 상황에 따라 선택을 하게 된다. 여기서 우리는 자유의지란 애초부터 모호한 개념이었다는 단서를 발견할 수 있다.

김형석 연세대 명예교수님은 자신이 중학교 1학년 때인 14살에 건강이 극히 안 좋아서 고생 끝에 예수를 꿈에서 영접한 후 지금까지 기독교의 울타리를 한 번도 떠나지 않았다고 한다. 김 교수님은 96세의 고령임에도 불구하고 아직도 강연과 방송 그리고 집필 등의 왕성한 활동을 하고 계시다. 김교수 께서 2015년 가을에 펴낸『예수』에 나오는 구절을 잠시 소개하기로 하겠다. 김 교수님은 책의 발문에서 70년간 예수를 자신의 영혼의 친구로 삼고 살아왔다고 고백하면서 진정한 인간 예수 알리기를 고민한 끝에 책을 쓰게 되었다고 다음과 같이 고백했다.

나는 80년을 책과 더불어 살아왔다. 지금 세계를 움직이고 있는 영국과 미국, 프랑스, 독일은 대단한 독서국가였다. 그러나 문예부흥을 출발시켰던 이탈리아, 스페인, 포르투갈은 독서국가가 되지 못했다. 그래서 지금은 유럽국가 중에서는 제2선에 머물고 있다. 러시아는 근대화에 뒤처지면서 독서의 후진국이 되었다. 독서의 결핍이 후진사회의 요인이 되었다. 동양에서는 유일하게 일본이 대단한 독서국가이다. 그 결과로 아시아에서 유일한 선진국가로 성장했다.
불행하게도 우리는 그런 독서부흥의 시기를 갖지 못했다. 이 정신적 영양부족이 우리 민족의 돌이킬 수 없는 상흔으로 오래 남을 것 같다. 생활에 필요한 지식은 알고 있다. 그러나 정신과 인간적 영양은 턱없이 모자란 사회에 살고 있다. 예를 들어 공자의『논어』와 무관하게 살고 있다면 그것은 교양인도 아니며 지성인의 자격도 상실하는 것이다. 그런데 정신적 지도자의 책임을 맡고 있는 신부나 목사가 『논어』는 유교의 경전이기 때문에 우리와는 상관이 없다고 생각한다면 사회 지도자는 물론 기독교 이해에도 도움이 되지 못한다고 생각한다. 그 결과 그리스도인이 『논어』와 벽을 쌓고 살고 있다.

기독교 경전인 구약과 신약은 부피가 너무 방대하다. 그러나 그중에서 구약의 〈창세기〉와 신약의 네 복음서는 기독교 경전이라고 여기기보다는 누구나 읽어야 할 고전 중의 고전이다. 그런데 기독교 밖의 사람들은 그것은 기독교인들의 경전이지 기독교와 떨어져 있는 우리와는 관련이 없다고 생각한다. 나는 예수가 어떤 사람이며 왜 예수에게는 인간다움을 넘어 종교와 신앙의 질의에 해답을 주는 뜻이 잠재해 있는지를 찾아보고 싶어서 이 책을 쓴 것이다.

우리가 성경을 읽을 때 비판해야 할 점들이 있다. 그것은 복음서의 저자들 누구나가 예수를 그리스도로 입증하기 위해서 예수에 관한 모든 기록을 구약의 내용에 맞추어 나갔다는 사실이다. 특히 예수의 일생 중 가장 중요한 마지막 한 주간에 대한 복음서의 기록에서는 그 흔적이 너무나 뚜렷하다. 심지어 요한은 구약에 맞추기 위해 그렇게 하지 않으면 안 되었을 것을 묘사하고 있는 실정이다.

예수의 부활에 대해서, 사흘 만에 다시 세상에 나타난 예수를 믿을 수 없는 제자들에게 예수가 식사를 같이해서 부활한 실체임을 보여 주었다는 기록이 있는가 하면, 어떤 기록에는 여인들은 예수의 발을 붙들고 엎드려 절했다고 쓰여 있다. 도마와 같이 의심이 많은 제자는 직접 예수의 손과 창 자국이 난 옆구리를 만져 본 뒤에야 믿었기 때문에 예수는 "너는 나를 보았기 때문에 믿느냐? 나를 보지 않고도 믿는 사람은 복이 있다."라고 말했을 정도였다. 이런 일련의 기록은 예수의 부활을 확증하려는 의도와 예수의 부활은 육체를 동반한 것이었음을 강조하고 싶었던 뜻에서 나온 것이다. 또 그 당시에는 그렇게 생각하는 것이 자연스러운 추세이기도 했다. 이에 비하면 누가의 기록에 나오는 엠마오로 가던 두 제자에게 나타난 예수는 육체적인 부활보다는 정신적인 영혼과 실존성을 더 강조하고 있다.

　이때부터 베드로와 경건한 신앙을 가진 제자들은 육체를 입고 부활한 예수보다도 항상 자신들과 같이 있으면서 역사해 주시는 주님을 느끼며 깨닫기 시작했다. 그리고 그것은 예수가 살아있을 적에 여러 번 약속했던 성령의 임재임을 체험하는 일이었다. 예수는 당신 대신 성령이 너희를 이끌어 줄 것이라는 교훈을 했었고 그 사실이 지금 입증되고 있었던 것이다. 베드로는 자신에 찬 자세로 "모든 죄를 회개하고 죄 사함을 받은 뒤 세례를 받고 성령을 받으라."라고 가르친다.

　이때의 세례는 두 가지 뜻을 가진다. 새로운 신앙에 들어온다는 뜻이며, 또한 주의 성령이 나를 이끌어 주리라는 새로운 삶의 출발을 뜻한다. 대부분의 예수 제자들은 예수의 뒤를 따라 순교의 길을 택했다. 그들은 예수와 같이 자신들의 죽음이 하늘나라의 건설임을 확인하고 있었다. 이렇게 본다면 예수의 부활에 대한 신앙이 인류의 참다운 삶과 연결되는 것이다. 사실 예수의 부활을 증거하는 사건들은 이 비겁하고 무능했던 제자들의 행적과 죽음이 아니었을까?

27. 자유의지

　기독교 성경에는 인간은 자유의지가 주어졌기 때문에 자신의 행동을 선택할 자유가 있다고 말한다. 태초의 인간인 아담과 이브가 사탄의 유혹에 넘어가 하느님이 먹지 말라고 명령한 선악과를 자유의지로 따 먹음으로써 인류는 원죄를 지게 되었다는 단순 논리이다. 그런 기본적인 신학이론을 바탕으로 자유의지에 대한 나의 반론을 마크 트웨인(Mark Twain, 1835-1910)의 이론을 잘 번역한 노영선 작가의 글을 빌려서 설명해 보기로 하겠다.

젊은이: 자유의지에 대한 어르신의 견해는 어떠한지요?

노　인: 그런 것은 없다고 보네. 앞에서 이야기한 노파에게 자신의 길을 가다 며칠을 굶주려 쓰러져 있는 할머니를 발견하고 주머니에 남아 있는 마지막 잔돈까지 몽땅 털어주고 자신은 눈보라 속을 걸어 집으로 터덜터덜 갔던 그 남자에게 자유의지가 있단 말인가?

젊은이: 그에게는 늙은 할머니를 구원해 주는 것과 고통 속에 그녀를 내버려두는 것 사이에서 선택할 권리가 있었습니다. 그렇지

않나요?

노　인: 물론 한 손에는 육체적인 편안함과 다른 한 손에는 정신적인 편안함 사이에서 해야 할 선택이 있었네. 육체는 당연히 자기가 주장하는 것을 강하게 호소했고 정신 또한 반대의 것을 호소했지. 선택은 그 두 호소 사이에서 행해져야 했고 그리고 이루어졌지. 그렇다면 누가, 무엇이 그 선택을 결정했을까?

젊은이: 아마 어르신을 제외한 모든 사람이 그 남자가 선택을 했고 그런 선택을 하는 데 있어서 자유의지를 행사했다고 말할 겁니다.

노　인: 우리는 끊임없이 모든 인간은 자유의지를 부여받고 그래서 선한 행위와 덜 선한 행위 사이에서 선택권이 주어질 때 그것을 행사할 수 있고 행사해야 한다고 확신하고 있네. 그럼에도 이 남자의 경우에 우리는 깊이 생각해 보면 그 남자는 진정한 자유의지가 없었네. 대신 그를 형성했고 바로 그 자신을 만든 그의 기질, 그가 받은 교육, 그리고 매일매일 외부적인 영향력이 그에게 참을 수 없는 불행인 정신적인 고통에서 그 자신을 구원해 주기 위해 그 늙은 노파를 도와주도록 강요했지. 그가 선택한 것이 아니라 그 자신을 위해서, 그가 통제할 수 없는 외적인 힘에 의해서 행해진 것이네. '자유의지'라는 것은 언제나 단어상으로만 존재해온 것일 뿐 거기에서 멈추고, 내 생각으로는 사실상 현실적으로 없다는 것이지. 그래서 나는 자유의지와 같은 단어들을 사용하지 않을 것이며 대신에 다른 단어를 사용할 것이네.

젊은이: 다른 단어를요?

노　인: 바로 '자유로운 선택'을 말하는 것이지.

젊은이: 그 차이는 무엇인가요?

노　인: '자유의지'라는 것은 자네가 만족하는 대로 행동하는 구속되지 않는 힘을 의미하는 것이고, '자유로운 선택'이라는 것은 두 가지 사이에서 어느 것이 옳고 정당한 것에 근접하는지를 결정하는 비판적 능력인, 단지 정신적인 과정을 뜻하는 것이지.

젊은이: 그 차이점을 좀 더 자세하게 설명해 주시지요?

노　인: 마음은 자유롭게 판별하고 선택하고 옳고 정당한 것을 가리킬 수가 있지. 그러나 그것의 기능은 거기까지네. 문제에 있어서 더 이상 관여할 수가 없네. 왜냐하면 옳은 것은 행해져야 하고 그릇된 것은 없어져야 한다고 말할 권한이 없기 때문이지. 그러한 권한은 다른 손에 달려 있기 때문이네.

젊은이: 인간에게 있다는 말씀인가요?

노　인: 인간을 상징하는 기계라는 것에 있다는 것이지. 즉, 다시 말해, 교육과 환경에 의해서 만들어진 기계라는 인간의 타고난 기질과 성격에 있다는 것이네.

젊은이: 그렇다면 그 기계라는 것이 그 둘 사이에서 옳은 것에 따라서 작용을 하나요?

노　인: 그것은 모든 문제에 있어서 자기가 만족하는 대로 작용을 하지. 예를 들어 조지 워싱턴의 기계는 옳은 것에 따라서 행동을 하겠지만 피사로(Francisco Pizarro, 1476~1541)[79]의 경우에는 그릇된 것에 따라서 행동할 것이네.

---

79) 엘도라도를 꿈꾸며 페루 잉카제국의 문명을 말살시키고 수십만의 원주민을 죽였으며 면역력이 전혀 없는 원주민들이 천연두에 전염되어 몰살하게 만든 스페인의 정복대장.

젊은이: 그렇다면, 제가 이해한 바에 따르면 인간의 마음이라는 나쁜 기계는 냉정하고 공정하게 둘 중에 어느 것이 옳고 정당한지를 분별한다는 것이군요?

노 인: 물론 그렇다네. 그리고 그의 도덕이라는 기계는 그럼에도 불구하고 그 기계의 본질에 의해 마음이 느끼는 감정은 완전히 무관심하면서 나쁜 것에 따라 자유롭게 행동을 하는 것이지. 다시 말해 마음이 어떤 감정을 느낀다 하더라도 말일세. 물론 마음에는 감정이 없기는 하지만 말일세. 마음은 단지 온도계라고 할 수 있지. 뜨거움과 차가움을 기록할 뿐 그 둘 어느 것 하나에도 신경 쓰지를 않는다는 말이네.

젊은이: 그렇다면, 설사 인간이 둘 중 어느 것이 옳은 것인지를 안다고 해도 그가 반드시 그 옳은 일을 한다고 단언할 수 없겠군요.

노 인: 인간의 타고난 기질과 교육이 그가 무엇을 해야 하는지를 결정을 하고 그리고 인간이 그것을 한다는 것이지. 인간 스스로가 어쩔 수가 없는 것이네. 왜냐하면 인간은 그런 문제에 대해서는 권한이 없기 때문이지. 자, 그럼 이 시점에서 다윗이 골리앗을 살해한 것이 옳았다고 할 수 있을까?

젊은이: 예, 옳은 행위였다고 생각됩니다.

노 인: 그럼 다른 누구라도 그렇게 했더라면 똑같이 옳은 행위였을까?

젊은이: 물론입니다.

노 인: 그렇다면 타고난 겁쟁이가 그렇게 시도했다고 하면 그 역시 옳은 행위였을까?

젊은이: 아마 역시 옳았겠지요.

노 인: 그러나 자네는 타고난 겁쟁이는 결코 그런 것을 시도하지 못

할 것이라는 것을 알고 있지 않은가, 그렇지 않은가?

젊은이: 예 그렇습니다.

노　인: 또한 타고난 겁쟁이의 본성과 기질이 그러한 것을 시도하는
　　　　데 있어서 절대적으로 극복할 수 없는 장애물이라는 것을 알
　　　　고 있지 않은가, 그렇지?

젊은이: 예, 알고 있습니다.

노　인: 그렇다면 타고난 겁쟁이도 그런 것을 시도하는 것이 옳은 것
　　　　이라는 것을 분명히 인지하고 있을까?

젊은이: 그렇습니다.

노　인: 그의 마음이 그런 것을 시도해 보는 것이 옳다고 결정하는 데
　　　　있어서 자유로운 선택권이 있었던 말인가?

젊은이: 예, 그렇습니다.

노　인: 그렇다면 타고난 비겁함으로 단지 그런 것을 시도해 볼 수 없
　　　　다면 그의 자유의지라는 것은 어떻게 되는 것인가? 도대체 그
　　　　자유의지는 어디에 있던 말인가? 그가 어떤 자유의지도 없다
　　　　는 것을 명백한 사실이 보여주고 있음에도 불구하고, 어째서
　　　　그에게 자유의지가 있다고 주장하는가? 겁쟁이와 다윗이 똑
　　　　같이 옳은 것을 인식하고 둘 다 똑같이 행동해야 한다는 것에
　　　　어찌 만족해야 하는가? 염소와 사자에게 어째서 똑같은 법을
　　　　부과한단 말인가?

젊은이: 그러면 진정으로 자유의지 같은 것이 존재하지 않는다는 말
　　　　씀이신가요?

노　인: 그것이 내가 생각하는 바라네. 대신에 '의지'라는 것이 있지.
　　　　그러나 그 의지라는 것은 옳고 그름의 지적인 인식과는 아무

런 관계가 없으며 그런 지적인 인식의 명령 아래에 있지도 않지. 즉, 다윗의 기질과 교육에는 '의지'가 있었고 그것은 강제적인 힘이었지. 그리하여 다윗은 그런 그의 의지의 신념에 순종해야만 했고, 다른 선택이 없었네. 겁쟁이의 기질과 교육에도 '의지'가 있었고, 그 의지 또한 강제적이었지. 그 의지가 그로 하여금 위험을 회피하도록 명령을 내렸고 그는 그 의지에 순종했지. 달리 선택할 방법이 없었지. 그러나 다윗이나 겁쟁이나 '자유의지'라는 것은 없었으며 그들의 마음이 결정하는 대로 '의지'가 옳은 것을 하거나 그른 것을 할 뿐이라네. 자, 그럼 아담과 이브의 이야기로 옮겨가 보세.

아담은 좋은 머리를 가졌겠지만 외부적인 영향력으로 가득 채워졌을 때에만 좋은 머리가 그에게 쓸모가 있었네. 그는 선과 악의 차이에 대해서 전혀 알지 못했다네. 아담과 이브 어느 누구도 벗은 채로 다니는 것이 수치스럽다는 생각을 해낼 수가 없었지. 그는 그 개념을 외부로부터 얻어야 했네. 그 지식은 외부의 사과(선악과)와 함께 왔네. 신이 주었다고 할 수 있지. 자신이 저지른 것이 아니라 외부의 힘인 신의 탓이라네.

여기서도 인간은 자유의지가 없었으며 다만 외부의 힘인 사탄의 능력으로 사과를 따 먹은 것이라네. 그러므로 자유의지가 없었으니 인간에게는 원죄라는 게 성립할 수 없는 것이네. 오직 신만이 외부로부터가 아닌 자신만의 생각을 가질 수 있는 것이라네. 다만 인간은 신의 도움으로 사과를 따 먹은 후에야 비로소 자의식을 찾았다고 할 수 있겠지.

인류의 원죄 이야기는 인간의 자의식이 생겨난 상황을 유대인들 특유의 멋진 메타포로 표현한 것이다. 인간에게 자유의지는 없는 것이다. 오로지 '자유로운 선택'만이 존재할 뿐이다.

28. 인류문명사를 이끌어 온 과학자들의 소고

1903년 12월 17일 미국의 라이트 형제는 가솔린엔진을 장착하여 하늘을 나는 비행기를 발명했다. 그러나 남부의 복음주의 기독교 교단은 이를 하느님의 권위에 도전하는 불경한 짓이라고 일제히 비난했다.

1630년 이탈리아의 가톨릭 신자요 물리학자인 갈릴레이는 광학 망원경으로 천체를 관찰한 뒤 『대화』라는 책을 써서 지구는 태양을 중심으로 돌아간다는 태양중심설을 주장했다. 이 때문에 그는 하느님의 신성을 모독한다는 죄목으로 1632년 로마의 신성재판소에서 재판을 받고 가택연금 되었으며, 그가 편찬한 모든 서적은 금서목록에 올라서 불태워졌다.

1650년 아일랜드 교회의 제임스 어셔 대주교는 『구약성서 연대기』라는 책을 편찬하고 지구는 정확하게 기원전 4004년 10월 23일 오전 9시에 창조되었다고 못 박았다.

1859년 찰스 다윈은 『종의 기원』이라는 세기적인 저작에서 인간은 하느님이 만든 작품이 아니라 자연선택에 의한 종의 진화의 산물이라고 발표했다.

1920년   러시아의 물리학자인 알렉산더 프리드맨과 벨기에의 가톨릭 신부이며 천체물리학자인 조르주 르메트르는 최초로 빅뱅이론을 제안했다. 르메트르는 1931년 영국의 케임브리지 대학 강의에서 우주 천체가 '시초의 원자(primal atom)'로부터 시작되었다고 추측하였고 그 내용이 〈네이처〉지에 실렸다. 그러나 그는 과학과 종교는 섞을 수 없다고 주장했다.

1929년   미국의 천문학자인 에드윈 허블은 허블 망원경을 이용해서 천체를 관찰한 후 우주가 팽창한다는 빅뱅원리를 뒷받침하는 이론을 주장했다.

1948년   러시아의 과학자 조지 가모브는 빅뱅에 의한 완벽한 우주의 팽창이론을 정립했다.

1952년   영국의 우주론 학자였던 프래드 호일은 우주는 대략 140억 년 전쯤 아주 작은 한 점(특이점, singularity point)으로부터 폭발해서 생겨났다는 대폭발 이론(Big Bang)을 발표했다. 호일은 우주가 끊임없이 팽창하고, 그 과정에서 끊임없이 새로운 물질이 생겨난다는 '정류 상태 이론'을 만들어 냈다. 호일은 1957년 동료 물리학자인 W. 파울러와 함께 연구를 통해서 초신성 폭발에서 어떻게 무거운 원소들이 만들어지는지를 밝혀냈다. 호일에 의하면 폭발하는 별은 엄청난 양의 열을 방출해서 모든 새로운 원소들을 만들어내고 그렇게 만들어진 원소들이 우주로 튕겨져 나가서 성간 매질이라고 하는 기체 상태의 구름을 형성하게 된다고 발표했다. 그리고 그 성간 물질은 결국 서로 뭉쳐서 새로운 태양계들이 태어난다고 한다. 그의 새로운 이론 덕분에 우주는 기원전 4004년에 탄생된 것이 아니라 137억 년 전에 탄생되었다는 사실이 세상에 밝혀졌다.

1952년　러시아계 유대인이며 세균학자인 셀먼 에이브러함 왁스
맨(Selman Abraham Waxman, 1888~1973)은 1944년 흙 속에
서 사는 세균을 연구하다가 스트랩토마이신을 개발하여 불치
병으로 알려졌던 결핵을 근절시킨 공로로 1952년 노벨 생리
학 의학상을 받았다.

| 기독교 세계의 분서 사건의 역사 |

기독교의 분서갱유(焚書坑儒)는 성경에 대한 이성적인 접근과 비판을
원천적으로 차단하고 기독교의 도그마를 지키기 위한 로마 교황청의 국
가보안법이었다.

중세에 교황청에서 내려진 금서목록과 분서의 명분은 기독교 신앙교리
와 일치하지 않는 내용을 가진 모든 책에 대한 검열, 숨김, 파괴를 통해
계획적인 교육의 쇠퇴, 성직자의 신분상승 기능을 이루며 교회의 권력
을 강화해야 한다는 것이었다. 그러므로 성경을 자주 읽는 것조차 금해
야 했다. 왜냐하면 독자적인 생각을 이끌어낼 수 있기 때문이었다. 12세
기 말 주교구 관구인 프랑스 도시 메츠에서 프랑스 성경이 널리 퍼져 라
틴어를 모르는 문외한들도 성경을 읽고 내용에 대해 토론할 수 있게 되
었다. 그러자 사제들이 이를 금지시켰다. 사람들이 그 이유를 물었지만
그들은 납득할 만한 이유를 내놓지 못했다. 그래서 사제들은 당시 교황
인 이노센트 3세에게 이유를 알려달라고 청했다. 그러나 교황은 돼지에
게 진주를 던져주는 격이라는 〈사도행전〉 19장 19절을 인용해서 문외한
들의 자체적인 성경 읽기와 해석을 금지했다. 그와 동시에 사제들에 대

한 어떤 비판도 금지했다. 가톨릭교회에서 1188년에 이루어진 이 명령은 1917년까지 실제로 통용되었다. 그리고 몇몇 가톨릭 대표자들의 머릿속에는 아직도 통용되고 있다.

– 베르너 폴트, 『금서의 역사』

1487년부터 1501년까지의 교황 교서에는 올바른 신앙에 적합하지 않은 서적을 "근절하라"는 촉구가 경건한 소망으로 남아있었다. 그 때문에 1515년 교황 레오 10세는 교서에서 교회의 허가를 받지 않은 문서를 모두 불태우라고 명령했다. 레오 10세는 5년 후에 마틴 루터의 서적을 공개적이고 의례적으로 분서하라고 명령했다.

글을 읽을 수 있는 능력은 지배자들의 기득권이었다. 혁명을 일으킨 상 퀼로트(프랑스 혁명 때 하층계급의 과격 공화당원들을 일컬음. 귀족들에 반항해서 짧은 바지인 퀼로트를 벗고 긴 바지를 입었다)들이 기념비를 부수고 왕실 문서실을 불태웠다.

1954년 교황 피우스 12세의 지시로 가톨릭 신자들을 위한 금서목록은 다음과 같다.

몽테뉴의 『수상록』, 장 닥크 루소의 『사회계약론』, 사르트르의 『존재와 무』, 볼테르의 『캉디드』와 『랭제뉘』, 데이빗 흄의 『자연종교에 관한 대화』, 파스칼의 『팡세』, 스피노자의 『윤리학』, 피에르 라루스의 『대백과사전』, 하인리히 하이네의 『여행기』, 앙드레 지드의 『좁은 문』, 괴테의 『젊은 베르테르의 슬픔』, 빅토르 위고르의 『레 미제라블』, 귀스타브 플로베르의 『보바리 부인』, 제임스 조이스의 『율리시스』, 조지 오웰의 『1984』

이러한 가톨릭 금서목록은 1966년에야 비로소 폐지되었다. 그러나 최근에 다시 조안 롤링의 『해리 포터 시리즈』와 『다빈치 코드』를 위험 함 서적으로 지명했다.

1450년 독일의 구텐베르그는 인쇄술을 발명해서 인류가 발명한 문명의 이기를 세계 속으로 신속히 전파하는 엄청난 혁명을 일으켰다. 1879년 10월 21일 토마스 에디슨은 인류 최초로 백열전등을 발명했다. 1977년 스티브 잡스는 친구인 워즈니악과 함께 인류 최초로 개인용 컴퓨터 애플 2를 개발해서 PC 시대를 열었고 2001년 아이팟을 그리고 2007년 아이폰을 그리고 2010년 아이패드를 발명함으로써 포스트 PC 시대를 열었다.

2013년 10월 8일 유럽 입자 물리학 연구소(CERN)에서 만든 대형 강입자 가속기(LHC)에서 양성자와 양성자끼리 초당 수천 만 번 계속 충돌시켜서 모든 물질의 기원을 이루는 힉스 입자(일명 신의 입자)의 발견으로 이론적 토대를 세운 공로로 피터 힉스 영국 에딘버러 대학 교수와 프랑스와 앙글레르 벨기에 뷔르셀 자유대학 교수에게 공동으로 노벨 물리학상을 수여했다.

앞의 사실에서 보듯이 인류문명의 진화는 지금도 우주의 운행법칙에 따라서 자연과 인간이 함께 이 세상을 창조 해 나가는 것이다. 고정된 것은 아무것도 없다. 하느님은 천지창조를 한 것이 아니라 변화하는 원리 자체가 곧 하느님이다. 노자의 도덕경 14장에는 도(道, 하느님)를 다음과 같이 묘사했다. 보려하여도 보이지않아 이를 어렴풋하다고 하고, 들으려 해도 들리지않아 이를 흐릿하다고 하며, 잡으려 해도 얻을 수 없어서 이를 희미하다고 한다. 현묘하고 현묘하니,

모든 오묘함의 문이 된다. 모든 것은 한시도 쉬지 않고 변한다. 나무도 강산도 사람도 지구도.

하버드 대학의 고생물학자였던 스티븐 제이 굴드(Stephen Jay Gould, 1941~2002)는 1989년 자신의 저서에서 "생명의 역사는 우월성과 다양성이 점진적으로 증가한 것이 아니라 대량으로 제거해 버린 후에 살아남은 몇 종이 다시 분화되는 과정으로 이루어져 왔다."면서 진화에서의 성공은 제비뽑기에 의해 결정되는 것 같다는 인류 진화에 대한 자신의 소견을 소상히 밝혔다. 또한 생명의 역사를 담은 테이프를 버제스 이판암까지 되감은 후에 똑같은 출발점에서 다시 되돌린다면 "인간과 같은 지능을 가진 생물이 출현하게 될 확률은 놀라울 정도로 낮다."는 유명한 말을 남겼으며 조상 대대로 이어온 인간 존재의 성공은 정말 운 좋은 요행이라고 믿는다고 자신의 입장을 밝혔다.

300만 년 전인 구석기 시대의 인간은 오스트랄로 피테쿠스-호모 하빌리스(손을 사용한 사람)-호모 에렉투스(곧선 사람, 베이징 원인)-호모 사피엔스(지혜가 있는 사람, 크로마뇽인)의 순으로 수백만 년에 걸쳐 점차적으로 진화되어 왔다. 해부학상으로 현생 인류는 아프리카에 5만 년에서 1만 년 사이에 진화하여 이동을 시작해서 아시아에서는 호모 에렉투스와 유럽에서는 호모 네안데르탈렌시스(Homo Neanderthalensis)를 대체하면서 정착했다고 한다.

현생인류는 후기 충적세로 불리는 약 1만 년 전에 출현했다고 한다. 네 차례의 빙하기와 간빙기를 거쳤으며 마지막 뷔름빙기가 끝난 1만 년 전쯤에 기후와 동식물의 분포가 현재와 흡사한 충적세로 넘어왔다. 그때에 인류는 순록, 매머드, 야생마, 곰 등을 사냥하기도 하고 한 곳에 정착해서 살면서 농사와 목축을 하기 시작했다. 그 당시 인구가 대충 1만 명 정도이었을 것으로 학자들은 추정한다.

빙하기가 끝나고 간빙기에 엄청난 홍수를 경험한 인류는 앞에서도 잠시 언급했듯이 그 당시 가장 높은 산인 히말라야의 마고성으로 이동했다. 중기 신석기 시대에 들어서 사유재산의 형성과 위계질서를 확립하는 계기가 되었으며 동이족은 우수한 정신문명을 가지고 당시 사회의 중심축으로 자리매김했다. 그때부터 차등의식이 생겨났으며 그로 인한 불평등과 갈등이 심화되었고 땅 따먹기의 투쟁이 일어났으며 인구의 증가로 인해 각기 분산하게 되었다. 사방으로 분열된 이후 인류는 호모사피엔스의 두뇌를 이용해서 경쟁적으로 꾸준히 문명의 이기를 창출해 왔다. 1905년 아인슈타인은 질량과 에너지는 다른 두 개의 실재가 아니라 에너지보존법칙에 의해서 질량이 곧 에너지이고 에너지가 곧 질량이라는 등가의 원리를 발표했다. 이것은 세상 만물은 불생불멸(不生不滅)이라는 불교의 근본원리를 입증한 것이었다.

2004년도에 13년에 걸쳐서 전 세계 2,800명의 저명한 과학자들의 참여하에 인간 DNA 염기서열을 해독한, '인간 유전자 프로젝트(Human Genome Project)'가 완성되었다. 우리 인간의 유전자 수는 유럽과 아시아 그리고 북아프리카에 자생하는 자그마한 식물과인 애기장대가 가진 25,000개보다 적은 2만~2만 5000개 정도라고 밝혀졌다. 아울러 인간의 DNA 염기 서열은 침팬지와 98.5퍼센트가 동일하고 쥐와도 거의 90퍼센트가 일치한다고 발표했다.

역사의 기록을 보면 인류의 문명은 모두 과학자들에 의해서 진보되어 왔다. 우리는 지금 컴퓨터와 레이저 인공위성, 인터넷 그리고 전자

공학으로 대변되는 세 번째 과학 혁명기를 살고 있다. 앞으로 인간이 화성에 가서 살 수 있는 날이 우리 현실로 다가올 수도 있을 것이다.

> 역사는 모든 과학의 기초이며 인간 정신의 최초 산물이다.
> – 토마스 카라일

앞에서 살펴본 과학자들의 눈부신 공로는 우리 모두에게 일상생활의 편익을 가져다주었다. 19세기 말의 철학자 니체는 『차라투스트라는 이렇게 말했다』에서 "신은 죽었다."고 선언했다. 그건 지난 2천 년간 신의 이름으로 저질러 놓은 기독교의 노예의식으로부터 해방을 부르짖는 절규였다. 천당과 지옥, 원죄와 구원, 귀족과 평민, 선택된 민족과 버림받은 민족, 천사와 악마 등등 모든 이원론적이며 배타주의적 플라토니즘을 향한 사형선고였다. 니체는 자기 위로 동경의 화살을 쏘지 말라고 외쳤으며 안티 크라이스트(anti-Christ)를 통해서 첫 번째 기독교인이자 마지막 기독교인 예수는 십자가에서 죽었다고 선언했다. 니체는 위버멘쉬(over man, 주권적 개인)에서 아무것도 불필요한 것은 없으며 아무것도 없어도 되는 것은 없다고 하면서 인간은 하느님 앞에 죄인으로 살아가는 노예적인 삶에서 기필코 인간을 해방시켜야 한다고 역설했다. 지난 2천 년간 기독교는 종교라는 명분으로 하느님이 자신들에게만 계시했다고 주장하며 나와 다른 생각과 믿음을 가진 사람을 이단자로 몰아서 엄청난 인명을 죽였으며 남의 종교를 파괴하기 위해서 성전이란 명분으로 침략하고 종교를 파괴했다. 지금도 그 전쟁은 계속되고 있다. 기독교는 오로지 예수만을 통해서 구원을 받을 수 있다고 소리치며 전 세계인들을 기독교화시키겠다고 이슬람의 성지에 가서 그들의 조상들이 수천 년간 간직해 온 생각과 문화를 바꾸기 위해서 온갖 물질적, 정신적 에너지를 낭비하고 있다. 과연 조상 대대로 지켜온 너의 문화가 잘못 되었으니 나의 문화를 따르라는 게 온당한 것일까? 입장을 바꿔놓고 생각해 보자. 이슬람 선교사들이 우리나라에 와서 교회 앞에 진을 치고 기독교인들을 이슬람으로 전도하고 있다면, 우리들은 과연 어떻게 생각할까?

1996년 10월 23일 교황 요한 바오로 2세는 80명으로 구성된 '교황청 아카데미아'에 보낸 서신에서 인간의 육체는 이미 존재하고 있었는데 하느님이 거기에 영혼을 불어넣어 창조하셨다고 발표함으로써 진화론을 인정하는 입장을 밝혔다.

이스라엘 사람들이 상상한 야훼(YHWH)라는 유대인 용어는 신을 기호화한 것으로 남자다움을 나타내는 '야'와 이브의 히브리어 이름인 '하와'가 자웅동체의 물리적 결합을 한 여호와라는 이름에서 유래한 것이다. 주역의 음과 양의 교합의 원리와 동일하다. 이렇게 유대인들의 종교는 메소포타미아의 이교도 신앙과 혼합해서 만들어졌다. 그러나 구약성경의 〈창세기〉에 만물을 창조한 야훼 하느님은 채 두 장이 지나지 않아서 노아의 홍수와 같이 자신의 피조물을 통제할 수 없는 상황에 빠진다. 그리고 만물을 골고루 축복해 주던 공평무사한 하느님이 점점 이스라엘 민족만을 편애하고 주위의 암모, 모압, 여부스, 가나안인들을 모두 적으로 몰아서 죽이거나 노예화 하라고 명령하는 폭군으로 등장하다 나중에는 슬며시 어디론가로 사라져 버린다. 그래서 구약성경에 보면 야훼를 잃어버린 유대인들에게 주기적으로 선지자들이 나타나서 이스라엘 민족이 가지고 있던 잘못된 신관에 대한 올바른 해석을 해 준다. 그들이 자초한 문제는 모두 탐욕에 불타는 인간들이 저지른 문제였다. 그래서 군웅이 할거하던 춘추전국시대에 혼탁한 사회윤리를 바로잡기 위해서 공자나 맹자 그리고 장자가 출현해서 타락해가는 민중들의 의식을 정화시켜 주었던 것과 마찬가지로 이사야 선지자, 예레미야 선지자가 나타나 올바른 정치를 하라고 질타했던 것이다.

그리스 고대사에 등장하는 소크라테스와 플라톤 같은 철학자들도 예외는 아니었다. 소크라테스는 그리스의 신을 섬기지 않고 젊은 사람들의 정신을 오염시킨다는 명목으로 참주에 의해 기소되어서 독배를 마시고 스스로 죽도록 명령을 받았다. 사실 소크라테스는 오늘날 미국 민주당 대통령 후보로 출마했던 버니 샌더스 같은 개혁주의 성향의 사회운동가였다. 명목상으로는 민주주의라고 하지만 그 당시 보수와 진보, 귀족적인 사상과 진보적인 개인주의 사상 등이 뒤엉킨 소용돌이에 휩싸였던 아테네의 몰락기에 아고라와 같은 광장에 나타나 젊은이들을 상대로 지혜를 사랑하는 마음으로 정의, 절제, 경건, 용기를 가지고 덕이 있는 삶을 살라고 가르친 위대한 철학자였다.

예수님도 당시 악랄한 빌라도 총독의 식민통치를 종결시키기 위해 나타난 독립운동가였다. 그러나 예수는 너무나 열정적으로 인간을 사랑했고 하느님을 사랑했기에 하느님의 아들이 되었고 제자들에 의해서 신으로 승격되었을 것이다.

이제부터 기독교인들은 예수님을 신격화하는 데 온갖 에너지를 낭비하는 것보다 예수님의 인간됨, 예수님의 사랑의 정신 그리고 예수님의 십자가 죽음을 통해서 내 안에 잠재하는 악의 성향을 잠재우고 늘 나보다 못한 이웃을 보살피고 사랑으로 보살피는 삶의 자세를 지켜나가는 것이 예수님을 따르는 제자로서 진정한 의무라고 생각된다.

여기 미국의 3대 대통령 토마스 제퍼슨이 쓴『제퍼슨 바이블』의 편린을 소개한다. 원래 제퍼슨 대통령이 1803년 출고했으나 기독교계의 반대로 출판을 못하고 워싱턴의 스미소니언 박물관에 오랜 기간 원본이 소장 되어 있다가 2010년 7월 3일 어려운 단어들을 정리해서 시중에 출판되었다.

나는 수년 전 나의 친구인 닥터 벤자민 러쉬(Benjamin Rush)에게 종교에 대한 나의 신조를 언젠가 밝히겠다고 약속했는데 이제 그 총체적인 완성판을 출판하게 되었다. 항간에서는 나를 반 기독교적 사람이라고 비판하거나 중상모략을 하는 집단이나 개인이 있기에 차제에 나의 입장을 확실하게 정리하고자 결심했다. 내가 아는 예수는 신이 아니라 단지 인간의 가능성을 최고의 상태까지 성취하고 또 그걸 철저하게 실천한 완성된 인간이었으며 그 이상도 그 이하도 아니라고 생각한다. 그러나 나는 누구와도 기독교 교리의 부당성과 진위에 대해서 공개적으로 토론하거나 시비를 가르는 일에 끼어들고 싶지는 않다. 인간은 누구나 마음에서 우러나오는 양심에 의해서 자신의 신앙을 선택하고 결정할 자유와 권리가 미국 헌법상 주어져 있고 또한 어느 누구도 타인이 가진 종교의 자유를 침해할 권리가 없기 때문이다. 왜냐하면 종교의 자유는 오로지 하느님과 나의 관계이기 때문이다. 내가 보기에 신약성경에 나오는 신비하고 경이로운 이야기들은 모두 후대에 성서 기자들에 의해 첨가된 것으로 파악된다. 예수의 태생에 대한 것은 확실치 않으며 그의 가정은 가난했고 교육은 전혀 받지 못했다. 그는 온유한 성격의 소유자였고 참을성이 많은 사람이었으나 큰 야망을 가진 영웅호걸의 기질을 가진 사람은 아니었다. 그런데 예수가 후에 그런 엄청난 일을 했다는 것은 정말 놀라운 일이다. 그의 제자들이 타깃으로 한 집단은 주로 가난한 계층이었기 때문에 그 당시 부유하고 교육을 많이 받은 엘리트층들은 자신들의 기득권을 빼앗기지 않으려고 예수의 가르침에 대해서 아주 부정적이었다. 예수가 공생애를 시작할 당시에 초기 기독교는 아직 예수의 가르침이 정리되지 않고 단편적인 윤리강령만 있는 상태였기 때문에 복음을 전파하기에는 조금 미흡한 상황이었다. 그래서 성서 기자들은 예수의 가르침에 플라톤의 형이상학적 철학사상을 혼합하여 진정한 예수의 모습을 포장했다고 말할 수 있다. 특히 예수가 신이었다는 주장은 정말 예수의 본질을 왜곡하는 큰 사건이 아닐 수 없다.

| 유니테리언 교회 |

하버드 대학 앞에는 유니테리언 교회(Unitarian Church)가 우뚝 솟아 있다. 유니테리언 교회는 유럽에서 1530년 반 삼위일체론을 주장하다 화형당한 의사이며 법률가였던 스페인의 세르베투스(Michael Servetus, 1511~1553)가 그 효시라고 할 수 있다. 미국으로 건너오면서 많은 수의 청교도들은 캘빈의 예정설을 부정하고 유니테리언적 사고를 가지고 살아갔다. 하버드 대학은 미국의 남북 전쟁 전에 이러한 유니테리안들이 모여서 만든 대학이다. 1735~1755년에 제1차 대각성운동(The Great Awakening Movement)을 주도한 조나탄 에드워드(Jonathan Edward, 1703~1758, 프린스턴대 총장 역임)와 조지 화이트필드(George Whitefield, 목사) 그리고 조셉 트레이시(Joseph Tracy, 목사이며 역사가)와 같은 계몽주의 사상가들이 사회 전면에 나타나서 인간평등, 노예제 폐지 등의 이슈들을 부르짖으며 미국 사회의 건전한 인본주의적 전통을 확립시켰다. 1800년대 들어와 미국은 그들이 다져놓은 사상의 영향으로 보스턴을 비롯한 뉴욕 등 동북부에 새로운 변화의 물결이 몰아치고 있었다. 그건 다름 아닌 제2의 대각성운동(The Second Great Awakening, 1790~1840)이었는데 미국 사회의 사상적, 종교적 변화의 일환으로 시작되었다. 이 운동의 선봉에는 당시 미국의 2대 대통령이었던 존 아담스와 하버드 대학 교수이며 시인이었던 에머슨(Ralph Waldo Emerson, 1803~1882)이란 걸출한 인물들이 등장하게 된다. 이 운동은 칼뱅주의에서 주장하는 엄하고 징벌적인 관점을 버리고 모성애적이고 인간적인 사랑을 보여주는 유니테리언 교회가 득세하는 계기가 되었다. 유니테리안들은 남부의 농장주들이 인간을 노예화하는 것은 인간평등을 근간으로 하는 자연법에 위배되는 것이라고 주장하였다. 또한 칼뱅이 인간은 본래 악하다고 주장했으나 인간은 본래 선하며 절대적인 계시보다 이성의 힘을 중요시해야 한다고 하였다.

에머슨은 보스턴에 있는 유니테리언 교회의 2대 목사였다. 그의 영향으로 미국을 건국한 조지 워싱턴 대통령과 벤자민 프랭클린 등의 위대한 인물들은 거의 다 유니테리안의 신조를 가지고 살아갔다. 그들은 이신론의 영향으로 반 삼위일체론을 지지하고 신은 하나라는 단일신론(Unitheolism)을 주장하며, 예수는 초자연적인 인간이었으나 하느님은 아니라고 생각했다. 유니테리언 교인들은 어떤 신조나 교리도 주장하지 않는다. 325년 로마의 콘스탄티누스 대제가 삼위일체설을 지지한 것은 다분히 정치적인 판단이었다고 그들은 믿는다.

| 유니테리안의 신앙 |

1. 한 분의 하느님과 하느님의 단일성에 대한 믿음
2. 어떤 종교도 성령이나 신학적인 진리를 독점할 수 없다는 믿음
3. 사람이 살아가는 데 있어 모범이 되는 예수 그리스도의 삶과 가르침
4. 신앙과 이성의 합리적인 사고, 과학, 철학의 평화 공존
5. 인간 본성은 원래 타락(원죄)한 것은 아니며 하느님이 의도한 대로 선과 악을 행할 능력이 있다.
6. 비록 성서의 저자들이 하느님으로부터 영감을 받아서 썼다고 하지만 그들도 인간이었기에 인간적인 오류를 저지를 수 있다.
7. 예정설, 영원한 거주 그리고 그리스도 속죄에 대한 보상이나 대속과 같은 것은 예수 그리스도의 진정한 임무와 본성을 가리며 하느님의 본성을 해치는 것으로 판단되며 특정한 독단적인 교리를 거부한다.

29. 불교의 모태인 정통 바라문 사상

  불교는 힌두교에서 파생된 종교이다. 힌두교의 삼위일체 이론인 트리무리티(trimuriti)에 의하면 우주의 근본 원리이며 실재인 브라만 (Brahman, 梵)은 중성적 원리로 만물을 움직이게 하는, 무한하며 영원한 본질을 뜻한다.

  아리안들은 태초에 범(Brahman, 梵)이 있어, 이것이 열을 일으켜 삼계(天地空)를 만들고 다시 삼신, 삼베다, 삼광명을 일으켜 차례로 낳고 일체를 성립시킨 후 그 속으로 들어갔다는 일원론적 범신론 (Pantheism)을 주장했다. 우파니샤드에 의하면 태초에 유(Tad ekam sat)가 있어 그것이 욕심을 일으켜 지수화풍(地水火風) 사대(四大)를 발생시켰으며 이것이 화합해서 만물을 만들고 그 속에 유가 명아(命我, jiva–Atman)의 상태로 들어가 명색(名色)이 되고 세상 모든 만물의 일체(sarvam)가 되었다고 한다. 그래서 개개의 자아(Atman)와 우주의 원리인 범은 본질적으로 동일하다는 범아일여(梵我一如)를 주장한다. 인간은 범아일여의 지혜로 선정에 들어가 수행을 함으로써 괴로운 생사의 윤회로부터 해탈할 수 있다고 주장한다.

여기서 범(梵)과 카르마(業), 해탈(Moksa) 등은 우파니샤드 수행자들의 사색의 주제가 된다. 우파니샤드 시대 당시에 유행하던 핵심사상은 전변설(轉變設, Parinama)과 적취설(積聚說)이 있었다.

전변설은 하나, 즉 본체가 변하여 많은 것이 되고 그 하나가 또 많은 것 속에 들어가 본질이 되었다는 입장이며 원인(정신) 속에 이미 결과가 있다는 인중유과론(因中有果論), 즉 범신론사상이다. 전변설을 주장하는 부류는 수행을 통해서 내 안에 있는 아트만을 발견함으로써 브라흐만과 하나가 될 수 있다는 원리이며 유심론적인 입장을 대변한다. 적취란 태초에 다수의 요소가 집적되어 결합해서 만물을 형성하고 현재 우리가 보는 세계가 성립했다는 이론이다. 적취설은 업이나 인과응보의 원리를 거부하는 유물론적인 입장이다. 이들은 오로지 고행을 통해서 내면의 아트만을 발견할 수 있다는 논리이다.

30. 불교철학의 본질

| 나는 누구인가? |

근대 철학의 아버지로 불리는 르네 데카르트는 '나는 생각한다. 고로 존재한다(Cogito ergo sum).'는 유명한 말을 남겼다. 불교에서도 나란 존재를 확인하는 시점에서 출발한다. 기독교가 예수라는 구세주에 의존해서 나의 존재와 나의 구원을 해원하는 의타적(依他的) 종교라면 불교는 나의 구원을 스스로 해결하는 의자적(依自的) 종교라고 할 수 있다. 숫도다나 왕의 왕위를 계승할 수 있는 카필라 성의 왕자로 태어난 싯다르타 고타마가 6년간 수행한 과정을 살펴보면 아주 흥미롭다.

첫 번째 찾아간 수행자는 바가와(Bhagava)라는 고행자였다. 그는 수많은 제자들을 거느리고 하늘에 태어나는 것을 목적으로 고행을 하고 있었다. 그러나 고타마는 1년간 고행 끝에 그들이 하는 고행을 통해서는 생사의 고통에서 벗어날 수 없다고 판단하고는 두 번째로 브라흐만과 해와 달을 섬기는 수행자들을 찾아갔다. 1년간 수행 끝에 싯다르타는 거기에서도 자신이 찾는 고통스런 인생의 해답을 찾을 수 없었다. 그러나 싯다르타의 구도 편력은 계속되었다. 세 번째로 찾아간 스승은 알랄라 깔라마라는 수도승이었다. 그런데 여기서도 1년여 동안 철저한 수행을 했지만 자신이 찾던 진리에 대한 목마름을 근본적으로 해결할 수 없었다.

싯다르타는 다시 그 당시 가장 큰 나라였던 마가다(Magadha)국의 수도였던 라자그리하(왕사성)에 가서 가장 명망이 높은 우드라까 라마뿌뜨라라는 큰 스승을 만났다. 선정주의자라고 불리는 이들의 지도 아래 깊은 수행을 계속한 끝에 싯다르타는 해탈의 경지라고 하는 최고의 경지까지 경험을 했다. 선정주의는 정신통일에 의해 자신의 의식작용이 완전히 정지되어 최고의 경지에 도달하게 되어서 해탈에 이른다는 방법이다. 그러나 싯다르타는 그것 역시 시간이 흐르면서 정신통일의 상태가 끝나 버리면, 마치 마약을 먹은 사람이 마약의 효능에서 깨어나면 다시 고통스러운 세상을 살아가야 하는 평범한 인간으로 돌아오는 것처럼 모든 괴로움을 떠난 완전한 적멸의 경지는 아니었다.

그들은 수행 그 자체가 목적이 되어서 무엇을 위해 수행을 하는지 그리고 인생의 의미를 깨닫지도 못하고 수행을 위한 수행에 빠져 있었다. 그들의 공통된 모순을 알아차린 싯다르타는 더 이상 수정주의자들의 가르침에 의존하지 않고 우드라까 라마뿌뜨라와 작별하고 라자그리하에서 남쪽으로 80km 가량 떨어진 우루벨라 마을의 네란자라 강 근처의 숲 속에 들어가 자리를 잡았다. 이곳에서 그는 스스로 우주 자연과 인생의 진리를 찾기 위해서 고행을 시작했다. 거기에는 그동안 수행 중에 싯다르타를 따르던 5명의 수행자도 함께 있었다. 그러나 그들은 싯다르타의 수행에 만족하지 못하고 모두 떠나버렸다.

결국 싯다르타는 혼자 네란자라 강을 건너 서쪽 언덕 가까운 곳에 그늘이 무성한 한 삐빨라(보리수) 나무 밑에 자리를 잡고서 '내가 도를 이루지 못하면 결코 이 자리에서 일어나지 않으리라.'고 굳게 결심하였다. 그의 흔들림 없는 용맹정진의 수행은 밤낮으로 계속되었다. 싯다르타의 수행이 정점에 이르기 전 마왕 빠삐야(Mara Papiya, 마왕 파순)와 그의 부하들은 수행 중인 싯다르타 앞에 나타나 온갖 위협과 유혹으로 그의 성도(成道)를 방해하였다. 그러나 싯다르타는 전혀 동요됨이 없이 자신의 평정을 잃지 않고 온갖 욕망과 불안 그리고 내적 갈등을 이겨내고 마왕의 유혹을 단호하게 물리쳤다. 싯다르타는 마침내 삐빨라 나무 아래서 자신의 성도에 장애가 되는 마군(魔軍, 마귀)의 항복을 받았다. 붓다가 완전한 깨달음에 이른 때가 35세의 중년이었다.

붓다는 인간을 괴롭게 하고 자유를 구속하는 것은 결코 외부의 어떤 것이 아니라 인간 각자의 내면에 도사린 무명(無明, avidya), 즉 진리에 대한 무지와 그것 때문에 발생하는 욕망이라는 것을 깨달았다. 브라흐마니즘의 선정 수행이 신과의 교감을 추구한 데 반해, 붓다는 신을 거부하고 인간 스스로의 정신 집중을 통해 마음의 동요가 전혀 없는 경지를 경험함으로써 무명이 전혀 없는 무상안온(無上安穩)을 성취할 수 있다는 것을 체험할 수 있었다. 이것을 깨달은 싯다르타는 무명과 욕망이 인간의 괴로움을 발생시키며 어떤 변치 않는 미묘한 법칙에 의해 작용한다는 사실을 발견함으로써 무명과 욕망의 근본을 없애버리고 해탈을 하였다. 해탈을 한 후 붓다의 첫 번째 함성이

"나는 나와 비교할 사람이 없다. 나는 부처다."였다. 자신 속에 쌓였던 지배욕구와 왜곡된 가치관을 극복한 자신을 발견하곤 자신을 따르는 제자들에게 자신을 여래(如來)라 불러달라고 했다. 여래란 진리와 하나가 된 존재를 뜻한다. 붓다는 그 순간 자신이 느낀 법열(法悅)을 이루 형용할 수 없었다. 그냥 자신이 깨달은 진리를 음미하며 조용히 좌정하고 있었다. 붓다의 앞에는 브라흐만이 나타나 경배를 올리고 세상에 나아가 중생들에게 설법해 줄 것을 거듭 3번이나 간청했다. 심지어 석제환인[80]은 하늘에서 내려와 부처님께 나타나서 예배를 드리고 오른편으로 세 번 돈 후 합장하고서 붓다에게 법의 바퀴(法輪)를 굴리시기를 청하였다. 붓다는 그제서야 일어나서 하늘을 쳐다보며 '천상천하 유아독존 삼계개고 아당안지(天上天下 唯我獨尊 三界皆苦 我當安之)'라고 외쳤다. 천하에 나란 존재는 가장 존귀한 존재이며, 삼계가 모두 고통의 연속이니, 내가 마땅히 그들을 편안하게 하리라.

붓다가 깨달은 진리를 아눅다라 삼먁 삼보리(Anuttara Samyak Sambodhi, 無上 正等 正覺)라고 하며 그 내용이 곧 연(緣)해서 결합하여 일어나다(쁘라띠따 삼무뜨빠다, Pratitya Samutpada), 즉 연기론이다. 연기론은 전변설과 적취설을 종합한 새로운 이론이다.

붓다의 가르침이 급속도로 민중 속으로 전파되자 자이나교의 창시자인 마하위라(Mahavira)와 산자야 벨라띠뿌따(Sanjaya Belattiputta)와 같이 붓다의 연기설에 대응하면서 색다른 이론을 주장하는 학파가 우후죽

---

80) 동이족의 시조로 알려져 있다. 『삼국유사』에 보면 환웅에게 삼위태백으로 내려가 널리 인간을 이롭게 하라고 명한 상제환인(上帝桓因)을 말한다.

순으로 나타났다. 그중 베다 성전(聖典)의 권위를 부정하고 나타난 대표적인 학파를 육사외도(六師外道)[81]라고 한다. 그러나 그들의 이론은 지나치게 형이상학적이고 난삽한 학설이어서 여기서는 자이나교와 산자야의 이론만 간략하게 소개하기로 하겠다.

먼저, 산자야의 회의론를 살펴보겠다. 산자야는 그 당시 솔하에 250명의 제자들을 거느리고 있던 대석학이었다. 그는 진리를 객관적으로 인식하는 것은 불가능하다는 회의론과 불가지론을 주장했으며 내세의 존재 자체나 선악의 과보 등의 질문에 대해 정확한 답을 주는 대신 늘 애매모호하게 응답해서 마치 미꾸라지 새끼가 손바닥을 빠져나가는 것과 같이 사람들을 혼란에 빠뜨렸기 때문에 그의 이론을 포만론(抱鰻論)이라고 한다. 붓다의 수제자인 사리불과 목견련은 산자야의 제자였다.

다음은 자이나교의 이론이다. 자이나교의 종조인 마하위라는 산자야의 회의론을 극복하기 위해서 상대주의 인식론을 극복한 다음 이에 입각해서 이원론적 우주론을 제시하였다. 그는 이 세상 모든 존재는 영혼(命, Jiva)과 비영혼(非命, Ajiva)로 구성되어 있다고 주장했다. 개인의 업을 비영혼, 즉 물질로 보고 이 업에 의해 영혼이 속박됨으로 해서 윤회가 계속된다고 파악했다. 따라서 윤회에서 해방되기 위해서는 고행을 실천해야 한다고 주장했다. 이렇게 함으로써 과거의 나쁜 업을 소멸시키고 새로운 업의 유입을 방지할 수 있으며 자신의 영혼을 정화시키기 위한 최선의 방법은 고행이라고 말했다. 구체적

---

81) 붓다 당시에 브라만의 안티테제로서 다양한 사상이 출현했는데 특히 붓다의 가르침과 다른 주장을 했던 6개의 색다른 종파를 통칭하는 말이다.

인 방법으로는 정욕적인 감각의 억제, 세상으로부터의 초연함과 무소유 그리고 참회와 같은 수행의 중요성을 강조했다.

불교에서는 연기법을 깨달은 이가 곧 궁극적 존재이고 또 그 깨달음의 세계가 곧 진리의 본체이다. 그러니 누구나 세상의 진리를 깨달으면 궁극적인 존재가 되는 것이다. 모든 것이 연기법에 의해서 태어나고 일정 기간 머무른 후 때가 되면 소멸해서 다른 차원으로 변한다는 대단히 과학적인 종교이다. 붓다는 자신이 깨달은 진리를 통해서 중생과 제자들에게 어떻게 고(苦)의 세계에서 헤어날 수 있는지를 45년 동안 가르쳤다. 붓다의 연기론을 가장 잘 터득하고 실천한 인물이 우리나라 불교계의 성자인 원효대사이며 『대승기신론』에서 연기론을 이해하기 쉽게 잘 요약해 놓았다.

부처님이 깨달은 법(Dharma, 진리)은 인간과 모든 동물들 그리고 온 우주를 지배하는 근본적인 원리인 절대적인 실체를 일컫는 임시 이름이다. 부처님은 그 법을 통해서 자신의 내면 깊은 곳으로부터 일어나는 미세한 마음의 변화를 체험했다. 그리고 어떻게 끊임없이 출렁이는 고해의 바다에서 늘 고요한 마음을 지킬 수 있는지를 터득했고 궁극적으로 고에서 해방되어 절대적인 자유를 누렸다. 깨닫고 나니 우주와 나, 나와 너, 주관과 객관이 통합되면서 둘이 아니라 하나였으며 고요한 자리였다. 그 자리가 다름 아닌 하느님의 자리였고 도의 현현이었고, 진여(眞如)의 자리요 열반의 자리였다. 그러나 붓다는 늘 자신의 제자들에게 나는 그 진리를 가르치는 손가락에 불과하다는 견월망지(見月忘指)를 강조하면서 절대 자신에게 의지하지 말라고 하였다.

9세기 임제종의 종조인 임제선사는 "부처를 만나면 부처를 죽여라."라는 말을 남겼는데, 이는 부처님 가르침의 핵심을 관통하는 메시지라고 할 수 있다. 즉, 내가 지금 잡고 있는 밧줄을 놓아야만 다음 밧줄을 잡을 수 있기 때문이다.

불교를 이해하기 위해서 가장 중요한 것은 고의 실체인 108번뇌가 일어나는 과정을 포착하는 것이다. 붓다는 우리의 인식기관과 객관적인 세계와의 조응관계를 다음과 같이 분석했다.

인간은 누구나 6가지 인식기관(眼耳鼻舌身意)을 가지고 있다. 다음의 도표를 참조하기로 하겠다.

육경(六經)	육근(六根)	육식(六識)
색(色)	안(眼)	안식(眼識)
성(聲)	이(耳)	이식(耳識)
향(香)	비(鼻)	비식(鼻識)
미(味)	설(舌)	설식(舌識)
촉(觸)	신(身)	신식(身識)
법(法)	의(意)	의식(意識)

6 x 6 = 36 x 3 (과거 · 현재 · 미래)

= 108번뇌

육근은 인간의 인식기관을 말하고 육경은 내가 관찰하는 객관적인 대상을 그리고 육식은 육근과 육경이 만나서 일으키는 결과를 말한다.

기독교에서는 이 세상 만물은 신의 뜻에 따라 창조됐고 신이 만물을 주재한다고 한다. 그러나 초기 불교경전인 『아함경』에서 부처는 이 세상에는 세 가지의 헛된 가르침이 있으니, 첫째 사람이 하는 바는 모두 숙명으로 인하여 지어졌다고 하는 것이요, 둘째는 일체가 신의 의지에 원인한다고 주장하는 것과 셋째 모든 것이 인(因)도 없고 연(緣)도 없다고 하는 것이라고 말했다. 그래서 불교에서는 절대적인 하느님의 존재를 상정하지 않는다. 우리의 인식기관에 의해 포착되는 모든 일들은 나의 인식주관과 대상이 만나서 내 마음속에 보존되는데, 인간이란 동물의 두뇌는 다른 동물과 달리 워낙 복잡해서 그 세계를 팔만사천 번뇌라고 상징적으로 표현한다. 번뇌만 없애면 우리는 행복하게 살 수 있다는 게 불교의 공(空) 사상이다. 그래서 불교의 가르침은 내가 보는 이 세계는 내가 만드는 세계이고 하느님은 하느님의 세계를 만들고 개는 개의 세계를, 고양이는 고양이의 세계를 만든다고 파악하는 철저한 인식론적 바탕 위에서 성립되었다. 불교에서는 인간의 인식의 범위에 포착되지 않는 것은 존재하지 않는 것으로 간주하며 신의 존재는 인간의 상상력이 만들어 낸 환영으로 본다. 불교에서 신을 보는 것은 마치 내가 내면의 참자아와 만나는 것과 같다. 자아는 늘 고통 속에 허덕이지만 참자아(pure-self)는 움직이지 않는 인간 내면의 신성을 뜻한다.

　서양의 역사는 세인트 어거스틴 이후 인간이 고등정신(에덴동산)에서 물질로 타락했다는 하향적, 즉 신학적 타락(theological fall)에만 의존해 왔다. 그러다가 비로소 라마르크와 다윈에 의해서 인간이 물질에서 점차로 진화되어 고등정신으로 발전할 수 있다는 상향적 사고,

즉 과학적 타락(scientific fall)을 말할 수 있었다. 여기서 말하는 타락은 윤리적 개념이 아니다. 힌두이즘의 입장에서는 분리(separation) 자체를 모두 타락(fall)이라고 표현한다. 마치 기독교에서 너와 나, 자연과 인간을 하나(oneness)로 보지 않고 모든 걸 분리와 분별로 인식하기 때문이 불교적인 시각으로 볼 때 그 자체를 고의 원인으로 보는 것처럼 말이다.

모든 주어진 것은 실체가 없다.
이렇게 지혜로써 깨달은 사람은,
괴로움을 진실로 느끼지 않아
일마다 그 자취를 깨끗이 한다.
– 법구경 27

31. 중생구제의 길로

붓다가 보리수 밑을 떠나 설법을 하기 위해서 향한 곳은 바라나시 근방의 녹야원(鹿野苑)이었다. 보디가야로부터 6백 리나 떨어진 곳이었다. 그곳에는 붓다를 따랐던 5명의 수행자들이 도를 닦고 있었다. 싯다르타가 수행을 포기하고 타락했다고 믿었던 그들은 아는 체도 안 하고 그냥 무시하기로 약속하고 있었다. 그러나 붓다가 점점 가까이 올수록 붓다의 신통력과 자비의 힘 앞에서 자신들이 억제할 수 없는 어떤 위압감이 엄습해 왔다. 붓다는 이들에게 고(苦)와 악(惡)의 양극단을 떠난 중도(中道)의 길과 고집멸도(苦集滅道)의 사성제(四聖諦)를 가르쳤다. 다섯 수행자는 차분한 목소리로 우주와 자연 그리고 인생의 원리를 연기법에 의해서 설명하는 붓다의 가르침을 감격스러운 마음으로 듣고 오랫동안 품어왔던 온갖 의혹이 한순간에 마치 수증기와 같이 증발하면서 붓다에게 부복하고 첫 번째 제자가 되었다. 녹야원의 설법을 흔히 초전법륜(初轉法輪)이라고 한다. 처음으로 법의 수레바퀴를 돌렸다는 뜻이다. 이 최초의 설법이 가장 중요한 불교의 핵심 가르침이며 불교의 시작이 되었기 때문이다. 이때의 붓다의 가르침을 바탕으로 불, 법, 승이 성립되었다. 불(佛)은 가르침을 준 인간 붓다를, 법(法)은 붓다가 발견한 진리를, 그리고 승(僧)은 불법을 진리의 말씀으로 받아들이고 그걸 실천하는 승가(僧家)의 모임이다.

5명의 수행자들이 붓다에 귀의한 이후 당시 바라나시에 살던, 부유한 집안의 아들인 야사(Yasa)가 인생의 허무함을 깨닫고 붓다에 귀의하였다. 이어서 그의 아내와 부모도 모두 귀의하여 초기 불교교단의 재가 신자가 되었다. 붓다의 설법은 엄청난 설득력으로 당시 바라문교에 속해 있던 야사의 친구 4명과 다른 친구들 50명을 모두 일시에 귀의하게 만들며 일파만파로 퍼져나갔다. 이렇게 해서 거의 60명이 비구(男僧)와 비구니(女僧)가 되어 붓다의 출가제자가 되었다. 붓다는 그들에게 이제 진리를 전파하기 위해서 각자 전도의 길을 떠나라고 하면서 다음과 같이 권면하였다.

> 비구들아, 자 어서 전도를 떠나라. 세상을 불쌍히 여기고 모든 사람들(人天)의 이익과 행복을 위해서 두 사람이 한 길을 가지 마라. 비구들아, 처음도 좋고 중간도 좋고, 끝도 좋으며, 조리와 표현을 깃춘 법을 설하여라. 비구들아, 나도 또한 법을 설하기 위해서 우루벨라의 세나니가마로 떠난다.
> – 잡아함 승색경(繩索經)

붓다는 한때 자신이 수행했던 우루벨라로 발길을 재촉했다. 그곳은 당시 불을 섬기는 사화외도(事火外道)를 받들고 있었는데, 강력한 마가다국의 빔비사라 왕의 존경을 받고 있던 까샤바의 삼형제와 그들 밑에 1천 명의 수행자들이 있었다. 붓다는 그들에게 설법을 해서 단숨에 그들 모두를 제자로 삼았다. 그런 뒤 라자그리하로 가서 빔비사라 왕을 귀의시켜 재가 신자로 만들었다. 그건 붓다의 포교에 큰 전환점이었으며 대단한 소득이었다. 특히 사리불과 목견련은 당시 육사외도를 믿던 산자야와 친한 친구였다. 이들은 상당한 식견과 명망을 갖추고 있던 우빠니샤드의 사상가였으나 회의론(懷疑論)에 의문을 제기하고 붓다의 가르침에 설득되었다. 붓다의 가장 신실한 제자는 10명이 있었는데 그중에서도 3명의 핵심 제자는 지혜제일의 사리불과 신통제일의 목견련 그리고 마하가섭 존자이다. 이 사람들은 모두 죽림정사 시절에 붓다의 제자가 되었다. 마하가섭은 붓다의 사후 제1차 결집을 주도한 인물이다. 그는 두타제일이라 일컬어지는데 두타란 의식주에 대한 집착을 떨쳐 버리기 위한 수행을 말한다. 사리불과 목견련은 초기 불교 교단의 창시자라고 할 수 있다.

그다음 붓다는 자신의 고향인 카필라 성을 방문하였다. 그때 붓다는 부왕인 숫도다나 왕(정반왕)을 비롯한 이복동생인 난다와 외아들 라훌라, 사촌 형제인 다문제일(多聞第一)의 아난다와 친척들 등 많은 샤카족을 출가시켰다. 이와 더불어 붓다를 양육했던 이모(왕비) 마하파자파티와 부인 아쇼다라를 출가시켰다. 이 사건을 통해서 우리는 이미 2천5백 년 전 여권신장을 옹호한 붓다의 진보적인 인간평등 사상의 면모를 엿볼 수 있다. 이 사건은 최초로 비구니(bhikkhuni, 比丘尼) 승단이 이루어지는 계기가 되었다. 붓다의 재가 신자들 중 가장 큰 공로를 세운 사람은 많은 재산과 보물을 가지고 있던 수달다

(須達多) 장자였다. 그의 물질적 도움과 열정적인 신앙심은 붓다의 제자들이 인도의 서북 방향으로 포교하는 데 절대적인 역할을 했다고 할 수 있다. 수달다 장자는 많은 재산을 가지고 있었기에 불쌍한 사람들에게 음식과 의복 등을 제공했고 제따(Jeta) 왕자 소유의 동산인 제따와나(Jetawana, 祇園)를 거금을 들여 구입해서 그곳에다 정사를 세워 승단에 기증했다. 이것이 기원정사(祇園精舍)로서 죽림정사와 함께 초기 불교 교단의 2대 근거지가 되었다. 그 이후 붓다의 설법은 급물살을 타고 갠지스강 중류 지방을 중심으로 사방으로 전파되었다.

붓다는 가르침을 다양한 방법으로 상황에 따라 다르게 적용했는데, 크게 두 가지로 요약할 수 있다. 첫째 위의교화(威儀敎化)와 설법교화(說法敎化)이다. 위의교화란 언어를 사용하지 않고 상대방을 설득시켜서 자신의 무지를 깨닫게 하는 방법이고 설법교화는 언설에 의한 방법이다. 어떤 때는 비유나 인연담을 가지고 사람들을 설득하는가 하면 때로는 여러 가지 형식의 문답을 통해 대화 형식으로 화기애애한 분위기 속에서 자연스럽게 사람들의 공감을 얻음으로써 상대방을 설득시키는 방법을 사용했다. 지식이 많은 사람들을 상대로 할 때는 체계적이고 논리적인 방법으로 진리를 설함으로써 그들을 설득했고 때로는 노래 형식을 빌려서 게송(偈頌)을 읊음으로 상대방의 마음을 사로잡는 그런 다양한 방법을 구사했다. 또한 어떤 때는 침묵을 지킴으로써 상대방을 설득시키는 경우도 있었다. 심지어는 칼을 들고 달려드는 살인자 앙굴리말라를 교화시킨 일도 있었다. 붓다의 가르침이 빠른 속도로 퍼져 나가면서 붓다를 시기하는 기성 종교 집단은 온갖 수단을 동원해서 붓다를 음해하고 방해공작을 벌였다. 그중에 어떤 바라문들은 여인을 시켜 임신을 한 것처럼 꾸며서 붓다의 아이라고 우기면서 소문을 퍼뜨리기도 했고 탕녀(蕩女)를 죽여 땅속에 묻어놓고는 붓다의 교단에서 한 짓이라고 우겨대기도 했다. 그러나 어떤 음해도 명백한 진리를 말하는 붓다의 순수한 마음을 왜곡할 수는 없었다.

32. 근본불교

　근본불교는 원시불교라고도 하는데 붓다가 깨달음을 전도하기 시작한 시절을 포함해서 열반에 든 후 100년 정도의 기간에 있었던 초기의 불교를 말한다. 이 시기의 불교는 직접 붓다의 가르침을 듣거나 혹은 제자들이 대중을 상대로 가르친 불교이며, 아직은 불교라는 교단이 분열되기 전까지의 불교를 말한다. 붓다는 전혀 글로 쓰지 않았다. 모든 가르침은 말로써 행해졌을 뿐이다. 붓다가 열반에 든 기원전 484년경 제자들은 한 자리에 모여 스승의 가르침을 기억해 내며 하나하나 머릿속에 정리해 나가기 시작했다. 이것이 제1차 결집이었다. 이렇게 1차 결집에서 편집된 경전은 붓다가 가르친 45년간의 모든 것들을 종합하여 정리된 것이었다. 이후 붓다의 가르침은 수백 년간 입에서 입으로 수십 대를 거쳐 구전으로 전승되었다.

　그러나 우리가 지금 만나는 불경 모두가 그 당시 결집에서 만들어진 진본은 아니다. 일부는 소실되었고 일부는 구전으로 남아 있다. 제2차 결집은 1차 결집 후 1백 년이 지난 뒤 기원전 384년경에 이루어졌다. 오랜 세월이 흘러 기억에서 기억으로 전해지면서 일부는 와

전되기도 하고 일부는 잊혀진 부분도 있었으며 일부는 변경되기도 하였다. 그래서 불자들이 최대한 원래 붓다의 근본 가르침에 근사한 원형을 보존하기 위해서 모인 것이 2차 결집의 목표였다. 우리가 지금 접하고 있는 불경경전은 근본불교의 정신을 바탕으로 수정 보완되었기 때문에 사실 붓다의 근본설법을 가장 잘 반영하는 경전이라고 할 수 있다. 특히 『아함경(阿含經, Agama)』은 그 당시 붓다가 가르쳤던 근본 교리들을 그대로 담고 있다고 한다.

33. 연기법

　연기법(緣起法)은 불교의 모든 교리들의 사상적, 이론적 근거가 되는 핵심 이론이다. 지금 우리가 사는 지구는 30억 년간 3/4이 물에 잠겨 있었다고 한다. 육지로 이동하기 전 30억 년이란 긴 세월 동안 연기의 법칙에 의해서 모든 생명체가 진화해 왔다고 할 수 있다.

　이것이 있으므로 저것이 있고
　이것이 일어나므로 저것이 일어난다.
　이것이 없어지므로 저것이 없고
　이것이 멸하므로 저것이 멸한다.
　－ 잡아함경 제12권 연기법경

　이 세상 어떤 것도 저절로 된 것은 없으며 그렇다고 신의 창조로 인해 만들어진 것도 아니며 또는 본래부터 있던 것도 아니다. 필히 어떤 인연에 의해서 만들어지고 변하며 소멸하게 되는 연기(緣起)의 법칙이 적용된다. 연기는 말미암을 연(緣), 일어날 기(起)로 풀이된다.

그러므로 불교는 현대 물리학과 전혀 충돌하지 않는다. 현대의 양자 물리학의 입장은 복잡계인 생명계는 물리, 화학적인 분석 방법만으로는 그 본질을 알 수 없고 인간의 의식세계와 결합해야 한다는 것이다. 불교는 인간 의식의 심층을 분석한 심리학이며 자연과 우주 그리고 인간 모두가 마치 거미줄과 같이 연결되어 있다는 영적 자각에서 출발하며 창조주와 피조물의 이원론적 분리를 거부하고 만물은 진동하는 파동을 근간으로 하는 인드라의 그물이라고 한다. 종교라는 것도 결국 학문과 마찬가지로 스스로 진리를 추구하는 구도의 길이라고 한다면 우주만물의 본질인 생명을 배제하고는 결코 진리에 다가갈 수 없다는 생각이 든다. 불교의 연기론은 우주의 본질에 다가갈 수 있는 첩경이라고 할 수있다. 그래서 아인슈타인은 과학은 확장된 종교라고 말한 것이 아닐까?

그래서 근본불교에서는 제법실상을 연기 혹은 연기법이라고 불렀다. 붓다의 제자가 되기 전 사리불은 산자야라는 스승 밑에서 수행을 하고 있었다. 어느 날 사리불은 붓다의 제자인 아슈와지뜨라는 비구를 만나게 되었는데, 그때 그 비구로부터 들은 다음과 같은 설법에 감동을 받아서 붓다의 수제자가 되었다.

모든 것은 원인에서 생긴다(諸法從緣起).
부처님은 그 원인을 설하셨다(如來說是因).
모든 것은 원인에 따라 소멸한다(彼法因緣盡).
이것이 부처님의 가르침이다(是大沙門說).

연기론을 한마디로 요약하면 만물의 상의성(相依性)이다. 우리의 주위를 자세히 살펴보면 사실 무엇 하나 스스로 만들어진 것은 아무 것도 없다. 분자는 원자로 되어 있고 원자는 소립자로 구성되어 있으며 소립자는 더 작은 쿼크로 구성되어 있다. 그러기에 어느 하나도 독립적으로 존재할 수 있는 것은 아무것도 없다. 원자는 스스로 존재할 수 없다.

더 큰 우주의 차원으로 눈길을 돌려봐도 위성은 행성을 중심으로 돌고 행성은 항성을 중심으로 돌며, 항성은 은하핵을 중심으로 그리고 은하는 대우주의 중심부를 축으로 돌고 있다. 행성은 항성이 있기에 존재할 수 있는 것이지, 행성 자체로서는 결코 존재할 수 없는 것이다. 우리가 평소에 계절의 변화를 관찰해 봐도 마찬가지다. 봄이 왔다고 하는 순간 봄은 벌써 여름으로 들어가는 과정을 동시에 진행시키고 있으며 여름이 오면 가을을 준비하는 과정과 함께 변하고 있기 때문에 우리의 눈에는 포착되지 않지만 자연은 그런 연속적인 변화의 과정을 거치면서 성주괴공의 순환을 하고 있는 것이다. 인간도 매일매일 수십억 개의 새로운 세포가 만들어지고 한편으로는 늙은 세포는 소멸되면서 끊임없이 연기의 법칙에 의해서 변해가며 생로병사하고 있는 것이다. 그러므로 모든 우주와 인간은 이 연기의 법칙에서 한 발작도 벗어날 수 없으며 어느 하나도 독립된 실체라고 할 만한 것이 없이 모두 유기적으로 연결되어 있는 것이다. 그것을 『화엄경』에서는 인드라 망(網)이라고 부른다.

연기법은 상호 일체가 무상(無常), 무아(無我), 무자성(無自性)이며 공임을 밝힌 것이다. 여기서 한 가지 주의해야 할 것은 연기법을 우리가 흔히 생각하는 인과법칙과 혼동해서는 안 된다는 점이다.

여기 동국대학교 불교문화대학에서 펴낸 『불교사상의 이해』에 수록된 연기법에 대한 상세한 설명을 발췌한다.

인과의 법칙을 말할 때 가장 기초가 되고 있는 것은 "이것이 원인이 되어서, 그 결과로 저것이 존재하게 되는 것"을 말한다. '이것'과 '저것'은 동시에 존재할 수 없다. 예를 들면, 꽃과 열매는 동시에 존재할 수 없다. 꽃이 원인이 되고 그 결과로서 열매가 있게 마련이다. 이것은 동시성을 말하고 있는 연기법과는 좀 다른 의미를 가지게 된다. 그러나 연기법에서 인과적(因果的)인 의미를 포함하고 있는 것도 사실이다. 어떤 사물이 존재하는 것은 역시 원인과 결과라는 관계에 의한 것이기도 하기 때문이다. 특히 이 인과성(因果性)은 후기 불교에서 많은 발전을 보게 되고 그것을 설명하는 다양한 교리들이 나오게 된다. 그래서 연기법이 '상의성의 법칙'이라기보다는 '원인결과의 법칙'처럼 이해되어져서, 이 두 가지 개념을 명확하게 구별하기가 어렵게 되고 말았다. 이것은 존재의 이치로서 존재와 더불어 있어 온 것이다. 그러므로 연기법은 붓다와 같은 어느 한 사람이 이 세상에 출현하거나 하지 않거나 관계없이 존재한다. 붓다는 단지 그 법칙을 처음 발견했을 뿐이다. 우리는 불교 경전을 통해서 붓다 자신이 이 사실에 대해 언급하고 있는 것을 볼 수 있다.

한 제자가 이 문제에 대해서 "세존이시여, 이른바 연기법은 세존께서 만드신 것입니까, 다른 사람이 만든 것입니까?"라고 질문을 했다. 붓다는 "연기법은 내가 만든 것도 아니고 다른 사람이 만든 것도 아니다. 그러므로 그것은 내가 세상에 나오거나 나오지 않거나 진리의 세계(法界)에 늘 존재하고 있었다. 나는 단지 이 법을 깨닫고 옳게 깨달은 진리를 모든 중생들에게 가르치고 있을 뿐이다."라고 대답했다. 붓다는 이와 같은 사실을 오래된 길의 비유를 통해서 설명했다. 어떤 사람이 광야를 여행하다 어느 성 안에 옛사람이 다니던 오래된 길을 발견했다. 그곳에는 왕궁과 동산과 목욕할 수 있는 맑은 못과 아름다운 숲이 있었다. 그는 이 아름다운 성의 존재를 다른 사람들에게도 모두 알려서 그곳으로 가서 행복하게 살 수 있도록 권유했다는 이야기이다. 이 비유에서 여행자는 단지 옛 길과 옛 성을 발견했을 뿐이지 그 길과 성을 자신이 개척하고 만든 것은 아니었다. 마찬가지로 붓다도 선인(先人)들이 밟았던 길을 따라 수행한 결과 법을 깨닫고 붓다가 되었으며 그것을 뭇 중생들에게 가르쳐서 인생의 고통에서 해방되어 행복한 삶을 살아갈 수 있도록 가르친 것이다. 『잡아함경』의 〈존중경(尊重經)〉에 의하면 붓다는 정각(正覺)을 이룬 뒤 그 자신이 발견한 진리를 의지하고 그 진리를 따라 살 것이라고 다짐했다고 한다.

연기법에 대한 상세한 주석은 다음과 같은 나비의 비유에서 쉽게 발견할 수 있다.

나비의 알은 우선 애벌레로 변한다. 그리고 애벌레에서 번데기로 변하고 번데기가 결국 나비의 모습으로 변하게 된다. 이렇게 알의 상태에서 나비로 변하면서 어떤 고정 불변하는 특정한 물질이나 요소가 전달되지는 않는다. 알이 변해서 애벌레가 되고 다시 애벌레가 변해서 번데기로, 그리고 번데기가 변해서 나비로 되는 것이다. 알의 상태에서 나비가 되기까지 변하지 않고 옮겨 가는 '어떤 것'은 없지만 알과 나비 사이에는 필히 연기의 관계가 있다는 사실을 발견할 수 있다. 나비 알 속에는 이미 나비가 될 수 있는 조건이 들어 있다고 보아야 할 것이다.

여기서 중요한 사실은 알에서 애벌레로 그리고 애벌레에서 번데기로 변하는 과정에서 전체가 연기의 법칙에 의해서 함께 통째로 변한다는 것이다. 그게 바로 연기의 법칙이다.

연기법을 영어로는 Chains of dependent origination이라고 한다. 사실 연기적 세계관에서는 모든 세상 만물은 상호의존적 연관구조라는 과정에서 파악되며 한시도 쉬지 않고 움직이는 어떤 원자상태의 다이내믹한 역동성을 뜻한다. 연기는 시간적인 관점에서 파악하는 제행무상(諸行無常)과 공간적인 관점에서 파악하는 제법무아(諸法無我)의 두 측면이 있다.

| 연기법으로서 제행무상 |

제행(諸行)이란 산스크리트어로는 Samscara이고 팔리어로는 Samkhara(상카라)인데 sam(함께)과 khr(하다)에서 파생된 말로서 "많은 것들이 함께 모여서 형성된"이라는 뜻이다. 초기 불교에서 행은 구체적으로 어떤 작용이 일으키는 업을 가리키며 또한 모든 존재를 가리킨다. 마치 사람이 모래사장을 걸어가면 남는 발자취라고 할 수 있다. 여기서 말하는 제행은 물질적 현상과 정신적 현상을 모두

포함하는 일체유위법(一切有爲法)[82]이라는 뜻으로 중생세계의 모든 것을 포함한다. 무상(無常)은 계속 변한다는 뜻이다.

제행무상은 모든 존재는 항상적인 자기동일성을 유지할 수 없다는 진리이다. 우리의 몸은 60조 개에서 100조 개의 세포로 이루어졌다고 한다. 그런데 미시적인 관점에서 보면 매일매일 새로운 세포가 생성되기에 고정된 실체라고 할 만한 것은 아무것도 없다. 다만 한시도 쉬지 않고 변하는 것인데 우리 인간의 제한된 인식능력 때문에 인식할 수 없을 따름이다. 그러니 정확히 미시적인 관점에서 말하면 어제의 나는 오늘의 내가 아닌 것이다. 불교는 만물을 미시적인 관점에서 파악한다. 물질의 최소단위인 원자는 원자핵을 중심으로 해서 전자와 중간자의 결합으로 이루어진 운동체이다. 양성자와 중성자는 원자핵에 뭉쳐 있고 전자는 그 바깥에 퍼져서 존재하며 서로 얽혀서 돌아가게 되어 있으며 홀로는 존재할 수 없는 것이다. 우리를 둘러싸고 있는 자연도 마찬가지다. 산이나 바위 같은 것들은 변하지 않는 것 같지만 실제로는 내부에서 끊임없이 화학적인 변화가 일어나고 있다. 식물과 동물도 마찬가지다. 결국 이 세상에 변하지 않은 것은 아무것도 없다. 『반야심경』에는 모든 존재는 불생불멸(不生不滅)이라고 말한다. 불생불멸하면 마치 영원히 변하지 않는 영원함을 뜻하는 것 같지만 오히려 변하기 때문에 그 본질이 불생불멸인 것이다. 마치 물이 얼음이 되고 다시 녹으면 물이 되었다가 끓이면 수증기로 변해서 증발하지만 형체만 변했지 물이란 원자는 질량불변의 원칙에

---

82) 제행무상(諸行無常)에서 행(行)을 유위법이라고 한다. 만들어진 모든 것을 말한다.

의해서 항상 그대로 있는 것과 같은 원리이다. 오직 변화만 있지 생멸은 없다고 한다. 어제에서 오늘로 오늘에서 내일로 우리들은 쉬지 않고 변해가고 있다. 이것이 없어지고 저것이 생기는 게 아니라 연기의 법칙에 의해서 함께 변하기 때문에 모든 만물은 자기 동질성을 유지할 수 없다는 것이며 그 이론이 붓다가 주장한 제행무상의 원리이다. 반야심경에서는 그것을 공성(空性)이라고 한다.

붓다는 우리 인간들이 고통과 번뇌를 느끼는 것은 존재가 변하기 때문에 생기는 게 아니라 존재가 변한다는 사실을 모르는 데서 일어난다고 했다. 사실 인생을 살다보면 우리들의 잘못된 생각 때문에 스스로 고통을 자초하는 경우가 비일비재하다. 우리의 육신이 영원하다고 착각하기 때문에 마음속으로 항상 젊고자 하지만 세월은 모든 것을 변화시키고 생로병사 하는 것이다. 내가 지금 가진 많은 재물이 언제까지나 나와 함께 영원히 있을 것이라는 착각 속에 끝없는 욕망에 사로잡혀 더 많은 재물을 축적하기 위해서 남들을 짓밟고 못살게 굴면서까지 재물을 쌓아 놓는다. 그러나 죽는 순간에 자신은 아무것도 가지고 갈 수 없다는 사실을 깨닫는다.

탈무드에 보면 다음과 같은 우화가 있다. 여우 한 마리가 어느 날 포도밭 근처를 지나가고 있었다. 먹음직스럽게 잘 익은 포도를 발견한 여우는 서성거리며 그 과수원에 들어가려고 했으나 울타리가 있어서 들어갈 수가 없었다. 생각 끝에 여우는 사흘을 굶고 몸이 홀쭉해진 뒤에야 비로소 울타리 틈 사이로 들어갈 수 있었다. 그런데 포도를 실컷 맛있게 먹고 빠져 나오려고 했으나 배가 불러서 도저히 울타리를 빠져나올 수가 없었다. 하는 수 없이 여우는 다시 사흘을 굶고 몸이 홀쭉해진 뒤에야 겨우 빠져 나올 수가 있었다. 그때 여우는 이렇게 중얼거렸다. "젠장, 배가 고프긴 들어갈 때나 나올 때나 마찬가지로구나."

진시황은 불로초를 구하러 천하를 주유했지만 헛된 망상임을 깨달았다. 만물이 변화한다는 것을 인식하지 못하는 데서 오는 어리석음이다. 고대 희랍의 철학자인 헤라클레이토스는 "만물은 끊임없이 흐른다."라고 말했다. 모든 것이 변한다는 사실을 안다면 오늘의 고통도 결국 시간이 지나면 모두 마치 연기와 같이 사라져 버릴, 어떤 실상이 없는 것이라는 사실을 인식할 수 있을 것이다. 인간의 세계에서 봐도 변하기 때문에 악한 사람이 착한 사람이 되고 천한 사람이 때가 되면 부귀를 누릴 수도 있는 것이다. 제행이 무상하다고 하는 것은 모든 존재에 대한 객관적 관찰에 의해 내려진 결론이다.

원효스님은 『대승기신론』에서 만법의 공성을 다음과 같이 서술했다.

공(空)이라고 말하는 것은 본래부터 일체의 염법(染法)과 상응하지 않기 때문이니, 이는 일체법의 차별되는 모양을 여읨을 말한다. 왜냐하면 허망한 심념(心念)이 없기 때문이다. 그러므로 진여(眞如)[83]의 자성(白性)은 모양이 있는 것도 아니요 모양이 없는 것도 아니며, 유(有)와 무(無)를 함께 갖춘 모양도 아닌 것을 알아야 하며, 또한 같은 모양도 아니요 다른 모양도 아닌 것도 아니며, 다른 모양이 아닌 것을 알아야 한다.

---

83) 산스크리트어로 tathata로 모든 사물을 연기(緣起)(의 존재로 보는 것이며 그 참 모습은 진여이며 무상(無常) 무아(무아(無我)라고 한다..

| 연기법으로서 제법무아 |

제법무아(諸法無我)는 연관의 변증법이다.

제법(sarva dharma)은 제행과 마찬가지로 "모든 존재"를 가리킨다. 그래서 때로는 제법과 제행을 같은 말이라고도 한다. 그러나 정확하게 말하면 제행은 "samskara"이고 제법은 "dharma"이다. 제법은 제행보다 포괄적인 의미를 가지고 있다. 아(본질, Atman)란 바라문들이 주장하는 나의 핵심이 되는 본질 또는 본성이며 무아(Anatman)는 생멸변화를 벗어난 영원하고 불멸하는 존재인 실체 또는 본질이 없다는 말이다. 바라문교에서는 우주의 핵심인 브라만이 존재한다고 말하고 있으나 연기적인 시각에서 보면 그것은 합쳐진 여러 가지 비실체적인 요소가 순간순간 변하면서 존재하기 때문에 그와 같은 존재가 무아(無我)적인 것은 물론이다. 그러므로 제법무아의 이론은 불교가 가지고 있는 특이한 이론인데 제법무아라고 해서 우리가 보는 현상세계까지 부정하는 것은 아니다. 다만 모든 것은 변하기 때문에 '나'라고 하는 실체를 규정할 수 없다는 이론이다.

여기 법륜스님의 『반야심경』에 있는 무아론에 대한 이론을 잠시 인용하기로 하겠다.

우리에게 없어서는 안 될 물에 대한 예를 들어보기로 하겠다. 물은 섭씨 0도에서 얼고 섭씨 100도가 되면 수증기로 변한다. 우리의 눈에는 쉽게 관찰되지 않는 이런 변화를 자연계에서는 물리적 변화라고 한다. 이 경우 외형상으로는 화학적 변화하지만 H_2O, 즉 물분자라는 근본성질은 물이든, 얼음 또는 수증기가 되든 변하지 않는다.

이와 달리 물을 실험실에서 전기분해 하면 수소(H_2), 산소(O_2)라는 두 개의 분자로 나눠진다. 이때 수소분자 2개와 산소분자 1개를 결합시키면 다시 물이 된다. 이러한 과정을 자연과학에서는 화학변화라고 한다.

다음은 물의 화학변화식이다.

$2H_2O = 2H_2$(수소) $+ O_2$(산소)

물리적 변화에서 바뀌지 않는 물분자의 성질은 결코 영원불변한 것이 아니라 화학변화 속에선 H_2(수소)와 O_2(산소)라는 원자로 변화됨을 볼 수 있다.

이러한 물리 화학적 변화 그리고 핵변화까지가 물리적 변화이다. 그중에서 물리적 변화를 보면 분자가 절대적 실체인 양 간주되고 화학변화로 들어가면 이제는 분자가 쪼개져 원자라는 새로운 입자가 근본인 것으로 나타난다.

예부터 많은 사람들은 만물의 근원이 무엇인가에 대해서 많은 관심을 기울여 왔다. 탈레스는 물이라고 했고 헤라클레이토스는 불이라고 했으며 파르메니데스는 존재자라고 규정했다. 그러나 석가모니 부처님이 살아있을 당시에 인도의 사상계에서는 그 만물의 근원을 요소라고 하여 지수화풍(地水火風)의 4요소설을 주장하는 사람도 있었다. 그런데 부처님은 그 요소설을 모두 부정했다. 물질에도 정신에도 독존의 신체는 없다고 잘라 말씀하셨다. 당시의 사상계에서는 정신적인 실체는 '아트만', 물질적인 실체는 '요소'라 생각하고 그 근본을 찾고 있었다. 그런데 그런 실체는 없다는 관점이 제법무아였다. 나중에 부파불교시대에 불교사상이 왜곡되어서 요소설에 빠지게 되자 대승불교에서 공(空)사상을 통해 요소(아트만)를 부정했던 것이다. 앞의 물리 화학적 변화에서 보듯이 물질(존재)을 이루는 근본 알맹이는 무엇일까? 그것은 분자다. 수많은 분자가 결합해서 한 물질을 만든다. 물질은 그냥 한 덩어리가 아니고 수많은 분자의 질서정연한 관계에 의한 결합으로 이루어져 있다. 그러면 그 분자가 근본 알맹이인가? 아니다. 더 작은 원자가 결합해서 분자를 이룬다. 분자는 원자들의 일정한 결합관계로 이루어진다. 그렇다면 원자가 물질을 구성하는 근본 알맹이인가? 1803년 영국의 화학자이며 물리학자였던 돌턴에 의해서 원자는 물질의 근본 알갱이라고 밝혀졌다. 그런데 현대과학이 발전되면서 그것이 잘못된 것임이 밝혀졌다. 원자는 더 작은 입자인 소립자들의 모임에 의해서 이루어져 있음이 밝혀진 것이다. 톰슨에 의해서 전자가 발견되고(1897), 러더퍼드에 의해서 원자핵이 발견되었으며(1911), 1913년 보어에 의해서 원자의 모형이 제시되었다. 원자는 더 이상 쪼갤 수 없는 최소의 알맹이가 아니라, 그 가운데 핵이 있고 그 주위를 전자가 돌고 있으며, 그 중간은 빈 공간임이 밝혀졌다. 이와 함께 원자의 크기도 계산되었다.

또한 핵 속에는 이들을 강하게 밀착시키는 입자, 즉 중간자가 있다는 사실을 발견하게 되었다. 일본 최초의 노벨 물리학상을 받은 유카와 히데키(1935)의 업적이었다. 드디어 핵은 양성자와 중성자로 이루어졌으며 그 사이를 왕래하며 결합시켜 주는 중간자가 있음이 밝혀진 것이다. 그 외에도 다수의 입자가 발견되면서 이들을 소립자라 부르게 되었다. 이 소립자의 결합관계에 의해서 여러 가지 원자가 만들어진다는 것이 밝혀졌다. 여기서 핵변화를 발견하게 되었고 핵변화

과정에서 발생하는 어마어마한 에너지 차이를 이용해서 원자폭탄(핵분열), 수소폭탄(핵융합)을 만들게 되었다. 이 같은 원자의 분열이나 융합을 통해 원자가 결코 단독자일 수 없다는 것을 증명한 것이다.

소립자를 구성하는 쿼크도 마찬가지다. 쿼크는 단독적으로 존재할 수 없지만 몇 개의 쿼크가 결합하면 물질의 최소단위인 소립자를 구성한다. 쿼크에서 물질계의 출발인 소립자로 나오는 과정이 자연계의 근본인 것이다.

연기론에 의해서 고정 불변하는 실체는 존재하지 않는다는 것이 불교의 제법무아론이다.

34. 사성제

사성제(四聖諦, The four Noble Truths)에서 제(諦)란 진리 또는 진실을 의미한다. 따라서 사성제란 네 가지의 성스러운 진리란 뜻이다. 사성제는 불교의 모든 교리 가운데 중요한 핵심이다.

불교는 인간의 삶을 고통의 연속으로 본다. 그래서 이러한 고통의 원인을 찾아 고통의 뿌리를 근본적으로 제거함으로써 자유롭고 해방된 삶을 살 수 있는지를 고집멸도(苦集滅道)를 통해서 밝히고 있다.

붓다가 녹야원에서 최초로 5명의 제자들에게 설법을 할 때도 사성제를 가르쳤으며 45년간의 설법 중에서 가장 많이 가르친 것이 역시 사성제였다. 많은 종교가 우리의 삶이 고통스럽다고 가르치지만, 우리 자신이 그 고통의 원인을 찾아서 원인을 제거하면 고통에서 해방된다는 것을 최초로 발견한 사람은 붓다 한 사람뿐이다. 붓다는 인생의 고 문제를 해결하기 위해서는 마치 의사가 병을 치료할 때와 같은 방법을 사용한다. 의사는 환자의 병을 우선 진단(苦聖諦)한 다음 고의 원인을 규명(集聖諦)한다. 그다음 병을 어떻게 치료할 수 있는지 치료방법(滅聖諦)을 말하고 마지막으로 병이 치료된 후 도성제(道聖

諦), 즉 열반에 이른 상태를 말한다.

| 고성제 |

환자가 자신의 병을 치료받기 위해서는 우선적으로 자신이 병에 걸렸다는 사실을 자각해야 하는 것이 중요하다. 산스크리트어에서 고(苦)를 "duhkha"라고 하는데 단순한 육체적 괴로움이나 불안, 고통만을 뜻하는 게 아니라 내가 하고자 하는 것이 뜻대로 되지 않는 것까지 포함한다. 그래서 불교에서는 일체개고(一切皆苦)라고 한다.

고를 설명할 때 보통 4고 혹은 8고를 말하는데 태어남, 늙음, 병듦, 죽음(생로병사)의 4고와 사랑하는 사람과 언젠가는 헤어져야 하는 고(愛別離苦), 미워하는 사람과 불가불 또다시 만나야만 하는 고(怨憎會苦), 자신이 구하는 것을 다 얻지 못하는 고(求不得苦) 그리고 자신이 현재 가지고 있는 재산이나 권력 혹은 명예가 계속해서 유지될 수 없는 데서 오는 고(五陰盛苦)까지 합치면 8고가 있다.

6년간의 고행 끝에 붓다가 깨달은 것은 모든 고통이 오직 나의 마음에서 온다는 사실을 발견한 것이다.

> 태어남도 괴로움이요, 늙음도 괴로움이요, 병들고 죽음도 괴로움이다. 미워하는 자와 만나는 것도 괴로움이요, 사랑하는 자와 헤어짐도 괴로움이다. 구하는 것이 얻어지지 않는 것도 괴로움이고 몸과 마음에 집착하는 것도 괴로움이다.
>
> — 중아함경 204

| 집성제 |

집(集)이란 산스트리트어로 samudaya인데 "불러모으다"란 뜻이다. 고의 원인은 다양한 요소들이 있으나 가장 근본이 되는 것은 욕망이다. 인간이 가지고 있는 오관(五官)으로 느끼는 관능적인 욕망뿐 아니라 내가 가지고 있는 재산, 권력, 육욕, 성취욕, 모두에 대한 집착을 말한다. 사실 인생의 불행은 욕망에서 시작된다. 그러므로 욕망은 모든 악의 근원이라고 말한다.

그러나 고란 어떤 조건 속에서 생겨난 것일 뿐 그 원인을 찾으면 고를 해결할 수 있기 때문에 그 고의 원인을 하나하나 찾아 가는 길이 곧 집성제(集聖諦)이다. 사업이 잘 안 되면 그 원인을 분석해서 미흡했던 부분을 더욱 보강하고 노력해야 할 것이며 결혼생활이 뒤틀리고 삐걱거릴 때 그 원인이 성격 차이 때문인지, 혹은 경제적인 문제에 그 원인이 있는지 혹은 성적인 불만족 때문인지, 남편의 외도나 과도한 음주 때문인지 그 원인을 종합적으로 분석해야 할 것이다. 문제는 인간이 자신의 욕망을 충족시키지 못해서 괴로움을 당한다. 그러나 그것이 모두 채워진다 해도 결코 만족할 수 없는 존재가 인간이다. 물론 인간이 욕망이 아예 없다면 이 힘든 세상을 살아갈 수는 없을 것이다. 그러나 욕망은 확대 재생산되기 때문에 자신의 분수에 맞는 욕망은 당연한 것이라고 말할 수 있지만 지나친 욕심은 마치 바다에 빠진 사람이 바닷물을 마시면 마실수록 갈증이 더욱 심해지는 원리와 같이 더 큰 욕망을 추구하게 되고 절대로 만족할 수 없는 본성을 가지고 있다.

우리의 욕망은 구체적으로 3가지가 있는데 욕애(慾愛), 유애(有

愛), 그리고 무유애(無有愛)이다. 욕애란 순수한 감각적인 쾌락을 쫓는 욕망을 말하고 유애란 존재에 대한 욕망으로 오래 살고 싶다든지 재산을 많이 모으고 싶다든지 죽고 난 후 천상에 태어나고 싶다는 등의 욕망이다. 그리고 무유애는 무존재(無存在)로 돌아가고 싶은 욕망, 즉 사후에 허무로 돌아가고 싶은 욕망을 가리킨다.

| 멸성제 |

하지만 고의 원인을 찾았다 해도 그 원인을 치유하지 않는다면 영원히 그 병을 고칠 수 없는 것이다. 즉 소멸의 방법을 찾아 실천의 길로 나아가야 진정한 인생의 아름다움을 꽃 피울 수 있는 것이다.

멸이란 곧 해탈을 의미하며 고가 완전히 없어진 상태, 즉 고에서 완전히 해방된 상태를 의미한다. 인간이 느낄 수 있는 최상의 만족을 터득한 상태를 뜻하는 것이다. 고의 원인을 끝까지 추적해서 소멸시키는 것이 곧 멸성제(滅聖諦)이다.

| 도성제 |

도성제(道聖諦)란 열반(涅槃)에 드는 길이다. 이것은 중도(中道)라고 하는데 양극단을 떠난 길이며 깨달음의 길이다. 『금강경』에는 중도를 무유정법(無有定法)이라고 말한다. 정한 법이 없다는 불교 이론이다. 즉 지나치게 쾌락적인 생활도 극단적인 고행도 아닌 몸과 마음의 조화를 이루어서 어떤 상황이나 처지에 놓여도 한쪽으로 치

우치지 않고 자유자재로 자신을 나툴 수 있는 경지에 이른 사람으로 『소나경(Sona-經)』에는 중도를 거문고 줄에 비유해서 다음과 같이 말한다.

거문고가 가장 좋은 소리를 내기 위해서는 그 줄이 지나치게 팽팽하지도 느슨하지도 말고 적당한 상태를 유지하고 있어야 한다. 이처럼 열반을 얻기 위해서는 극단적인 고행이나 또는 도에 넘치는 쾌락을 피하고 중도를 지켜야 한다. 붓다가 성불하고 난 뒤 행한 설법도 연기와 중도의 가르침이었다.

중도의 가르침은 관세음보살을 비유로 하여 다음과 같이 설하였다.

관세음보살상을 보면 오른손에 연꽃을, 왼손에 감로수를 쥐고 있다. 연꽃의 의미는 우리들에게 희망과 꿈을 안겨주는 것이며 왼손의 물병은 업장에 이끌려 괴로워하는 중생들이 열에 들떠 신음할 때 시원스럽게 적셔 주는 한여름의 소나기와 같이 우리들의 아픈 몸과 마음을 치유하는 약을 뜻한다. 오른손의 연꽃이 지닌 불성은 처염상정(處染常淨)이라고 하는데, 진흙 속에서도 진흙에 물들지 않고 꽃을 피우는 것과 같이 모든 중생들 본래의 불성을 나타낸다. 자신의 내면에 존재하는 불성을 시현하는 것이 중도의 길이다.

35. 팔정도

중도에 이르는 길을 구체적으로 제시한 방법론이 팔정도(八正道)
라고 할 수 있다.

(1) 정견

정견(正見)은 바른 견해, 즉 어떤 선입견을 갖지 않고 세상의 본질
을 있는 그대로 관(觀)하는 것이다. 마음은 모두 인간관계에서 일어
난다는 사실에 근거해서 올바른 인간관계를 유지하기 위해서는 자신
의 욕심, 분노, 무지가 자신과 타인을 모두 고통으로 이끈다는 사실
을 인식하는 것이다.

(2) 정사

정사(正思)란 어떤 견해, 어떤 조건, 어떤 상황에도 집착하지 않고
생각 이전의 마음으로 살아가는 것이다. 자신이 옳다고 판단한 것을
타인에게 강요한다거나 자신만이 옳다는 생각을 놓아버리면 자신의
생각과 남의 생각이 하나가 된다는 것이다. 이것이 진정한 불교의 가

르침이다.

(3) 정어

정어(正語)는 입으로 바른 말을 하는 것이다. 옛말에 하느님이 두 개의 귀와 두 개의 눈을 만들고 하나의 입만을 만들어 놓은 것은 두 번 듣고 두 번 본 다음에 한 번 말하라는 뜻이었다고 한다. 혀에는 뼈가 없다고 한다. 그러나 그 뼈가 없는 혀가 사람의 인생을 망칠 수 있다고 한다. 성경에도 입으로 들어가는 것이 고통을 만드는 것이 아니라 입에서 나오는 것이 너와 나를 고통스럽게 한다고 했다.

(4) 정업

정업(正業)은 언제나 나의 행위가 다른 사람들에게 어떤 영향을 줄지에 대해서 깊이 생각하는 마음이다. 도둑질, 음란 행위를 통해서 나쁜 업을 만들지 말라는 것이다.

(5) 정명

정명(正命)은 바른 생활이며 우리의 직업과 관련된 부분이다. 정당한 방법으로 의식주를 구하라는 명령이다.

(6) 정정진

정정진(正精進)은 참선 수행을 열심히 하라는 말이다. 이미 생긴 선(善)은 더욱 자라게 하고 아직 짓지 않은 선은 좋은 업을 만들 수 있도록 꾸준히 노력하라는 것이다.

(7) 정념

정념(正念)은 바른 기억이다. 자기 자신이나 주위에 다른 사람들이나 사물을 바로 알고 기억해서 늘 올바른 길로 가라는 가르침이다.

(8) 정정

정정(正定)은 바른 수행을 하라는 가르침이다. 정신집중을 통해서 어떤 상황이나 조건에서도 맑은 하늘처럼 청정한 마음을 유지하라는 가르침이다.

36. 십이연기

십이연기(十二緣起)의 근본 목적은 인생의 근원적인 문제인 고(苦)가 어떻게 해서 생겨나고, 또 어떻게 변화해가며 우리에게 고통을 가져다주는지를 12단계로 상세하게 밝힌 이론이다.

다시 말해서 십이연기는 우리의 육근(안이비설신의)과 육경(색수상미촉법)이 만나서 만들어지는 의식의 변화를 관찰한 것이다. 12연기는 무명(無明)-행(行)-식(識)-명색(名色)-육입(六入)-촉(觸)-수(受)-애(愛)-취(取)-유(有)-생(生)-노사(老死)의 순으로 전개되어 가는데, 각 고리는 이전 고리의 결과이며 그 고리가 또다시 조건으로 변해서 다음 고리를 만들게 되는 연결고리의 순환을 말한다. 그러므로 붓다는 오직 모를 뿐이라고 말하면 연기의 고리를 끊을 수 있다고 가르친다. 십이연기는 현실의 괴로움에서 문제의 근본을 추구해 들어가자는 이론이다.

(1) 무명

무명(無明, avidya)은 진리에 대한 무지를 말한다. 즉, 사성제에 대한 무지이다. 고집멸도를 모르는 데서 오는 무지함이다.

(2) 행

무명을 조건으로 해서 행이 생긴다. 행(行, samskara)이란 업을 가리킨다. 행에는 몸으로 짓는 신행(身行), 언어로 짓는 구행(口行) 그리고 마음으로 짓는 의행(意行)이 있다. 즉, 남에게 물리적인 힘으로 해를 끼치면 신행이고 가슴에 상처가 되는 말을 해서 상대방의 마음을 아프게 하면 구행에 속하며 마음으로 짓는 업을 의행이라고 한다.

여기서 중요한 것은 우리들의 일상에서 발생하는 모든 고통은 모두 무지무명(無知無明)에서 발생한다고 하는 것이다. 무지란 이 세상이 무상(無常)하다는 것을 모르고 영원하고 독립적인 존재라고 믿는 것이며 무명이란 지혜가 없다는 말이다. 즉, 우리들 앞에 펼쳐진 현상을 실제라고 믿기 때문이다. 불교신자가 아닌 사람들이 듣기에는 좀 이상하게 생각될지 모르지만 불교에서는 우리 앞에 펼쳐진 현상을 반야심경의 공(空)상에 입각해서 환(幻, illusion, 마야)으로 파악한다. 일체는 변하기 때문이며 변하는 매 순간은 영원한 것이 아니라는 자각이다. 마치 영화관에서 영화를 볼 때 그 장면에 몰입되어서 영화 속의 주인공이 마치 실세로 일어나고 있는 현실인 양 착각하고 있는 상황과 같은 것이다.

(3) 식

행을 조건으로 해서 식이 생긴다. 식(識, vijnana)은 인식작용으로서 안식(眼識), 이식(耳識), 비식(鼻識), 설식(舌識), 신식(身識), 의식(意識) 등 육식이 있다. 내가 어제 꽃을 보았을 때(行) 아름답다는 느낌이 마음에 새겨진다. 그 의식은 나의 잠재의식 속에 남아 있기 때문에 내일 다시 꽃을 보면 아름답다는 기억이 작용하는 것이다.

(4) 명색

명색(名色, namarupa)에서 명(nama)은 정신적인 것을 그리고 색(rupa)은 물질적인 것을 가리킨다. 식을 조건으로 해서 명색이 생긴다. 식이 발생하기 위해서는 인식의 대상이 있어야 한다. 여기서부터 생각과 의식은 좋다, 나쁘다, 아름답다, 추하다 등등의 이름과 모양을 만든다고 한다. 명색은 객관적인 대상에 자기 나름의 등급과 이름을 붙이는 것이다.

(5) 육입

명색을 조건으로 해서 육입이 생긴다. 육입(六入, sadayatana)은 안이비설신의 6가지 감각기관, 즉 육근이다. 즉 인식의 대상인 명색을 조건으로 해서 인식의 기관인 육입이 있다는 말이다. 내가 아름답다는 느낌, 밉다는 느낌 등의 명색이 결합해야 하나의 인식대상이 되서 육근과 만나는 것이다.

(6) 촉

육입을 조건으로 해서 촉이 생긴다. 촉(觸, sparsa)은 일종의 어떤 반응을 일으키는 마음의 작용이다. 촉은 명색이 육입, 즉 육근과 만나는 것이 촉이다. 인식기관과 인식대상의 만남이다.

(7) 수

촉을 조건으로 해서 수가 생긴다. 수(受, vedana)란 내가 느낀 감정이 즐거운 감정이나 괴로운 감정 혹은 즐거움도 괴로움도 아닌 불고불락(不苦不樂) 등의 반응을 나타내는 내 마음의 감수작용을 말한다. 명색과 육입이 만나서 촉이 되어서 발생시키는 심적인 힘이다. 여기서부터 인간은 6가지 감각기관을 통해서 습관적 힘에 의해 완전히 지배된다.

(8) 애

수를 조건으로 해서 애가 생긴다. 애(愛, trsna)는 갈애(渴愛)를 말하는 것으로 내가 좋아하는 것을 만나거나 싫어하는 것을 만나면 그것에 대한 애착심이나 증오심이 유발된다. 갈애에 대한 집착이 강하면 더욱 그 사물에 대한 애착심이 강렬해진다.

(9) 취

애를 조건으로 해서 취가 발생한다. 즉 욕망이 감각에 달라붙는 것으로, 취(取, upadana)란 올바르지 못한 집착을 말한다. 그저 맹목적으로 빠져 들어가는 것으로 자신을 컨트롤할 수 없는 상황까지 이른 상태를 말한다.

(10) 유

취를 조건으로 해서 유가 발생한다. 유(有, bhava)는 존재를 말한다. 예를 들어 담배를 피우는 사람은 그것이 업이 되어 담배를 보면 피우고 싶은 마음이 반사적으로 나타나는데 그것은 애취 뒤에 내 심소에 새로운 업이 추가됨을 말한다. 두 번째 항목인 행(行)이 무명으로 인해서 생기는 소극적인 업이라고 한다면 유는 "애"와 "취"를 조건으로 해서 발생하는 적극적인 업이라고 할 수 있다.

(11) 생

유를 조건으로 해서 생(生, jati)이 발생한다. 즉, 업(業)은 생을 이어가게 하는 원인이기 때문에 유에 의해서 생이 있다고 할 수 있다.

(12) 노사

노사(老死, jara-marana)는 생을 조건으로 해서 늙음과 죽음 등 여러 가지 고가 생기는 것을 말한다. 생(生)이 있게 되면 필연적으로 노병사(老病死)가 따르니 인생은 근심, 걱정, 번뇌에서 헤어날 수 없다는 것이 부처님의 깨달음이다.

그래서 붓다는 현재의 인(因, 원인), 즉 애, 취, 유를 행하지 않으면 미래의 과보(果報)를 받지 않아 고통을 만들지 않게 된다고 말한다. 그리하여 이들 각각의 고리를 만드는 것을 사라지게 할 수 있다고 말하는 이론이 십이연기의 가르침이다.

그러면 도대체 어떻게 이런 세속적인 유혹에 물들지 않고 나의 순수한 본성에 의지하며 살아갈 수 있을까? 원효대사의『대승기신론』을 요약한『수심결(修心訣)』에는 자신의 내면에 존재하는 불성(佛性)을 찾으라고 가르친다. 불성은 여래장(如來藏) 혹은 한 마음(一心)이라고도 한다. 원래 내 마음속에 간직되어 있는 선한 본성이다. 우리는 그걸 찾기만 하면 되는 것이다. 불교에서는 참 마음을 찾기 위해서 재발심을 강조한다. 재발심은 명상이나 수행을 통해서 매일매일 자기 자신을 돌아보고 채찍질 하는 것이며 자신의 본성이 욕망의 노예인 에고를 감시하는 돈오점수(頓悟漸修)의 수행을 말한다.

사람에게는 양심과 직관의 뿌리가 되는 순수의식인 영(靈)과 개성과 에고를 지닌 이성, 감성, 의지작용의 뿌리인 혼(魂)과 오감을 담당하는 육(肉)으로 이루어져 있다. 우리가 성령체험을 통해서 영적으로 거듭나서 원죄로 인한 죽은 영(靈, 오염된 아뢰야식에 해당함)의 본래 모습을 되찾는다고 해도 잘못된 습관의 지배를 받는 혼과 육의 작용은 당장 정화되지 않는다.

예수님의 제자들이 성령체험 후에도 여전히 그들의 인간적인 약점, 즉 고정관념이나 아집에서 벗어날 수 없었던 것은 이런 이유에서다. 성령의 도움으로 거듭났어도 더 많은 성령의 도움으로 혼과 육의 죄악상까지 남김없이 정화하여 거룩하신 하느님을 닮아가야 하는 것이다. 그것이 기독교의 점수(漸修)이다. 〈로마서〉에는 사도 바울이 불교의 견성, 돈오에 해당하는 거듭남 즉 성령체험을 하고서도 자신의 묵은 훈습(薰習) 때문에 고뇌하는 부분이 나온다.

> 나는 내가 행하는 것을 이해하지 못하노니, 곧 원하는 이것은 행하지 아니하고 도리어 미워하는 그것을 행합니다.
>
> — 로 7:15

예수는 자신의 본성을 찾은 상태를 곧 하느님과 하나라고 표현했다.

나와 아버지는 하나이니라 하신다.

- 요 10:30

37. 윤회

윤회(輪回, samsara)에서 sam은 "함께"라는 뜻이고 sara는 "달리다", "빠르게 움직이다"란 뜻이다. 그리하여 윤회는 "함께 달리는 것 혹은 도는 것"으로 번역된다.

불교 경전에서는 중생들이 죽으면 차원이 다른 여러 세계를 돌고 도는 것을 윤회라고 말한다. 그러므로 죽음은 곧 다시 태어남을 뜻하고 태어남은 또한 죽음을 뜻한다. 결국 우리 인간은 삶과 죽음을 계속적으로 돌고 돈다는 것을 윤회라고 표현한 것이다. 한 인간이 살아 있는 동안에 지은 모든 말이나 행위는 어떤 결과를 낳고 그 결과는 다음 생을 만들게 된다는 원리이다. 업이 발생하는 한 윤회는 계속된다. 이것이 곧 윤회이며 업의 결과가 없는 상태, 업이 모두 사라진 상태를 해탈 또는 열반이라고 한다.

윤회는 욕계(欲界), 색계(色界), 무색계(無色界)가 있다. 동물이나 인간의 생명현상은 먹고 자야 하며 종족본능을 한다는 것이 특징이다. 이런 세계를 욕계라고 한다. 반면에 색계는 물질이 기본 구성요소이지만 먹고 자지 않아도 살 수 있고 암수가 결합하지 않아도 종족본능이 가능하다고 한다. 무색계란 존재 자체가 물질로 되어 있지 않고 순수하게 정신세계로만 구성되어 있다고 한다.

욕계는 곧 욕망의 생활을 하는 존재들이 살고 있는 곳이요, 색계는 욕망은 떠났으나 아직 육체를 가지고 있는 존재들이 사는 곳이다. 이 곳에 있는 존재들을 "신" 혹은 "천상의 존재"라고 한다. 그러나 유일신교에서 말하는 절대적인 신은 아니다. 그들 역시 자신의 업이 나빠지면 다시 윤회를 거듭해서 욕계로 내려올 수 있는 것이다. 그러나 이들의 육체는 우리의 오관으로는 전혀 포착되지 않는다. 무색계란 아예 욕망은 물론이고 육체조차도 없는 존재들이다.

이러한 일체 생명을 가진 존재들이 어떻게 존재할 수 있는가? 그 존재양식을 불교에서는 육도윤회(六道輪回)라고 한다. 육도는 지옥, 아귀, 축생, 아수라, 인간, 천상을 말한다. 지옥은 땅 밑에 존재하는 세계이며 극심한 고통을 받는다. 아귀에 사는 중생들은 목구멍이 바늘처럼 가늘고 배는 큰 존재로서 항상 배고픔과 목마름 때문에 늘 고통을 당하는 곳이다. 축생도는 모든 종류의 벌레들, 물고기, 새, 짐승들이 사는 곳이다. 아수라는 항상 신들(諸神)들을 상대로 싸움을 하는 존재들이 사는 곳이다. 인간과 천상은 선업을 지은 존재들이 사는 좋은 세계로 선도(善途)라고 한다. 육도 가운데 인간도는 중간적인 위치에 있는 것이며 인간으로 태어난 것은 다행이라고 할 수 있다. 만물의 영장이 되었으니 말이다. 그러나 이 모든 육도윤회는 자신의 업이 만들어내는 마음의 작용인 것이다.

인간 세상은 고(苦)로 가득 차 있으나 자신이 수행을 해서 해탈을 할 수도 있고 열반을 성취할 수도 있는 곳이다. 윤회의 시작은 알 수 없다. 그래서 불교경전에는 시작이 없다(無始)라고 한다. 그러나 끝은 알 수 있는데 바로 열반을 성취하는 그 순간이다. 그래서 열반 (Nirvana)이란 촛불을 "훅 불어서 끄다."라는 말이다. 즉, 모든 고통이나 번뇌가 완벽하게 소멸된 상태를 뜻한다. 윤회의 수레바퀴가 멈추는 단계라고 할 수 있다.

38. 업

　불교에서 말하는 업(業, Karma)은 지금 내가 하는 말이나 행동은 필히 다음 생에 어떤 결과를 맺는다고 하는 것이다. 업, 즉 karma는 마음의 습(習)으로서 "만들다"란 뜻이다. 이 세상에 우연히 생긴 것은 아무것도 없다. 우리 인생은 이미 전생에서 만들어진 습관의 힘에 의해서 대부분이 결정된다. 좋은 카르마를 가진 사람은 내생에 좋은 습이 그대로 옮겨간다. 모차르트는 어려서 그의 부모가 가르쳐주지도 않았는데 피아노를 치고 교향곡을 연주했다. 그런 행동은 그가 전생에 만들어졌던 강한 습관을 통해 나타난다고 한다. 나쁜 카르마는 말과 몸 그리고 마음으로 남에게 해를 끼치는 모든 사특(私慝)한 행위를 말하다.

　말과 몸 그리고 마음으로 짓는 세 가지를 삼업(三業)이라고 하는데 다음과 같이 분류한다.

① 살생(殺生) : 사람 목숨을 죽이는 것
② 투도(偸盜) : 남의 물건을 훔치는 것

③ 사음(邪淫): 여자를 강제로 범하는 것

④ 망어(妄語): 사실이 아닌데 자신의 이익을 위해 거짓말을 하는 것

⑤ 양설(兩舌): 사람들을 이간질시키는 말을 하는 것

⑥ 악구(惡口): 추한 말, 즉 욕을 많이 하는 것

⑦ 기어(綺語): 사실이 아닌 것을 꾸며대는 말

⑧ 탐(貪): 남의 재물을 보고 탐하며 자기 것으로 만들려고 하는 것

⑨ 진(瞋): 남을 미워하고 성내는 것

⑩ 사견(邪見): 삿된 소견, 즉 업과 그 과보를 믿지 않고 저 세상과 이 세상이 존재한다는 것을 믿지 않는 것

업 이론은 인과법칙에 의해서 성립되었으나 선한 행위와 악한 행위라는 자연법칙과 좋은 행위는 좋은 결과로 나타나고 나쁜 행위는 나쁜 결과로 나타난다는 윤리적 바탕 위에서 성립된 것이다.

39. 육바라밀

불교는 수행을 통해서 꾸준히 자신 안에 있는 신성을 발견해 가는 구체적인 방법으로 사성제와 육바라밀(六婆羅蜜)을 강조한다. 바라밀은 빠라미따(Paramita)란 피안(彼岸)[84]에 이른 상태를 뜻한다. 도피안(到彼岸)이라고도 하는데 무차별, 공에 입각한 실천이기 때문에 결과에 집착하는 것이 아니라 꾸준히 닦아가는 방법이며 결코 완성을 목표로 하는 것을 피해야 한다고 말한다.

(1) 보시바라밀

보시(布施)란 상대와 내가 둘이 아니라는 생각으로 남의 아픔을 나의 아픔으로 느끼며 자신이 갖고 있는 재물이나 사랑을 아낌없이 내주는 행위라고 할 수 있다. 보시에는 법시(法施), 재시(財施), 무외시(無畏施)의 세 가지가 있다. 법시란 올바른 진리를 가르치고 인도하는 것이며 재시는 물질적인 방법으로 배고픈 사람에게 먹을 것

---

84) 피안(彼岸)은 현상세계에 반대되는 개념으로 모종의 미혹과 번뇌가 끊긴 세계, 즉 해탈에 이른 상태를 말한다.

을 내어주는 행위이다. 그리고 무외시는 길거리에 쓰러져 있거나 교통사고를 당한 피해자를 돕는 것 또한 깊은 슬픔에 빠져 있는 사람을 만나서 상대방의 마음을 위로해 준다든지 하는 마음으로 육체적으로 남을 돕는 일 등이다.

(2) 지계바라밀

지계(持戒)란 불교의 계율을 지키는 행위이다. 불교 경전은 흔히 오계를 말하는데 할 일은 하고 해서는 안 될 일은 안 하는 것이다. 첫째 산목숨을 죽이지 말 것, 둘째 남의 물건을 훔치지 말 것, 셋째 사음하지 말 것, 넷째 거짓말하지 말 것, 다섯째 술 마시지 말 것이다.

(3) 인욕바라밀

인욕(忍辱)이란 참고 용서하는 것이다. 8세기의 불교 논사(論師)인 샨띠데와는 『입보리행론(入菩提行論)』에서 화내는 것보다 더 큰 죄악은 없고 인욕보다 더 어려운 고행은 없다고 말했다.

(4) 정진바라밀

정진(精進)이란 수행을 할 때 결코 중단하거나 나약해지지 말고 꾸준히 자신의 마음을 다잡고 오로지 앞만 보며 나아가라는 가르침이다.

(5) 선정바라밀

선정(禪定)이란 마음이 편안해지면서 무한한 기쁨을 느끼는 것을 말한다. 보시, 지계, 인욕, 정진의 자세로 살아가면 자연히 선정의 단계에 이를 수 있다고 한다. 즉, 모든 집착으로부터 벗어나는 것이다. 마음이 안정되면 지혜의 눈이 열린다. 그게 다름 아닌 안심입명(安心立命)이다.

(6) 반야바라밀

반야(般若)란 "출중한 지혜"란 뜻으로 옳고 그름 혹은 좋고 나쁨의 이원론적인 분별의식을 떠나서 마치 태양과 같은 절대적인 밝음이란 뜻이다.

태양이 산과 골짜기, 밝은 곳과 어두운 곳, 자연과 인간 등에 차별을 주지 않고 세상 만물을 골고루 비추어 주듯이, 차별이 없는 공상의 지혜를 말한다.

> 반야바라밀다에 의지할 때, 마음에 장애가 없고, 마음에 장애가 없기 때문에 두려움이 없고, 전도된 생각을 멀리 떠나 마침내 열반에 이르니, 삼세의 모든 부처님께서 위없이 더 높은 궁극의 깨달음을 얻은 것도 반야바라밀다에 의지하였기 때문이다.
> – 반야심경

40. 소승불교·대승불교
선불교·밀교

불교역사에서 소승(小乘)이란 부파불교(部派佛敎)를 말하는 것이며, 대승(大乘)이란 부파불교를 비판하면서 나온 혁신세력을 뜻한다. 소승은 팔정도(八正道)를 기본적인 신앙으로 따르는 집단을 지칭하며 그들이 지향하는 최종목표는 아라한(阿羅漢, Arhat)[85]이 되는 것이고 대승은 육바라밀을 기본적인 신앙으로 따르며 보살(菩薩, Bodhisattva)[86]이 되는 것을 목표로 하는 집단을 말한다. 아라한이라는 말은 원래 초기불교 시대에 붓다를 칭하는 10개의 명칭 중 하나인데 한자로는 응공(應供)이라고 한다. 이 말에는 얻어먹어도 "업이 되지 않는 사람"이란 뜻으로 그만큼 "존경스러운 사람"이란 의미를 내포하고 있다.

불교의 원류는 붓다의 출생지인 히말라야 산맥이 있는 네팔의 남

---

85) 빨리어로 "고귀한 사람"이란 뜻으로 불교에서 오랜 수행 끝에 번뇌가 완전 소멸되어 더 이상 윤회하지 않는 경지에 도달한 사람을 말한다. 부파불교 수도인들이 꿈꾸던 이상적인 인간상을 말한다.

86) 보살(Bodhisattva)에서 'Bodhi'는 깨달음 또는 부처란 뜻이고 'sattva'는 어리석음 또는 중생을 뜻한다. 따라서 보살은 깨달은 중생을 말한다.

부, 인도 북부지역에서 시작했다. 그러다가 불교진흥에 많은 공로를 세운 마우리 왕조의 3대 아쇼카대왕[Ashoka, 기원전 268~232(치세), 轉輪聖王] 사후 힌두교 세력과의 갈등을 피하여 계속 남쪽으로 남하하였다. 아쇼카 왕의 치세에 보수적인 상좌부(Theravada)와 진보적인 대중부(Mahasamghika)의 분열이 생겼기 때문에 그 이후를 부파불교 시대라고 한다.

부파불교 시대를 대표하는 종파가 소승으로 불리게 되었으며 그들이 확립한 불교 이론을 설일체유부(說一切有部), 즉 아비달마(Abhidharma)[87]라고 한다. 그들은 결국 인도에서 스리랑카까지 밀려 내려와서 안정적으로 불교의 원형을 지켜왔다고 할 수 있다. 스리랑카를 기반으로 동남아시아 전 지역에 전파되었으며 그런 관계로 남전불교 혹은 남방불교라고 칭하는데, 주로 스리랑카, 미얀마, 태국, 캄보디아, 라오스 등으로 전파되었다. 같은 동남아이지만 베트남은 중국을 통해 전파된 대승불교의 나라이다.

| 소승불교 |

흔히 초기불교를 소승불교(Hinayana Buddhism, Lesser Vehicle)라고 하는데 붓다가 보리수나무 아래서 깨닫고 가르친 진리를 소승불교라고 한다. 그 당시 붓다가 깨달은 진리는 만물은 끊임없이 변한다는 무상관(無常觀), 나란 실체는 없다는 무아관(無我觀) 그리고 인간의 욕

---

87) Abi는 영어의 about를 뜻하고 Dharma는 법(法)이란 뜻으로 붓다가 설한 법에 대한 연구와 해석을 말하며 부파불교의 여러 가지 논서(論書)를 말한다.

심이 만들어내는 다섯 가지 더러움(재물욕, 색욕, 명예욕, 음식욕, 수면욕)을 강조한 것이 곧 부정관(不淨觀)이다. 소승불교는 이 세상은 고통으로 가득 찼다는 고(苦)사상에서 출발해서 어떻게 고통에서 해방될 수 있는지를 가르친다. 또 한 가지 특징은 소승(小乘)은 작은 수레란 뜻으로 나 혼자만 해탈을 하고 열반에 드는 것을 궁극적 목표로 한다.

소승불교에서는 모든 것은 언제나 변하고 변하기 때문에 무상하며 그러므로 모든 것은 고통이라고 가르친다. 개인의 고통은 무상하다는 걸 인식하지 못하기 때문에 발생한다고 파악하는 것이다.

| 대승불교 |

대승불교(Mahayana Buddhism, the Great Vehicle)는 기원전 1세기에서 출발해서 기원후 2~3세기경에 나가르주나(Nagarjuna, 龍樹)에 의해서 체계적으로 정리되었다. 그는 최고의 논사로 제2의 붓다로 칭송되고 있다. 대승불교는 부파불교가 붓다가 가르친 초기 불교의 활동성, 순수성, 일반성을 상실하고 아비달마와 같은 훈고학적 문자적 해석만을 집착한다고 꼬집으며 그런 승려들을 형식주의자라고 비판하였다. 그리하여 법(法) 중심의 부파불교에 대한 안티테제로서 등장한 사상으로 중생제도라고 하는 불교 본래의 사명으로 돌아가고자 하는 불교 부흥운동이었다. 소승불교의 아라한이 개인의 해탈을 목표로 한다면 대승은 개인의 해탈을 넘어서 반야의 지혜에 근거하여 모든 중생을 해탈과 열반으로 인도하는 보살이 되는 것을 최종 목표로 한다.

대승(大乘)은 큰 수레(great vehicle)란 뜻이다. 대승에서 추구하는 보살이란 일체의 차별주의, 우월의식을 거부하는 일승(一乘, ekayana)을 지칭하는 말로 이 보살정신이 곧 반야사상의 핵심이며『반야심경』의 사상을 풀어서 해석한 것이『금강경』인 것이다.『금강경』에서 말하는 반야(지혜)란 곧 제법무아(諸法無我)를 생활의 지침으로 살아가는 대승을 뜻하고 소승과 대승의 구분은 사실상『금강경』의 지혜를 실천하느냐 안 하느냐에 따라 구분할 수 있는 것이다.

소승불교에서는 모든 것이 무상하다고 가르치지만 대승불교에서는 우리가 완벽하게 전 우주의 공(空)함을 깨닫는다면 모든 것이 있는 그대로 진리라고 가르친다. 즉 내 눈앞에 펼쳐진 현상을 모두 진리로 바라보라는 뜻이다. 하늘은 파랗다, 땅은 누렇다, 나무는 푸르다, 저기 고양이가 있다, 나는 지금 배가 아프다……. 이 모든 것이 진리이다. 나와 객관적 대상을 하나로 일치시키는 삶을 뜻하는 것이다. 남의 아픔을 나의 아픔으로 여기고 치료해 주고 함께 아파하면 그 순간 남과 나는 하나가 되는 것과 마찬가지다. 그러면 갈등도 고통도 없다고 가르친다.

대승불교는 주로 중국, 한국, 일본, 티베트로 전파되었다. 나가르주나에 의해 종합 정리된 대승불교는 새로운 교리와 새로운 경전을 만들었다. 이 새로운 경전에는 이전에 확립한 공(空)사상을 기본으로 미혹과 깨달음의 주체로서 마음의 본질에 대해서 면밀히 분석하였다. 즉, 우리가 현실세계에서 대하는 모든 만물은 오직 관계 속에서만 존재할 뿐 그 자체로서는 본성이 없으며 일체가 공이라고 밝혔다. 나가주르나는 연기, 무자성, 공의 이론을 세워서 대승불교의 초석을 세웠다. 나가주르나는 다음과 같이 정리했다. 마음은 한편으로는 깨달음에 이르게 하는 응소(應召)이지만 또 다른 한편으로는 미혹의 세계로 인도하는 윤회의 주체이다. 따라서 전자인 깨달음의 마음이 곧 붓다라는 여래장설(如來藏說)로 정립되었고, 후자인 윤회는 마음의 현실적 기능을 분석한 유식설(唯識說)로 정립되었다.

| 대승불교의 2대 사상 |

(1) 중관사상

중관사상, 즉 중관파(中觀派)는 초기 경전 중에서 대표적인 『반야경』을 배경으로 하며 최초의 대승불교 논사인 용수(Nagarjuna, 150~250)의 중론송(中論頌)을 초석으로 공(空) 사상을 전개한 학파이다.

8종의 조사(祖師)인 용수보살의 중론(中論)에는 다음과 같이 기록하고 있다.

생하지도 멸하지도 않고, 항상도 아니고 단절도 아니고, 단일도 아니고, 복수도 아니고, 오지도 않고 가지도 않고, 연기(緣起)는 모든 희론(戲論)을 잘 적멸시킨다고 설하신 최상의 부처님께 나는 예배드린다.

여기에 불광선원의 휘광스님이 말하는 공(空)사상을 요약한다.

용수는 원래 불교사상의 중심테마였던 사물의 자성을 들어 사실은 모두 연기(緣起)에 의해 성립했지만 그 연기는 사물의 실체가 없다는 것을 논리적으로 밝혔는데 이것이 공(空)의 논리이다. 중관사상은 망집(妄執)의 부정은 계속될 수밖에 없으며 모든 일체의 법(法, 세상만물)은 미시적인 입자의 세계로 들어가면 원래 고정된 실체가 아니라 생(生)함도 멸(滅)함도 없이 원래 공하다는 이론이다. 나가르주나가 고정불변한 자성의 개념을 부정한 것은 그 자성의 관념이 우리 인간들의 잘못된 망상, 즉 잠시 환상에 사로잡힌 것과 같은 상태에서 일어나는 것이라고 밝혔다. 서양 철학사의 거봉인 엠마뉴엘 칸트는 『순수이성비판』에서 현상계와 궁극적 실체(物自體)라는 두 개의 세계를 설정하여 이원론적으로 해석했다. 즉, 현상계는 낮은 차원의 가치요, 궁극적 세계는 높은 차원의 가치라고 했다. 그는 현상계의 피안에 궁극적 세계(천당)가 존재한다는 것을 상정했으나 이 세계는 인간의 이성과 오성으로 파악할 수 없는 불가지론(不可知論, Agnosticism)의 세계라고 했다. 그러나 대승불교에서는 생성과 존재, 다(多)와 일(一)은 결국 같은 것이라고 결론지었다. 현상계는 궁극적 실제와 똑같이 공이며 이 둘은 구별할 수 없다고 했다.

(2) 유식사상

유식사상(唯識說, Yogacara), 즉 유식학파의 기본경전은 『능가경』, 『화엄경』, 『해밀심경』이다. 유식설을 정리한 사람은 미륵(Maitreya)과 무착(Asanga)형제이다. 두 형제는 기원후 4~5세기를 살았던 실제 인물들로 인도 불교사에서 혜성과 같은 존재였다.

유식학파의 이론은 중관학파가 모든 것은 공이라고 정의한 이론에 대해서 비록 객관적인 사물의 세계는 공하다 할지라도 공을 인식하는 그 자체는 공하다고 할 수 없다는 이론이다. 다시 말해서 우주 만물은 궁극적으로 그 원리를 자세히 관찰해 보면 외적인 사물 자체에 기준이 있는 게 아니라, 결국 내 마음이 어떻게 인식하느냐에 따라 결정된다는 사상이 곧 유식설이다. 그런데 이 마음은 인간이 오감에 의해서 외부의 것을 받아들인 결과라고 볼 수 있으며 그 마음은 늘 고정된 실체가 아니라 한 번 일어나면 다시 없어지고 다시 다음 순간의 그것과 교차되는 것으로 마치 폭포수에서 물이 계속하여 쏟아지는 것과 같은 "마음의 흐름"이라고 한다. 즉, 외계의 실재가 마음에 영사되어서 표상이 형성된 것이 아니고 마음 스스로가 만들어 낸 결과라는 것이다. 그래서 유식학에서는 이러한 마음의 흐름이 일어나는 인간 내면의 세 가지 성질을 다음과 같은 비유를 통해서 밝히고 있다.

첫째는 평소에 우리들의 밝지 못한 견해로 인해서 불변하는 실체가 없음에도 불구하고 마치 내 눈앞에 실체가 있는 것처럼 착각하여 가상적인 존재의 것들의 변계소집성(邊界所執性)을 인정한다. 이런 것은 일상생활에서 어떤 사물을 인식할 때 이성적으로 판단하는 게 아니라 왜곡된 편견과 선입관으로 판단하기 때문에 괴로움을 초래하는 착각이나 환상과 같은 존재를 말한다.

두 번째는 우주 만물이 어떤 것이든지 독립적으로 존재하는 것이 아닌 타자에 의한 인연에 의해서 생성되는 의타기성(依他起性)을 인정하는 것이다.

세 번째는 변계소집성과 의타기성을 떠나서 진실된 것 그 자체를 말하는 것으로 원성실성(圓成實性)이다.

이런 세 가지 성질은 투명한 수정(水晶)을 황색이나 녹색 바탕에 올려놓으면 수정에 비쳐서 호박(琥珀)이나 벽옥(碧玉)으로 비춰지지만 실제 거기에 있다고 믿는 호박이나 벽옥은 우리의 눈을 통해 비친 가립적인 것에 불과하다는 사실에서 알 수 있다. 또한 수정 자체도 원래 본질이 불변하는 어떤 실체가 아니라 다른 어떤 물질에 의해서 합성된 것이라는 결론에 이르게 된다. 이와 같이 인간들은 현상계를 파악하는 데 이와 같은 세 가지 조건이 항상 내재한다는 사실을 인지하고 올바른 인생관을 가질 때 비로소 사물을 올바로 인식하고 변화무쌍한 현상계의 환상에 빠져들지 않고 행복한 삶을 살아갈 수 있다면서 우리들에게 인식 전환의 필요성을 가르친다.

이때 현상계를 인식하는 마음의 주체가 문제가 되는데 그것을 불교 용어로 아뢰야식(阿賴耶識)이라고 한다. 아뢰야식은 인간 존재의 내면에 늘 존재하면서 변함이 없고 평생을 나와 함께 있으면서 죽고 난 후에까지 영향을 미친다는 것이다. 예를 들어 우리들이 평소에 행하는 어떤 행위나 말이 일정한 결과를 초래하는데, 이때 모든 행위나 말은 하나도 빠짐없이 모두 업이 되어 아뢰야식에 저장된다는 이론이다. 그 업이 귀의처에 차곡차곡 심종자(心種子)로 저장되어 있다가 적당한 조건이나 환경 등의 연(緣)을 만나면 다음의 행위를 일으키는 에너지로 변화되어서 새로운 현상을 일으킨다는 원리이다.

그러므로 불교에서는 이 세계는 어떤 창조주가 인위적으로 만든 것도 아니며 그것은 모든 인간이 평소에 지는 선악업의 결과와 인연이 되어서 나타나는 현상이다. 그래서 붓다는 늘 선악 업을 만들지 않는 것이 무엇보다도 중요하며 그러기 위해서는 집착과 무지에서 벗어날 것을 강조했다. 이 아뢰야식에 의하여 오염된 마음을 정화시켜 주는 종교적인 수행이 필요한데, 그것을 유가행(瑜伽行, Yoga)이라고 한다.

| 유식사상에서 밝혀진 인간의 팔식 구조 |

아뢰야식에서 우리 인간의 정신세계를 지배하는 마음의 주체는 하나만 있는 것이 아니라 심층적으로 구성되어 있어서 이들과의 상호관계를 이해해야만 그 실체를 파악할 수 있다고 하는데, 이것이 소위 대승불교에서 말하는 팔식설(八識說)이다. 우리의 몸은 다섯 가지의 감각기관과 정신 등의 복합체로 구성되어 있는데 다섯 가지 감각기관에 해당되는 것을 안이비설신(眼耳鼻舌身)라고 한다. 이 5가지 기관이 각각 인식활동을 할 때는 안근(眼根), 이근(耳根), 비근(鼻根), 설근(舌根), 신근(身根), 이라고 한다. 또한 이들 인식기관들의 객관적인 대상은 각각 색(色, 물질), 성(聲, 소리), 향(香, 냄새), 미(味, 맛), 촉(觸, 감촉) 능으로서 오직 이것들만을 상대로 하여 인식활동을 하게 된다. 만약 눈을 통해서 사물을 분별했을 경우 나의 눈으로 인식했다고 해서 안식(眼識)이라고 하고, 내 몸의 촉감을 통해서 파악했을 경우는 이를 신식(身識) 등으로 표현한다. 여기까지를 1식(色)부터 2식(聲), 3식(香), 4식(味), 5식(觸)이라고 한다.

따라서 인간의 몸은 기본적으로 5가지의 감각기관인 5근(根)과 인식기관이 분별하여 일으키는 5식(識)으로 이루어져 있다. 그러므로 5식까지는 감성적인 면과 동물적인 면이 강하다.

이 외에 정신세계 해당되는 부분이 다름 아닌 의식(意識)인데 오감의 기초 위에서 종합하고 분별하는 능력을 가진 것이 곧 뇌이며, 이를 불교에서는 의(意)라고 하며 6식이 된다. 의근(意根)에 의지하여 인식작용을 일으키므로 그렇게 부른다. 다시 말해 의식(意識)은 우리의 신체 외에 존재하는 정신적인 부분으로 눈과 같이 볼 수도 없고 손으로 만져 볼 수도 없는 것이지만 그렇다고 없는 것도 아니다. 앞의 5가지 감각기관의 저변에서 늘 동반해서 일어나거나 혹은 독단적으로 활동하는 순수한 정신적인 세계를 말하는 것이다. 이 의식의 대상을 불교에서는 법경(法境)이라고 한다. 여기서 법이란 일체제법과 같은 존재로 유형적인 모든 사물은 물론이고 무형적인 관념까지 포함된다. 좀 더 구체적인 설명은 다음과 같다.

우리의 몸은 5가지의 근(根)과 이들의 저변에 늘 흐르고 있는 의근(意根) 등 6기관의 구성으로 만들어졌으며 여기에 그 대상들인 6가지의 객관적인 경계(六境)을 합치면 십이처(十二處)이다. 이는 전체적으로 이 세상의 모든 것을 의미하는 일체(一切)라는 술어로 사용되고 있다. 다시 말하면 이 세상의 모든 것은 나 자신의 눈으로 직접 볼 수 있어야 하고, 또한 귀로 들을 수 있어야 하며 귀로 들어서 분별할 수 있어야 하고 몸의 촉감을 통해서 감지할 수 있어야 하는 것 외에, 어떠한 기억력이나 상상력을 통해서라도 인식할 수 있는 것이 존재하는 것이지, 이들 모두를 통해서 도저히 감득할 수 없다면 설령 그것이 다른 사람에게는 존재한다고 해도 인식 주체인 자기 자신에게

는 존재하지 않는 것과 같다는 인식론적 해석에서 이렇게 정의하는
것이다. 이와 같은 의식이 일어나는 데는 크게 두 가지의 경우가 있
는데, 먼저 한 가지는 전오식(前五識)과 함께 일어나서 같은 대상을
인식하거나 아니면 5식과 함께 일어났지만 의식이 한눈을 팔아서 올
바른 인식이 제대로 안 되는 경우 등 아무튼 전오식(前五識)과 동시
에 일어나는 경우가 그것이다. 또 한 가지는 꿈을 꾸거나 망상, 공상
및 선정(禪定)에 들 때와 같이 의식이 독단적으로 일어나는 경우 등
을 말한다.

그러므로 소승불교 시대에는 이와 같이 다방면에서 그 인식활동의
범위가 넓은 육식설만을 가지고도 충분히 인식활동의 원리를 대변한
다고 파악했었다. 그러나 그 보존성에 대한 문제 등으로 말미암아 대
승불교 시대에 가서는 인간의 궁극적인 실체로서 어느 때, 어느 곳에
서나 막론하고 항상 변화하지 않고 상존할 수 있는 그 어떤 것을 상
정하게 되었다. 그것이 다름 아닌 제8 아뢰야식이다. 따라서 아뢰야
식은 우리들이 잠을 잘 때나 심지어 죽어서 혼백이 떠돌아다닐 때에
도 심지어는 어머니 뱃속에 들어 있을 때에도 그 활동을 계속한다는
것으로서 육도윤회(六道輪廻)의 주체로 등장한 것이다.

그러면 이와 같은 제8 아뢰야식을 일으키는 근본원인은 무엇인가?
유식설에서는 우리가 일부러 어떤 의도적인 행위 혹은 행동을 하거
나 아니면 알지 못하는 일에 아전인수 격으로 끊임없이 아치(我癡,
어리석은), 아만(我慢, 게으름), 아애(我愛, 지나친 집착), 아견(我
見, 지나친 자기중심주의) 등 4종의 근본 번뇌와 항상 같이하면서 업
을 일으킬 때에 이들에 의한 인상(印象)이나 여운(餘韻) 등을 그대로

흡수하여 저장하는 장소로서 아뢰야식이 활용된다고 한다.

이렇게 근본적인 원인을 제공하는 정신은 제6식보다는 깊고 제8식보다는 얕은 제7 말나식(末那識, 잠재의식)이라는 의식이 상정됨으로 해서 가능하다고 보는 것이다. 제6식은 이성적인 면이 강한 반면 제7식은 좋다 나쁘다라고 하는 자기판단이 개입하므로 제7 말나식을 자아의식이라고도 한다. 이 식에 의하여 업을 지어서 우리 중생들은 결과적으로 세세생생 윤회하게 된다고 한다. 유식행에 의하면 우리가 죽을 때 우리 몸은 "나"가 아니다. 그것은 단지 일시적인 지수화풍(地水火風)으로 흩어져 공으로 돌아갈 뿐이라고 한다. 그러나 제7식과 제8식은 결코 죽지 않고 새로운 안식처를 찾으면서 6개(眼耳鼻舌身意)의 영역을 돌아다닌다. 그러면서 그들이 만들었던 업과 습관에 따라서 어떤 새로운 몸에 붙어서 새로운 몸을 만든다고 한다.

업이 몸을 만들고 몸이 업을 만든다는 것이 유식설의 가르침이다. 그래서 불교에서는 열심히 참선 수행을 하면 어떤 외부적인 환경이나 조건이 변해도 자신의 본성은 흔들림이 없이 육도윤회의 쇠사슬에 얽매이지 않고 집착을 벗어난 해방된 인간의 자유를 누릴 수 있다고 한다. 장자의 〈소요유〉에는 인간의 해방된 자유를 다음과 같이 표현했다.

북쪽 바다에 물고기가 있다.	北冥有魚
그 이름을 곤이라고 한다.	其名爲鯤
곤(물고기)의 크기는	鯤之大
그 몇 천 리인지 알지 못한다.	不知其幾千里也

바꿔 되기를 새가 되었다.	化而爲鳥
그 이름을 붕이라고 한다.	其名而鵬
붕새의 등은	鵬之背
그 몇 천 리인지 알지 못한다.	不知其幾天里也
뽐내어 나니	怒而飛
그 날개가 하늘에 구름같이 드리워진다.	其翼若垂天地雲
이 새는	是鳥也
바다가 움직이면(태풍)	
남녘바다로 옮기려고 한다.	海運則將徙於南冥
남녘바다라는 것은	南冥者
하늘 못(나라)이다.	天池也

장자가 말하는 물고기 곤은 형이하학적인 짐승이다. 미천한 물고기가 형이상학인 영성의 붕(鵬)으로 진화해서 하늘나라로 비상하는 이야기이다. 대승불교의 가르침은 영성의 붕을 목표로 한 자리이타(自利利他)를 가르친다. 대승불교의 대표적인 경전은 『반야경』, 『금강반야바라밀경』, 『유마경』, 『열반경』, 『대승기신론』이다.

41. 원효대사의 『대승기신론』

〈송고승전(宋高僧傳)〉에 보면 원효는 그의 나이 10세에 이미 출가하여 스승 밑에서 학업을 배웠다고 한다. 그는 남달리 영특하여 10대를 지나서는 불법의 오묘함을 깨달음에 있어서 많은 진리를 스스로 터득했다고 한다. 고려의 대각국사 의천이 남긴 시에 의하면 원효는 10대 때 의상대사(義湘大師)와 함께 고구려 고승으로 백제 땅 전주 고대산에서 수행하던 보덕화상(普德和尙)의 슬하에서 『열반경』과 『유마경』 등을 배웠다고 한다. 『삼국유사』 〈낭지래운조(朗智來雲條)〉에는 원효가 파고사(播高寺)에 있을 때 영계산 혁목암(赫木庵)의 낭지(朗智)가 그로 하여금 초장관문(初章關文)과 안심사심론(安心事心論)을 쓰게 하였다. 그러자 원효가 그 글을 지어 낭지에게 전달하면서 그 끝에 西谷沙彌稽首體 東岳上德高岩前(서곡사미계수체동악상덕고암전)이라 하여 자신을 사미라 낮추고 상대방인 낭지를 상덕으로 높이고 있다. 이로 보아 원효가 낭지에게 사사(師事)하였거나 단순히 학덕 높은 노화상(老和尙)으로 존경하였던 것으로 짐작된다.

그는 『논어』, 『장자』, 『노자』 등에 걸쳐 광범위한 학문의 경지를 넘나들었던 것으로 파악된다. 그의 불세출적인 지혜는 율승(律僧) 자장법사 그리고 의상대사와 더불어 신라시대에 대승적 율법을 정립한 화상으로 존경받고 있다. 원효는 34세 때 의상과 함께 당의 현장(602~664)에게 유식학(唯識學)을 배우려고 요동에까지 갔다가 그곳 순라군에게 첩자로 몰려 여러 날을 갇혀 있다가 겨우 풀려나왔다. 45세 때 두 번째로 역시 의상과 함께 이번에는 해로(海路)로 입당(入唐)하기 위해서 백제 땅이었던 항구로 가는 도중, 비 오는 밤길인지라 어느 땅막(土盒)에서 하룻밤을 자게 되었다. 아침에 일어나보니 땅막이 아닌 무덤인 줄 알고도 부득이 또 하룻밤을 더 지내다가 귀신의 동티를 만나 심법(心法)을 크게 깨치게 되었다고 한다.

어젯밤 잠자리는 땅막이라 편안했는데, 오늘밤은 귀신의 집에 의탁하니 근심이 많구나. 알겠도다! 마음이 일어나면 갖가지 법이 일어나고, 마음이 사라지면 땅막과 무덤이 둘이 아님을. 삼계는 오직 마음이요, 만법은 오직 인식일 뿐이다. 마음 밖에 법이 없는데 어떻게 따로 구하겠는가? 나는 당나라에 가지 않겠다.

원효는 그 길로 고국으로 돌아와 서술과 대중교화에 힘썼다. 비록 당나라 유학을 하지 않았으나 의상보다 더욱 위대한 승려가 되었다. 그의 저서는 100여 종 240여 권에 달하며 그중 대표적인 저술이 곧 『대승기신론(大乘起信論)』과 『금강삼매경론』이다. 원효는 인간 본래의 성품을 하나의 마음(一心)이라고 한다. 그게 다름 아닌 여래장사상이다. 한두 살짜리 어린아이를 보라. 모두 천사와 같은 마음인 것을.

여래장은 일체의 대(對)가 끊긴 하나의 바탕이면서 동시에 모든 것을 환히 비출 수 있는 신령스러운 기틀이라고 한다. 다시 말해 영적 완성의 씨앗을 말한다. 원효는 『대승기신론』에서 붓다는 본래의 성품을 알고 실현시킨 사람이며 중생은 그렇지 못한 사람일 뿐이라고 한다. 그러면 왜 그런 성품을 본래 갖고 있으면서도 이렇게 고통스러운 삶을 살아가야 하는가? 원효는 그의 명저 『대승기신론』에서 다음과 같이 말한다.

뭇 생명 있는 자들의 감각적, 심리적 기관은 하나의 마음에서 생겨난 것이지만 그것들은 도리어 그 스스로 근원을 배반하고 뿔뿔이 흩어져 부산한 먼지를 피우기에 이르렀다. 모든 번뇌가 이로부터 나온다.

즉, 우리 중생들은 생명의 원천, 존재의 원천인 하나의 마음을 등지고 살고 있다는 것이다. 밝은 성품을 등질 때 어두움이 생기고 그 어두움 속에서 나와 대상를 나누고 그 대상에 집착하여 밖으로 치달으면서 온갖 먼지를 피우고 있기 때문에 치산육진(馳散六塵, 본래의 청정한 나를 등지고 밖에서 나를 찾아 헤메는 것)에 빠져 하나인 마음을 알 수 없을 뿐 아니라 온갖 괴로움이 생긴다는 것이다. 원효의 지적은 바로 자기 상실에 함몰된 중생들에게 경각심을 심어주기 위함이다.

『삼국유사』에는 원효와 신라 태종 무열왕의 딸 요석공주 사이에 태어난 아들이 바로 이두문자와 향찰을 집대성한 설총이라고 기록되어 있다. 원효는 아들을 낳은 뒤 환속(還俗)해서 소성거사(小性居士)

라는 이름으로 활약했다. 그러나 원효는 파계(破戒)와 수계(受戒)를 자유자재로 오고가며 전자아, 자아, 초자아를 아우르는 세 자아의 균형 잡힌 자세로 살아가며 절대 전초오(前超誤, pre-trans-falllacy)의 오류[88]를 범하지 않았다. 그는 기생들과 함께 술자리를 했으나 결코 타락하지 않았으며 수계를 통해 초자아를 지키고 파계를 통해서 전자아를 지켰다. 마치 예수가 바리새인들과 달리 창기들과 자리를 같이하며 포도주 마시기를 즐겼던 것과 같이 원효는 중도(中道)를 지켰으며 삼국통일의 풍랑 속에서 기성 제도권의 안팎을 자유롭게 넘나들며 거시적인 통일의 비전을 자신이 주장한 일심(一心)과 화쟁(和爭)의 사상을 통해서 명료하게 제시했다. 원효가 보여준 일심사상은 통합과 분열, 사랑과 미움, 너와 나를 가르는 상대적 개념을 뛰어넘어 잡다한 이견을 모두 화통하고 보듬어주는 대자대비의 마음이었다.

| 원효가 제시한 진여문과 생멸문 |

원효의 진여문(眞如門), 생멸문(生滅門) 사상은 원래 『능가경』에서 논한 것으로 인간의 한 마음 안에는 두 개의 문이 있다는 것이다. 중생들을 깨달음의 세계로 인도하는 가능성과 윤회와 타락의 세계로 몰고 가는 가능성이 함께 공존한다는 철학사상이라고 할 수 있다. 근대에 들어와 서양의 기독교 신학을 가장 심도 있게 연구하고 실천한 루돌프 볼트만의 신학은 불교의 일심사상과 괘를 같이한다.

---

88) 켄 윌버가 사용한 용어로 전자아와 초자아를 구별하지 못하는 오류를 뜻한다.

진여, 생멸문은 그 당시 인도에서 뜨거운 논쟁 중이던 중관파와 유식파의 사상을 지양, 화합시킨 것이다. 우리 인간들이 현실생활에서 눈에 보이는 현상에 미혹되어 진속(眞俗)을 구분하지만 깨달음의 단계에 이른 사람은 그 모든 현상이 나의 의식이 만들어 낸 환상에 불과하며 다만 사물의 본체적인 입장에서 보면 모든 우주 만물은 공이며 하나라고 하는 철학에서 연원한 것이다. 원래 인도 대승불교의 시조라고 하는 마갈타국의 마명보살이 찬술했으나 원효대사, 법장스님 그리고 혜원스님 세 분이 좀 더 상세한 주석을 달고 해서 완성한 것으로 대승불교의 기본 경전이다.

| 진여문 |

진여문(眞如門)은 마음의 청정함을 강조한 것으로, 진여의 진(眞)은 보낼 것이 없음을 뜻하고 여(如)는 세울 것이 없음을 뜻한다. 모든 사물의 있는 그대로의 모습을 말하며 진실하고 변함이 없는 만물의 본성을 의미한다. 일체법은 생(生)함도 없으며 멸(滅)함도 없이 본래 적정(寂靜)하며 오직 일심(一心)뿐인데 이것을 심진여문(心眞如門)이라고 한다. 본성은 늘 우리의 의지보다 높은 곳에서 우리를 가르친다.

인간은 자신 안에 새겨진 선입관과 집착에 눈이 가려져서 사물의 본성을 제대로 보지 못한다. 우리는 언제나 울창한 숲 속에 들어가 그냥 나무 앞에 서 있기만 해도 기분이 상쾌하고 행복감을 느끼는 걸 모두 체험한다. 나무는 나에게 아무 말을 하지 않는데 왜 그렇게 기분이 좋은 걸까? 그건 나무는 말을 하지 않고 만물을 이롭게 하기 때문이다. 그러나 산에서 내려와 사람들을 만나는 순간 우리는 상대방과 말을 해야 하고 생각을 해야 하며 그래서 긴장을 하고 자신을 방어해야 하므로 은근히 피곤해진다. 모두 입에서 나오는 말과 행동 때문이다. 만일 나무가 말을 한다고 가정해 보자. 그러면 아마도 인간은 나무를 좋은 나무와 나쁜 나무로 구분할 것이다. 여기서 우리는 인간의 지나친 선입관과 이기주의적인 편견을 포착할 수 있다. 우리는 나의 말 한 마디가 한 사람의 삶을 영원히 불행하게 만들 수도 있다는 걸 주위에서 많이 보고 경험하며 살아가고 있다. 그건 모두 인간의 잘못된 선입관이나 편견 때문에 상대방을 좋고 나쁘다고 편 가르기를 하기 때문이다. 누가 나무를 나쁘다고 말할 수 있는가? 누가 산을 나쁘다고 말할 수 있겠는가? 산은 말이 없기 때문이다. 왜 사람은 나무나 산과 같이 될 수 없을까? 선불교에서는 사람이 나무나 산과 같이 되기 위해서는 오직 모른다고 하면 된다고 가르친다. 말하지 않으면 갈등을 일으킬 소지가 없어진다. 예수님은 입에 들어가는 것은 능히 사람을 더럽게 하지 못하거니와 입에서 나오는 것이 사람을 더럽게 한다고 했다.

어느 사람이 산길을 가다 무엇인지 확인할 수 없는 애매한 거리에 어렴풋이 뱀과 같이 보이는 구불구불한 물체 하나가 눈에 띄었다. 멀리서 그걸 발견한 그 사람은 그게 마치 뱀과 같아서 깜짝 놀란 나머지 움츠리며 서서히 다가갔다. 그런데 알고 보니 뱀이 아니라 새끼줄인 것을 발견했다. 이와 같이 사람은 평소에 밝지 못한 삿된 견해로 인해 사람이나 사물을 잘못 판단하는 경우가 많다. 사람과 사람 사이의 관계도 마찬가지다. 사람들은 자신이 싫어하는 색깔의 옷을 입었다고 해서 또는 자신이 싫어하는 안경을 썼다고 혹은 첫인상이 안 좋다고 하는 한 가지 이유만으로 종종 상대방을 꺼려하거나 상대방에 대한 편견을 갖게 된다. 그러나 모든 사람은 태어날 때부터 나쁜 사람은 아무도 없다. 다만 성장하면서 주위 환경과 교육에 의해서 자신의 인격과 개성이 형성되어 간다. 어릴 때부터 매일 가정불화로 엄마 아빠가 심하게 싸우는 걸 보면서자라난 아이들은 그들의 인격형성에 많은 부정적인 영향을 미친다는 것은 이미 심리학에서 밝혀진 사실이다. 모든 인간의 본 면목은 선하고 밝다고 보는 관점이 진여문이다. 수행자는 산이나 나무와 같이 되어야 한다. 인간의 순수한 감정인 인의예지(仁義禮智)를 자유자재로 부릴 수 있는 내공을 쌓아서 진여문으로 들어가라고 안내하는 것이 대승기신론의 가르침이다.

| 생멸문 |

생멸문(生滅門)이란 다름 아닌 진여(眞如)가 선과 악의 원인이기에 어떤 연(緣)과 화합하여 모든 법을 만들어 내는 것이니 생멸문에도 진여가 포함되어 있다고 보는 것이다. 그것은 마치 질그릇이 완성되기 위해서는 미진(微塵, 미세한 입자)들이 모여서 흙이 되고 흙이 모여서 돌멩이가 되며 돌멩이가 모여서 바위가 되는 것과 같이 질그릇의 문이 곧 미진을 포함하는 것처럼 생멸문도 이와 같이 진여를 포함하고 있다는 것이다.

생멸문을 이해하기 위해서는 화엄경의 사법계관(四法界觀)을 알아야 한다. 사법계란 인간이 살고 있는 세계를 4가지로 구분해서 설명한 것인데 연기법의 이론을 좀 더 분명하게 설명해 놓은 이론이다.

우주 만물은 체(體)와 용(用)으로 구분할 수 있는데 체(體)는 인연에 따라 나타나는 일체 차별상의 근본이 되는 절대평등의 본체로서 일체 만물의 불변상주하는 본 면목을 가리키며 용(用)은 체를 근거로 하여 상황과 인연에 따라 일체 차별상이 현실로 나타나는 것을 뜻한다. 마치 물이 얼음이 되었다 다시 끓이면 수증기가 되어 날아가지만 그 근본은 모두 물이라는 본질을 벗어날 수 없는 것과 마찬가지다. 이때 물은 체요, 수증기와 얼음은 용이라고 할 수 있다. 불교에서 자주 사용하는 색즉시공(色卽是空) 공즉시색(空卽是色)은 얼음과 수증기는 색(色)이고 변화하는 주체인 물의 자성은 공(空)이라는 것이다. 결국 색으로 나타나는 온갖 차별상은 결국 무자성(無自性)이어서 평등 무차별한 공이라는 의미로 공이 숨고 색이 드러나는 것이니 체의 측면에서 공을 강조하는 진공(眞空)의 의미이다.

(1) 사법계

사법계(事法界)는 중생들이 살아가는 현상의 세계이다. 우리가 보고 느끼고 생각히는 모든 것들이 사법계에 속한다. 사(事)는 일들을 뜻한다. 생로병사와 같이 생겨나고 죽는 윤회의 세계이다. 또 시각을 우주 차원으로 돌려봐도 아침에 해가 뜨고 저녁에 해가 지는 것 그리고 사과나무에서 사과가 떨어지고 하늘에는 달이 떠 있는 세계이다.

(2) 이법계

이법계(理法界)는 절대계 즉 진리의 세계를 말한다. 사법계의 본질을 분석하면 모든 만물의 근본은 하나로 통일되는 세계, 즉 본질의 세계이다. 이법계는 태어남도 소멸함도 없고 중간도 없는 세계이다. 마치 전자의 빛은 한쪽에서 보면 파동이고 또 다른 한쪽에서 보면 입자로 보이는 것과 마찬가지다. 인간세상에서는 남과 나를 하나로 보는 진리에 바탕을 둔 변치 않는 마음이다.

(3) 이사무애법계

본질이 드러난 것이 현상이고 또 현상의 뿌리는 바로 본질이기에 현상과 본질이 둘이 아닌 하나라고 하는 통일된 세계가 이사무애법계(理事無碍法界)이다. 색즉시공 공즉시색은 여기에 속한다. 자신이 아는 진리(육바라밀)를 그대로 현상세계에서 실현하는 것이 이사무애법계이다.

(4) 사사무애법계

사사무애법계(事事無碍法界)는 조건과 처지에 따라 어떤 장애도 없이 자유자재로 자신을 변화시킬 수 있는 화작이 가능한 경지를 말한다. 인간세상에서 나의 현실과 내 주위의 현실이 마찰 없이 자연스럽게 육바라밀을 통하여 함께 살아가는 보살의 경지를 뜻한다. 모든 보살의 말, 행위, 습관, 눈짓 하나하나가 모두 진리인 세계이다.

| 선불교 |

선(禪)이란 말은 원래 아리안인들이 인도를 침략하기 훨씬 전인 기원전 3천 년경 이미 인더스 강 유역의 모헨조다로(Mohen-jo-Daro)나 하랍빠(Harappa)에서 토속 원주민들인 드라비다(Dravida)족과 문다(Munda)족에 의해서 시행된 사유 명상의 방법인 요가(yoga)에서 유래한 문화이다. 요가는 "사유하다", "명상하다"라는 뜻이다. 더 깊은 의미는 말(horse)이 제멋대로 움직일 수 없도록 말고삐를 말뚝에 꼭 묶어 두는 모습을 뜻한다. 즉, 산란한 마음을 한 곳에 집중해서 수행을 한다는 뜻이다. 이런 정신문화가 요가의 기원이며 이것이 종교적인 제의식으로 정착하게 된 것은 기원전 6세기경에 아리안들에 의해서 성립한 카타-우파니샤드(Katha-Upanisad)에서다. 그 후 불교가 탄생하면서 우리가 흔히 듣는 하안거(夏安居)라는 특수한 수행방법으로 정착되었다. 반대로 동안거(冬安居)는 중국과 같은 추운 지방에서 겨울에 하는 수행을 말한다.

그러나 선불교(禪佛敎)의 기원은 왕사성의 영상회상에서 붓다가 대중들에게 행한 설법에서 찾을 수 있다. 설법을 마치면서 붓다는 연꽃 한 송이를 들고 수많은 학승들을 둘러보았다. 그 누구도 붓다의 의중을 꿰뚫어 보는 사람이 없었는데 한쪽 구석에 앉아 있던 가섭존자만이 회심의 미소를 지으며 붓다와 눈을 마주치고 있었다. 붓다는 가섭존자(마하가섭)에게 연꽃 한 송이를 던지며 나의 정법을 너에게 전수하노라고 말했다. 이를 선가에서는 염화시중(拈花示衆) 염화미소(拈花微笑)라고 하는데 이처럼 한 송이 꽃과 미소 사이에서 선불교가 탄생하였기에 선불교의 전통은 불립문자(不立文字)요 이심전심(以心傳心)이다. 교외별전(敎外別傳), 직지인심(直指人心), 견성성불(見性成佛)을 전통으로 하는데 가섭존자를 인도 선(禪)의 초조(初祖)로 삼는 이유는 여기에 있다. 선은 한마디로 문자에 얽매이지 않고 언어의 장벽을 뛰어넘어 사람의 마음을 곧바로 가리키는 깨달음의 진수를 말한다. 우리나라의 불교는 선을 종주로 삼는다.

중국의 선불교는 28대 조사인 보디달마가 기원후 427년경 남인도 향지국(香至國)에서 중국 광주에 도착한 후 소림사(少林寺)에 들어가 9년을 면벽(面壁)한 후 선종의 종조(宗祖)가 되었다. 하루는 신광(神光)이라는 스님이 달마의 마음을 도저히 움직일 수 없어 문 밖에서 버티고 있었다고 한다. 그런데 밤사이 내린 눈이 허리까지 차올랐는데도 신광이 움직이지 않고 법을 구하니 달마가 드디어 9년간의 침묵을 깨고 "제불의 도는 오랜 세월을 정진하며 참기 어려운 것을 능히 참고 행하지 않으면 안 되거늘 어찌 경망한 마음으로 진실의 불법을 구하려느뇨." 하고 꾸짖었다. 그러자 신광이 칼을 들어 왼팔을 잘라 바치고 드디어 입실을 허락받았다는 고사가 『능가사자기(楞伽師資記)』에 기록되어 있다. 신광이 곧 선종의 2대 조사인 혜가(慧可)이다. 그 후 3대 승찬, 4대 도신, 5대 홍인 화상을 거쳐 6대 혜능으로 전수되었다.

| 선사상의 진화 |

불교는 원래 인도인들의 산만한 굴절어에서 출발했기 때문에 형식논리적인 체계를 유지하고 있는 난삽한 이론의 체계라고 할 수 있다.

그러나 선불교의 핵심은 물에 빠져 허덕이는 사람을 그 사람의 이름이나 출신 성분을 묻기 전에 우선 구제해야 한다는 게 핵심이다. 그래서 선불교에서 깨달음이란 곧 인간의 이성으로 판단하는 이해의 영역을 떠난 것이라고 말한다. 우리는 통상적으로 생각을 하고 행동에 옮기는데, 선불교에서는 선불교의 문을 통과하고 싶으면 제일 먼저 생각에 대한 집착을 끊어야 한다고 강조한다. 그리고 불교의 정신을 깨달아서 육바라밀을 실천함을 어떤 불경의 가르침보다 중요시한다. 이런 선불교의 등장은 교학불교에 대한 반동으로 시작된 것이다.

| 돈오돈수와 돈오점수 |

돈오돈수(頓悟頓修)를 주장한 사람은 원래 중국의 징관(澄觀)과 종밀(宗密)이라고 하며 6조 혜능이 『육조단경(六祖壇經)』에서 몇 번 언급했다. 우리나라에서는 고려시대 조계종을 창안한 국사 지눌이 주장한 이론이라고 말하기도 하고 태고종의 창시자인 임제종 계통의 보우가 주장한 이론이라고도 한다. 1980년대에는 성철스님이 열반하기 전에 자주 사용했는데 내 안에 부처가 될 성품이 있다고 느끼는 순간 당장 깨닫는다는 이론이다.

선종의 6대 조사인 혜능(慧能, 638~713)은 원래 나무꾼이었다. 어느 날 나무를 한 지게 짊어지고 팔러가다 어느 집에서 『금강경』을 읽는 소리를 듣고 불경에 심취되어 출가를 결심했다고 한다. 24세 때 중국의 기주 황매산(黃梅山, 허베이성)의 동선원(東禪院)에 주처하고 있던 선종의 5조 홍인(弘忍, 601~674)을 찾아가 가르침을 받아서 달마의 정법을 깨우치고 후에 선법을 물려받았으며 선불교를 반석에 올려놓은 대선사였다. 그는 선종의 문하에 남악 회양(南嶽懷讓)과 청원 행사(靑原行思)라는 선종의 제자를 양성하여 선불교의 맥을 이었다. 인도에서 시작된 불교는 중국의 선(禪)에 이르러 비로소 오늘의 보편적인 종교로 정착한 것이다.

돈오돈수는 마치 예수님의 제자인 바울이 다메섹으로 가는 도상에서 예수의 환영을 만나는 순간 하늘나라의 계시를 받았다는 것과 같이 순간적으로 깨달음에 이르는 것을 말한다. 개체의식이 완전히 사라진 상태, 즉 내가 접하는 대상과 완벽하게 하나가 된 상태를 말한다. 우리가 피카소의 위대한 작품을 감상하거나 높은 산맥의 정상에 올라갔을 때 너무도 큰 감격을 받으면 말로 표현하기 어려운 유구무언의 경지를 체험하게 되는데, 그 순간 객관적인 대상과 나는 완벽하게 하나가 되는 순간이다. 깨달음은 바로 그와 같은 느낌의 순간이라고 한다.

돈오점수(頓悟漸修)는 깨닫고 난 뒤 수행을 통해서 오랜 기간 계속적으로 자신의 오염된 마음을 정화해 나감으로써 점진적으로 자신의 나쁜 업장을 소멸시키며 궁극적으로 나의 본성과 하나가 된다는 이론이다. 그러나 깨달았다고 하더라도 관념의 형태나 관념의 양에 따라서 사람마다 모두 조금씩 깨달음의 강도가 다르다.

42. 밀교

주후 3세기 인도에서 성립하여 티베트, 부탄, 몽고, 중국, 한국에 전해진 밀교(密敎)를 금강승(金剛乘)이라 부른다. 모든 만물은 공으로 돌아간다는 공성(空性)의 깨달음을 뜻하는 것으로 절대로 흔들림이 없고 쪼개지지 않으며 물에 젖지도 않고 불에 타지도 않는 절대적인 공성을 금속 중 가장 단단한 금강석(diamond)에 비유해서 표현한 것이다. 금강승은 요가(yoga)철학의 발전이며 요가철학은 이 세계는 모두 우리의 주관적 관념에 불과할 뿐이며 우리들의 마음에 의해서 창조된 것이라고 한다. 금강승의 최고 경지에 도달한 사람은 이원(二元)의 세계에 살면서 이원성을 초월해 있다. 마치 현실생활에서 사랑에 빠져 있는 두 남녀는 둘이지만 두 사람의 사랑을 방해할 요인은 세상 어디에도 존재하지 않는다. 이때 두 남녀는 이른바 시공을 초월한 세계에 살고 있는 것이다.

밀교에서는 신비주의를 전하고 있는데 고도의 경지에 이른 수행자는 다양한 명상법을 통해서 심신의 에너지인 프라나를 자유자재로 부릴 수 있다고 한다.

43. 정토사상

　인도에서 시작된 대승불교는 후한의 명제 10년(기원후 76년) 실크
로드를 따라 중국에 전래되었다. 그리고 한국으로 전파된 것은 고구
려 소수림왕 2년(기원후 372년), 전진(前秦) 왕 부견(符堅, 357~385)
이 제일 먼저 승려 순도(順道) 승을 파견했고 그 때 불상과 불경을 들
여왔으며 2년 뒤 아도(阿道) 화상이 신라의 선산인 모례(毛禮)의 집
에 은거하면서 본격적으로 불교가 전파되었다. 모례를 신라 때 이두
(吏讀)문자로 읽으면 털례가 되며 음운현상에 의해서 털례가 '절'로
변화되어 지금의 불교 사찰을 절로 불리게 되었다.

　중국에는 예로부터 13종파가 있었으나 우리나라에 직접적으로 영
향을 미친 종파는 천태종, 화엄종, 선종, 정토종 등이다. 그중에서
도 가장 중요한 불교사상이 정토사상(淨土思想)이다. 한국불교는 원
효대사와 같은 불세출의 고승들이 깊은 수행과 민중들의 애환을 보
듬는 현실 참여로 어느 나라보다도 위대한 승려들이 많이 배출되었
다. 그리하여 인도나 중국보다도 오히려 한국에서 불교의 꽃을 피웠
다고 할 수 있다. 그러나 원효대사의 사후 선종과 밀교는 발전했으나

상대적으로 정토사상은 그 그늘에 가려져 빛을 보지 못했다고 할 수 있다.

근대에 들어와 1883년 옥스퍼드 대학의 막스 밀러(Max Muller, 1823~1900) 교수와 난조오붕유우(南條文雄) 박사의 공동연구의 성과로『무량수경』과『아미타경』의 산스크리트어 원전이 간행되었으며 이 시점을 계기로 정토사상은 획기적인 발전의 계기를 마련했다. 정토사상이 세간에 드러난 것은 대승불교가 흥기한 시점과 유사하며 정토란 우리가 보는 시방세계(十方世界)는 모두 불국토라는 개념이다. 정토종에서는 사람의 궁극적 목표는 극락왕생에 있다고 말한다. 극락왕생은 인간이 죽어서 모종의 고통과 슬픔이 없는 곳, 즉 아미타불이 살고 있다는 극락에서 다시 태어남을 뜻한다. 여기서 왕생(往生)은 아미타불의 본성에서 비롯되며 그것은 바로 부처의 본질이다. 즉, 자리이타의 마음으로 중생을 구제하지 않을 수 없는 동체대비(同體大悲)의 지혜와 자비가 아미타불의 본원(本願)을 통해서 중생에게 회향되어지는 것을 뜻한다. 불교신자들이 염불할 때 흔히 암송하는 "나무아미타불 관세음보살"이란 '헤아릴 수 없는 관세음보살의 광명에 귀의합니다.'라는 뜻이다. 불교는 내가 곧 우주의 중심이라는 자각에서 출발한 신앙이다.

5.

종교와 과학

기독교 신학의 아버지라고 불리는 세인트 어거스틴은 우리는 신의 형상으로 만들어졌으므로 플라톤적 원형을 갈망하는 모상(Eikon)을 자신 안에서 찾을 수 있다고 한다. 모상을 찾다 보면 신의 삼위일체적인 삶을 관조하게 해 주는 세 기능, 즉 기억(memoria), 지성(intellectus), 사랑(voluntas)을 발견할 수 있다고 한다. 여기서 기억은 우리 마음과 의식, 무의식 전반을 말하는 것이며 인간의 모든 정신적 요소의 근원을 말하는 것이다.

기억이 무한하지만 단순한 기억의 차원을 뛰어넘어 영혼의 영역으로 침투하기 위해서는 신과 접촉할 수 있는 지성(intellectus)에 도달해야 한다고 한다. 지성은 단순한 정신적 영역을 초월하는, 신과 접촉하는 영역이었다. 불교에서 말하는 무아(無我)의 경지라고 할 수 있다.

어거스틴은 인간의 정신에서는 기억이 지성을 낳는다고 한다. 기억은 지성 안에 함축된 자신을 되돌아보며 사랑하게 되고 결국 내 안에 잠재되어 있는 삼위일체적인 자신을 발견하게 된다고 한다. 하늘은 성부이며 인간은 성자 그리고 지성은 성령이 되는 것이니 성령은 하늘과 인간을 연결해 주는 연결고리라고 할 수 있다. 그러나 세인트 어거스틴은 성서에 쓰여 있는 문자가 과학적인 증거와 충돌할 때 신학은 과학적인 진리를 존중해야 하며 그러지 않으면 성서의 권위는 점점 신뢰성을 잃을 것이라고 경고했다.

44. 신의 존재 증명에 대한 과학과 종교의 입장

전통적인 기독교 신학은 모든 실체가 물리적이라고 하는 과학자들의 주장에 동의할 수 없다고 하면서 과학자들이 주장하는 물질의 최소단위인 쿼크는 절대적 존재가 아니라고 주장한다. 그 쿼크 자체가 다른 어디로부터 와야 하는데, 바로 그것이 하느님의 작품이라고 주장한다. 그러므로 쿼크를 포함한 모든 물리적 실체는 하느님의 뜻에 종속된다고 하는 논리이다.

그러나 과학자들의 생각은 다르다. 19세기 초까지만 해도 물질의 최소단위는 원자로 알려져 있었다. 그러나 과학이 발달하면서 원자설이 잘못되었다는 사실을 발견했다. 원자는 그보다 더 작은 소립자에 의해서 만들어지며 소립자는 쿼크로 이루어졌다는 걸 발견했다. 이와 같이 원자가 더 이상 나눌 수 없는 실체라는 고전물리학의 이론은 퀴리 부인이 라듐 원자의 발견과 그 성질이 발견됨으로 해서 잘못이라는 사실이 밝혀졌다. 소위 소립자 물리학의 등장이었다.

여기 『불교사상의 이해』에 나타난 '인드라의 그물' 이론을 소개하려고 한다.

하드론(강입자) 부트스트랩(bootstrap)이라고 하는 구두끈 이론은 미국의 물리학자 츄(G. G. Chew)에 의해서 제창된 이론으로 원자핵들의 어느 것도 복합입자의 성질을 지닌 것으로서, 기본적이라는 성질로 규정할 수 없다는 데서 출발한 것이다. 중력은 거시적인 세계에 있어서 힘의 상호작용을 말하며 전자기력은 원자핵과 전자와 광자와의 구조에 의해서 형성되는 힘의 상호작용을 지시하고 있다. 이처럼 핵력은 중성자와 양성자와 파이 중간자 등 강한 힘의 상호작용에 의해 구성되어 있다. 그러므로 강한 상호작용을 하는 입자의 존재는 서로 다른 입자와의 힘의 작용에 의해서 생겨나며 중성자와 양성자는 어떠한 의미에서도 과거에 생각되었던 것과 같은 기본적인 구성 요소로서가 아니라는 것이다. 모든 입자는 서로 다른 입자를 만드는 데 기여하는 소위 자체 조화 속에서 일종의 우주 그물을 짜고 있다고 보는 것이다.

소립자 물리학의 이런 구두끈 이론은 불교의 화엄사상의 인드라 그물의 비유와 유사성을 갖고 있다. 신경과학의 최근 실험들 역시 이러한 물리적인 법칙들에 의해서 만물이 움직이는 것이지 그 법칙들과 별도로 어떤 행위자나 절대자가 자연을 그리고 인간의 행위를 결정하는 것은 아니라고 한다. 하드론 부트스트랩과 유사한 이러한 이미지는 참으로 놀랄 만하다. 인드라에 있는 진주 그물의 비유는, 소립자 물리학이 나오기 2,500년 전에 인간의 마음을 탐구함으로써 창조되어진 최초의 부트스트랩 모형이라고 부를 수 있다.

생물학적 관점에서 자연계의 설계자이자 제작자인 신을 강력하게 옹호한 사람은 영국 카알라일 성당의 부주교였던 윌리엄 페일리

(William Paley, 1743~1805)였다. 그는 자신의 저서인『자연주의적 신학과 신의 존재와 특성에 대한 증거(Natural Theology, or Evidences of the Existence and Attributes of Deity)』에서 황야에 놓인 시계라는 은유와 비유를 통해 이 우주 만물은 하느님이 확고한 목적을 가지고 생물학적 구조로 설계되었다고 말한다. 마치 사람이 시계를 만드는 것과 같이 정밀하게 만들어졌고 대자연 속에도 똑같은 신의 손길이 깃들어 있어서 규칙적이고 이해 가능한 원리에 따라서 움직인다고 했다.

그러나 이러한 페일리의 이론은 시간이 흐르면서 계몽주의 과학자들로부터 엄청난 도전에 직면해야만 했다. 17~18세기 유럽의 계몽주의 물결을 타고 형이상학보다는 상식과 경험, 과학을 그리고 권위주의보다는 개인의 자유를 또한 특권보다는 평등을 주장하는 학자들이 대거 사회의 중추세력으로 등장하였다. 19세기 들어와서 그들은 본격적인 사회개혁의 선봉장이 되었는데 인류사에 큰 족적을 남긴 사람이 다름 아닌 다윈이었다.

영국의 박물학자인 찰스 다윈은 1831년에 군함 비글호를 타고 남아메리카로 항해 끝에 19개의 섬으로 구성되어 있는 갈라파고스 제도에 거주하게 되었다. 그곳에서 다윈은 인근 티에라 델 푸에고 등을 포함한 남아메리카 서식하는 동식물의 생태를 5년 간 연구한 뒤 고국으로 돌아와서 1859년『종의 기원』을 출간했다. 항해에서 돌아온 다윈은 창조론을 지지하는 페일리의 지적 설계 이론에 대한 수많은 의구심이 생겨났다. 다윈이 발견한 사실은 성경의 〈창세기〉에서 나온 것처럼 신은 6일간에 걸쳐 만물을 창조하지 않았다는 것이다. 모든 동식물들의 종(種)들은 주어진 환경에 적응하면서 오랜 기간에 걸쳐

서서히 진화해 왔다는 사실을 체험을 통해서 검증할 수 있었다. 그는 또 『종의 기원』 이후 출간한 『인간의 유래(Descent of Man)』(1871)에서 호모사피엔스가 오랑우탄, 고릴라, 침팬지의 조상으로부터 유래했다고 발표했다. 인간도 모든 동식물과 마찬가지로 수많은 시행착오를 거듭하면서 오랜 기간 축적된 진화의 결과이며 우주와 자연을 설명하는 데 신의 간섭이 필요 없다는 경천동지할 이론을 발표한 것이다. 그리하여 전 세계 기독교계와 학계에 엄청난 파장을 불러일으켰다. 사실 지금으로부터 150년 전인 그 당시의 사고방식으로는 코페르니쿠스적인 다윈의 이론을 지지하는 사람은 별로 없었다고 한다. 그러나 시간이 지나면서 다윈의 이론은 기독교 신앙뿐 아니라 18세기 이후 서구인들을 흥분시켰던 계몽주의자들까지 동요시키는 기폭제가 되었다. 다윈이 느끼고 있던 기독교에 대한 반감은, 특히 인간의 자유로운 생각을 원천적으로 차단하는 천국과 지옥을 볼모로 한 기복신앙이었다고 한다. 다윈은 자신을 불가지론자(agnostic)[89]라고 하면서 신은 더 이상 우주를 설명하는 유일한 대안이 될 수 없으며 자신이 발견한 자연선택의 입장에서 보면 신의 증명 자체가 불가능하다고 했다. 다윈의 자연선택 이론에 대해서 프린스턴 대학의 신학교수였던 찰스 호지(Charles Hodge, 1797~1878)는 1874년 다윈의 자연선택 이론을 신랄하게 공격하는 글을 발표했다. 예를 들어 인간의 눈(eye) 하나만 보더라도 평범한 상식을 가진 사람이라면 그렇게 복잡한 구조로 설계된 것은 신의 섭리가 아니면 도저히 자연적으로 만들어졌다

---

89) 모른다는 뜻의 라틴어 agnosco에서 유래한 말로 입증할 수 없는 존재의 본질이나 신의 존재에 대해서 전혀 알 수 없다는 주장이다.

고 볼 수 없을 것이라고 하면서 우리는 결집된 과학자들의 음모에 대항해서 기필코 싸워야 한다고 주장했다.

그러나 대부분의 기독교 사제들은 다윈의 치밀하고 과학적인 증명을 반박할 논리를 찾을 방법이 없었다. 『종의 기원』이 출간된 1년 후인 1860년 영국의 저명한 성직자 7명이 함께 『에세이와 평론(Essays and Review)』이라는 책을 출간했다. 그 책은 공전의 히트작이었으며 5년 동안 13판을 찍었다고 한다. 그 책을 통해서 당시 기독교 신학이론을 선도하던 독일에서 출간된 성서 『고등비평(higher criticism)』을 영국의 독자들에게 소개했으며 그걸 읽은 영국 국민들은 놀라운 사실을 발견할 수 있었다. 그건 다름 아닌 모세 오경은 모세가 직접 쓰지 않았으며 또한 성경의 백미(白眉)인 〈시편〉의 저자 역시 다윗 왕이 아니라는 것이었다. 성서에 나타난 기적들이 모두 문학적 비유에 지나지 않는다는 충격적인 사실이었다.

『고등비평』이 독일에서 출판된 이유는 그 당시 영국은 국교의 나라였는데 머리가 좋은 영재들은 대부분 비국교도들이었다. 그런데 캔터버리 대주교의 권위에 순종해야만 했던 옥스퍼드 대학이나 케임브리지 대학에서는 이들의 입학을 허가하지 않았다. 자신의 소신을 굽힐 수 없었던 그들은 부득이 종교의 자유가 보장된 독일대학에 가서 공부를 계속할 수밖에 없었다. 학자들은 자유로운 분위기 속에서 중세부터 내려오는 방대한 기독교 자료를 모조리 분석 연구한 끝에 그와 같은 사실을 발견할 수 있었다. 그 후 영국의 각 대학에는 독일화된 학자들과 영국 국교회 중심의 학자들로 갈려서 사사건건 의견이 충돌했다. 『고등비평』의 저자는 당시 옥스퍼드의 기하학과 교수 베이든 파월(Baden Powell, 1796~1860), 옥스퍼드 대학의 벨리올대 학장이었던 벤저민 저윗(Benjamin Jowett, 1817~1893) 그리고 링컨 칼리지의 학장 마크 패티슨(Mark Pettison) 세 사람이었다. 그들은 모두 자유주의 성직자로서 과학자 모임에 소속되어 있었다. 가장 시선을 끌었던 글은 〈성서의 해석에 관하여〉였는데, 저윗이 그의 에세이에서 성서도 고대 신화나 전설에 나오는 것처럼 엄격한 학문의 대상이 되어야 한다고 주장한 부분이었다.

저윗의 에세이 파장은 일파만파로 번져나갔으며 드디어 캔터버리 대주교와 25명의 주교들은 공동명의로 『에세이와 평론』의 저자들을 교회재판소에 회부하겠다고 위협했다. 결국 저자들 중 두 명이 이단 재판소에서 유죄판결을 받고 대학에서 직위를 잃었으며 저윗은 업무정지를 당했다. 그런 가운데 미국에서도 프린스턴 대학의 찰스 호지 교수가 성서의 한마디 한마디가 신적 영감에 의해 쓰인 것이며 모두 확실한 진리라고 반박했다. 또한 1866년 드와이트 무디(Dwight Moody, 1837~1899)라는 복음주의 기독교인은 『고등비평』에 맞서서 시카고 시내에 무디 성서 연구소를 설립했다. 무디가 죽은 후 그 연구소는 무디 복음주의 교회로 설립되었다.

다윈의 『종의 기원』은 인류의 역사는 물에서부터 시작하여 양서류에서 파충류로 그리고 포유류를 거쳐 드디어 인간으로 진화했다고 발표했다. 저급동물이 고등정신으로 진화할 수 있다는 과학적 타락을 확실한 학문의 영역으로 편입시키는 계기가 되었다. 이제부터 인간은 나는 무신론자다 혹은 불가지론자 다라고 자유롭게 말할 수 있는 근거를 마련했다고 할 수 있다.

다윈의『종의 기원』에서 우리는 다음과 같은 2가지를 알아낼 수 있다. 첫 번째는 현재 생존하는 모든 종은 일련의 연속된 조상에서 유래했다는 것이다. 다윈은 그걸 변형된 세습(descent of modification)이라고 불렀다. 이 말에는 생명의 통일성과 다양성이 포함된다. 공통조상에서 유래한 친척 종 간에 공통성이 존재하며 공통조상에서 분리되어 진화하는 과정에서 다양성이 나타난다고 한다. 두 번째는 변형된 세습이 나타나는 메커니즘을 제안했다. 그는 이러한 메커니즘을 자연선택이라고 불렀다. 자연환경이 특정 형질의 확산을 선택하기 때문이다.

윌리엄 페일리는『자연신학』에서 복잡한 물건은 필히 설계자가 있어야 한다고 하면서 예로 든 것이 시계공이다. 그런데 다윈의 자연선택은 모든 만물은 오직 미세한 연속적 변이들을 가지고 작동하며 크고 급작스러운 도약을 하는 게 아니라 짧고 분명한 그러나 느린 걸음으로 나아간다고 주장했다. 자연선택에 의한 진화란 철저하게 상대적인 개념이며 생물은 결코 절대적인 수준에서 미래 지향적인 진보를 거듭하는 것이 아니라 자신이 처한 환경 속에서 제한된 자원 때문에 싸우게 되고 거기서 살아남으면 선택된다는 개념이라고 한다. 여기에 얽힌 재미있는 일화가 하나 있다.

친구와 함께 산행을 하다가 전방에서 다가오는 곰을 피해서 달아나던 한 철학자가 갑자기 멈춰 서더니 신발 끈을 고쳐 매기 시작했다. 이상하게 생각한 친구가 "이 사람아 곰이 얼마나 빠른지 아나? 쓸데없는 헛수고 하지 말게. 우리는 곧 잡혀 먹힐 텐데, 그만두게."라고 타일렀다. 그러자 그 친구는 "내가 물론 저 곰보다 빨리 달릴 수는 없지. 그러나 나는 그저 자네보다 조금 빨리 달리기만 하면 되니까."라고 대답했다고 한다. 동물의 세계에서는 적자생존과 자연선택의 원리가 지배한다는 스펜서와 다윈의 말에 친근감이 간다.

다윈의 진화론에서 한 발 더 나아간 생물학자인 자크 모노는 생명의 진화현상은 러시안 룰렛게임처럼 우연의 산물에 불과하다고 했다. 물질로부터의 생명의 탄생, 동물과 인간의 관계, 진리의 본질 등은 모두 우연의 산물이며 인간의 진화는 DNA의 불변적 자기복제 시스템의 부차적 산물에 불과하다고 했다. 모노의 의견은 DNA를 직접적으로 변화시키는 게 아니라 DNA를 구성하는 극미한 양자들의 우연적 요란이 DNA를 변화시키고 변화된 DNA는 돌연변이를 낳게 되는데, 이 돌연변이가 곧 진화현상으로 이어진다는 것이다. 그는 유신론과 진화론이 절대 양립할 수 없다고 하면서 변화는 우연에 의해서 생겨나고 필연에 의해서 퍼져나가므로 우주의 목적과 설계를 말하는 것은 부적절하다고 했다. 우리 인간은 우연에 의해서 생겨난 존재이며 우리 밖에 인자하신 창조주도, 인간의 가치를 결정하는 신적인 절대자도 없다는 것이다. 이 무한한 비인격적인 우주에는 신성과 이성을 겸비한 우리밖에 없다는 사실을 받아들여야 한다고 말하면서 과학적으로 검증될 수 없는 생각을 무조건 받아들이는 것은 도덕적으로나 지적으로도 큰 잘못이라고 주장했다.

우주와 관련해서 가장 이해하기 힘든 것은 우주가 이해 가능하다는 점이다
— 알버트 아인슈타인

45. 『불교사상의 이해』에 나타난 양자론의 자연관

불교와 과학은 양자물리학을 통해서 대단히 유사한 세계관을 가지고 있다는 것을 관찰할 수 있다. 오늘날 신과학 운동을 주도하는 양자역학은 독일의 물리학자인 막스 플랑크(Max Plank, 1858~1947, 노벨 물리학상 수상)가 쓴 흑체(黑體)에 관한 논문과 더불어 1900년대 초에 처음으로 등장하였다. 양자(quantum)라는 말은 띄엄띄엄하고 불연속적인 에너지의 덩어리를 뜻한다. 우리는 일상생활에서 물체의 크기, 무게, 색, 온도, 면적, 운동과 같은 물체의 성질이 종류에 관계없이 연속적으로 일정하게 변화한다는 생각에 익숙하다. 예를 들어 사과도 모양이나 크기, 색깔 등에서 연속적인 성질을 가지고 있다고 믿는다. 그러나 원자의 세계로 들어가면 이런 양상은 크게 달라진다. 원자를 구성하는 입자의 운동, 에너지 스핀(spin, 회전)과 같은 성질은 우리가 일상생활에서 접하는 물체들의 성질과는 달리 띄엄띄엄하고 불연속적인 것으로 밝혀졌다.

양자론의 세계를 이해하기 위해서, 양자물리학자 슈뢰딩거(Ervin Schrodinger, 1887–1961, 오스트리아 물리학자)의 '고양이의 역설'의 예를 들어 보기로 하겠다. 양자역학의 창시자 중 한 사람인 슈뢰딩거는 1935년 이미 양자적 중첩 상태라는 철학적인 문제가 거시적 수준에서 어떻게 나타나는가에 대해 이해하고 있었다. 그는 고양이를 포함한 유명한 사고실험에서 기발한 우화술을 과시하면서 그 이슈를 '고양이의 역설'에서 다음과 같이 제안하였다.

슈뢰딩거의 고양이

위 그림에서 독약이 들어 있는 기구는 양자적 중첩 상태를 증폭하여 거시적인 상태로 바꾸는 장치로서, 이것을 통해 고양이가 살아 있는지 죽어 있는지를 알 수 있다. 슈뢰딩거는 먼저 전자의 불가사의한 현상을 고양이에 비유하여 설명했다. 그림에 보이는 마술 기기와 같은 측정기를 넣은 강철로 만든 상자 안에 고양이 한 마리를 집어넣는다. 이로부터 어떤 시간 내에 방사선이 튀어 나오는 확률이 2분의 1이라고 가정한다.

만약 방사선이 나오면 계수기의 튜브가 방전되고 연결된 끈을 통해서 망치를 움직여 청산가리가 들어 있는 플라스크를 부수게 장치되어 있다. 그러면 청산가리가 새어 나오게 되고 고양이는 청산가리를 들이마시고 죽게 된다.

양자론에 따르면 위 그림에서 물질은 방사선을 방출한다고 하는 상태와 방출하지 않는다고 하는 상태는 반반이라고 생각하지 않으면 안 되는 이중적 중첩 상태로 되어 있다. 그래서 고양이는 살아 있는 상태와 죽어 있는 상태가 반반이라고 하게 된다. 즉 한 마리의 고양이의 상태를 양자역학에 입각해서 충실히 기술하면 삶이 2분의 1이고 죽음이 2분의 1인 셈이 된다.

이것은 참으로 기이한 일이다. 과연 이 이중성의 모순은 어떻게 해석해야 할 것인가 하는 것이 슈뢰딩거의 '고양이의 역설'이라고 하는 문제이다. 여기서 중요한 점은 먼저 고양이가 살아 있을 것이라고 생각하고 상자를 열면 고양이는 살아 있고, 만일 죽었을 것이라고 생각하고 상자를 열면 고양이는 죽어 있을 것이라는 것이다. 즉 나의 주관적 선택의 의지에 따라서 고양이가 살아 있거나 죽었거나 둘 중 하나로 결정되는 것이다. 이를 전문용어로는 파동함수가 붕괴되었다고 하며 그리고 그 상태가 하나의 고유치를 갖게 되었다고 말한다. 이것은 물론 전자와 같은 미시적 세계에서 일어나는 일이지만 자연을 인식하는 데 있어서 우리 인간의 주관적 인식이 그만큼 중요하다는 것을 의미한다. 이것은 사람이 무언중에 다른 사람과 직관적으로 공감을 느끼는 순간 불교에서는 "염화미소"니 "이심전심"이니 하는데, 그 경우와 일맥상통하는 것이다. 단지 양자역학의 특징은 전자와 같은 물질입자가, 마치 정신이 있는 양 정신과 교감이 되고 있는 것처럼 보이는 점이다. 물론 왜 그런지는 알 수 없다.

인식론적으로 말하면 인간은 미시적인 입자의 세계에 대해서는 2분의 1밖에 볼 수 없는 인식 능력의 한계성을 갖고 있는 셈이다. 관측 행위가 양자물리학에서 불가피하게 나타나는 중요한 역할은 정신 및 의식의 본질과 물질 사이의 관계에 어떤 문제를 유발시켜 서로 영향을 미친다는 것이다. 일단 어떤 양자계를 관측하게 되면, 양자계의 파동 함수가 급격하게 변한다는 사실은 마치 "물질 도처에 정신이 존재한다."는 생각과 매우 흡사하다. 단적으로 표현하면 물리적인 상태는 정신적인 상태를 변화시키도록 행동하고 정신적인 상태는 물리적인 상태에 다시 영향을 주는 것이다. 여기에 주관과 객관의 분리할 수 없는 전일적인 상관관계에서 자연을 인식하려는 양자론이 불교의 비유비무(非有非無)의 중도사상 또는 공사상과 만나게 되는 것이다.

| 리처드 도킨스가 본 인간의 역사 |

우리가 사는 지구는 생물이 생기기 전에 일반적인 물리화학적 과정에 의해 분사의 초보적인 진화가 일어났을 수 있다고 한다. 에너지를 가진 한 무리의 원자가 안정된 패턴을 갖게 되면 그 원자들은 그대로 머물러 있으려고 할 것이다. 최초의 자연선택은 단순히 안정적인 것을 선택하고 불안정한 것은 배제하는 것이었다. 『이기적인 유전자』를 쓴 리처드 도킨스 옥스퍼드 대학의 생물학 교수는 그의 저서에서 지구상에 생명이 탄생하기 전에는 물, 이산화탄소, 메탄, 암모니아 등 태양계 내에 적어도 몇 개의 행성에 있다고 알려진 단순한 화합물이 존재했을 것이라고 한다. 그러다가 어느 시점에 태양으로부터 자외선과 같은 에너지의 영향을 받아 분자와 분자가 결합해서 아미노산을 형성했다고 한다. 아미노산은 생물체를 구성하는 대표적인 물질 두 가지 중 단백질을 구성하는 필수요소라고 한다. 이와 같은 과정이 생물학자나 화학자가 30~40억 년 전에 해양을 구성하고 있었다고 믿는 '원시 수프(primodial soup)'를 만들어 냈음이 틀림없다고 한다.

그런데 어느 시점에 특히 주목할 만한 분자가 우연히 생겨났다. 이들을 '자기 복제자(replicator)'라고 명명했다. 자기 복제자는 가장 크지도, 가장 복잡하지도 않았을 수 있으나 스스로의 복제물을 만드는 놀라운 특성을 지녔다고 한다. 자기 복제자가 만들어지자마자 그 사본들은 틀림없이 바다 속에서 빠른 속도로 퍼져나갔을 것이라고 한다. 이렇게 해서 똑같은 사본이 많이 만들어졌다고 할 수 있다.

그러나 사본에서 사본을 만들고 또 그 사본에서 사본을 만드는 동안 오류가 누적되어 심각한 상태가 될 수 있다고 한다. 그러나 생물학적 자기 복제자의 오류는 진정한 의미의 개량으로 이어지며 몇몇 오류의 발생은 생명 진화가 진행되는 데에 필수적이라고 한다. 왜냐하면 결국 진화를 가능하게 하는 것은 바로 이 오류 덕분이라고 하는데, 이처럼 복제 과정에서 오류가 생기고 그것이 확대되면서 원시 수프는 모두 똑같은 복제자 사본의 개체군이 아닌, 같은 조상으로부터 유래한 몇 가지 변종 복제자의 개체군들로 채워진다고 한다.

다음으로 중요한 것은 다윈이 강조한 경쟁이라고 한다. 원시 수프가 무한히 많은 자기 복제자를 담고 있기는 불가능하기 때문이다. 자기 복제자가 점점 많아지고 구성요소인 분자는 점점 더 소진되어 결국 희소하고 귀중한 자원이 되었을 것이다. 그리고 그 자원을 차지하기 위하여 복제의 여러 가지 변종들 또는 계통들이 경쟁을 했을 것이다. 별로 유리하지 않은 종류는 경쟁으로 인해 그 수가 줄었고 결국 그 계통의 대다수가 절멸했을 것이다. 다른 종류의 복제자들 사이에도 치열한 생존경쟁이 있었을 것이다. 이렇게 해서 최초에 살아 있는 세포가 나타났을 것이다. 복제자는 단순히 존재하는 것만이 아니라 계속 존재하기 위해서 자신을 담을 그릇(vehicle)까지 만들기 시작했다. 살아남은 자기 복제자는 자기가 들어앉을 수 있는 생존기(survival machine)를 스스로 축조한 것이다. 최초의 생존 기계는 아마도 보호용 외피 정도였을 것이다. 그러나 더 우수한 효과적인 생존 기계를 갖춘 새로운 경쟁 상대가 나타남에 따라 살아가는 것이 점점 더 어려워졌다. 이와 같은 환경에서 생존 기계는 더 커지고 더 정교해졌으며 이 과정은 누적되고 계속 진행되었다.

자기 복제자가 이 세상에서 자신을 유지해 나가는 데 사용한 기술이나 책략이 점차 개량되는 데에 끝이 있었을까? 끝이 있다고 해도 개량을 위한 시간은 충분했을 것으로 믿어지며 그들은 40억 년이란 장구한 세월을 버티면서 절멸하지 않았다. 그들은 과거 생존 기술의 명수였다. 그러나 지금 바닷속을 유유히 떠다니는 자기 복제자를 찾는 것은 부질없는 짓이다. 그들은 이미 먼 옛날에 자유를 포기하고 말았기 때문이다.

오늘날 자기 복제자는 덜거덕거리는 거대한 로봇 속에서 바깥세상과 차단된 채 안전하게 집단으로 떼 지어 살면서 복잡한 간접 경로로 바깥세상과 의사소통하고 원격 조정기로 바깥세상을 조종한다. 그들은 당신 안에도 내 안에도 있다. 그들은 우리의 몸과 마음을 창조했다. 그리고 그들이 살아 있다는 사실이야말로 우리가 존재하는 궁극적인 이론적 근거이기도 하다. 자기 복제자는 기나긴 길을 지나 여기까지 왔다고 할 수 있다. 이제 그들은 유전자라는 이름으로 계속 나아갈 것이며, 우리는 그들의 생존 기계다.

도킨스 교수는 1986년에 출판한 『눈먼 시계공』에서 신다원주의 입장에서 페일리의 지적 설계 논증을 반박하면서 19세기에는 지적 설계론이 받아들여졌지만 다윈에 의해서 그런 설계는 진화 과정에서 아주 자연스럽게 출현한 것임이 입증되었다고 설명했다. 또한 눈먼 시계공은 지적으로 계획될 수 없는 맹목적인 과정을 말하는 것이라고 했다. 눈먼 시계공은 모든 자연과 만물에서 발견한 생물과 무생물을 의도적으로 만들어 낼 수 없으며, 다만 자연 속의 시계공은 눈먼 물리력밖에 없다고 하면서 한때 종교가 부당하게 점령했던 영토를 과학이 정복하게 될 것이라고 주장했다. 그러나 안타깝게도 도킨스의 이론은 과학을 신으로부터 분리시켜서 기계론적인 근대적 사유의 전형을 확인한 셈이다. 창조주와 피조물, 주체와 객체라는 이분법의 구조 속에 신의 존재를 영원히 유배시킴으로써 궁극적 실재와 현상계는 동일한 실체의 두 가지 측면(空卽是色, 色卽是空)이라고 주장하는 양자 물리학과의 만남을 어렵게 만드는 과오를 범했다고 할 수 있다.

그러나 도킨스는 인간의 문화적 전통이 어떻게 전해지는지를 다음과 같이 밝히고 있다. 생물학적으로 인간의 마음은 오랜 시간을 지나면서 살아남기 위한 종족본능의 충동과 또 하나는 모방이라는 과정을 통해서 일어난다고 한다. 리처드 도킨스는 인류의 진화는 문화의 전달 단위인 밈(meme)[90]을 통해서 일어난다고 한다. 유전자가 유전자 풀에서 퍼져나갈 때 정자나 난자를 운반자로 하여 이 몸에서 저 몸으로 뛰어다니는 것과 같이, 밈도 밈 풀 내에서 퍼져나갈 때에는 넓은 의미로 모방이라는 과정을 거쳐 뇌에서 뇌로 건너다닌다고 한다.

예를 들어, 어떤 과학자가 반짝이는 아이디어에 대해 듣거나 읽거나 하면 그는 그것을 동료나 학생에게 전달할 것이다. 그는 논문이나 강연에서도 그것을 언급할 것이다. 이 아이디어가 인기를 얻게 되면 이 뇌에서 저 뇌로 퍼져 가면서 그 수가 늘어난다고 말할 수 있다. 당신이 내 뇌에 번식력 있는 밈을 심어 놓는다는 말은 당신이 내 뇌에 기생하는 것이다. 바이러스가 숙주 세포에 기생하면서 그 유전 기구를 이용하는 것과 같이 나의 뇌는 그 밈의 번식을 위한 운반자가 되어 버리는 것이다. 이것은 단순한 비유가 아니다. 예컨대 사후 세계에 대한 믿음이라는 밈은 수백만 년 전 세계 사람들의 신경계 속에 하나의 구조로서 존재하고 있는 것이다. 그럼 신에 대한 관념에 대해 생각해 보자. 이것이 어떤 밈 풀 속에서 생겨났는지는 분명치 않다. 아마 독립된 '돌연변이'를 여러 번 거치면서 발생했을지 모른다. 어쨌든 아주 오래된 것만은 사실이다. 이것은 어떻게 해서 자기 복제를 하는 것일까?

---

90) 리처드 도킨스가 『이기적인 유전자』에서 처음 사용한 문화의 전달자를 뜻하는 용어로, 그리스어 mimeme(미멤)에서 유래한 말로 모방의 단위를 말한다.

위대한 음악과 예술의 도움을 받은 말과 글을 통해서라고 한다. 그러면 그 밈은 왜 이와 같은 높은 생존 가치를 나타내는 것일까? 여기서 말하는 생존 가치는 유전자 풀 속 유전자로서의 값이 아닌, 밈 풀속 밈으로서의 값이라는 것을 기억해야 한다. 이 물질은 문화환경 속에서 신의 관념이 안정성과 침투력을 갖는 것이 도대체 어떤 성질 때문인지 묻는 것이다. 밈 풀 속에서 신의 밈이 나타내는 생존 가치는 그것이 갖는 강력한 심리적 매력의 결과이다. 실존을 둘러싼 상대방을 미워하는 마음 또는 자신을 괴롭히는 여러 의문에 대해 그것은 표면적으로는 그럴듯한 해답을 준다는 것이다.

그것은 현세의 불공정이 내세에서는 고쳐진다고 말한다. 우리의 불완전함은 영원한 신의 팔이 구원해 준다고 한다. 이는 마치 의사가 처방하는 위장약과 같이 상상을 통해 그 효력을 갖는다. 이것이 신의 관념이 세대를 거쳐 사람의 뇌에 그렇게 쉽게 복사되는 이유 중 하나이다. 인간의 문화가 만들어 내는 환경 속에서 신은 높은 생존 가치 또는 감염력을 가진 밈의 형태로 실재하기 때문이라고 했다.

20세기 기독교 신학계의 거봉이었던 폴 틸리히(Paul Tillich, 1886~1965)는 인간은 일상적 경험을 넘어서는 진리를 끊임없이 탐구하고 싶어 한다면서 그런 욕구가 종교적 탐구뿐 아니라 과학적 탐구를 끌어 왔다고 하면서 근대의 신을 인간이 버리고 가야 할 우상숭배의 신으로 정의했다.

정신분석학의 선구자인 프로이드는 종교의 본질을 다음과 같이 표현했다. 정신분석학 덕분에 우리는 아버지 콤플렉스(Father Complex)와 신에 대한 믿음이 서로 밀접하게 연관되었음을 알게 되었다. 즉, 개인에게 신은 심리학적으로 볼 때 고귀한 아버지와 다름없다. 아버지의 권위가 무너져 내리는 순간부터 젊은이들이 종교적 믿음을 잃는 경우를 확인할 수 있다. 즉 종교의 필요성은 부모 콤플렉스에 뿌리를 두고 있음을 우리는 인정한다.

보수적인 기독교 신학자들이 보는 천지창조는 6천 년 전에 하느님이 세상만물과 인간을 창조했고 하느님은 아직도 저 하늘 어디에선가 우리를 감시하고 있다는 무소불위의 초자연적인 신인동형론적 신관을 말한다. 그러나 과학자들에 의하면 우주는 그렇게 간단하게 '금 나와라 뚝딱!' 해서 만들어진 것이 아니라 137억 년 전 빅뱅에 의해서 탄생되었다고 한다. 그리고 우리가 사는 지구는 태양계를 돌고 있는 하나의 행성으로 지금으로부터 46억 년 전에 만들어졌다고 한다.

만일 천국에서 웃을 수 없다면 나는 결코 그곳에 가고 싶지 않다.
— 마틴 루터

기독교는 인간이 어떻게 천국에 갈 수 있는지는 가르치지만, 정작 천당이 어떤 곳인지는 말해주지 않는다.
— 갈릴레이

우리 인간이 우주에 대한 진리를 좀 더 알면 알수록 더욱 묘연해진다.
— 스티븐 와인버그

인류는 지금 우주의 신비를 탐구하는 마지막 여정에 와 있다.
— 스티븐 호킹

46. 종교에 대한 나의 생각

　나는 주일날 별 일이 없으면 몸과 마음을 재계하고 우리 동네에 있는 교회엘 간다. 교회 안에 들어서면 왠지 엄숙해지고 또 피아노 반주와 함께 남여 성가대원들의 조화롭고 성스러운 합창을 들으면 마음이 차분하게 가라앉는다. 목사님이 목회 기도를 하고 다함께 찬송가를 따라 부른다. 그다음 어떤 집사님이 나와서 그날의 대표기도를 할 때 고개를 숙인 나는 가슴속에 성령이 충만해지면서 벅찬 환희로 감싸인 자신을 발견하고, 무엇이라고 말할 수 없는 신성에 자신을 맡겨 버린다. 성령이 충만하다는 것은 우리 인간만이 느낄 수 있는 고유한 신성의 체험이라고 나는 생각한다. 다음은 찬양대의 잔잔한 특송을 듣는다. 그리고 목사님의 설교를 듣는 순서다. 어떤 때는 설교 내용이 정말 나의 나약한 아킬레스건을 찌르는 감격으로 다가오는 때도 있고 어느 때는 별로 탐탁하지 않은 주제를 가지고 장황하게 늘어 놓아서 지루할 때도 있다. 설교가 끝나면 은은한 피아노 연주에 맞춰서 폐회송이 울려 퍼지고 아울러 목사님의 축도로 그날의 예배순서가 마무리된다.

그런데 교회에 앉아서 목사님의 설교를 들으면서 어떤 때는 솔직히 나 자신이 위선자라는 생각이 불쑥불쑥 들 때가 많았다. 특별히 나를 괴롭히는 대목은 인류는 모두 죄인이라는 것 그리고 오로지 부활한 예수를 통해서만 하늘나라에 갈 수 있다는 교리이다. 솔직히 대부분 목사님들의 주장을 들어보면 기독교 신앙의 핵심이라고 할 수 있는 원죄와 예수 부활을 빼면 기독교는 존재할 수 없다고 하는데, 과연 두 교리를 모두 믿지 않은 나는 왜 여기에 앉아 있는 것일까 하는 자괴감에 휩싸일 때가 많다. 그러나 나의 본성이 죄인임을 그대로 받아들이지 않고 마치 소금물에 담가놓은 조개가 자신의 몸속으로 들이켰던 모래와 개펄을 해감하듯이 거부반응을 일으키면서 뱉아 낸다. 나의 통제 밖에 있는 본성이 하는 일이기 때문에 나는 그저 본성의 느낌에 순종할 뿐이다.

아마도 지난 30년 동안 인간 예수를 만나기 위해 뉴욕의 이름난 도서관을 샅샅이 뒤졌기 때문에 나의 잠재의식이 발동했을 가능성을 배제할 수 없을 것이다. 그러나 노력에 비해 신약성경에서 만날 수 있는 신비스런 예수 이외에 인간적인 예수를 만날 수는 없었다. 오히려 나의 친구요 멘토인 유대인 랍비로부터 참된 인간 예수의 이야기를 들을 수 있었다. 그리고 수많은 유대인 랍비들이 쓴 예수에 대한 이야기에서 그리고 해롤드 블룸(Harold Bloom) 예일대 교수의 책을 통해서 진정한 인간 예수의 편린을 감지할 수 있었다. 그들은 자신들의 조상이 살던 동네에 있었던 예수에 대해서 우리 기독교인들보다 훨씬 정제되고 입증할 수 있는 기록을 가지고 있었다.

그리고 나는 지난 2015년 8월 15일부터 4박 5일 일정으로 아내와 함께 캐나다에 있는 록키산맥을 여행하면서 평소에 나의 뇌리를 맴돌던 예수 그리고 신이란 무엇인가, 하느님은 과연 우리들의 일상사에 개입하는가 등등 내가 평소에 품어왔던 종교적인 명제들에 대한 의문들이 단번에 풀리면서 신과의 만남을 체험할 수 있었다. 말로만 듣던 록키산맥은 태평양과 인접한 북아메리카의 서부 브리티시 컬럼비아주에서 시작해서 미국의 뉴멕시코주까지 8개의 주로 연결된 산맥으로 안데스산맥 다음으로 세계에서 긴 산맥이다. 대략 1만 년 전 5대호까지 덮여 있던 빙하가 위스콘신 빙하기 때 녹아내려 엄청난 위력으로 휩쓸고 지나가면서 쌓이고 쌓인 퇴적암이 현재와 같은 형태의 장엄한 산맥이 형성되었다고 한다. 여행을 하는 동안 2천 미터에서 3천 미터에 이르는 첩첩산중에 끝없이 펼쳐지는 험산준령과 만년설을 어우르고 묵묵히 제자리를 지키는 장엄한 산맥들 그리고 아찔할 정도로 깊은 협곡들을 끼고 굽이굽이 흐르는 강물, 겹겹이 쌓인 산들이 뒤에서 마치 병풍처럼 감싸고 있는 밴프(banff) 호수에 비친 아름다운 모습과 높고 푸른 하늘의 대칭을 보는 순간, 나의 모든 사사로운 희로애락의 잔영들이 일순 멈추고 자연과 완벽하게 하나가 되었다. 마치 최초의 인류라고 하는 아담과 이브가 살던 에덴동산에 온 것 같은 착각에 함몰되었으며 대자연의 아름다움에 도취되어 망연자실한 모습으로 서 있었다.

신은 앎의 대상이 아니라 '사유의 원리'라고 했던가? 우리가 앎에 이를 때 경험하는 기쁨이 다름 아닌 신의 지적인 사랑이라고 했는데 나는 바로 그 '아하 순간(ahah moment)'을 경험한 것이다. 신이라는 것은 모든 존재의 자연스러운 모습이라고 갈파한 스피노자(1632~1677)

는 제도적인 종교로부터 벗어나서 자유롭게 살다간 최초의 완전한 세속주의자였다. 그의 신은 우리에게 상을 주고 벌을 내리는 유대-기독교의 인격화된 신이 아니었다. 그것은 우주를 지배하는 질서인 자연법칙의 총체이자 원리였다. 신은 창조주도 제1 원인도 아니고 물질 자체와 분리되지 않으며 만물의 통합과 조화를 이루어내는 내재적인 힘이라고 했다. 인간이 자기 자신의 정신작용을 자세히 들여다보면 그 속에서 활동하는 영원하고 무한한 신의 실재를 받아들이게 된다고 했다. 인간은 우주와 내가 하나로 연결되어 있다는 사실을 인식할 때 초월적인 신성을 경험하게 되는 것이며 그 신성은 엄마의 배 속에서 어린아이가 태어날 때 혹은 산을 오를 때, 성경의 〈시편〉을 읽을 때, 모차르트의 교향곡을 들을 때 느끼는 성스러움과 다름없다.

록키산맥에 서 있는 말없는 정령들은 나에게 너의 본성보다 신성한 것은 없다고 가르쳐 주었다. 너의 본성은 너의 의지보다 높은 곳에서 너를 가르쳐 준다고 알려주었다. 너는 오직 외적인 행위에 의해서만 덕이나 죄가 드러난다고 생각하지만 매순간 너는 선과 악을 호흡하고 있다고 나에게 말해 주었다. 네가 아직까지 알던 신은 너의 기도를 듣고 즐거워하거나 또는 너에게 기도하라고 지시한다든지 식탁에서 몸에 해로운 음식을 먹지 말라고 명령하지 않는다고 일러 주었다. 네가 원하는 목적을 위해서 하느님께 기도하는 것은 비열한 짓이요 도둑질과 다름없다고 충고해 주었다. 진정한 기도는 본성과 의식이 하나가 되어야 하는데 자신이 원하는 것을 위해서 하는 기도는 본성과 의식이 둘임을 전제로 하는 어리석은 짓이라고 말해 주었다. 네가 신과 하나가 되는 순간, 더 이상 애걸하지 않을 것이며 너는 그 순간 모든 너의 행위에서 기도의 형상을 볼 것이라고 말해 주었다.

　나는 신실한 기독교인들이 자신이 원하는 일이 있을 때 열심히 기도를 하면 모두 현실로 이루어진다는 그런 인격적인 모습을 한 신을 섬기는 보수적인 기독교인들에 대해서 약간의 시기심을 느낀다는 사실을 솔직히 고백하고 싶다. 하느님은 자신의 형상으로 인간을 만들었다고 한다. 자연은 곧 하느님이다. 우리 인간도 자연의 일부이다. 우리는 별들에서 온 은하계의 자손들이다. 우리는 은하계와 탯줄로 연결되어 있다. 그래서 붓다는 중생이 아프니 우주가 아프다고 했다.『화엄경』에서는 우주를 대방광불(大方光佛)이라고 하는데, 이는 한량없이 크고 넓은 시간과 공간을 초월한 절대적인 붓다를 말한다. 그걸 비로자나불(毘盧遮那佛)이라고 한다. 비로자나란 산스크리트어로 베로차나(vairocana)인데 중국어로 광명변조(光明遍照)라고 한다. 광대무변하게 우주에 편재해 있는 붓다의 만덕과 가지가지의 꽃으로 장엄된 진리의 세계를 말하는 화엄경이다. 태양이 온 세계를 두루 비추는 것과 같이 우리의 마음도 태양과 같이 밝은 광명이 나의 마음속에 있다고 가르친다.

　성경에 나타난 우주 탄생의 비밀을 확인하기 위해서 나는 오랜 세월에 걸쳐 이오니아의 철학자들과 중세의 교부철학자들 그리고 스토아 철학자들을 두루 만나보았다. 그리고 루돌프 볼트만과 폴 틸리히의 조직신학을 들여다보았고 인류의 역사를 뒤적여 보았다. 유대인들의『조하르(Zohar)』[91]와 힌두교의『바가바드기타』와 씨름했으며 먼

---

91) 유대 신비주의인 카발라에서 사용하는 기본 텍스트.

옛날 우리들의 조상들이 남겨놓은 『논어』와 『시경』, 『서경』의 주옥같은 경구들을 읽으며 삶에 대한 그분들의 깊은 통찰력과 지혜에 감복하지 않을 수 없었다. 그리고 인류 최초의 언어라고 하는 산스크리트어도 공부해 보았다. 이제 와서 어렴풋이 느끼는 것은 모든 진리는 '내가' 어떻게 생각하느냐에 있다는 사실을 발견했다.

나는 누구보다도 인류의 문명사회를 이끌어 온 선각자들에게 늘 감사한다. 인류에게 삶의 편익을 가져다준 수많은 과학자들에게 감사한다. 나는 백열전구를 발명한 에디슨에게 감사한다. 그는 하루에 15~18시간을 연구에 몰두하며 일생을 살았는데 어떻게 하면 인류에게 좀 더 편안함을 가져다줄까 하며 평생을 고민했다고 한다. 에디슨은 인류에게 광명을 가져다준 프로메테우스 신인 것이다. 그러나 에디슨은 그의 자서전에서 다음과 같이 말했다. "나는 평생 한 번도 일한 적이 없다. 다만 즐겼을 뿐이다." 나는 또 자동차를 발명해서 머나먼 지역 어디라도 네 바퀴로 굴러갈 수 있는 편안함을 가져다 준 헨리 포드에게 감사한다. 지구촌의 어떤 산골짜기까지도 날아갈 수 있는 비행기를 발명한 라이트 형제에게 감사한다. 내가 지금 쓰고 있는 글도 무수한 과학자들이 인류의 편익을 위해서 밤낮을 가리지 않고 심혈을 기울여 컴퓨터라는 요술방망이를 만든 덕택이기에 그들에게 무척 감사한다.

그들 모두는 나에게 하느님과 같은 존재들이다. 동학의 최제우 선생은 인내천(人耐天) 시천주(侍天主)를 강조했다. 사람이 곧 하느님이며 모든 사람은 하느님을 내 안에 모시고 있다고. 나는 이보다 인간을 더 존엄한 존재로 표현할 수는 없다고 생각한다. 모든 인간이 하느님이라고 하는데 어디 함부로 하느님을 평가할 수 있단 말인가?

자, 이젠 과학의 눈으로 본 나의 신앙관을 말하려고 한다. 물리학자들은 태초에 우주가 시작되기 전에 밀도가 엄청나게 높은 하나의 특이점(singularity point)이 있었다고 한다. 유일신론자들은 이것을 하느님이라고 부른다. 무엇이라고 부르든지 이 세상 만물은 하나(one)에서 출발한 것이다. 그런데 어느 시점에 고밀도의 특이점이 갑자기 폭발했다. 물리학자들은 그것을 빅뱅(Big Bang)이라고 부른다. 왜 특이점이 폭발했는지에 그 이유에 대해서는 명확한 답이 없으며 물리학자들 간에 팽팽한 논쟁거리로 남아 있다. 그런데 고밀도의 특이점이 갑자기 폭발하면서 공간이 만들어지기 시작했다고 한다. 시간이라는 것도 공간도 존재하지 않았으며 과거도 없었다. 우주는 그야말로 무(無)에서 출발한 것이다. 다만 우리는 137억 년 전에 빅뱅이 일어났다는 증거를 마이크로파 우주배경복사를 통해 확인했기 때문에 모두들 이를 수긍하고 있다.

기독교 창조론자들은 하느님의 손길(Logos)이 그 배후에 있어서 우주를 형성하게 했으며 지구라는 행성을 만들었다고 한다. 이 이론은 어거스틴과 아퀴나스 그리고 아타나시우스가 말한, 신이 무로부터(Ex nihilo, out of nothing) 만물을 창조했다는 부동의 동자적인 신관을 대변한다. 베일러 대학(Baylor University)의 크리스토퍼 베더(Christopher Bader)에 의하면 24퍼센트의 미국인들이 이와 같은 이론, 즉 하느님이 우주를 창조한 후 손을 떼고 우주는 스스로 작동원리에 의해서 움직인다는 태고적의 창조신(distant God)을 믿는다고 한다. 그러나 부동의 동자 이론은 양자역학의 등장으로 위기를 맞이한다. 스티븐 호킹은 우주에는 자유롭게 움직일 수 있는 영원한 입자들이 있는데 그 입자는 시작도 끝도 없기 때문에 우주가 탄생하기 위해서 어떤 절대자의 개입이 필요한 것은 아니라고 했다.

나는 솔직히 과학, 신학, 고전물리학, 양자역학 아무 이론이라도 관계없다. 나의 직관이 명령하는 대로 나의 인생을 살고 양심의 지시에 따라 행동하면 된다고 생각한다. 다만 한 가지 확실한 것은 우주는 엄청나게 작은 하나의 점에서 출발했다는 것, 그 사실은 아무도 부정할 수 없는 검증된 진리인 것이다. 한 점에서 출발해서 상상을 초월하는 속도로 급팽창을 거듭하면서 빛과 어두움, 하늘과 땅, 행성과 은하계, 물과 공기, 산과 계곡, 식물과 동물 등등 셀 수 없이 많은 부분으로 분화되어 갔다. 인간은 맨 마지막에 출현해서 만물의 영장이 되었다.

47. 예수님은 하느님이신가

과연 성모 마리아의 태모에서 나와서 33세를 살다 하늘나라로 승천해서 하느님의 우편에 앉아 계시다는 예수님은 정말 인간과 천지를 창조한 하느님일까? 그리고 지금도 우리의 생사화복을 주관하는 살아 있는 인격적인 하느님일까?

〈신명기〉 6장 4절에는 '여호와는 오직 하나이신 여호와이시니라.'고 못 박고 있다. 그런데 하느님이 어찌하여 하느님의 우편에 앉아 계신다는 것은 또 무슨 말인가? 하느님이 진짜 하느님이 있고 가짜 하느님이 있다는 말인가? 기독교는 너무 신비스럽고 사변적이라 어떨 때는 머리가 아프다. 어떤 사람들은 '그냥 믿습니다 하고 믿으면 될 걸 왜 그리 머리 아파하느냐?'라고 한다. 그러나 인간이란 그리 간단한 동물이 아니기에 논리적인 이해를 하지 못하면 늘 뇌리에서 맴돌면서 자신을 괴롭히기 때문에 영원히 미궁 속에 살 수는 없는 것이다.

사서 중의 하나인 『대학』에는 격물치지(格物致知)를 가르치고 있다. 모든 사물에는 그 물질이 만들어진 이치(理致, 원리)가 있고 인간에게는 그 이(理)를 깨달을 수 있는 능력인 성(性)이 있다는 말이다. 우리가 사는 지구는 만유인력의 법칙(중력의 법칙)에 의해서 태양의 주의를 돌고있는 것이다. 이 법칙은 우주가 소멸되지 않는 한 영원히 변치 않는 진리인 것이다. 우리는 그래서 그 진리를 믿고 오늘도 두 다리 뻗고 편히 잠들 수 있는 것이다. 종교적인 진리 역시 일정한 논리에 의해서 전개되어야 한다.

그런데 성경은 너무 비논리적이다. 진리가 되려면 종교를 초월해서 모든 사람이 인정할 수 있어야 한다. 그런데 성경에는 태양이 행성계의 중심이란 말이 담겨 있지 않는다. 그래서 중세에 로마 교황청은 지구가 태양의 주의를 돈다고 주장한 갈릴레이를 위협하며 파문하였다. 그리고 그에게 오히려 태양이 지구를 중심으로 돈다고 주장하며 태양중심설을 취소하도록 강요했던 것이다. 할 수 없이 그는 자신의 주장을 취소하고 교황청을 돌아 나오면서 "그래도 지구는 돈다."라고 중얼거렸다는 일화가 전해 내려오고 있다.

예수님을 신으로 만든 장본인은 사도 바울이었다. 그리고 기독교를 세계적인 종교의 반석에 올려놓은 것은 바로 모든 길은 로마로 통한다는 로마제국이었다. 기독교는 기원후 60년 이후 서서히 유대교에서 분리되어 자체적인 교단과 교리를 만들어 나가기 시작했다. 그러자 로마제국은 기하급수적으로 늘어나는 기독교인들을 로마제국을 위협하는 집단으로 규정하고 의심스러운 시각으로 보면서 탄압하기 시작했다. 그 이유는 다음과 같은 네 가지에서였다. 첫째, 유대교는 로마제국에서 유대인들의 독특한 종교로 인정된 것이었으나 기독교는 유대교에서 분리되어 나온 사악한 집단이라고 생각했다. 둘째, 황제를 신으로 숭상하는 로마의 전통을 거부하고 예수를 자신들의 거룩한 아버지, 즉 메시아로 숭상했기 때문이다. 셋째, 역사가 타키투스의 의견에 따라 기독교를 로마제국을 혼란에 빠뜨릴 수 있는 반사회적인 집단으로 지목했다. 넷째, 로마는 영원불멸의 나라를 추구한 반면 그리스도는 말세를 강조함으로써 민중들의 의식을 혼란에 빠뜨린다는 이유에서였다. 그러나 기독교 신자들의 증가는 전대미문의 빠른 속력으로 퍼져나가서 기원후 313년경에는 전 로마제국으로 확산되었다. 도도한 흐름의 대세를 역류할 수 없는 상황에 놓이게 되자, 부득이 로마의 콘스탄티누스 대제는 313년 밀라노 칙령으로 기독교를 승인하고 392년 테오도시우스 1세에 의해 로마제국의 국교로 지정하기에 이른다.

그때부터 로마 교황은 로마제국이라는 엄청난 권력을 배경으로 무소불위의 권력을 행사하게 된다. 탄압받던 기독교가 이젠 로마제국을 앞세워서 기독교 이외의 종교를 이단으로 규정하고 혹독하게 탄압하는 마녀사냥의 길로 선회한 것이다. 그리고 많은 신학자들을 양성해서 조직적으로 기독교 신앙을 체계화하기 시작했다. 서양인들이 쓰는 religion이란 단어는 religio라는 라틴어에서 유래한 것이다. 이는 re-legere(다시 읽다)에서 파생된 단어이며 이 말의 원형은 re-ligare, 즉 '연결하다, 재결합하다'의 뜻이다. 세인트 어거스틴은 하느님을 배반하고 돌아섰던 인간들을 하느님과 다시 묶어주는 그리스도교야말로 진정한 종교이며 다른 종교는 모두 이교도라고 했다. 과연 그럴까?

그러나 역사의 기록을 보면 기독교의 크리스마스는 사실 예수의 생일이 아니라 페르시아의 미트라교에서 유래한 것으로 그들이 태양의 생일이라고 믿던 이교도의 신앙이었다. 로마 황제 아우렐리아누스 [Lucius Domitius Aurelianus, 270~275(치세)]는 274년 무적의 태양신(Sol Invictus)을 공식적인 로마의 신으로 결정했다. 원래 기독교는 유대교의 안식일인 토요일을 기념했었다. 그러나 콘스탄티누스 대제가 안식일을 이교도의 태양숭배일과 일치시키기 위해서 일요일로 옮겨버렸다. 고대인들의 사고방식으로 태양은 모든 만물에 생명을 주는 가장 위대한 신 이었기 때문이었다. 그 후 313년 기독교가 공인되고 난 후 당시 일 년 중 해가 가장 짧은 동짓날인 12월 25일을 기점으로 해가 길어지면서 태양의 위력이 점점 강해진다는 사실에 착안하여, 이교도들을 로마제국의 단일 신앙으로 결속시켜야 할 필요에 의해서 기원후 354년 12월 25일을 세상의 빛으로 오신 예수님의 생일과 일치시킨 것이다. 또한 예수가 우리의 죄를 위해서 십자가 대속을 했다는 개념 역시 기독교 고유의 것이 아니라 아즈텍 문화에 나오는 뱀신(蛇神)의 신화인 퀘찰코아틀 전통에서 차용한 것이다.

　여기서 기독교 신학을 좀 더 상세히 관찰해 보기로 하겠다. 기원후 476년 서로마 제국이 게르만족의 오도아게르에 의해서 멸망한 후 세월이 흘러 1517년 종교개혁이 일어나기까지 1,000년간을 역사가들은 흔히 유럽의 중세라고 부른다. 천 년간 중세의 철학자들은 모두 교황청에 예속되어 신학의 학문적, 논리적 도구로 전락했으며 〈창세기〉에 나타난 하느님의 천지창조와 예수님을 신격화하는 데에 신명을 바쳤다고 할 수 있다. 그런 기독교 철학을 중세철학이라고 하는데 흔히 스콜라철학과 교부철학으로 분류한다. 교부철학이 중세를 준비하는 철학이라면, 스콜라 철학은 중세를 지배하는 철학이라고 한다.

그 당시 철학자들은 인문과학뿐만 아니라 자연과학 등 모든 학문을 섭렵했기에 철학자인 동시에 모두 과학자였다. 과학적인 기반이 없으면 진정한 철학자가 될 수 없었기 때문이다. 과학은 우리 눈에 보이는 현상세계만을 관찰의 대상으로 하지만 철학자는 그 현상세계의 이면에 있는 모든 만물의 본질의 세계를 탐구하기 때문이다.

그러나 르네상스를 기점으로 창조론을 주장하는 기독교의 교리는 과학적 논리로 무장한 일단의 지식인들에 의해 엄청난 위기에 몰리게 되었다. 오늘날 우리가 아는 자연법칙의 개념을 최초로 명료하게 제시한 사람은 프랑스의 르네 데카르트(Renee Descarte, 1596~1650)였다. 데카르트 하면 제일 먼저 우리 머리에 떠오르는 말이 "나는 생각한다. 고로 존재한다."가 아닐까 한다. 여기서 생각한다는 의미는 "수학적으로 사고한다."라는 의미이다. 다시 말해 수학적으로 이 우주를 파악할 수 있는 인간의 능력이 바로 '사고'이며 이것을 그들은 이성이라고 불렀다. 이성(reason)은 라틴어로는 '라티오(ratio)'가 되며 그 뜻은 단순히 계산하다(calculate)는 뜻이다. 이건 교황의 절대적인 권위에 도전하는 경천동지할 발언이었다. 이와 같은 물리학적 사고의 주체야말로 근대 자아관의 출발이었다. "내가 생각해서 내가 있다."라는, 근세사회의 시민으로서의 나인 것이다. 그것은 어디까지나 기독교에서 말하는 하느님의 질서에 굴복하는 나가 아니라 신을 향해서 정당하게 외칠 수 있는 주관적인 나인 것이다.

기독교 신학의 대부라고 하는 어거스틴은 다음과 같이 기독교의 신을 증명했다.

인간은 유한하다. 하지만 신은 무한하다. 유한한 것은 무한한 것을 밝혀낼 수 없다. 따라서 유한한 인간은 결코 무한한 신을 밝혀낼 수 없다.

신의 존재증명에 관한 이슈에서 자연과학과 특별히 관련되는 3가지 증명 방법이 대두되는데 우주론적 증명, 목적론적 증명, 그리고 칼럼(Kalam) 증명이다.

우주론적 증명은 토미즘(Thomism)의 창시자인 토마스 아퀴나스(Thomas Aquinas, 1225~1274)가 주장한 이론이다. 모든 만물이 존재하기 위해서는 그것을 움직이게 하는 부동의 동자(unmoved mover)가 있어야 가능하다는 이론이다. 그걸 그는 하느님이라고 가정했다.

목적론적 증명은 설계론(argument for intelligent design)이라고도 하는데, 신의 존재에 관해서 가장 많이 논의되어 왔던 이론이다. 핵심은 세상 만물은 명확한 목적을 염두에 두고 설계된 것처럼 보인다고 하는 이론이다. 즉, 아퀴나스는 신이 모든 만물을 만들 때 그 목적을 염두에 두고 만들었으며 모든 세상 만물은 명확한 존재 이유와 그에 따른 구조 그리고 의도가 있다는 이론이다. 그러나 철학자 흄은 설계라고 믿으며 신을 상정하는 것은 마치 고딕풍의 멋진 성당을 보면서 이 성당은 신이 설계자라고 믿는 것과 같은 우스꽝스러운 짓이라고 일축했다. 우리는 심산유곡을 지나다보면 낙수가 떨어져서 돌이 파인 것을 발견할 때가 종종 있다. 어떤 때는 진짜 누가 설계한 것처럼 보인다. 그러나 높은 곳에서 흘러내리는 폭포가 한 곳만을 계속적으로 오랜 세월 동안 때리게 되면서 바위가 깎이고 깎여서 어느 시점에 가서 우연히 사람의 얼굴 모양이 새겨진 것인데 그걸 두고 신이 만든 것이라고 믿는 것과 같은, 우스꽝스러운 것이라고 했다.

칼럼 증명은 중세 초기에 아랍의 한 철학파들이 주장한 이론이다. 무엇이든지 시작이 있는 것은 필히 그 원인이 있어야 하는 것처럼 우주의 탄생에는 필히 존재 이유가 있어야 하기 때문에 우주가 존재할 때에는 분명히 그 원인이 있어야 논리적으로 맞는다고 하면서 그 원인은 다름 아닌 신이라는 주장이다.

48. 내가 믿는 신

실존주의 철학자 사르트르는 인간의 상상력이 종교적인 신의 형성에 무엇보다도 중요한 역할을 했다고 하면서 그것은 존재하지 않는 것을 느끼고 상상하는 능력이라고 갈파했다. 인간은 상상력을 통해서 시와 음악 그리고 예술의 세계를 구축하고 종교를 만들었다. 유기체 철학자이며 하버드 대학 교수였던 화이트헤드(Alfred North Whitehead, 1861~1947)는 『과정과 실제』에서 신은 과정 속에 존재하는 질서의 배경이라고 했다.

나는 우리가 사는 이 세상과 단절된 절대 타자로서의 신은 존재하지 않는다고 생각한다. 신은 나와 자연, 나와 우주를 연결시켜주는 내 안에 있는 신싱이라는 생각이 든다. 캐리비언에서 불어오는 허리케인은 플로리다와 사우스캐롤라이나 혹은 뉴욕을 강타할까 말까 하며 고민하지 않는다. 태평양에서 솟아오르는 쓰나미는 일본을 때릴까 한국을 때릴까 하며 고민하지 않는다. 우리 인간은 불교의 유식설(唯識說)에서 보았듯이 마음의 근저에 아뢰야식이 있기에 우주적인 의식과 연결되어 있다. 하느님의 능력으로 태어난 사람은 하느님의 권능으로 이적을 행할 수도 있다고 한다. 금세기의 가장 위대한 랍비 샬로모 칼백(Shlomo Carlebach)이나 로버트 르빈(Robert N. Levine)은 한 인간이 영적으로 완벽한 깨달음에 이르면 기적은 가능하다고 말한다. 예수의 기적행위도 마찬가지였다.

뉴저지의 미국 상류층 집안에서 태어나 예일대학교와 하버드 대학원 그리고 독일에서 철학을 전공한 현각스님[미국명은 폴(Paul)]은 다음과 같이 우리들에게 말해 준다.

지구는 양의 에너지를 대표하고 하늘은 음의 에너지를 대표한다. 일상의 도처에서 그것을 증명할 수 있는 사례를 수없이 찾아볼 수 있음에도 불구하고 우리가 너무 익숙해서 느끼지 못할 뿐이다. 자석의 원리도 마찬가지다. 음극과 양극이 만나면 붙는다. 같은 극끼리는 서로 밀친다. 탁자 위에 자석을 올려놓고 도넛 모양을 만들었다고 상상해 보자. 그중 한 개를 연필로 툭 치면 다시 자기들끼리 다른 극들을 찾아 똑같은 도넛 모양의 배열을 만드는 것을 발견할 수 있다. 이 사례는 우리 인간이 우주 에너지와 어떻게 연결될 수 있는지 보여준다. 열심히 수행하면 완벽하게 공한 마음을 가지게 되고 우주적 에너지가 들어오게 된다. 절대 에너지를 얻는 것으로, 에너지를 지배할 수 있는 자유를 얻는다. 예를 들어 지구가 양의 에너지를 갖고 있으므로 만약 우리 몸을 양의 에너지로 충만하게 하면 대지와 몸은 서로 분리되어 몸은 공중을 뜰 수 있다. 땅에 내려오고 싶으면 음의 에너지를 만들면 된다. 그러나 선 수행은 이처럼 신비하거나 특별한 힘을 기르기 위한 것이 아니다. 물론 옛 선사들이 종종 초능력으로 제자들에게 충격을 주고 깨닫게 했다는 얘기가 전해 내려오기는 한다. 예수도 마찬가지로 죽은 사람을 살려내고 문둥병자를 고쳐주었으며 장님을 눈 뜨게 하는 등 많은 이적을 행할 수 있었다.

서양의 역사는 성경에 있는 것처럼 아담과 이브가 태어난 이후 줄곧 초월적이며 절대적인 신의 존재를 추구해 왔다고 볼 수 있다. 그건 유대인들이 자라온 문화적인 환경 속에서 자연스럽게 태동한 것이다. 그래서 유대 기독교(Judeo-Christian) 전통에서는 자신의 존재 이유를 하느님의 영광을 드러내기 위해서 태어났다고 고백한다. 자신의 존재 이유를 절대 타자에 의존하는 서양인들의 이러한 사고는 당연히 저 높은 하늘에 계시면서 자신들의 선악과 거취를 관찰하고 일거일동을 지시하는 신에게 의탁하고 동시에 자신의 소원을 빌 수 있는 무소불위의 전지전능한 하느님의 존재를 필요로 했다.

그런데 세월이 지남에 따라 인간의 욕망은 확대 재생산되면서 자신의 필요를 충족시켜 줄 수 있는 인격신의 모습은 초월적인 신을 밀어내고 지고한 하느님의 자리를 차지했다고 할 수 있다. 하느님의 세계인 참나는 사라지고 욕망의 주체인 에고만이 이 세상을 지배하게 되었다. 어떠한 방법으로 정의하든지 인간은 종교적인 동물이라고 말할 수 있다. 무신론자 역시 종교적인 인간일 수밖에 없는 것이다.

나는 교리보다 도덕에 관해 더 많은 것을 가르치는 종교, 인간을 불합리하게 만들기보다 의롭게 만드는 종교, 불가능하고 모순적이며 신과 인간에게 해가 되는 것들을 억지로 믿으라고 요구하지 않는 종교, 상식을 가진 사람에게 영원한 형벌을 받을 것이라는 협박을 가하지 않는 그런 종교를 믿고 싶다. 예수는 우리 인간의 궁극적인 목표를 하늘나라라고 했다. 하늘나라는 저 하늘 높이 떠 있는 초월적인 장소가 아니라 내면의 고요함 속에서 자연스럽게 다가갈 수 있는 최상의 평화스러운 상태인 것이다.

사도 바울은 그 나라를 성령 안에서만 가능한 의와 평강과 희락으로 표시했다. 예수는 하늘에 계신 아버지의 뜻대로 행하는 자는 하늘나라에 들어갈 수 있다고 했다. 인간은 누구나 세상을 살아가면서 삶의 고뇌로부터 벗어나기 위해서 혹은 인생의 진정한 의미를 찾아서 작든 크든 나름대로 신앙의 여정을 가지게 마련이다. 우리들의 일상적인 삶은 자세히 들여다보면 거미줄과 같이 얽힌 우주 그물 속에서 자연과 교감을 나누며 살아가고 있는 것이다. 우리가 늘 하는 말이나 행동 그리고 모든 일상적인 일들도 모두 인생이란 드라마의 각본에 의해서 각자의 배역에 따라 연기를 하는 것이다. 그 각본은 내가 만든 것이나 드라마의 연기를 위해서 우리는 우주적인 섭리로 만들어진 무대를 필요로 한다. 우리는 그 무대에서 펼쳐지는 연극의 주인공들인 것이다. 인생이라는 무대에 등장한 예수님 역시 우리와 같은 한 인간이었으며 그 드라마의 주제는 곧 사랑이었다. 내가 생각하는 신은 우리 모두의 내면 깊이 잠재되어 있는 신성이라고 믿는다. 마더 테레사는 사랑이 있는 곳에 하느님이 임재한다고 했다.

네 이웃을 네 몸과 같이 사랑하라.

— 마 22:39

사랑이란 무엇인가? 나와 남이 함께함이다. 예수는 늘 소외된 사람들과 함께 아파하며 함께 즐거워했다.

어느 날 바닷가에 살던 개구리가 육지로 나왔다 우물에 빠지게 되었다고 한다. 우물 안에 있던 개구리가 바다 개구리에게 다음과 같이 물어봤다. 바다라는 곳은 어떤 곳이냐? 바다에서 온 개구리는 다음과 같이 대답했다. 무지무지하게 크단다. 그럼 이 우물만큼 크겠구나. 그리고 어느 날 이 우물 안 개구리는 궁금증을 풀기 위해서 바다에 살던 개구리의 안내로 바다로 나아갔다. 끝이 안 보이는 망망한 대해를 바라보는 순간 우물 안 개구리는 너무도 큰 충격에 그냥 유구무언일 수밖에 없었다. 그때의 충격과 불안 그리고 자신이 믿어왔던 가치관이 한 순간에 고스란히 무너지는 멘붕의 상태는 우리가 상상으로 떠올릴 수 없다. 다만, 체험을 통해서만 경험할 수 있는 무아의 경지 혹은 호흡이 멈춘 순간이라고나 할까? 개구리는 바다와 하나가 되는 하느님의 세계를 체험한 것이다.

나는 불교대학을 다니면서 마치 우물에서 바다로 나간 개구리와 똑같은 체험을 했으며 이는 나의 종교관을 확립하는 결정적인 계기가 되었다.

6.

예수와 붓다의
만남

49. 예수와 붓다의 만남

　다윗의 자손이요 유대민족의 왕 예수와 불교의 시조인 붓다의 역사적인 만남은 뉴욕과 뉴저지를 연결하는 조지 워싱턴 브리지에서였다. 예수는 자신의 출생지인 이스라엘을 출발하여 기독교가 전파된 행로를 따라, 터키를 거쳐 그리스 그리고 유럽을 두루두루 돌아본 후 대서양을 돌아 태평양을 건너서 남미의 최남단인 아르헨티나의 케이프 혼(Cape Horn)에 도착하였다. 다시 여기서 출발하여 칠레와 파라과이, 브라질과 콜롬비아와 베네수엘라 그리고 중미의 코스타리카와 파나마, 니카라과, 과테말라를 거쳐 멕시코를 돌아보고 미국의 텍사스로 이동해서 애리조나 그리고 루이지애나를 거쳐 조지아, 노스캐롤라이나와 시우스캐롤라이나, 버지니아 워싱턴 DC와 펜실바니아를 거쳐 뉴욕까지 샌들을 신고 걸어서 25년간의 보도여행을 하고 있었다.

　그런데 놀라운 사실은 예수의 모습이 우리들이 흔히 책이나 레오나르도 다빈치의 〈최후의 만찬〉에서 흔히 볼 수 있는 파란 눈의 백인 아저씨가 아니라 뭉툭한 코에 까만 곱슬머리, 짙은 갈색의 피부를 한 전형적인 우리나라 농사꾼의 모습이었다. 마치 동학혁명의 불길을 당긴 전라도 고부지방의 동학접주 전봉준 장군을 연상케 하는 인상을 풍겼다. 햇볕에 거슬린 황색인종에 보통의 키 그리고 검은 머리카락 그러나 우리가 흔히 사진이나 그림에서 보듯이 긴 수염을 기르고 있어서 어딘가 예수와 유사한 모습을 느끼게 하는 듯한 인상을 주었다.

그런데도 예수의 얼굴에서는 왠지 모르게 평범한 사람들로부터 느낄 수 없는 위엄과 품격을 느낄 수 있었다. 예수가 뉴저지 방향에서 조지 워싱턴 브리지의 뉴욕 방향 상판 길을 3/1 정도 걸어가고 있을 때 우연히 맞은편에서 까까머리를 한 붓다가 걸어오고 있었다. 붓다 역시 샌들과 분소의를 걸치고 마치 약속이라도 한 듯 오른손에 든 염주를 계속해서 한 알 한 알 자신의 엄지로 돌리면서 여유 있는 발걸음으로 오고 있었다.

붓다는 자신의 출생지인 인도의 코살라(지금의 네팔 남부지역)를 30년 전에 출발해서 실크로드라고 불리는 길을 따라 걸어서 불교가 전파되어 온 티벳과 아프카니스탄,타지키스탄을 거쳐서 신장 위구르 자치구를 지나 알타이 산맥을 넘어서 몽골로 들어갔다. 다시 고비사막을 가로질러 내몽골과 북경을 지나 만주의 하얼빈을 통과해서 혹가이도와 캄차카 반도를 경유해서 베링해협을 건너 알래스카 그리고 캐나다를 거쳐서 미국으로 들어와서 보스턴, 뉴욕을 들러, 장장 22,000km의 도보를 마치며 조지 워싱턴 다리의 상판 길을 통해서 뉴저지 방향으로 걸어가고 있었다.

두 사람은 다리에서 서로 다가오는 상대방을 발견하곤 마치 오랜 친구를 만나기로 약속이라도 한 듯이 금방 알아보았다. 붓다는 합장을 하며 목례를 하고, 예수는 붓다에게 다가가서 자신의 오른쪽 볼을 붓다의 오른쪽 볼에 갖다 대면서 무엇이라고 말했다. 다름 아닌 "Shema"라고 했다.

이는 〈신명기〉 6장 4절의 첫 단어인데, 하느님은 오직 한 분 여호와 하느님(Hear O Israel: The Lord our God, the Lord is one)이라는 뜻이 담겨 있다. 이 말은 이스라엘 사람들이 하루에 여러 번씩 하는 인사로 하느님과의 친밀한 관계를 확인하는 예절이다. 또한 지상에서 하느님의 통치를 염원하는 이스라엘 사람들의 애원을 담고 있다고 한다. 아마 예수는 지구상에 자신이 2천 년 전부터 고대하던 평화로운 지구촌을 만들고자 하는 염원을 아직도 간직하고 인사를 하는 것 같았다. 붓다는 답례로서 가볍게 웃으며 "나마스테(namaste)"라고 대답했다. 나마스테는 "신 앞에서 나의 모든 정성과 진실한 마음을 담아 당신께 지극한 경의를 표한다."라는 뜻이다.

붓다와 예수는 각각 2천5백 년 전 그리고 2천 년 전과 마찬가지로 생명의 유지를 위해서 입고 있는 옷이 전부였다. 성의 경지에 도달한 사람들은 초월적인 영성의 힘으로 살아가는 까닭에 이미 물질적인 욕망은 띠닌 깃일까? 붓다는 자신이 갖고 있는 염주 알을 하나씩 계속 돌리고 있었다.

그런데 두 사람은 나이가 비슷한 70대 정도로 보였는데 예수는 자주 자신의 긴 머리를 위에서 아래로 쓰다듬는 버릇이 있었다. 예수가 먼저 입을 열었다. 2천 년 전에 팔레스타인의 마구간에서 내가 태어날 때 우리 어머니 마리아는 너무도 걱정을 많이 했었지. 왜냐하면 4명의 동방박사가 페르시아에서 나의 출생을 두고 곧 팔레스타인에 신비한 일이 일어날 조짐이라고 해서 별을 보고 찾아왔지. 그리고 이를 심상치 않다고 판단한 유대의 왕 헤롯은 2살 이하의 어린아이를 모두 죽이라고 명령을 내렸으니 말이지. 그래서 나의 어머니 마리아는 핏덩이 같은 나를 안고 이집트나 사해 근처에 있는 에세네 공동체의 동굴 중 한 군데로 피난을 가야만 했지.

그리고 2년 후 다시 고향으로 돌아왔는데 나는 어려서부터 골치 아픈 문제아였어. 왜 그런지 내 또래 아이들과 노는 데는 관심이 없고 아버지가 늘 아침에 일하러 가기 전에 두 손을 모으고 야훼의 신전 앞에 무릎 꿇고 기도하는 모습이 그렇게 좋게 보였고 또 신비로워 보였지. 그래서 그때부터 아버지가 일하러 나가고 나면 혼자 방에 틀어박혀서 아버지가 읽는 타나크(Tanakh)를 시간 날 때마다 흥미 있게 읽곤 했었지.

그중에서 가장 흥미 있게 읽은 부분은 역시 "요나"란 선지자가 니느웨로 가서 전도하라는 하느님의 말씀을 거역하고 다시스로 가는 배를 타고 가는데 크나큰 풍랑을 만났다는 이야기였지. 그 배의 선장이 이 풍랑은 재수 없는 히브리사람이 타고 있기 때문이라고 판단하고 요나를 바다 가운데로 내던졌는데 때마침 큰 고래가 요나를 삼켜버렸다는 이야기야. 그런데 요나는 고래의 뱃속에서 하느님의 명령을 거역한 자신을 뉘우치고 하느님께 정성껏 기도를 하니 배가 육지에 다다랐을 때 그 고래가 요나를 뱃속에서 다시 토해냈다는 이야기는 너무도 나를 매혹시켰지.

그러다 내 나이가 10살이 되면서부터 이상하게 잠잘 때마다 꿈에 신령한 사람이 나타나서 나에게 "일어나라 일어나라, 너는 이스라엘을 로마로부터 독립시키는 위업을 달성해야 한다."라고 외치는 것이었어. 그래서 그 이후로 나는 성령에 이끌리는 대로 행동을 했지. 나는 잠자리에서 일어나서 나도 모르게 무릎을 꿇고 야훼 하느님께 기도를 하곤 했었지. 그 이후 토라를 읽을 때마다 모세가 나타나서 "너도 할 수 있어. 용기를 잃지 마."라고 충고해 주곤 했었지.

나는 점점 성령에 이끌리게 되었고 안식일 날 성전에 가면 랍비와 성전에서 타나크에 대해서 토론을 하곤 했었지. 그러다 내가 성인식을 마치고 12살 정도 되었을 때 사람에게는 육체와 정신 이외에 말로 표현할 수 없는 신령한 세계가 있다는 생각을 했던 것이지. 그리고 인간은 모든 지혜와 선(善)을 자신의 내부에 간직하고 있는 사원(寺院)과 같은 존재란 생각이 들었어. 하느님이 만물을 창조하고 자신의 형상대로 인간을 만들었기 때문에 모든 인간의 본성은 비개성적이며 하느님과 접속할 수 있는 신성(神性)이 있다는 걸 발견했지.

그 당시 나이 어린 내 눈으로 보기엔 로마 총독 빌라도는 너무도 무자비하게 이스라엘을 통치했으며 사두개파의 종교지도자들은 모두 로마의 앞잡이가 되어 나라를 팔아서 호의호식하는 매국노로 변질되어 민중을 혹독하게 탄압하고 가렴주구하며 파행을 일삼던 암울한 상황이었지. 나는 그때 결심을 했지. 이스라엘을 로마제국으로부터 독립시킬 독립운동가가 되겠다고. 그래서 나 자신의 정신세계를 좀 더 길들이기 위해서 사제들과 함께 성경공부를 하곤 했었지.

그러나 한편으로는 속세를 떠나보고 싶은 심정으로 내 나이 13살때 사해(dead sea) 지역으로 가서 그 당시 철저하게 외부와 단절된 동굴에서 깊은 정신세계를 탐구하는 에세네 공동체에 들어갔어. 그곳 에세네 지도자 양성소에서 호된 교육을 받고 20살에 사제와 교사가 되었지. 에세네 사제로 있으면서 하느님의 특별한 은사로 병자를 치료하는 능력을 배웠지. 그런데 10여 년 동안 함께 생활해 보니 그 사람들은 마치 자신들만이 선하고 정의로우며 바리새인들을 어둠의 자식들이라고 여겼어. 그래서 바리새인들과 아예 왕래조차 하지 않고 현실을 부정하고 스스로 성자인 체 초연한 그들을 보면서 현실도피자들이라는 생각이 들었지.

그래서 결국 에세네 공동체를 뛰쳐나와서 이스라엘의 정치적인 현실을 극복하기 위해 그때부터 독립운동을 실행에 옮기기로 결심했지. 그러기 위해서 우선 나는 모든 단체행동의 중심이 되어야 할 하느님의 성전을 수호하는 사제가 되어야겠다고 결심했어. 그래서 성직자이면서 내 사촌형인 요한을 찾아갔던 것이지. 요한은 나를 요르단 강가로 데려가서 세례를 주고 나를 "하느님의 아들"이라고 이름지어 주었지. 왜냐하면 지난 수십 년 동안 이스라엘 땅에 살던 유대인들은 자신들을 로마제국으로부터 구해 줄 메시아의 도래를 목마르게 기다리고 있었거든. 내 이름 예수(히브리어로 예수아)는 "구원하다"라는 단어에서 파생된 것이고, "하느님이 이스라엘을 구원하다."라는 의미이지. 후에 나를 로마제국에 대한 국가전복 혐의로 고발한 사람들도 바로 에세네파 지도자들이었지.

그 이후 당시 가장 유능한 바리새파의 요하난 벤 자카이 그리고 힐렐 학파들과 가까이 하면서 본격적으로 토라공부를 함께 했고 선조들의 어록도 토론했었지. 그러나 같은 바리새인들이었으나 율법의 엄격한 준수만을 강조하고 원칙적으로 이방인들의 개종을 허락하지 않는 샴마이 학파와는 많은 갈등을 겪었고 결국 그들과는 모든 대화를 단절해야만 했었지. 샴마이파 지도자들 역시 내가 체포되어 산헤드린에서 심문을 받을 때 죄인으로 고소하는 데 일조를 한 사람들이었지.

그 후 나는 서사(書士, 히브리어로 쏘페르이며 교사를 뜻함. 지금은 랍비라고 함)가 되어서 바리새파로부터 독립해서 별도로 활동을 벌이기 시작했지. 그래서 베드로를 첫 제자로 해서 모두 12제자들을 모아서 출발했었지. 그때부터 에세네 공동체에서는 나를 두고 하느님의 길을 방해하는 "사악한 사제"로 규정하고 자신들의 공동체에서 공식적으로 추방한다는 공고를 했지. 왜냐하면 하느님의 아들은 바로 에세네 공동체에서 기다리는 메시아인데 나사렛 출신인 내가 "하느님의 아들"이라고 했으니 자신들이 기다리던 신성한 존재를 모독했다는 것이지.

나는 독립운동을 주도하면서 모세가 여호와 하느님의 가호로 애굽에서 노예 상태로 있던 이스라엘 민족을 구출해 주었듯이 내가 주도하는 독립운동을 하느님이 묵시적으로 지지하신다는 계시를 받았지. 그러나 나의 독립운동은 무력에 의존했기 때문에 결국 실패하고 말았지. 결국 로마제국은 나를 제국의 안전을 위협하는 불순한 정치적 음모의 주모자로 처형하였지.

그러나 사실 나의 손과 발목에는 못이 완전히 박히지 않았기 때문에 다음 날 죽음의 천사가 방문하지 않는 안식일 새벽에 다시 일어날 수 있었지. 그리고 무덤 밖을 나와 제자들에게 살과 피로 부활한 것을 보여주었고 이 소문이 에세네 공동체와 갈릴리 전역과 예루살렘에도 퍼지게 되었지. 결국 내가 못 이룬 이스라엘의 독립은 2천 년이 지나서야 성취된 것이지. 그때 나는 폭력은 필히 폭력을 불러올 뿐이며 결코 평화를 가져올 수 없다는 진리를 깨달았지.

그리고 내가 떠나고 난 뒤 나의 제자들을 핍박하는, 로마의 앞잡이였던 바울이란 사람이 혜성같이 나타나서 회심을 하고는 나의 제자가 되어서 유대교와 다른 기독교라는 종파를 만들었지. 사실 난 생전에 그 사람을 한 번도 본 적이 없었지. 그런데 원래 나의 가르침과는 다르게 어처구니없이 나를 하느님으로 둔갑시켜 버렸어. 그건 사실을 너무도 왜곡한 것이며 또 나의 신앙을 빙자해서 자신들의 도그마 속에 교단을 만들어 신성을 모독하는 아주 나쁜 파행이라고 생각하지.

내가 사도들에게 전수해 주었던 가르침을 확인하기 위해서, 지난 25년간을 기독교가 전파되어 나간 길을 따라서 터키와 유럽, 남미 그리고 북미를 돌아보았지. 난 사실 터키의 소피아 사원엘 갔을 때 그 어마어마한 성전을 짓는 데 얼마나 많은 인원이 동원되었으며 수많은 생명이 희생되었고 또 교황은 얼마나 민중들의 고혈을 빼앗아 갔을까 하는 생각이 먼저 들었지. 또한 유럽에 가 보고 너무 충격을 받았지. 파리의 노트르담이나 영국의 웨스트민스터 사원과 같이 어마어마한 규모의 석조 건물은 모두 나를 하느님이라고 모시며 신격화하고 있었지. 이를 보는 것이 정말 괴로웠어. 노트르담 사원을 짓는 데 170년이란 세월이 걸렸는데 매일 인부의 시체가 한 마차씩 실려 나갔다고 하더군. 영국에 가 보니 성공회다 장로교다 감리교다 침례교다 하며 분파를 만들어서 모두들 나를 팔아서 각기 살림을 따로 차리고 신도들을 분열시켜서 싸움을 하며 수백 년간 주도권 쟁탈전을 벌였더군. 참 어이없는 사람들이지. 그러면서 성공회를 자기네 나라의 국교라고 만들어 놓고 다른 종교를 못 믿도록 단속하고 발견되면 혹독하게 처벌을 했다지 뭐야. 하는 수 없이 청교도들은 종교의 자유를 찾아서 메이플라워호를 타고 신천지인 미국 땅으로 건너왔다더군. 그래서 건국 초기의 미국의 대통령이었던 조지 워싱턴, 존 아담스, 토머스 제퍼슨 그리고 에머슨 같은 위인들이 모두 나를 절대 하느님으로 생각하지 않았고 한 인간으로 생각하며 종교의 자유를 헌법에 명시한 사실을 발견했지.

　나는 샌들 한 켤레와 튜니카를 걸치고 성전도 없이 떠돌아다니며 복음을 전파했었는데 유럽에서는 나를 팔아서 어마어마한 성전을 만들어놓고 나를 거기에 꼼짝 못하게 가두어 버렸더군. 그 으리으리한 거짓의 유물들을 보고 감동을 느끼는 사람들도 문제이지. 그런 성전을 보는 순간 나는 사실 다시 한번 용서받지 못할 큰 대역죄인이 된 심정이었지. 로마엘 가 보니 유대인들이 나를 죽게 만들었다는 디어사이드(deicide)[92] 이론을 만들어서 그들을 한 지역에서만 모여 살게 해놓고 집도 땅도 못 사게 탄압하며 기독교로 개종을 강요했었더군. 그리고 이노센트 3세 교황은 개종하지 않는 유대인들은 모두 로마에서 추방해 버렸더군. 그래서 그들은 모든 걸 짊어지고 스페인으로 방랑의 길을 떠났던 거야. 거기서 한 2백 년 동안 자리 잡고 잘 살았는데 또 스페인의 페르난도 왕과 이사벨라 왕이 유대인들에게 기독교

---

92) "신을 죽임" 혹은 "신을 죽인 사람"이란 뜻으로 로마 교황청에서 유대인들을 탄압할 때 사용한 말이다.

로 개종하든지 아니면 나가라고 추방명령을 내렸다지 뭐야. 그리고 기독교에 반대하는 많은 철학자나 신학자를 세비야라는 광장에서 화형식으로 공개처형 했더군. 수많은 유대인들도 그때 희생되었지. 그래서 독일이나 스위스 같은 나라를 가 보니 많은 사람들이 아예 교회를 떠나고 극소수의 사람들만 주일날 교회엘 다니더군. 교회에 가는 대신 공원에 가서 가족들과 어울려 놀면서 한가한 시간들을 보내고 있었지. 나로서는 충분히 이해가 가는 이야기이지.

17세기에 소위 구교(가톨릭)와 신교(캘빈주의)가 서로 죽고 죽이는 주도권 쟁탈전을 벌였다는데 독일에서 시작된 그 전쟁은 전 유럽으로 번져서 상호간에 피비린내 나는 전쟁을 30년간 하였다지. 그래서 독일에서만 8백만 명이 죽었다고 하는군. 그리고 남미의 페루와 에콰도르에 가 보았더니, 스페인 왕의 특허를 받아서 남의 나라 땅과 자원을 빼앗기 위해서 남미로 나간 콩키스타도르(conquistador)[93]들이 역시 내 이름을 팔아서 하느님이 자신들을 이 땅의 통치자로 보냈다고 하면서 총칼을 들이대고 전 남미를 휘젓고 다니면서 무수한 원주민들을 살해했더군.

정복자 피사로(Francisco Pizarro)는 당시 잉카제국의 황제였던 아타우알파와 회담을 하자고 유인했고 순진한 아타우알파는 뭣도 모르고 회담에 임했지. 만일에 대비해서 5만 명의 병사가 호위하고 있었으나 수적으로는 몇백 명도 안 되지만 총으로 무장한 피사로의 군대를 당할 재간이 없었지. 피사로 군대는 아타우알파를 인질로 잡고 죽이

---

93) "스페인의 정복자"라는 뜻으로 15~17세기 금광을 개발하고 식민지 개척을 위한 목적으로 아메리카 대륙으로 진출한 스페인 정복자를 말함.

려고 했지. 그러자 아타우알파가 자신을 살려주면 잉카제국의 금과 은을 몽땅 주겠다고 약속하자, 풀어준 다음에 금과 은을 모두 받고는 결국 죽여 버렸다고 해. 그런데 그 당시 잉카제국의 황제 아타우알파는 이미 페루에 와 있는 스페인 신부인 바르베르데의 설득으로 기독교로 개종하고 있었다는군. 그런데 황제가 죽을 때 성경이 그의 손바닥에서 떨어졌다고 하는데 공교롭게도 그때 펼쳐진 페이지의 성경이 다름 아닌 "칼로 다스리는 자 칼로 망하리니."라고 하지. 그 이후 피사로는 수십만 명의 원주민을 총으로 죽였고 또 서양에서 전염된 천연두 균을 퍼트려서 면역력이 없는 원주민들은 거의 몰살했다는군. 잉카문명을 모두 멸절시키고 금과 은을 몽땅 채굴해서 엄청난 도둑질을 한 자금으로 스페인은 부강한 나라가 되었다는, 그 역사의 현장을 확인할 수 있었지.

그런데 미국에 와서 보니 남부의 대지주들은 기독교를 믿는다고 하면서 글쎄 내 이름을 팔아서 저 멀리 아프리카에서 마치 물건을 구입하듯이 힘 좋은 흑인들을 골라서 도망가지 못하게 갑판 위에 동아줄로 엮어서 데려왔다고 하더군. 그런데 그 흑인들은 오랜 항해 중에 10명 중 5명은 죽어서 갑판에서 바다로 내던져 상어의 밥이 되었다는군. 그들을 사다가 자신들의 목화밭 농장에서 하루 종일 뙤악볕에서 16시간씩 무급으로 수십만 명을 부려 먹었다는군. 그런데 목화밭에서 일할 때 백인들이 뒤에서 총부리를 대고 감시하면서 서로 말도 못하게 했다는군. 그래서 그들은 하는 수 없이 하늘을 올려다보며 처량한 신세를 울부짖는 함성을 터뜨렸다고 해. 노예 주인들은 이 필드 할러(field holler)만은 인정했다고 하더군. 그 필드 할러가 링컨 대통령의 흑인 해방과 더불어 흑인 노예들이 동북부의 상공업 단지로 이동하면서 개신교와 만나서 가스펠(gospel)로 발전했다고 하더군. 다시 산업 변화의 물결을 타고 많은 흑인들이 뉴잉글랜드, 뉴욕 같은 대도시로 이주하면서 폭넓은 사회계층과의 접촉을 통해 블루스(blues)로 발전했다고 하는 서글픈 이야기를 들었지.

그런데 내가 미국에 와서 느낀 점은 남부 특히 텍사스주에 사는 사람들은 대체로 천 년 전 유럽에서 믿던 것, 즉 나를 아직도 하느님으로 믿고 있더군. 어처구니없는 일인데 문제는 종교 지도자들이야. 자신들의 기득권을 빼앗기지 않으려고 철저하게 인간들을 세뇌시켜서 신자들을 자기네 신전에 나와 함께 꽁꽁 묶어두려는 제도화된 신앙, 즉 획일화된 신앙만을 찬양하고 있다는 현실을 발견했지. 신앙이란 가장 높은 견지에서 인생의 사실들을 관조하는 영혼의 독백이 되어야 하는데 말이지. 사실 내가 믿던 신앙은 사실 우리 민족인 유대신앙, 즉 "야훼 부족신"이었지. 나는 단지 에세네파와 샴마이파 바리새인들과 좀 다른 생각을 하고 있었을 뿐인데 말이지. 나와 같은 인간이 어떻게 하느님이 될 수 있겠어. 그건 알라딘의 램프와 같은 아라비안나이트에서나 가능한 이야기일 따름이지.

그리고 내가 섬기던 야훼는 이스라엘의 부족신에서 만물을 창조한 전지전능한 신으로 둔갑한 거야. 야훼가 혼돈의 상징인 흑암의 괴물을 빛으로 정복하고 전 우주를 다스리게 되었다고 했으니까, 야훼가 곧 나로 탈바꿈하게 된 셈이지. 그리고 성부와 성자와 성신이란 이론을 만들어서 내가 곧 하느님이고 또 내가 아들이고 또 내 자신이 성령이 되는 1인 3역을 하는, 연극 무대의 배우로 둔갑시킨 것이지. 결국 내가 죽고 다시 살아서 인류의 죄를 모두 대속했다는 어처구니없는 부활신앙으로 만들어 버렸어. 아마 〈요나서〉에서 보고 배운 것 같은 기분이 드는구먼. 나를 하느님으로 만든 장본인이 누구인지는 나도 확실히 모르지만 〈요한복음〉에서였지. 나는 사실 한 명의 인간이었는데 말이지. 그래서 내가 십자가에 못 박혀 죽기 전에 하도 답답해서 '엘리 엘리 라마 사박다니(마. 27:46, 나의 나의 하느님 나의 하느님 어찌하여 나를 버리셨나이까?)'라고 읊었던 것인데…….

어느덧 예수와 붓다는 친근한 친구 사이가 되어 버렸다. 예수의 이야기를 눈을 지그시 감고 듣고 있던 붓다는 서서히 눈을 뜨고 예수에게 머리 숙여 합장하며 조용히 무거운 입을 열었다. 어떻게 보면 자네와 나는 비슷한 정치적인 상황에서 자라온 혼탁한 시대의 희생양이었던 것 같은 기분이 드는구먼.

나는 사실 무엇보다도 지식을 중요시하는 샤키야족으로 카필라국의 왕자로 태어났지. 그 당시 지금의 네팔을 포함한 히말라야 산맥에 살았는데 우리 샤키야족(Shakya, 석가족 혹은 색족이라 함)들은, 『삼십이상경(三十二相經)』을 보면 알겠지만 아리안 계통이 아니라 몽골 계였지. 수천 년 전 인도를 침략한 아리안족은 대부분 전제군주제였고 몽골계는 공화제였지.

그런데 그 당시 인도에는 2개의 대국 즉 마가다국과 코살라국이 있었고 그 아래에 16여 개의 여러 군소국들이 난무하고 있었지. 그래서 나라와 나라끼리 피 터지는 영토 쟁탈전이 벌어져서 연중 전쟁이 끊이지 않았고 남자들은 전쟁터에 끌려가 죽임을 당하고 부녀자들은 자녀를 양육하며 꿈이 없는 참담한 나날을 보내고 있었지. 그러던 중 내가 속한 카필라국은 대국인 코살라국에 결국 멸망하고 노예국의 신세로 전락했지. 나의 아버지 정반왕은 하루아침에 코살라국의 속국이 되자, 늘 와신상담하며 독립될 그날만을 손꼽아 기다리고 있었지. 그러나 너무도 작은 나라이었기에 대국을 상대로 대항할 힘이 턱없이 부족했지. 나는 어려서부터 아버지로부터 작은 나라가 겪어야 했던 애환을 귀가 따갑게 들으며 자라났지. 그러했기에 나의 마음속에는 늘 민족 독립의 필요성이 가슴 깊이 새겨져 있었지. 그래서 나는 마음속으로 평화적으로 독립의 목표를 달성하는 길밖에 없다는 결론을 내리게 되었지. 이미 결혼을 하고 아들까지 둔 상태였으나 두 가지 목표를 달성하기 위해서 출가를 결심하게 되었던 것이지. 첫째는 내 안에 있는 마음의 적을 우선 정복하는 것이었고, 두 번째는 외부의 적으로부터 왕국과 백성을 지키는 것이었지.

그래서 나는 국민들이 피를 흘리지 않고 독립할 수 있는 길을 여러 모로 모색했던 것이지. 그래서 출가 후 6년간 수행을 한 끝에 첫 번째 목표는 깨달음을 얻고 결국 달성했다고 할 수 있었지. 그다음 45년간을 정복자인 아리안족을 상대로 비폭력적이고 평화적인 투쟁을 꾸준히 전개한 것이지. 결국 내가 믿던 아힘사(비폭력 생명존중 사상) 정신과 바라문교(힌두교의 전신)의 투쟁은 몽골계와 아리안족의 종교적인 전쟁이었지. 결국에는 비폭력 평화시위를 존중하는 몽골계가 승리를 한 셈이지. 왜냐하면 우리를 정복한 코살라국의 파세나디 왕과 또 다른 대국이었던 마가다국의 빔비사라 왕 모두 나의 깨달음에 감복해서 결국 나의 제자가 되었지. 그래서 그들의 마음을 정복하고 그리고 권력까지 정복하게 되었지. 최후의 승자는 상대방의 마음을 정복해야 한다는 걸 다시 확인한 셈이지. 그래서 이번에 나는 내가 뿌린 씨앗이 어떻게 전파되어 나갔는가를 확인해 보고 싶어서 30년간 먼 여행길을 선택했지.

티베트를 가 보니 그곳 사람들은 물질적으로는 풍요롭지 않지만 법신불(法身佛)을 모두 자신들의 신앙의 중심에 두고 성실한 믿음으로 자신의 본성을 왜곡하지 않고 맑은 영혼을 지키며 잘 살고 있더군. 그리고 중앙아시아의 사람들 역시 유목민답게 정령신앙과 불교의 적절한 배합을 통해 잘 살아가고 있었지. 요즈음 이슬람의 약진이 눈에 띄는 걸 볼 수 있었지. 대체적으로 유럽 사람들보다는 순수하고 자연에 순응하며 살아가고 있더군. 중국은 가장 큰 불교국의 지위를 확보하고 있었고 일상생활에 인과법칙을 적용하며 살면서 별다른 흔들림이 없이 자신들의 전통적인 종교인 도교와 불교 간에 잘 조화를 이루면서 살고 있었지. 한국을 가보니 불교 사찰의 규모가 크고 번창하고 있는데 너무 기복신앙 위주로 경도되어 있는 것 같은 느낌이 들었지. 그리고 불자들의 적극적인 사회 봉사가 절실하게 필요한 것 같은 생각을 하게 되더군. 캐나다는 불교신자 수가 요가수행을 통해서 서서히 늘어나고 있었고 미국은 빠른 속도로 기독교 신자들이 불교로 그리고 요가 수행으로 개종하는 숫자가 늘어난 것이 눈에 띄더군.

그런데 맨해튼을 돌아보고 너무나 놀랐어. 미드타운에는 화려한 자본주의의 극치를 엿볼 수 있었는데 세계 제1의 부자나라라고 하는데 왜 그리 가는 곳마다 거지들이 길바닥에 누워 있는지 비통한 심정이었지. 연민의 정으로 그들을 바라보며 한참을 손잡고 이야기해 보았지. 빈부차가 너무 심하면 결국 그 나라는 자정력을 상실하고 쇠퇴

할 수밖에 없다는 역사의 교훈을 정치가와 경제인들이 명심해야 할 것 같아. 이 모든 사회적인 부조리가 결국 인간의 그칠 줄 모르는 욕망 때문이지. 인간의 욕망은 확대재생산 되거든.

그런데 예수와 붓다가 만난 그날은 마침 금요일 오후 4시경이라 주말의 바쁜 스케줄 때문에 자동차 운전을 하는 사람들은 앞만 보며 오늘 저녁에 있을 멋진 파티와 다양한 행사를 머리속에 그리며 지나가고 있었다. 자동차를 몰고 워싱턴 브리지를 건너가던 사람들은 붓다와 예수 둘이서 얼굴을 맞대고 무엇이라고 말하고 있는 모습을 보게 되었다. 그런데 예수는 왼손에 『반야심경』을 들고 있었다. 이 이상한 광경을 발견한 사람들은 브레이크를 밟고서 서행하다가 하나둘씩 아예 자동차를 세워놓고는 창문을 열고 반신반의하는 모습으로 붓다와 예수를 쳐다보고 있었다. 이게 꿈인가 생시인가 하면서 말이다. 그들이 보기에 까까머리를 한 붓다는 금방 알아볼 수 있었다. 그러나 예수의 모습은 〈예수의 고난(The Passion of the Christ)〉에서 본 모습이 아닌 듯하여, 붓다와 함께 있는 사람이 누구인지 궁금하기 짝이 없었다.

그런데 많은 자동차가 정차하고 어떤 사람들은 아예 차 밖으로 나와서 붓다와 예수가 있는 곳으로 몰려가는 이상한 분위기를 알아차린 어떤 젊은이가 무비 카메라를 메고 달려오고 있었다. 가까이 다가왔을 때 보니 카메라에 CNN 뉴스라고 적혀 있었다. 곧이어 ABC 뉴스의 기자와 NBC 뉴스 기자 그리고 다른 여러 방송국의 기자들도 달려왔다. CNN 뉴스 기자는 붓다와 예수의 사진을 여러 방향으로 연거푸 찍고 이미 주차장이 된 워싱턴 브리지의 광경을 모두 카메라에 담았다. 아마 그 기자는 이미 붓다와 예수라는 걸 짐작이라도 했는지, 무비 카메라를 촬영하면서 지금 조지 워싱턴 브리지 상판 길에서 붓다와 또 다른 한 사람이 나타났는데, 붓다와 마주한 사람은 확실히 누구인지는 모르지만 옷차림으로 봐서 아마도 중근동에서 온 사람인 것 같다고 보도했다. 그가 현장에서 보내는 뉴스는 금방 네트워크를 타고 방방곡곡으로 청취자들에게 TV와 라디오를 통해서 퍼져나갔다.

그런데 엄마가 운전하는 렉서스 자동자의 뒷자리에 앉아 있던 어린 소년이 창밖으로 머리를 내밀고 "혹시 부처님 아니세요?(Are you Buddha?)"라고 물어보았다. 그랬더니 붓다는 환한 웃음을 지으며 역시 고개를 약간 숙이며 합장을 하고는 영어로 "예, 그래요(Yes I'm)"라고 대답했다. 영어 발음이 완벽한 미국식 발음이었다. 그 기자는 그 소년에게 다가가서 이름이 무엇이냐고 물어보았다. 그 소년은 데이빗 번스타인(David Bernstein)이라고 말했다. 뉴저지의 알파인에 사는데 뉴욕시의 리버데일에 있는 130년 전통을 자랑하는 호레스맨(Horace Mann)이라는 사립학교의 중학교 1학년에 재학 중이라고 했다. 지금은 수업을 마치고 엄마와 함께 뉴저지의 알파인에 있는 집으로 돌아가는 중이라고 했다. 기자는 그 소년이 어떻게 부처님을 알아보았는지가 참으로 궁금했다. 그래서 기자가 물어보니 소년의 아버지는 월스트리트에 있는 회사에서 주식 중개업을 하는 유대인으로 몇 년 전 불교로 개종해서 뉴저지의 어느 사원엘 다니는 불교신자라고 했다. "아버지가 늘 아침에 일어나면 옴마니 반메훔(연꽃 속에 있는 보석같이 모든 중생의 마음을 정결하게 해서 육도윤회의 문을 닫게 해 주소서. 천수경의 관세음보살의 진언) 하고 읊조리거든요."라고 말했다. 운전을 하던 그 아이의 엄마는 넋을 잃고 참으로 신비하다는 모습으로 붓다를 쳐다보았다. 비로소 그 기자는 붓다에게 상대방은 누구냐고 물어보았다. 그러자 붓다는 이 사람이 바로 예수님(Jesus)이라고 일러주었다. 그 소리를 들은 사람들은 하나둘씩 자동차에서 걸어 나와 붓다와 예수에게로 몰려가기 시작했다. 그리고 사람들은 신비하다는 듯이 두 성인을 쳐다보고 있었다.

자동차에서 나온 사람들은 예수와 붓다를 발견하고는 너무도 놀란 나머지 입을 다물었다. 예수는 만나는 사람마다 네 이웃을 내 몸같이 사랑하라고 말해 주었으며 붓다는 그냥 아무 말 없이 인사하는 사람들에게 가벼운 미소로 합장하며 고개를 15도 정도 굽혔다. 이제 시간이 거의 저녁 7시가 되어서 조지 워싱턴 브리지는 오가던 차들이 모두 정차하고 있어서 완전히 주차장이 되어 버렸다. 오가는 차들이 모두 라디오 방송을 듣고 차에서 내려서 예수와 붓다가 있는 곳으로 몰려들어서 인산인해를 이루었다. 어느덧 경찰관 수십 명이 와서 만약의 상황에 대비해서 치안과 질서를 바로잡고 있었다.

그런데 때마침 미국과 쿠바 두 나라 사이에 70년 동안 꽁꽁 얼어붙었던 관계가 해빙되면서 오바마 대통령과 쿠바의 라울 대통은 수교를 기념하고 있었다. 그 기념식에 자선 공연을 갔던 영국의 록 밴드 롤링스톤스의 메인 보컬인 믹 재거를 비롯한 4명의 멤버들이 붓다가 뉴욕에 왔다는 소식을 듣게 되었다. 그 소식을 들은 그들은 뉴저지의 뉴왁 공항에서 내려 헬리콥터를 타고 포트리(Fort Lee)의 민간 비행장에 도착해서는 부지런히 걸어서 예수와 붓다에게로 달려왔다. 그들은 고개 숙여 두 손으로 합장을 하고는 무릎을 꿇고 붓다의 샌들에 키스를 하는 게 아닌가. 그리고 예수에게는 두 손 모아 기도를 한 뒤 역시 예수의 발등에 키스를 한 뒤 두 팔로 예수를 꼭 껴안았다. 그들은 모두 자신들의 어깨에 기타를 메고 있었다. 그 후 조금 지나서 영화 〈귀여운 여인〉 그리고 〈기갈로〉 등으로 일약 세계적인 스타로 자리매김한 미국의 유명한 영화배우인 리처드 기어가 나타나는 게 아닌가. 그는 한동안 스님이 될 결심을 했으나 영화배우 생활을 좀 더 해서 많은 사람들에게 즐거움을 주는 것도 스님이 되는 것 못지않게 중요하다는 달라이라마의 충고를 받아들여 배우생활을 계속하기로 했다고 한다. 그리고 때마침 뉴저지의 친구 집에 있었는데 붓다가 나타났다는 뉴스를 듣고 단숨에 달려온 것이다. 조금 후에 어떻게 알았는지 롱아일랜드에 사는 록 가수 빌리 조엘(Billy Joel)이 나타났다.

이젠 완전히 축제 분위기가 무르익었다. 옆에 마침 40foot 컨테이너가 파킹되어 있었는데 믹 재거는 컨테이너의 운전수에게 사다리를 달라고 하였다. 멕시칸계의 뚱뚱한 운전수는 싱글벙글 웃으면서 사다리를 건네주었다. 사다리를 타고 롤링스톤스 멤버들은 한 사람 한 사람 컨테이너의 지붕 위로 올라갔다. 리처드 기어도 빌리 조엘도 함께 올라갔다. 그들은 예수와 붓다에게도 올라오시라고 했다. 그러나 예수와 붓다는 극구 사양하고 그냥 군중들과 같이 밑에 남아 있겠다고 했다. 예수와 붓다는 수많은 군중들에 둘러싸여 계속해서 무슨 이야기를 주고받고 있었다. 조금 있더니 롤링스톤스의 믹 재거가 마이크를 잡았다.

여기 인류의 등불인 붓다와 예수님이 계시다. 두 분은 인류의 평화와 행복을 위해 평생을 행동으로 우리들에게 보여 주었다. 예수님은 네 이웃을 내 몸같이 사랑하라고 강조했으며 붓다는 천상천하 유아

독존(唯我獨尊)을 강조한 걸 우리 모두 기억한다. 한 생명은 다른 어떤 생명보다도 고귀하지 않고 모두 동등하게 귀중한 생명이라는 것. 그러나 우리가 사는 이 지구는 아직도 갈등과 전쟁이 끝이지 않고 인류의 앞날을 어둡게 하고 있다. 이 모든 문제의 발단이 종교 때문이라고 나는 생각한다. 우리는 이제 종교를 앞세워서 내가 믿는 종교만이 옳다는 편견과 아집에서 벗어나 종교의 장벽을 깨고 모두 같은 하느님의 형제라는 생각으로 모든 종교를 존중하고 사랑하는 새로운 시대를 맞이해야 한다. 그래서 예수님과 붓다는 우리들 앞에 나타나신 것이다. 전 세계 형제자매들이여, 이제 동서양의 만남을 통해서 전쟁이 없는 평화로운 세상을 만들어 나가자.

그리고 믹 재거는 우리 모두 1분간 지난 3월 유럽의 브뤼셀에서 테러리스트들에 의해 희생된 분들과 유가족들을 위해서 묵념을 하자고 제안했다. 갑자기 엄숙하고 무거운 공기가 조지 워싱턴 다리 위에 감돌았다. 묵념이 끝나고 롤링스톤스는 자신들의 경쟁자였으면서 동시에 가장 존경하던 존 레논의 〈이매진(Imagine)〉을 록 밴드에 맞춰 부르기 시작했다.

Imagine there's no Heaven,

It's easy if you try,

No hell below us,

Above us only sky,

Imagine all the people,

living for today…

Nothing to kill or die for,

No religion too,

Imagine all the people,

living like in peace,

You may say I'm a dreamer,

But I'm not the only one,

I hope someday you will join us,

And the world will live as one

Imagine no possessions,

I wonder if you can,

No need for greed or hunger,

A brotherhood of man,

Imagine all the people,

Sharing all the world…

Imagine there's no countries

It isn't hard to do

Nothing to kill or die for

And no religion too

Imagine all the people

Living life in peace

You may say I'm a dreamer

but I'm not the only one

I hope someday you'll join us

And the world will be as one

Imagine no possessions

I wonder if you can

No need for greed or hunger

A brotherhood for man

Imagine all the people

Sharing all the world…

You may say I'm dreamer

But I'm not the only one

I hope someday you'll join us

And the world will live as one

천국도 없고

우리 아래 지옥도 없고

오직 우리 위에 하늘만 있다고 생각해 봐요

노력해 보면 어려운 일이 아니에요

오늘 하루를 충실하게 살아가는 사람들을 상상해 봐요

국가라는 구분이 없다고 상상해 보세요

어렵지 않아요

죽이지도 않고, 죽을 일도 없고

종교도 없고…

평화롭게 살아가는 삶을 상상해 보세요

날 몽상가라고 부를지도 몰라요

하지만 나만 이런 생각을 가진 것이 아니에요

언젠가 당신도 우리와 같은

생각을 가지게 될 거예요

소유물이 없는 세상을 상상해 봐요

당신이 상상할 수 있을까요

탐욕을 부릴 필요도 없고

굶주릴 필요도 없고, 인류애가 넘쳐나요

세상을 함께 공유하는

사람들을 상상해 봐요

날 몽상가라고 부를지도 몰라요

하지만 나만 이런 생각을 가진 것이 아니에요

언젠가 당신도 우리와 같은

생각을 가지게 될 거예요

노래를 듣고 있던 수많은 군중들로부터 우레와 같은 박수와 함성이
터져 나왔다. 우리는 믿는다(We believe in, we believe in), 우리는 보다 나
은 미래를 믿는나(We believe in the future, We believe in the future)라고 모두
들 외쳐댔다. 어느덧 해는 석양에서 꼬리를 감추며 사라져 가는데 조
지 워싱턴 브리지는 완전 축제 분위기였다. 저 멀리 허드슨 강을 배
경으로 마치 하늘을 찌를 듯 솟아오른 마천루를 배경으로 한 휘황찬
란한 맨해튼 야경이 모두의 시선을 사로잡았다. 붓다와 예수는 계속
사람들에 둘러싸여 무언가 대중들과 말을 주고받았다.

그다음 리처드 기어가 마이크를 잡았다.

나는 기독교 집안에서 태어났다. 그러나 대학을 졸업하고 불교신자가 되었다. 지난 5천 년간 종교가 인간을 구속하는 존재였다면 21세기의 종교는 인간을 해방시키는 종교로 거듭나야 한다고 생각한다. 그러기 위해서는 모든 종교를 포용하는 다원론적인 사고를 가져야 할 시대가 도래했다고 믿는다. 내 종교만이 옳다는 독단이야말로 지난 수천년간 전쟁을 일으킨 주범이라고 믿는다. 자신에게 주어진 양심이 지시하는 대로 어떤 종교라도 그 종교에서 가르치는 것을 실천할 때 바른 종교에 다가갈 수 있다고 믿는다. 하느님은 우리들에게 다양한 종교의 울타리를 거리낌 없이 넘나들 수 있는 자유를 주셨다고 나는 믿는다. 그럼으로써 서로를 좀 더 이해할 수 있고 너와 나의 좋은 점을 상호 보완해서 보다 균형 잡힌 세상, 평화로운 우주마을을 만들어 나갈 수 있다고 굳게 믿는다. 저는 교회에 가서 거리낌 없이 자유롭게 예배 볼 수 있고 절에 가서도 아무 이질감 없이 불공을 드릴 수 있으며 친구들과 함께 유대인들의 시노가그엘 가서도 또한 모스크에 가서도 예배를 드릴 수 있다. 왜냐하면 신은 하나이며 국경을 초월해서 모두 공통적으로 우리 모두를 지배하는 내 안에 있는 신성이라고 믿기 때문이다. 하느님은 교회에도 절에도 모스크에도 시노가그에도 심지어는 산에도 바다에도 어디든지 무소부재하다고 믿는다.

리처드 기어의 말은 절도가 있고 역시 일류 배우다운 강력한 카리스마가 있었다. 그는 수십 년간 자신의 평생 멘토이며 스승인 달라이 라마와 오랜 친분을 맺어왔다고 한다. 그는 이어서 여기 인류의 스승이신 두 분께서 보여 주신 메시지는 다름 아닌 추기급인(推己及人,

만사에 내가 먼저 모범을 보임)의 가르침이라고 믿는다. 자, 이제부터 모두 자신의 주변에 소외된 분들에게 베푸는 조그마한 사랑의 실천이 한 사람의 인생을 행복하게 해줄 수 있고 나아가 사회를 평화롭게 만들 수 있다는 믿음을 가지고 실천해야 할 때라고 믿는다. 우리가 사는 이 세상은 아직도 하루 한 끼로 힘들에 살아가는 사람들이 10억 명 이상이나 있다. 우리 모두 늘 그들을 기억하고 사랑의 손길을 건네줍시다.

사람들이 리처드 기어를 환호하는 박수가 터져 나왔다. 리처드, 리처드 하며 함성이 터져 나왔다.

다음은 롱 아일랜드에서 온 빌리 조엘이 마이크를 잡았다. 그는 구 소련이 붕괴되기 전인 1987년 자신의 록 밴드를 동원하여 당시 고르바초프 대통령의 페레스트로이카(개방정책)를 지지하는 공연을 했는데 소련 역사상 최초의 로큰롤 공연이었다. 그는 세계의 민주화에 많은 관심을 가졌던 행동하는 지식인이었다. 그리고 그 공연은 자유민주주의의 승리를 기념하는 콘서트라는 대단히 기념비적인 공연이었다.

나는 오늘 두 성인을 만나 뵙게 되어 내 인생의 가장 큰 행복의 순간이라고 생각한다. 세계 평화는 한 사람 한 사람의 마음으로부터 시작된다고 나는 믿는다. 내가 평화로워지면 가정이 평화로워지고 나아가 사회가 그리고 국가와 전 세계가 평화로워질 수 있다고 생각한다. 나는 비록 유대인 집안에서 태어났지만 모든 종교를 존중한디.

오늘부터 여기 인류의 평화를 위해 모범을 보이신 두 선각자인 예수님과 붓다가 살아온 길을 따라서 스스로 내면의 평화를 찾기 위해 모두 함께 노력하자고 빌리 조엘은 호소했다. 또 한번의 우레와 같은 박수가 터져 나왔다. 그리고 빌리 조엘은 자신이 가장 존경하는 가수 밥 딜런(Bob Dylan)의 노래 〈Knocking On Heaven's Door(천국의 문을 두드리며)〉를 불렀다.

Mama take this badge off me
I can't use it anymore
It's getting dark, too dark to see
Feel I'm knockin' heaven's door
Knock knock knockin' on Heaven's door
Knock Knock Knockin' on Heaven's door
Knock Knock Knockin' on Heaven's door

Mama put my guns in the ground
I can't shoot them anymore
that long black cloud is coming down
Feel I'm knocking on Heaven's door

Knock knock knockin' on Heaven's door
Knock Knock Knockin' on Heaven's door
Knock Knock Knockin' on Heaven's door, oh yeah
Knock knock knockin' on Heaven's door

Yeah Yeah eh yeah, Yeah Yeah eh yeah

Yeah Yeah eh Yeah, Yeah Yeah eh Yeah

엄마, 이 배지를 나에게서 가져가요
엄마, 이 배지를 가져가요
난 더 이상 이걸 쓸 수 없어요
어둠이 다가와요, 볼 수 있는 건 어둠뿐
나는 천국 문을 두드리는 기분을 느껴요

천국 문을 두들겨요, 두들겨요, 두들겨요
천국 문을 두들겨요, 두들겨요, 두들겨요
천국 문을 두들겨요, 두들겨요, 두들겨요
천국 문을 두들겨요, 두들겨요, 두들겨요

엄마 내 총들을 공터에 버려요
나는 더 이상 쏠 수가 없어요
길고 검은 구름이 다가와요
나는 천국 문을 두드리는 기분을 느껴요

천국 문을 두들겨요, 두들겨요, 두들겨요
천국 문을 두들겨요, 두들겨요, 두들겨요
천국 문을 두들겨요, 두들겨요, 두들겨요
천국 문을 두들겨요, 두들겨요, 두들겨요

조지 워싱턴 브리지는 어느새 인류의 평화를 기원하는 콘서트 장이 되어 버렸다. 그런데 아래를 내려다보니 심상치 않은 기운이 감돌고 있었다. 로사(Rosa)라는 8세의 소녀가 맨해튼의 할렘(Harlem)에 있는 자신의 집에서 TV를 통해 예수님이 조지 워싱턴 브리지에 나타났다는 뉴스를 접하고 친구인 제시카(Jessica)의 도움으로 걸어서 예수님을 만나러 온 것이었다. 로사는 특수 맹인학교 3학년에 재학 중인 영민한 학생인데 불행하게도 태어날 때 산모의 산도를 통해 나올 때 모체의 산도에 있던 임질균에 그만 감염이 되었다. 그래서 4일 후 양쪽 눈꺼풀과 결막에 심한 부종과 충혈 그리고 결막출혈이 나타나고 고름 같은 분비물이 계속 분비되었다. 결국 침입한 임질균을 항생제로 적절히 치료하지 못해서 결국 각막공천으로 진행되어 실명을 하게 되었다고 한다.

게다가 로사가 5살 때 아버지는 심한 마약 중독에 빠져 있었는데 결국 마약밀매 혐의로 몇 번 구속되면서 실형을 받고 형무소를 드나들었다. 그러다가 마약을 과도하게 복용하고 거기다 심한 음주로 인해 자신의 집 욕조에서 쓰러져서 혼수상태로 발견됐는데 뇌사 상태에서 몇 개월째 깨어나지 못하고 집에 누워 있다고 한다. 그리고 엄마 헬렌(Helen)은 맨해튼의 다운타운에 있는 식당에서 일을 끝내고 저녁 늦게 집으로 돌아오는 길에 지하철 정거장에서 기차를 기다리다 너무도 피곤한 나머지 깜빡 졸았는데 그만 다가오는 전차 난간에 발이 끼면서 한쪽 발을 절단했기 때문에 못 쓰게 되었다. 그 사고로 인해 장애자가 되어서 지팡이를 짚고 가까스로 걸어 다닌다고 한다. 집안 살림은 13살짜리 언니 레베카(Rebecca)가 맡아서 한다고 하는데 정부에서 극빈자에게 주는 기초생활연금(wellfare benefits)에 의존하며 죽지 못해 근근이 살아가는 가련한 가정의 희생자였다.

그런데 로사는 3살 때부터 엄마의 손목을 잡고 할렘의 프래드릭 더 그라스 블러버드(Fredrick Douglas Boulevard)에 있는 마더 아프리칸 감리 교회(Mother African Methodist Church)를 다녔다. 그때 주일 어린이 성경학 교에서 예수님의 오병이어 기적과 잔칫날 물을 포도주로 만든 것, 그리고 문둥병자를 당장 고쳐주고 죽은 나사로를 살려내는 이야기 등을 너무 흥미 있게 듣고 아직도 생생하게 기억하고 있었다. 매일 매일 성경을 읽으며 로사는 "예수님의 은총으로 우리 집안도 축복을 받아서 우리 엄마가 두 다리로 걸어 다닐 수 있게 고쳐주시고 우리 아빠도 살아날 수 있게 해 주세요."라는 소원을 품고 있었다. 로사가 생각하는 예수님은 곧 하느님이시기 때문에 이 세상 만물을 만들고 또 모든 필요한 것을 채워줄 수 있는 알라딘의 지니(Genie)와 같은 존재였다. 로사는 점점 한 살 한 살 더 먹어서 어느덧 8살의 소녀로 성장하였다. 아버지가 뇌사 상태로 방에 누워 있고 또 엎친 데 덮친 격으로 엄마도 장애자가 되자, 자신의 처지를 비관하면서 나는 왜 이런 불운한 집안에 태어났을까 하는 의구심이 종종 샘솟곤 했다.

예수님이 나타났다는 소식에 로사는 할렘에서 멀지않은 거리니까 친구와 함께 걸어서 온 것이다. 제시카는 로사를 예수님 곁으로 안내했다. 기자들이 달려들어 로사에게 여러 가지 궁금한 사항을 물어보았다. 로사는 기자들에게 자신은 할렘에 살며 아버지는 뇌사상태로 방에 누워 있고 어머니는 불구의 몸이라는 이야기를 했다. 기자들은 예수님을 꼭 만날 이유가 있느냐고 물어보았다. 로사는 또렷한 말투로 "예수님을 만나서 꼭 부탁하고 싶은 것이 있어서 왔어요."라고 했다. 예수님은 맹인인 로사를 자신의 두 팔로 꼭 껴안고 눈을 지그시 감고는 무언가 기도를 하고 있었다. 그곳에 모인 군중들은 로사가 불운한 가정에서 태어난 자신에 대한 연민으로 통한의 눈물을 흘리지나 않을까 하며 자비의 눈길로 로사를 바라보고 있었다. 그러나 로사는 만면에 미소를 지으며 평소에 성경에서만 읽었던 예수님을 만나서 너무 너무 마음이 기쁘고 행복하다고 말했다. 그랬더니 예수님은 자신이 이미 로사와의 만남을 예견하고 있었다고 말했다. 로사는 역시 예수님은 하느님이라 앞을 내다보시는구나 하면서 한층 고무되어 있었다.

그런 다음 예수님은 너의 소원이 무엇이냐고 물어보았다. 그랬더니 기다렸다는 듯 바로 "우선 우리 엄마의 다리를 다시 걸을 수 있게 해주시고 우리 아버지를 다시 온전한 사람으로 만들어 주세요."라고 부탁했다. 그러면서 "예수님은 모든 걸 할 수 있고 죽은 사람도 살려 낼 수 있잖아요." 하고 말했다. 예수님은 그 말을 듣고 너무나 놀랐다. 어린아이가 당연히 자신의 눈을 뜨게 해 달라고 요구할 줄 알았는데, 엄마 아빠를 우선 고쳐 달라고 부탁할 줄이야……. 로사의 따뜻한 마음씨에 주위에 있던 사람들도 모두 너무나 큰 감동을 느꼈다. 참으로 고운 마음씨를 가진 소녀였다. 예수님은 잠시 상념에 잠기더니 얼굴을 하늘로 향해서 '엘리 엘리 라마 사박다니' 하며 크게 외쳤다.

그러고는 다시 얼굴을 내리고 어린 소녀 앞에 무릎을 꿇고 로사의 두 손을 꼭 잡으며 말했다. "나는 그런 마술사가 아니란다. 장님의 눈을 뜨게 하거나 부러진 다리를 금방 고쳐주고 죽은 사람을 살려 낼 수 있는 건 마술사들이 사람들을 웃기기 위해서 하는 연극일 뿐이며 한번 죽은 사람은 다시 똑같은 육체를 가지고 살아날 수 없고 다만 영혼만 살아남을 수 있는 것이지. 현실에서 육체의 부활이란 불가능한 것이란다."

그리고 예수는 이어서 말했다. "사실 나는 5백 년 전 스페인의 세비아라는 광장에서 대심문관인 추기경이 100명의 기독교 이단자들을 화형식 할 때 나타났었는데 그만 종교와 정치권력을 한 손에 쥔 막강한 성직자들 때문에 말 한 마디 못하고 쫓겨났단다. 그 이후로는 다시는 지구상에 나타나지 않으려고 했지만 이번에 너 로사를 만나기 위한 것이 여기에 온 두 번째 목적이야. 나를 바로 알리기 위해서 말이지. 성경에서 나를 하느님으로 그리고 오병이어의 기적을 일으키는 마술사로 만들었으니 그 사람들은 진정으로 나를 두 번 죽인 것이나 다름없는 사악한 사람들이지.

그것 때문에 십자군의 원정 때 백만의 인명이 희생당한 것을 비롯해서 유럽과 남미에서 셀 수 없는 무수한 생명이 죽어갔고 근대에 들어와서는 6백만의 유대인을 불태워 죽인 히틀러의 대량 학살을 정점으로 지난 2천 년간 죄 없는 엄청난 사람들이 이단자라는 명분으로 죽어갔던 것이지.

나는 속죄하기 위해서 마지막으로 여기에 나타난 것이야. 미안해. 나는 너의 아버지를 살려줄 수도 또 너의 엄마의 다리를 고쳐줄 수도 없단다. 나는 평범한 목수의 아들이었지. 성장하면서 이스라엘의 유대인들이 섬기는 야훼의 힘으로 로마제국으로부터 독립시키기 위해서 신명을 다 바쳐서 야훼 하느님께 기도하고 노력했던 독립운동가이었어.

그러나 인간의 한계를 극복하지 못하고 미완성으로 그치고 로마제국의 권력 앞에서 십자가에 못 박혀 죽었을 뿐이지. 인류의 역사를 보니 숭배의 공통성이라는 것 때문에 사람들은 서로 칼을 휘두르며 치열하게 싸워왔지. 그들은 하나같이 자기네가 원하는 신을 창조해내고 자기 쪽으로 신을 불러들여서 내 편을 만들고 내 앞에 무릎 꿇어라, 그렇지 않으면 너는 물론이고 또 너희들이 모시는 신들도 모두 죽여 버릴 것이라고 협박하고는 죽이곤 했지. 아마 이러한 인간의 속성은 이 지구가 멸망하는 날까지 계속될지도 몰라.”

예수의 말을 듣고 있던 로사는 처연한 모습으로 허드슨 강 쪽을 향해 몸을 돌렸다. 그러고는 다리의 난간을 잡고 흑흑거리며 울더니, “나는 이 세상이 싫어요, 아무도 믿을 수 없는 이 세상이 미워요.” 하며 비명을 지르고는 갑자기 난간을 뛰어넘어서 허드슨 강으로 뛰어내렸다. 주위에 있던 사람들은 도저히 믿을 수 없다는 망연한 표정으로 이를 보고는 울음을 터뜨렸다. 어머나, 어머나, 도저히 믿을 수가 없어요(Oh My God, Oh My God, I can't believe it). 주변에 운집한 군중들 모두의 입에서 탄식이 터져 나왔다.

그러자 예수는 처연한 모습으로 하늘을 쳐다보며 두 손을 모아 아람어로 아바, 아바(Abba, Abba)를 연거푸 복창하더니 “tikun olam! tikun olam! tikun olam!”을 세 번 되풀이했다. 다들 예수가 한 말이 무엇을 뜻하는지 궁금해했다. 그때 소년 데이빗 번스타인이 큰 소리로 티쿤 올람은 ‘잘못된 세상을 바로잡아 주세요.’라는 의미이며, 아바는 유대인들이 하느님을 친근한 의미로 부르는 말이라고 해석해 주었다.

그런데 10초 정도 지났을까. 수없이 많은 별들만이 반짝이는 허드슨 강의 남쪽 하늘에서 갑자기 눈이 부실 정도로 강렬한 빛과 함께 이상한 물체가 드러났다. 마차 행렬과 같은 두 줄기의 휘황찬란한 줄이 양쪽으로 호위하더니 그 가운데 마치 옛날 옛적 엘리야 선지자가 탔던 것과 같은 불말(horses of fire)과 불병거(chariots of fire)[94]가 나타나는 게 아닌가. 그런데 그 가운데 선지자 엘리사(엘리야의 후계자)가 앉아 있고 왼쪽에는 한 명의 호위 천사가 앉아 있었다. 불병거는 조지 워싱턴 다리 아래 허드슨 강으로 점점 가까이 다가가더니 천사가 한 손으로 물속에 있는 로사를 끄집어내어 불병거에 태웠다. 그러고는 일진장풍의 회오리바람을 일으키고는 전속력으로 하늘로 승천해 버렸다.

그 뒤에 어두운 밤하늘에 마치 야광 빛과 함께 흰 색으로 '테쉬바(teshuvah)'라는 글자가 쓰였다. 군중들은 무슨 뜻인지 모두 의아해 하며 궁금증을 달래고 있었는데, 이번에도 데이빗 번스타인이란 유대인 소년이 그 뜻은 히브리어로 "하느님께로 돌아간다."라는 의미라고 해석해 주었다. 모두들 순수한 영혼을 지닌 로사의 승천을 쳐다보며 감격의 눈물을 흘리면서 축하하는 박수와 함께 신성한 존재에 대한 감사의 기도를 드렸다. 그 광경을 컨테이너 위에서 넋을 놓고 쳐다보던 롤링스톤스 4명의 멤버와 가수 빌리 조엘은 자신들의 기타를 둘러메고 〈어메이징 그레이스(Amaging Grace)〉를 아주 느린 템포로 연주하기 시작했다.

---

94) 〈열왕기하〉 2장 11절에 나오는 엘리야 선지자의 승천 모습.

Amaging grace, how sweet the sound

That saved a wretch like me

I once was lost, but now I'm found;

Was blind, but now I see

That's grace that taught my heart to fear

And grace my fears relieved

How precious did that grace appear

The hour I first believed

Through many dangers, toils and snares

I have already come

This grace has brought me safe thus far

And grace will lead me home

When this flesh and heart shall fail

And mortal life shall cease;

I shall possess, within the veil

A life of joy and peace

When we've been there ten thousand years

Bright shining as the sun

We've no less days to sing God's praise

Than when we first begun.

The earth shall soon dissolve like snow

The sun forbear to sunshine;

But God, who called me here below

Will be forever mine

놀라운 은혜, 얼마나 감미로운 소리인가

나 같은 비참한 사람을 구해 주셨네

한때 길을 잃었으나, 지금은 인도해 주시고

한때 장님이었으나, 이제 나 보이네

하느님의 은혜가 내 마음에 경외심을 가르치고

그리고 이러한 은혜가 두려움을 덜어주셨네

얼마나 존귀한 은혜가 나타난 것일까

나 처음 믿게 된 그 시간이

많은 위험, 고통과 유혹을 넘어

나 이제 여기에 왔네

이 은혜가 여기까지 나를 무사히 이끌었으니

은혜는 나를 본향으로 인도하리라

그리고 몸도 마음도 쇠하고

나 죽을 목숨이 다하게 될 때

나는 가지게 되네, 이 베일 속에서
기쁨과 평화의 삶을

거기서 우리가 만년을 지내면서
해처럼 밝게 비추게 되어
우리가 하느님을 찬양한다면
처음 부르기 시작했던 것 못지않으리

이 땅은 눈 녹듯이 사라질 것이며
태양은 그 빛남을 멈출 것이나
대저 하느님의 부르심은
그 안에서 내게 영원하리라

이제 조지 워싱턴 다리는 마치 모세가 시나이산에서 하느님으로부터 십계명을 받을 때와 같은 성스러운 장소가 되어버렸다. 거기에 운집한 군중들은 이 믿기 어려운 현실을 목도하며, 순수한 영혼인 소녀 로사를 엘리야 선지자보다 두 배로 능력을 받았다는 엘리사 선지자가 하늘나라로 인도하는구나, 역시 운명의 신은 선한 영혼들을 외면하지 않는구나 하고 되뇌었다. 그리고 인생이란 역시 사랑을 실천하는 데 있다는 것을, 그러므로 성실한 마음으로 살아가야 한다는 걸 모두 굳게 다짐하는 듯했다.

그 광경을 쳐다보던 예수가 컨테이너 위로 올라갔다. 붓다도 예수를 따라 사다리를 타고 컨테이너 위로 올라갔다.

예수는 하늘을 쳐다보며 알마 닷데이(alma de'atei, the world is coming), 알마 닷데이, 알마 닷데이 세 번 되풀이했다. 그다음 옆에 서 있던 붓다가 합장하고 "옴마니 반메훔, 옴마니 반메훔"을 5번 계속 반복하더니, 마이크를 잡고 우리 모두 눈을 감고 따라서 하자고 제의했다. 군중들은 모두 뭣도 모르고 합장을 하고는 예수님과 함께 "옴마니 반메훔"을 복창했다. 그 후 군중들이 "옴마니 반메훔"을 5번 읊고 눈을 떠 보니 붓다와 예수는 온 데 간 데 없이 사라져버렸다. 조지 워싱턴 브리지에 있던 수많은 사람들은 자신이 목도한 너무도 믿기지 않는 해프닝을 곱씹으며 도도히 흐르는 허드슨 강물을 바라보며 넋을 잃고 서 있었다. 얼마 후 하나둘씩 자동차의 시동을 걸고 각자 자신들의 가정으로 사라지기 시작했다.

집에서 늦잠을 자고 있던 나는 아내가 왜 이리 늦게까지 자느냐고 하면서 내 오른쪽 뺨을 꼬집어 줄 때, 그 달콤한 잠에서 깨어났다. 아, 나는 꿈을 꾸고 있었구나. 희한한 꿈도 다 있구나……. 내 일생에 참으로 별난 꿈을 꾸었네. 침대에 누워서 지난밤의 꿈을 되새김질하면서 나는 갑자기 월트 휘트먼의 〈짐승〉이란 시구가 떠올랐다.

나는 모습을 바꾸어 짐승들과 함께 살았으면 한다.
그들은 평온하며 스스로 만족할 줄 안다.
나는 한 자리에 서서 오래도록 그들을 바라보았다.
그들은 땀 흘려 손에 넣으려고 하지 않으며
자신들의 환경을 불평하지도 않는다.

그들은 밤늦도록 잠 못 이루지 않고

죄를 용서해달라고 빌지도 않는다.

그들은 하느님에 대한 의무 따위를 토론하거나

나를 괴롭히거나 하지도 않는다.

불만족해 하는 자도 없고 소유욕에 눈이 먼 자도 없다.

다른 자들에게 또는 수천 년 전에 살았던 동료에게

무릎 꿇는 자도 없으며

세상 어디를 돌아봐도 잘난 체하거나

불행해 하는 자도 없다.

| 종교재판을 받은 나 |

2014년 10월 4일 금요일 저녁 7시에 내가 다니는 교회의 목장 식구들과 함께 우리 집에 모여 성경공부를 하게 되었다. 마침 성경공부를 인도해야 할 리더가 외국에 출장 중이었기 때문에 나에게 좀 인도해 달라는 부탁을 받고 조금은 망설였지만 별 대안이 없어서 그냥 하기로 합의했다. 평소와 같이 간단한 다과를 나누면서 한 시간 정도 담소를 나눈 뒤 나는 기도를 하고 성경공부를 시작했다. 주제는 "〈요한복음〉에 나타나는 구세주"였다. 잘 알려진 대로 〈요한복음〉은 예수님의 구세주 되심을 강조하기 위해서 제자 중 한 사람인 세례 요한이 쓴 것으로 되어 있다. 그런데 읽다 보면 요한이 실제 저자라고 볼 수 없는 걸 발견할 수 있다.

나는 우선 구세주(Messiah)란 무엇인가에 대해서 설명을 했다. '기름 부은 자'라는 뜻인데 2천5백 년 전 바빌로니아의 무자비한 탄압에서 벗어날 희망이 없는 나약한 이스라엘 민중들은 자신들의 고난을 한 번에 해결해 줄 수 있는 절대적인 존재를 동경하게 되는데, 그게 바로 메시아 신앙의 토대가 된다는 걸 말해 주었다. 예수님도 이스라엘을 로마제국으로부터 독립시키기 위해서 태어난 메시아라는 사실을 말했다. 나는 그동안 유대교와 불교, 힌두교를 두루두루 왕래하면서 유대인들과도 성경공부를 해 보았고 또 불광선원에도 다녔으며 힌두교 성전에 가서 그들과 함께 『바가바드기타』도 공부했다. 따라서 네 종교를 비교하면서 내가 본 종교의 본질을 좀 이야기해 주고 싶었다. 신라의 진흥왕 때 불교의 미륵사상이나 관세음 신앙 등은 모두 구세주를 갈구하는 메시아 신앙이라고 말해 주었다. 그리고 나는 예수님은 유대인 랍비였다는 이야기를 해주었다.

그런데 그 말이 성경공부를 하러 모인 대부분의 충실한 교우들의 아킬레스건을 건드린 것이다. 그 말이 터져 나오자마자 여기저기서 나에게 어떻게 예수님이 랍비라고 할 수 있느냐, 예수님은 하느님이시다, 어떻게 예수님을 부처님과 같이 평가하느냐는 등 비난의 화살이 막 날아왔다. 그러면서 나에게 예수님이 갈릴리 가나에서 잔칫날 물로 포도주를 만든 것을 믿느냐, 또 오병이어를 믿느냐 하면서 질문 공세를 퍼부었다. 나는 차분히 오병이어와 같은 기적은 안 믿는다고 말해주고 나는 다만 예수님의 사랑의 정신을 믿을 뿐이며 또한 인과율을 믿을 뿐이라고 말했다. 그리고 나는 매일 아침에 동쪽에서 떠오르는 붉은 태양을 경이로운 눈으로 바라볼 때 그 신비함에 도취된다. 그런 자연의 운행 원리인 우주적인 신을 믿을 뿐이며, 나의 일상사에 일일이 참견하면서 잘잘못을 꼬집고 정죄하며 명령하고 윽박지르는 그런 인격적인 신을 믿지 않는다고 대답해 주었다. 그랬더니 나에게 성령을 느끼느냐고 물어보았다. 나도 성령은 느낀다고 말해 주었다. 더불어 나는 이신론을 믿는다고 말해 주었다.

성경 참석자들 중 거의 80%는 나의 이신론에 반대하는 교우들이었다. 다행히 내 옆에 있던, 한국에서 교환교수로 오신 한 교수께서 우리나라의 기독교는 너무 기복신앙 쪽으로 기울고 있다는 자신의 의견을 피력했다. 그리고 신실한 젊은 남자 한 분은 교회를 다니다 보니, 안 다니는 사람보다 오히려 믿는다는 사람들이 더 나쁜 짓을 많이 하는 것 같다는 자신의 심정을 이야기해 주었다. 잔뜩 긴장하고 있던 나는 조금 숨통이 트이는 것 같았다. 내가 한 발언에 너무 충격을 받았는지 한동안 굳게 침묵을 지키고 있던 어떤 분이 잠시 후 입을 열더니, 예수님이 랍비였었다는 건 정말 충격적이라고 말했다.

2014년 10월에 나는 마치 17세기 스페인의 세비야의 광장에서 대심문관이 예수님을 놓고 재판을 벌였던 것과 같이 우리 목장의 교인들로부터 종교재판을 받은 기분이었다. 내가 오병이어의 기적과 물 위를 걷는 예수의 이야기 등을 믿지 않는다고 말했더니, 교우들은 한결같이 어떻게 그럴 수가 있느냐는 둥 또 어떤 교우는 참으로 인생이 피곤하겠다는 둥 모두를 나를 이단시하며 쳐다보고 있었다.

그러나 정작 예수님과 붓다는 좌우에서 나를 호위하며 계속해서 나를 격려해 주었다. '위축되지 말고 진실을 말해. 제발 우리 두 사람의 의도를 왜곡하는 모든 거짓 증언들에 대해서 용감하게 맞서줘.' 하며 독려해 주는 듯했다. 당시 든든한 백(back)을 가진 기분으로 내 주장을 굽히지 않고 말했던 기억이 난다. 내가 지금 다니는 교회는 뉴욕이나 보스턴과는 달리 거의 95퍼센트의 신자들이 성경에 쓰인 말씀이 백퍼센트 하느님의 말씀으로 믿고 있다. 처음에 이를 발견하고서는 너무 놀랐다.

유대인들은 〈욥기〉나 〈요나〉 같은 이야기는 후대에 인간의 상상력을 동원한 창작으로 보고 있다. 〈창세기〉의 하느님과 씨름한 야곱의 이야기나 〈에스더서〉 같은 것도 현재에서 의미를 찾는다. 그리고 미래를 준비하기 위해서 노력한, 여러 세대들을 거쳐 온 사람들이 과거 유대인들의 역사를 선별해서 결국 상상력을 동원하여 쓴 아름다운 문학의 한 편으로 이해한다.

그러면 미국의 남 침례교회와 한국의 기독교계의 현실은 어떤가? 2010년 캐리비언의 헤이티에 강도 7의 지진이 발생해서 30만 명에 가까운 인명이 희생됐다. 왜 그렇게 순박하게 살며 예수님을 믿는 사람들에게 그런 끔찍한 재앙이 일어났을까? 그들은 자신의 가족과 그들이 소유한 모든 것을 한 순간에 앗아간 대자연의 위력 앞에 허탈한 심정을 움켜쥐고 청천하늘을 쳐다보며 과연 누구를 원망했을까? 그 당시 TV에서 미국에서 가장 막강한 기독교 세력이며 주로 매스컴을 통해서 복음을 전하는 남 침례교회의 거물급 인사인 복음주의자(T. V. evangelist) 팻 로버트슨 목사(Pat Robertson)는 헤이티 국민들은 기독교 국가이지만 거의 50%에 해당하는 국민들이 아프리카의 토속 종교인 부두(Voodoo) 종교를 믿기 때문에 하느님이 벌을 주신 것이라고 인터뷰를 통해 고백했다. 그 때문에 그가 미국의 매스미디어에서 집중적으로 강도 높은 비난을 받은 걸 우리는 모두 기억하고 있다.

캐나다의 리자이나 대학교 종교학과 과장인 오강남 교수에 의하면, 대부분의 한국 기독교인들의 수준도 별다를 바 없으며 기독교인의 90%가 성경에 쓰인 구절은 모두 백퍼센트 하느님의 말씀으로 받아들이고 있다는 것이다. 그래서 한 글자라도 달리 해석하면 벌을 받는다는 성경무오설의 지지자들이라고 한다. 근본주의자들이 생각하는 하느님은 보통 저 높은 하늘(sky God) 어디 천당에 정좌하고 계신 분이다. 과연 하느님은 우리와 같이 느끼고 생각하고 판단하는 그런 인격적인 존재일까? 노자는 도(道)에 의해 천지가 생겼으며 그 천지가 만물을 낳았기에 도는 천지만물의 본원이며 본체라고 말한다.

7남매의 막내인 나는 6.25전쟁이 발발하고 한달 후에 태어났다. 그때 제대로 먹지 못하고 자란 탓인지 몸이 부실했다. 그래서 여름만 되면 학질에 자주 걸려서 몸이 불덩어리같이 고열이 오르곤 했던, 생생한 기억이 난다. 그런데 어머니가 성당에서 얻어 왔다고 하시면서 나에게 가루약을 먹으라고 주셨다. 그런데 나는 그 가루약이 먹기가 거북하고 구역질이 나서 먹기 싫어했다. 어머니는 이걸 먹어야 난다고 하시면서 억지로 내 입 안에다 넣어 주시곤 했었다. 그런데 그 약을 먹고 나면 고열이 내리고 아픈 게 슬그머니 없어지곤 했다. 특히 자애스런 모습의 수녀님이 옆에서 웃는 얼굴로 나의 이마를 만져주시면, 은근히 마음이 뿌듯함을 느끼곤 했다.

그런데 그 당시에는 성당에 가면 꼭 무릎을 꿇고 앉아야 하는데, 나는 그게 싫어서 성당에 가기를 꺼려했었다. 그러나 어머니와 형수께서 워낙 열심히 다니셨기 때문에 주일날 열심히 성당엘 함께 다녔다. 그런데 성경에 나오는 〈창세기〉의 아담과 이브의 이야기 그리고 요셉의 이야기 등이 너무 흥미 있어서 성당에서 주는 교리문답을 달달 외웠다. 호기심이 많았던 나는 성경 이야기를 들으면서 수많은 궁금증이 생기기 시작했다. 이 세상 모든 걸 다 만드시고 또 우리가 하는 일을 샅샅이 모두 알고 계신다는 하느님은 아담과 이브가 선악과를 따먹기 전에 왜 막지 못하셨을까? 또 왜 공의스런 하느님이 아브라함의 사랑하는 아들 이삭을 제물로 바치라는 끔직한 명령을 하셨을까? 이런 궁금증에 대해서 어머니께 질문을 했을 때 어머니는 늘 네가 크면 알게 되리라고 하시면서 사랑스런 눈빛으로 내 머리를 쓰다듬어 주곤 하셨다.

그 이후 60여 년이란 세월이 흐르고 내 나이가 어느덧 70을 향해 가는 인생의 황혼길에 접어들었다. 공자님은 인생 70을 종심소욕불유거(從心所欲不踰矩)라고 표현했다. 동으로 가든 서로 가든 법에 어긋나는 일이 없는 불함(不陷)의 나이가 되었다는 것이다. 여기에 얽힌 일화를 소개하려고 한다.

공자가 천하를 주유할 때 채나라 국경을 지나다가 뽕을 따는 두 여인을 보고 있노라니, 동쪽에서 뽕 따는 여인은 얼굴이 구슬처럼 예쁜데 서쪽에서 뽕 따는 여인은 곰보처럼 얽어 있는 것이었다.

공자가 농하기를 "동지박서지박(東枝璞西枝縛, 동쪽 가지는 구슬박처럼 예쁜데 서쪽 가지는 얽은 박)이로구나." 하였다. 그러자 서쪽 여인이 공자를 힐끗 보더니 이렇게 응수했다. "건순노치 칠일질량지상 이백어면 천하명문지상(乾脣露齒 七日絶糧之相 耳白於面 天下名文之相, 입술이 바짝 마르고 이빨이 툭 튀어나온 걸 보니, 7일간 굶은 상인데, 귀가 얼굴색보다 흰 걸 보니, 문장만은 천하에 알려질

만하다)이로구나." 공자의 면모를 너무도 정확하게 묘사한 최초의 인물이라고 할 만큼 관찰력이 뛰어난 여인이라고 할 수 있다.

몹시 자존심이 상한 공자가 서둘러 길을 떠나는데 건순노치 칠일절량지상 때문에 채나라 국경에서 포졸에게 그만 잡혀 감옥에 갇히게된다. 천하의 석학 공자를 몰라본 포졸이 공자에게 다음과 같이 숙제를 던졌다.

"당신이 노나라 성현 공자라면 보통 사람들과 달리 비범할진대, 구멍이 뚫린 9개의 구슬들을 명주실로 한 번에 꿰어보시오."라고 했다. 공자가 명주실을 잡고 구슬을 꿰는 데 연나흘을 끙끙댔지만 실패의 연속이었다. 할 수 없이 자신을 건순노치 칠일절량지상이라 했던 그 여인에게 제자를 보냈다. 그러나 제자가 가 보니 여인은 간데없고 짚신만이 거꾸로 뽕나무에 걸려 있었다. 그 소식을 접한 공자는 무릎을 탁 치며 제자에게 이르되, 계혜촌(繫鞋村)을 찾아가 보라고 명했다. 제자가 우여곡절 끝에 계혜촌에 가서 그 여인을 만나 구슬 꿰는 비법을 청하자, 여인은 아무 말 없이 양피지에다 밀의사(密蟻絲, 구슬 구멍마다 꿀을 발라놓고 개미 뒷다리를 실로 엮어서 옆에 놓아라)라고 적어주었다.

그 글귀를 받아 본 공자가 다시 한번 탄복하며 꿀과 실과 개미 한 마리를 잡아오게 하였다. 개미 뒷다리에 명주실을 묶어 놓고 아홉 개의 구슬구멍에 꿀을 발라 뒀더니 하룻밤 새 개미가 구슬을 다 꿰어 놓았는지라. 그날은 공자가 밥 한 끼 못 먹고 굶은 지 칠 일째 되는 날이다. 옥문을 나서는 공자가 혼잣말로 다음과 같이 중얼거렸다. "격물치지(格物致知, 사물의 이치를 깨달아서 참된 진리에 이르게 되는 것)인 것을……."

　자신의 오만방자함과 어리석음을 깊이 뉘우친 공자는 또 다른 의문
이 생겼다. 왜 인간에게는 아홉 개의 뚫린 구멍이 있는 것일까? 공자
는 70이 되어서야 비로소 그 이치를 깨달았다고 한다. 인생이란 아
홉 개의 구멍을 가지고 태어나서 두 눈으로 바라보고, 두 귀로 바로
듣고, 두 코로 온갖 냄새를 감지하며, 입으로는 정갈하게 먹고 진실
되게 말하고, 두 구멍으로는 배설하는 데 막힘이 없다면 그것이 바로
인간이 세상을 올바르게 살아가는 근본이요, 하늘의 뜻에 따르는 길
이란 것을 말이다. 다시 말해 자기 자신을 제대로 아는 것이 천하를
아는 것보다 더 중요하다는 걸 깨달은 것이다.

　호모사피엔스가 이 지구상에 나타난 이후 인류는 수십만 년 동안
종교와 함께 살아왔다. 종교는 우리 인간이 인간이기를 확인하는 의
례인 것이다. 그건 어떤 특정한 종파를 떠나서 자연스런 형상이다.
기독교는 타 종교와 달리 유독 인간의 사후 천국과 지옥의 중요성을
강조한다. 과연 하늘나라는 우리들이 살고 있는 지구의 현실보다 우
선순위를 차지하는 것일까? 유대인들 선조의 어록이라고 하는 성서
에는 결코 하늘나라를 보장받기 위해서 살아가는 그런 사람이 되지
밀라고 낭부한다.

　누가 나에게 죽어서 어디로 가느냐고 묻는다면 나는 주저치 않고
모르겠다고 대답할 것이다. 새는 양 날개를 가지고 있다. 한쪽 날개
만으론 절대 날 수가 없다. 두 날개를 이용해서 균형을 잡아주는 상
반된 양쪽의 기능으로 비로소 하늘을 날 수 있는 것이다. 새가 한쪽
날개만으로 결코 날 수 없듯이 기독교의 힘만으로는 이 지구상에 예

수님이 바라던 평화를 가져올 수는 없다. 기독교가 그런 힘을 가지고 있다는 믿음은 지나친 환상이며 너무도 나이브한 생각이다. 이러한 사고는 〈요한복음〉에서 유래한 것이다. 세례요한은 누구든 하느님의 아들인 예수를 믿으면 영생을 얻을 것이요, 누구든 예수를 거절하면 하느님의 분노가 내릴 것이며 결코 영생을 얻지 못하고 저주받을 것이라고 말했다. 그런 이분법은 남자가 더 진실된 존재인가 아니면 여자가 더 진실된 존재인가라고 묻는 어리석은 질문과 같은 것이다.

이 세상이 모두 남성들만으로 꽉 찬 세상을 상상해 보자. 과연 인류는 계속 존속할 수 있을까? 오케스트라는 모든 구성원들이 각기 자기가 맡은 직분을 성실히 수행함으로써 비로소 아름다운 교향곡이 울려 퍼지게 된다. 누구 하나 특별히 중요하고 덜 중요하지 않은, 상호 보완적인 관계인 것이다. 예수님을 통해서만 구원을 받고 영생을 얻을 수 있다는 생각은 마치 미국 사람은 이 지구상에 꼭 있어야 하는 민족인데 아프리카 사람들은 없어도 된다는, 그런 극단적인 사고와 같다. 나는 기독교가 내 종교만이 옳다는 지극히 배타적인 사고에서 하루 빨리 벗어나야 한다고 생각한다.

나는 유대교, 힌두교, 이슬람교, 불교를 통해서 내가 자란 문화적인 배경에서 찾을 수 없었던 인간의 무한한 가능성을 발견할 수 있었으며 나의 세계관을 확장시킬 수 있었다. 인간은 나 홀로는 살아갈 수 없다. 사람은 외딴 섬에서 홀로 살아갈 수 없는 사회적인 존재다. 어떤 현명한 관찰자가 정직한 사람이야말로 하느님의 가장 고귀한 작품이라고 기록했다. 그러나 그것은 사실을 기록한 게 아니라 거짓을 기록한 것이다. 하느님은 정직할 수도 또는 불량할 수도 있는 가능성을 지닌 인간을 만들었다. 모든 인간관계가 그러한 가능성을 형성하며, 정직한 인간을 또는 그렇지 못한 인간을 만들어 주는 것이다. 우리가 두뇌라는 기계에 정보를 입력한 것에 대해서만 밖으로 그 결정을 노출할 수 있기 때문에 나의 두뇌에 어떤 정보를 입력하느냐가 대단히 중요하다. 우리는 종교 간의 이해와 교류가 이 세상을 평화롭게 하는 데 얼마나 긴요한 요소인지 잘 알고 있다. 지금 이 시간에도 세계 도처에서 종교적인 갈등으로 수많은 인명이 고문을 당하거나 죽임을 당하는 일이 벌어지고 있으니 말이다.

20세기를 마감하는 위대한 철학자 마틴 부버는 서양은 현대가 가져다준 과학혁명을 통해서 생활의 편리함과 질병의 퇴치라는 큰 선물을 얻은 반면에, 인간들은 철저히 과학적인 논리만을 내세우며 자기중심주의, 자애(self-loving), 나르시시즘적인 유행, 승리, 공리주의, 은하계를 향한 환상 등에 너무 빠져 있다고 하였다. 즉, 물질적인 풍요와 힘은 좋은 것이기는 하지만 인간만이 추구할 수 있는 삶의 의미나 목적 그리고 사람과 사람끼리의 다정한 사귐과는 거리가 멀다고 하면서 결국 서구의 현대는 장밋빛 희망보다 인간의 고독함을 가져다주었으며 자신의 내부를 관찰하는 지혜를 잊어버리고 밖으로만 향하는 외눈팔이를 만들었다고 갈파하였다.

그리고 인간의 필요를 충족시켜 주는 것은 힘이나 물질이 아닌 "영혼의 근저와 신의 근저가 하나가 되는 순간"이라고 했다. 이를 그는 '나와 너의 만남(I and thou)'이라고 표현했다. 모든 인간관계는 지극한 존중과 예의를 갖춘 정중한 나와 너의 만남이어야 한다는 것이다. 부버는 나와 너의 만남을 하느님과 인간의 관계로 승화시켰다. 부버는 현대인들이 살아가는 삶의 조건을 이분법적인 상태로 파악했다. 즉, 현대인들은 나와 남을 철저하게 가르는 이분법적 사고에 물들어져서 자신을 편협한 공간에 가두어 버리는 자기 만족주의에서 고독한 삶을 영위하게 된다는 것이다.

종교는 영원한 진리를 탐구하는 길이며, 고독한 삶 속에 자신에게 끊임없이 찾아오는 불가해한 인생의 고난과 불행에 대해서 묻고 그 대답을 구하는 여정이다. 진리를 탐구하는 방법은 내가 무엇을 원하느냐에 따라서 다양한 해답이 나올 수 있다. 나의 몸이 어떻게 작용하는지를 알기 위해서 우리는 의사에게로 가야 하며 심장수술을 받아야 할 상황이라면 당연히 심장외과 의사에게로 가야 한다. 그러나 자신의 고독이란 병을 치료하기 위해서는 시인이 그에 대한 대답을 줄 수 있을 것이다. 이 경우 의사는 단지 진정제를 줄 수는 있으나 근본적인 치료는 할 수 없을 것이다.

인간의 자유는 마치 공기와도 같이 우리가 살아가는 데 가장 중요한 축복인 것이다. 공산주의가 멸망한 이유는 개인의 자유로운 생각을 인정하지 않았기 때문이다. 공산주의에서는 공동체라는 하나의 목표와 길을 향해서 생각할 자유, 비판할 자유 모든 잡다한 이론을 모두 포기해야만 했다. 결국은 독단과 타락으로 100년 만에 종지부를 찍었다. 기독교가 발전하기 위해서는 인간의 자연스런 생각을 결코 방해해서는 안 된다고 생각한다. 아인슈타인은 논리학은 당신을 A에서 B로 이끌어 줄 수 있으나 상상력은 당신이 원하는 어느 곳이든 날 수 있도록 도와준다고 했다.

한국의 기독교는 사실상 첨단과학의 발달로 이제 근본적인 궤도를 수정해야 할 시점에 서 있다고 할 수 있다. 그건 타 종교의 가르침을 모두 하느님의 섭리로 자연스럽게 받아들이고 서로 대화의 장을 확장해서 너와 나의 관계로 발전시켜야 한다. 과학은 서양의 현대가 낳은 가장 위대한 유산이다. 과학(science)은 '알다'라는 라틴어에서 유래한 것이며 물리학(physics)이란 자연 그대로의 모습이다. 포스트모더니즘(postmodernism)은 의식계와 물질계의 유기적 통합을 이루어냈다. 현대 물리학에서 홀로그램(hologram) 우주론은 우주를 인간의 의식이 만들어낸 이미지 구조물로 파악하는 동양의 천인합일(天人合一) 사상과 조응하며 신성과 이성, 정신과 물질이 본체와 작용의 연결된 고리로 파악한다. 의식계와 물질계의 유기적 통합성을 가능하게 하는 우주의 실체가 곧 의식(우주의 창조적 에너지)임을 밝혀준다. 불교의 우주관인 일체유심조(一切唯心造)와 일치한다. 인류역사 반만년만에 동양과 서양의 극적인 만남 인 것이다. 그것은 과학과 종교를 통일한 우주관이며 『화엄경』에서 말하는 중중무진 법계연기(重重無盡法界緣起)의 원리로 이 세상만물은 일체가 나와 무관하지 않으며 서로의 인연이 화합 조화하고 상즉불리(相卽不二)의 관계이며 우주와 내가 하나로 귀납통일되어 근원으로 환원한다는 통일적 우주관이다.

우리는 과학의 힘에 의해서 세상을 살아가고 있다. 아침에 일어나면 손이 미치는 곳에 있는 핸드폰을 통해서 오늘의 날씨와 한 주 동안의 날씨 그리고 세계 곳곳에서 날아온 이메일과 카톡을 체크하며 매일매일 살아간다. 복음주의 기독교 목사님들은 최첨단 인터넷 화상을 통해서 자신들의 복음을 동시간대에 전 세계에 전송할 수 있다. 이 모든 것이 과학자들의 피나는 노력 덕분이다. 나는 과학자들의 선함(goodness)에 늘 감사한다. 지금 나는 컴퓨터 앞에 앉아서 글을 쓰고 있다. 그리고 모르는 단어와 정보는 구글을 통해서 모든 필요한 정보를 클릭 하나로 얻을 수 있다. 이렇듯 과학의 힘은 우리의 일상생활에 없어서는 안 될 삶의 매트릭스와 같은 것이다.

기독교에서는 인간이 이 세상에 태어난 것은 하느님의 영광을 드러내기 위해서라고 한다. 그러나 영광을 드러내기 위해서라는 대답은 솔직히 우리들의 목마른 지적 갈등을 설득하기에는 어딘가 석연치 않은 점이 많다. 왜 하느님은 홀로 영광받기를 좋아한단 말인가? 세상만물을 창조했기 때문에? 그럼 왜 이 세상을 창조하고 난 후 인류를 분쟁과 갈등의 전쟁터로 만들었을까? 모든 종교의 근본은 하느님의 존재를 증명하는 것에 있지 않다. 모세가 떨기나무 불꽃 속에서 하느님을 만났을 때 하느님은 "나는 나다(I'm that I'm)."라고 했다. 하느님은 우리 도움 없이도 스스로 존재할 수 있는, 자족하는 존재이다. 오히려 인간들이 잃어버렸던 자기 자신을 찾는 게 시급한 문제인 것이다. 인간의 본질과 인생의 의미를 찾으려는 우리들의 여정은 다양한 방법으로 표출될 수 있지만 결국은 어떻게 살아야 하느냐라는 질문으로 응축될 수 있다. 내가 지금 여기 있다는 게 과연 인류역사에 어떤 의미가 있는 것일까? 그렇다면 나의 인생의 목적은 무엇이며 어떤 희망을 가져야 하는가? 이런 의문은 형이상학적인 질문이기에 철학의 범주에 속한다고 할 수 있다.

우리의 인생은 정말로 이해할 수 없는 수많은 변수들에 의해서 작동하고 있다. 갑작스런 가족의 질병과 죽음, 태풍과 가뭄, 홍수와 허리케인, 지진과 쓰나미 등 이루 다 열거할 수 없는 재앙들이 우리들의 생존을 위협하면서 인류의 문명에 도전장을 던진다. 우리는 이런 무수한 도전과 응전에 맞서 싸우고 투쟁하면서 일보후퇴 이보전진을 하고 있는 것이다.

메소포타미아의 홍수설화와 애굽의 설화들은 천편일률적으로 대자연의 위력을 보여 주고 있다. 고대라는 문명의 단계는 이미 수천 년 전 역사의 뒤안길로 사라졌으나 그 설화의 바탕이 되는 문화적인 전승은 시대에서 시대로 이어지면서 새로운 옷으로 갈아입고 변화하고 확장되었다. 인간 영혼의 근저에서 부족 간 혹은 국지적인 환경을 뛰어넘어 전 지구적인 차원으로 도약하고 영향력을 발휘하고 있는 것이다.

오늘을 사는 우리가 남의 문화와 사회를 이해해야 하는 이유는 인도의 공장 굴뚝에서 뿜어대는 이산화탄소는 북극의 그린랜드의 빙하를 녹인다. 전 세계적인 기후 환경변화는 인구의 급격한 변동과 경제환경을 흔들어 놓고 기근과 식량과 물 부족 현상을 초래하고 있다. 또 한편으로는 이슬람 극단분자들의 테러는 문명사회의 질서를 위협하는 변수로 등장하고 있는 상황이며 핵 위협은 인류를 말살시킬 정도로 위험한 수위에 다다랐다. 또한 과도한 빈부의 차이는 사회의 안정을 위협하고 정치적인 불안감을 조성하고 있는 형편이다.

우리가 사는 시대는 너와 내가 함께 해결해야 할 과제가 산적해 있다. 그러나 인간은 가능성을 가진 존재이다. 가능성은 그걸 인식하고 그 목표를 향해 노력하는 사람들에게는 언젠가 현실적인 가능성으로 다가오지만 가능성을 인정하지 않는 사람들에게는 전혀 불가능한 미지의 세계이다. 인간의 가능성이란 어제보다 오늘, 오늘보다 내일 좀 더 행복한 삶을 살려고 하는 지혜일 것이다. 그 지혜는 모두 우리들의 마음의 작용인 것이다.

『직지심체요절(直指心體要節)』은 고려 우왕 4년인 1377년 6월 백운화상 경한(景閑)이 선(禪)의 요체를 깨닫는 데 필요한 내용을 뽑아 펴낸 것이다. 중심 주제는 사람이 마음을 바르게 가졌을 때 그 심성이 곧 부처임을 깨닫게 된다는 것이다. 예수님은 공생애 3년 동안에 갈릴리와 예루살렘을 순회하며 민중들에게 동터오는 하늘나라의 희망을 가르쳤다. 그 하늘나라는 마음의 세계이다. 지금까지 육체적인 삶을 살아온 한 인간이 평탄한 삶을 살아가다 인생의 고난을 겪으며 내면의 참자아를 발견하게 되는 것, 그리하여 이제부터 그리스도와 더불어 새로운 차원의 삶으로 거듭나는 과정인 것이다. 이러한 변화는 자신의 자유와 가능성을 믿는 자에게 필히 찾아오는 신성과 인성의 만남이라고 할 수 있다.

예수는 "나는 부활이요 생명이니, 나를 믿는 사람은 죽어도 살고, 살아서 믿는 사람은 영원히 죽지 않을 것이다."라고 했다. 내 안에 있는 참자아와 예수는 동일한 생명체이며 진리에 바탕을 두고 있기에 영원한 삶을 살 수 있다고 한 것이다. 사도 바울은 나는 그리스도와 함께 십자가에 못 박혀 죽고 내 안에는 그리스도만이 살아 있다고 고백했다.

나를 행복하게 하는 것도 나를 불행하게 하는 것도 모두 내 안에 있는 것이다. 나는 아침에 일어나면 제일 먼저 나만의 방으로 들어가서 내가 존경하는 예수님과 부처님을 차례로 만나서 대화한다. 그리고 나의 하루가 예수와 붓다의 삶과 일치하는 후회 없는 하루가 되어 주기를 기도한다. 예수님은 어떤 때는 나와 대화를 하는 동안 시종 눈을 감고 나와 함께 깊은 기도를 하신다. 그리고 나에게 다음과 같이 조용히 말해 주었다.

인간들은 나를 나무 위에 올려놓고 영원히 내려오지 못하게 하면서 나를 팔아서 먹고살고 있지. 때로는 나무를 흔들기도 하고 나의 손바닥에 박힌 못을 더 심하게 박기도 하지. 그러나 나는 땅에서 살고 싶다고 대답했지. 제발 나를 좀 내려오게 해달라고 애원을 해보았지. 그러나 그들은 들은 체도 안 하고 그냥 가만히 있으라고만 하지, 영원히…….

인간이 부끄러워 할 수 있다는 것이야말로 영혼이 있음을 나타내는 것이다. 나는 오늘도 나의 본성이 시키는 대로 일하고 나의 본성이 시키는 대로 행동하며 나의 본성이 시키는 대로 만나고 싶은 사람들을 만난다. 나는 어디서 와서 어디로 가는 것일까? 하고 묻는다면 별에서 와서 나의 업보에 따라 어디론가 가겠지만 지금 그날을 걱정하면서 살고 싶지는 않다. 종교재판을 받은 나는 단지 모든 종교적인 속박에서 벗어나서 호연지기의 삶을 살고 싶을 뿐이다.

1993년 12월 22일 저녁 나는 평소와 같이 일과를 끝내고 느긋한 마음으로 함박눈이 펑펑 쏟아지는 맨해튼의 5번가를 걸어가고 있었다. 나는 습관적으로 46번가를 지나가고 있었는데 진열장에 현란한 스포트라이트를 받으며 고객을 유혹하는, 반스앤노블 책방의 유혹을 그냥 지나칠 수가 없었다. 책방 입구에는 최근에 출판된 많은 신간 서적들이 진열되어 있었다. 이리저리 훑어보다 『신의 역사(A history of God)』라는 책이 눈에 띄었다. 책장을 넘기면서 대충 훑어보다 "하느님은 인간의 상상력이 만들어 낸, 투영물에 불과할 뿐이다."라는 대목에서 나의 시선은 고정되었다. 인간이 하느님을 창조한다? 모든 사람이 하느님이 이 우주를 창조했다고 믿고 있었는데, 오히려 인간이 하느님을 창조했다는 말은 나에게 너무도 큰 충격으로 다가왔다. 나는 그 책을 사서 집으로 돌아와 그날부터 밤늦게까지 몇 주 동안 한 줄도 놓치지 않고 샅샅이 읽어 내려갔다.

그 책의 작가 캐런 암스트롱은 영국 성공회의 전직 수녀였다. 그녀는 수녀원에서 7년간 예수님의 가르침을 실천하는 독실한 기독교 신앙인이었으나 자신의 영성으로는 도저히 하느님의 존재를 체험할 수 없었기에 수녀원 생활을 정리하고 환속하였다. 그리고 옥스퍼드 대학에서 영문학을 전공하고 대학원과 박사과정을 공부하면서 전 세계의 다양한 종교를 모두 섭렵하였다. 지금은 비교종교학 교수로 그리고 유엔에서 지정한 종교 간의 화합을 위한 대사로 활동하고 있는 세계적인 신학자이다. 그녀는 자신의 저서에서 자신의 신앙 체험을 진솔하게 표현했으며 인간이 제조한 신의 모습이 지난 4천 년간 어떻게 진화되어 왔는지를 상세히 밝혔다. 또한 그녀는 대부분의 복음주의 기독교인들이 생각하는 문자적 성서 이해와 인격적인 신 개념을 거부하고 오히려 고도의 영적 수련을 바탕으로 한 신비주의적인 신앙 체험을 소중하게 생각한다는 자신의 신앙관을 밝히고 있었다. 그리고 이제까지 인류가 섬겨왔던 하느님, 저 높은 하늘에 계시며 우리를 명령하고 정죄하는 인격적인 신 개념은 이제 과학의 눈부신 발달 그리고 지적, 영적인 이유로 더 이상 인정될 수 없는 구시대의 유물이 되어 가고 있다는 비관적인 사실도 토로했다.

미국은 20세기를 주도했다. 미국의 장점은 정치적, 사회적인 다원주의(pluralism)이다. 21세기는 인터넷의 발달로 다원주의는 더욱 빠른 속도로 퍼져 가고 있다. 미국 인구의 37퍼센트 정도가 주일날 교회를 간다고 한다. 그리고 해가 갈수록 그 수가 점점 줄어든다는 암울한 통계가 나와 있다. 왜 그럴까? 밀레니엄 세대들에게 하느님은 곧 아이폰이다. 하느님이 도저히 채워줄 수 없는 그들의 모든 고민을 클릭 하나로 풀어주기 때문이다.

어느 날 나의 친구인 랍비와 커피 한잔을 놓고 자유로운 대화를 나누는데 나는 그에게 요즘 유대교에서는 젊은이들을 어떻게 설득하느냐고 물어보았다. 그 친구는 나의 눈을 직시하더니 웃는 얼굴로 "과학과 첨단 기술이 신의 자리를 쟁취한 시대를 살아가는 현대에, 신은 이미 짐을 싸서 플로리다의 웨스트 팜 비치(West Palm Beach) 휴양지로 떠난 지가 오래되었지. 따뜻한 남쪽 땅에서 콘도에 정착한 신은 얼리 버드(early bird)로 골프를 치며 즐기고 있을 거야. 자신의 망가진 인생을 복원하고 불편한 마음을 달래는 걸 신에게 의지하지 않고 과학과 기술에 의존하며 자신의 우울증을 치료하는 데 기도보다는 프로작(Prozac)이 더 효과적이란 걸 아는 아이폰 세대에게 하느님을 믿으면 천당 간다는 말은 마치 네가 한잠 자고 나면 천국으로 바뀌어 있을 것이라고 말하는 것과 마찬가지야."라고 귀띔해 주었다.

그러나 아이폰과 인터넷이 내 삶의 가치와 의미를 찾게 해 줄 수는 없는 것이기에 그런 일들을 찾아서 그들을 도와주는 것이 자신들의 임무라고 말해 주었다. 유대교는 성전에 안 나오는 젊은이들에게 진화론적인 우주를 인정하든 안 하든 남들과 다른 삶을 살라고 가르친다고 한다. 그럼 한국의 실정은 어떤가. 한국에서 온 분들의 이야기를 들으면 모두 공통적으로 한국의 기독교는 신도들의 숫자만을 늘리기 위해서 온갖 수단과 방법을 가리지 않고 크고 웅장한 사원을 짓는 것을 목표로 한다고 하면서 한국 기독교의 현실을 곱지 않은 눈으로 보고 있었다.

지난 2014년 4월 한국에 나갔을 때 사랑의 교회를 보는 순간, 나에게는 중세 노트르담 사원이 오버랩 되면서 착잡한 심정을 감출 수가 없었다. 서로 길 건너편에 있는 교회의 신도들을 끌어 들이기 위해서 남의 교회 앞에 가서 전단지를 돌리는 파렴치한 기독교인들, 신도들의 헌금일지를 만들어서 돈을 얼마를 내겠다고 약정하게 하고 신도들을 압박하는 추한 목사님들 그리고 최고급 수입차를 타고 다니는 호화판 목사님들, 자신의 권위를 자손대대로 전수하겠다고 하며 제사보다 젯밥에만 눈이 먼 제왕적인 목사님들. 이러한 문제는 미국도 마찬가지다. 신앙적으로 건전하지 못한 미국 사회의 실상은 증가일로에 있는 범죄율, 마약 중독, 사형 제도의 부활 등을 통해 잘 입증된다. 유럽은 이미 오래전에 신은 인간을 충분히 채웠던 심령 속의 자리를 비우고 떠나기 시작했다고 한다.

다원주의의 특징은 소통이다. 대화와 토론 그리고 의견의 교환으로 서로의 장점을 습득하며, 자신의 장점과 남의 장점을 조화롭게 융화해서 통합 발전하는 것이다. 불교는 자신을 포함한 모든 존재를 관계 속에서 파악한다. 따라서 불교는 자신을 고정된 실체로 파악하지 않는다. 이것을 불교에서는 연기(緣起)의 진리라고 한다. 여기서 우리가 느낄 수 있는 것은 불교의 자기 개방성이다. 자신을 고정된 실체로 보지 않는 것은 자기 자신을 자기 앞에 놓인 모든 존재에게 개방하는 것이며 이 세상의 모든 종교에 대해서 열려 있음을 뜻한다.

메시아는 오지 않을 것이나. 이제 인류는 한 사람 한 사람 모두 하느님이 주신 능력으로 누구의 도움도 없이 스스로 메시아가 되어야 한다. 예수님은 모든 인류의 죄를 지고 대속한 메시아가 아니라 우리 모두에게 자신과 같은 이타적인 인간이 되라고 십자가에서 못 박힌 것이다. 우리는 이미 메시아가 도래한 시대를 살고 있다. 그걸 인식하지 못하면 마치 물고기가 물에 있으면서 목마르다고 하는 것과 다를 바 없는 것이다. 2천 년 전 출가했던 예수님과 2천5백 년 전 출가했던 부처님은 그걸 우리들에게 알려주기 위해서 다시 재림한 것이었다. 그런데 알고 보니 두 분은 한 형제였다.

저의 편협한 저서를 읽어 주신 모든 분들께 진심으로 감사드리고 싶다. 특히 나의 스승이신 불광선원의 휘광스님께 이 책을 헌정(獻呈)하고 싶다. 그리고 나의 지적인 목마름을 수많은 저서를 통해서 그때그때 채워주신 대한민국의 보배인 김용옥 교수님 그리고 강화도 내가면의 고려산 자락에 있는 심도학사에서 퇴계 이황의 도산서원 정신을 이어받아 제자 양성에 심혈을 기울이시는 서강대학교의 길희성 명예 교수님께 감사한다. 또한 물리학에 문외한인 나의 눈을 뜨게 만들어 주고 광활한 우주를 논하며 늘 나의 다정한 벗이 되어 주신 최원영 박사님께 감사하고 싶다.